"十三五"普通高等教育本科系列教材

U0657834

信息安全概论

（第二版）

主　编　李红娇
副主编　魏为民　李晋国　温　蜜
编　写　王　勇　袁仲雄　周　林　刘　辉
主　审　李建华

中国电力出版社
CHINA ELECTRIC POWER PRESS

内 容 提 要

本书为"十三五"普通高等教育本科系列教材，全书共分 12 章，主要内容包括信息安全基础知识、密码学基础、认证与密钥管理技术、访问控制技术、操作系统安全、数据库安全、计算机网络安全、计算机病毒原理与防范、安全审计、信息安全管理、信息安全风险评估、面向智能电网的信息安全技术。本书涵盖了信息安全学科较全面的基础知识，有一定的深度，还具有一定的电力行业特色。

本书可作为普通高等院校本科生和研究生信息安全课程的教材，也可供电力行业相关技术人员参考。

图书在版编目（CIP）数据

信息安全概论/李红娇主编. —2 版 .—北京：中国电力出版社，2016.4（2023.2 重印）

"十三五"普通高等教育本科规划教材

ISBN 978 - 7 - 5123 - 8868 - 0

Ⅰ. ①信… Ⅱ. ①李… Ⅲ. ①信息安全-安全技术-高等学校-教材 Ⅳ. ①TP309

中国版本图书馆 CIP 数据核字（2016）第 026964 号

中国电力出版社出版、发行

（北京市东城区北京站西街 19 号 100005 http：//www.cepp.sgcc.com.cn）

三河市百盛印装有限公司印刷

各地新华书店经售

＊

2012 年 1 月第一版

2016 年 4 月第二版 2023 年 2 月北京第六次印刷

787 毫米×1092 毫米 16 开本 20.25 印张 489 千字

定价 41.00 元

前　言

本书第一版在 2012 年 1 月出版，该书在过去四年中一直作为一线教学用书，根据四年教学实践中的感悟，以及兄弟院校采用本书作为教材的老师们和读者反馈的信息，加之信息安全技术在迅速发展，为保持"通过具体技术看体系，体现新进展，突出电力特色"的风格本书修订了部分内容。本书的最大变化体现在信息安全技术最近几年的新进展以及面向智能电网的信息安全技术方面。

本书试图从信息安全的技术体系出发，从基础概念、密码技术、系统安全、网络安全、安全审计、安全管理和安全风险评估等方面逐步理清本学科的脉络，对每个层面的讲述不仅包括基本概念、基本知识、基本技术，还对每种理论与技术介绍了其新进展。最后，将所涉及的信息安全机制应用于智能电网安全。

本书仍保留第一版的篇章结构，第 1 章是信息安全的基本概念和理论方面的内容；第 2～11 章是信息安全学科的代表性安全机制，其中，第 2～3 章介绍密码学，它是信息安全的基础，第 4 章的访问控制技术是信息安全的核心技术之一，第 5～7 章分层次介绍操作系统安全、数据库安全以及计算机网络安全；第 8～11 章分别论述信息系统安全审计，信息安全管理以及安全风险评估技术；而第 12 章的面向智能电网的信息安全技术是多种安全技术的集成应用，前面各章节是它的基础。

在维持基本框架不变的前提下，根据实际发展修订或增加了部分内容。与 2012 年第一版相比，在内容上的主要调整如下：

第 1 章增加信息安全概念的内涵与外延，更新了新技术发展给信息安全带来的新挑战；第 2、3 章更新了密码学的新方向、安全认证和密钥管理的新方向；第 4 章更新了访问控制模型的进展与发展趋势；第 5 章删除了 Windows XP 安全，添加了 Android 系统安全；第 6 章对 SQL Server 数据库的安全机制进行了精简和更新，增加了大数据安全与隐私；第 7 章增加了 APT 攻击与防范以及无线网络安全；第 8 章增加新型计算机病毒 Stuxnet 和手机病毒的内容，以介绍计算机病毒的新发展；第 9 章将取证技术扩展到移动终端；第 10 章针对新型攻击添加了安全威胁情报的内容；第 11 章保留第 1 版的内容；第 12 章是全新的内容。删除了第一版的附录部分。

本书由李红娇担任主编与统稿工作，魏为民、李晋国、温蜜担任副主编。王勇、刘辉、周林对本次教材修订提出了很好的建议，袁仲雄对智能电网信息安全部分的内容给予了很多指导，也经历了上海电力学院信息安全专业和计算机科学技术专业本科生的试用，在编写过程中我们参考了大量著作和教材，这些文献为本书的编写奠定了宝贵的基础，在此对这些文献的作者一并表示衷心的感谢，也感谢第一版所有读者的积极反馈。

编　者

2015 年 12 月于上海

第一版前言

随着互联网应用的日益普及，网络已成为主要的数据传输和信息交换平台，围绕信息的获取、使用、传输引发的安全问题显得越来越重要，信息安全成为维护国家安全和社会稳定的焦点。本书是为高等学校的本科生、研究生提供的了解信息安全概念、原理及技术的一本引导教材。

首先，信息安全是涉及计算机、数学、通信、微电子学等学科的交叉学科，涉及的知识面很广，要处理好各个学科的关系非常不容易。其次，信息安全学科发展非常快，除信息安全的基础知识以外，信息安全的新发展也是学生需要了解的。最后，针对不同的应用环境，信息安全的需求不同，所采用的信息安全架构和机制也会有所不同。

本书试图从信息安全的技术体系出发，从基础概念、密码技术、系统安全、网络安全、安全审计、安全管理和安全风险评估等方面逐步理清本学科的脉络，对每个层面的讲述不仅包括基本概念、基本知识、基本技术，还介绍了每种理论与技术的新进展。从而将基础知识与发展趋势结合，这对启发学生的思考及培养学生的学习与研究兴趣是十分重要的。除介绍通用的信息安全知识和技术外，本书最后还给出了每种安全技术在电力信息网络上的应用及实际案例，能让学生将信息安全基础知识、技术与电力信息网络的安全应用结合，从而更深入理解每种安全机制的实质，也有助于学生理论联系实际地从总体上根据实际应用环境把握信息安全体系。

全书共分12章。第1章简要介绍了信息安全的发展、基本概念、体系结构及信息安全面临的新挑战；第2章介绍了密码学的基本概念、重要算法及这些算法在信息安全中的应用；第3章介绍了认证技术、密钥管理技术和公钥基础设施；第4章介绍了访问控制的基本概念、主要的访问控制模型、访问控制的实施及其新进展；第5章介绍了操作系统安全的基本概念、操作系统安全机制及计算机系统安全的新进展——可信计算技术；第6章介绍数据库安全的基本概念、数据库的安全机制、主流数据库的安全策略与配置及数据库安全的发展趋势；第7章介绍了 Internet 标准的 TCP/IP 模型，主要的网络安全协议、VPN 技术、防火墙技术、入侵检测技术及典型的网络攻击；第8章介绍了计算机病毒的概念、分类、感染机制、检测机制、清除机制，以及计算机病毒的新特点；第9章介绍了信息系统安全审计的基本概念、关键技术和相关标准，计算机取证是信息系统安全审计的直接应用；第10章介绍了保障信息系统安全的信息安全管理，阐述了信息安全管理的概念、模型、技术体系、基本方法、保障体系等；第11章介绍了安全风险评估的概念、流程、风险评估工具及风险评估技术的新进展；第12章介绍了电力信息网络的安全架构及安全机制的设计，讨论了面向智能电网的信息安全技术；在附录中给出了信息安全在电力行业上的实际案例。

本书的建议学时为40学时，其中第1章4学时，第2章6学时，第3章6学时，第4章2学时，第5章2学时，第6章2学时，第7章6学时，第8章4学时，第9章2学时，第10章2学时，第11章2学时，第12章2学时。根据各专业的不同教学需求，以上学时安排和内容可根据实际需要进行调整。

本书由李红娇担任主编与统稿工作，温蜜，魏为民担任副主编。李红娇编写了第 1 章、第 4 章、第 5 章、第 6 章、第 8 章、第 11 章和第 12 章的内容，第 2 章和第 3 章由温蜜编写，魏为民编写第 7 章、第 9 章和第 10 章的内容。本书由上海交通大学李建华教授主审。袁仲雄对电力信息网络安全部分的内容给予了很多指导。本书编写过程中，得到了上海市教委科研创新项目（编号 12YZ146）、国家自然科学青年基金（编号 60903188）的资助。在此，一并表示衷心的感谢。

限于编者水平，书中难免有疏漏和不足之处，恳请专家和读者批评指正。

编　者

2011 年 8 月于上海

目　录

第 1 章　信息安全基础知识

　　信息安全最初是指保护信息系统中处理和传递的秘密数据，随着操作系统、数据库技术和信息系统的广泛应用，信息安全概念从仅侧重机密性扩充到完整性，访问控制技术变得更加重要，因此强调计算机系统安全。网络的发展使信息系统的应用范围不断扩大，要求必须要考虑网络安全。随着云计算等新的信息技术的出现，需要新的思路解决信息安全问题。本章回顾信息安全的发展历史，介绍信息安全基本概念，讲述信息安全攻击、安全策略与安全机制，信息安全体系结构，探讨新技术发展给信息安全带来的新挑战。

1.1　信息安全的发展历史

　　"信息安全"最初是指信息的保密性。在 20 世纪的"主机时代"，人们需要保护的主要是设在专用机房内的主机及重要数据，信息安全主要是指信息的保密性、完整性和可用性。20 世纪 80 年代以后，特别是进入 20 世纪 90 年代，互联网的飞速发展，使人与计算机的关系发生了质的变化，与此相适应，信息安全的内涵也发生了巨大变化。信息安全既面向数据、设备、网络、环境，也面向使用者，不但包含过去信息安全内涵的延续，例如，面向数据的安全概念拥有前述的保密性、完整性和可用性；还包含新内涵内容的提出，例如，面向使用者、设备、网络、环境的安全概念拥有可控性、不可否认性、可靠性等。目前的信息安全已涉及攻击、防范、监测、控制、管理、评估等多方面的基础理论和实施技术，其中，密码技术和管理技术是信息安全的核心；安全标准和系统评估是信息安全的基础。可以说，现代信息安全是一个综合利用了数学、物理、管理、通信和计算机等诸多学科成果的交叉学科领域，是物理安全、网络安全、数据安全、信息内容安全、信息基础设施安全与公共信息安全、国家信息安全的总和。

　　本节通过对一些重要发展事件回顾，介绍信息安全学科的发展。如图 1-1 所示，信息安全的发展经历了通信保密、系统安全、网络安全与信息保障及云计算安全等阶段。

1.1.1　通信保密阶段（20 世纪 40 年代—20 世纪 70 年代）

　　信息安全最初用于保护信息系统中处理和传递的秘密数据，注重机密性，因此主要强调的是通信安全。通信保密阶段以密码学研究为主，重在数据安全层面的研究。密码学的发展历程大致经历了古代加密方法、古典密码和近代密码三个阶段。

1. 古代加密方法

　　从某种意义上说，战争是科学技术进步的催化剂。人类自从有了战争，就面临着通信安全的需求。密码的使用已有几千年的历史，埃及人是最早使用特别的象形文字作为信息编码的人。早在公元前 1 世纪，凯撒大帝就曾用过一种代换式密码——Caesar 密码。

　　古代加密方法大约起源于公元前 440 年古希腊战争中的隐写术。当时为了安全传送军事情报，奴隶主剃光奴隶的头发，将情报写在奴隶的光头上，待头发长长后将奴隶送到另一个部落，再次剃光头发，原有的信息复现出来，从而实现这两个部落之间的秘密通信。密码学

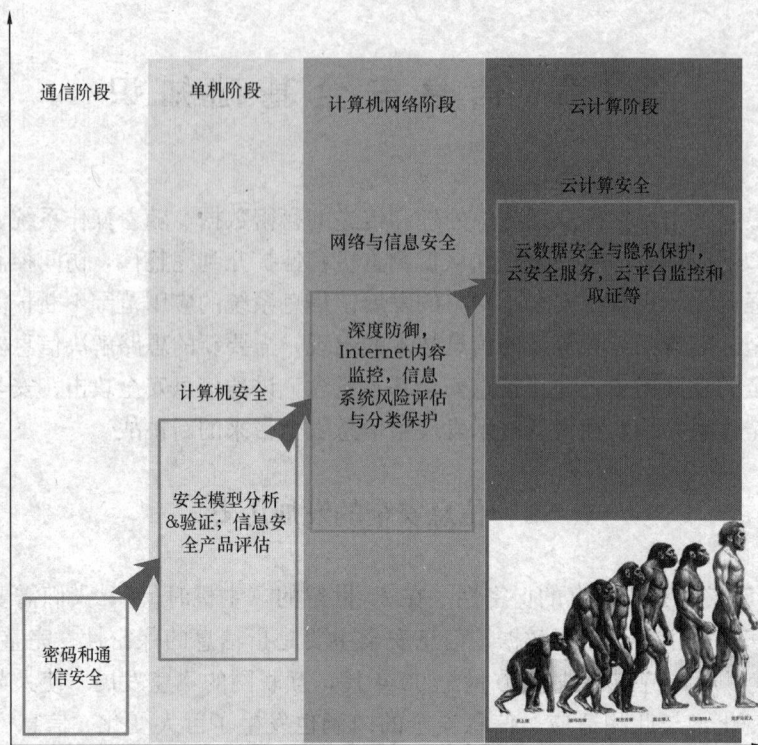

图 1-1　信息安全技术发展阶段图

用于通信的另一个记录是斯巴达人于公元前 400 年应用 Scytale 加密工具在军官间传递秘密信息。Scytale 实际上是一个锥形指挥棒，周围环绕一张羊皮纸，将要保密的信息写在羊皮纸上。解下羊皮纸，则上面的消息杂乱无章、无法理解，但将它绕在另一个同等尺寸的棒子上后，就能看到原始的消息。

由此可见，自从有了文字，人们为了某种需要总是想方设法隐藏某些信息，以起到保证信息安全的目的。这些古代加密方法体现了后来发展起来的密码学的若干要素，但只能限制在一定范围内使用。

古代加密方法主要基于手工的方式实现，因此称为密码学发展的手工阶段。

2. 古典密码

古典密码的加密方法一般是文字置换，使用手工或机械变换的方式实现。古典密码系统已经初步体现出近代密码系统的雏形，它比古代加密方法复杂。古典密码的代表密码体制主要有单表代替密码、多表代替密码及转轮密码。Caesar 密码就是一种典型的单表加密体制；多表代替密码有 Vigenere 密码、Hill 密码；著名的 Enigma 密码就是第二次世界大战中使用的转轮密码。

到了 20 世纪 20 年代，随着机械和机电技术的成熟，以及电报和无线电需求的出现，引起了密码设备方面的一场革命——发明了转轮密码机（简称转轮机，Rotor），转轮机的出现是密码学发展的重要标志之一。几千年来，人们对密码算法的研究和实现主要是通过手工计算来完成的。随着转轮机的出现，传统密码学有了很大的进展，利用机械转轮可以开发出极其复杂的加密系统。1921 年以后的十几年里，Hebern 构造了一系列稳步改进的转轮机，投入美国海军的试用评估，并申请了第一个转轮机的专利。

德国的 Arthur Scherbius 于 1919 年设计出了历史上最著名的密码机——Enigma 机，英国在第二次世界大战期间发明并使用 TYPEX 密码机，瑞典的 Boris Caesar Wilhelm Hagelin 发明的 Hagelin C-36 型密码机于 1936 年制造，密钥周期长度为 3900255。对于纯机械的密码机来说，这已是非常不简单了。

3. 近代密码

1949 年，信息论创始人 Shannon 发表的论文《保密通信的信息理论》将密码学的研究引入了科学的轨道。1975 年 1 月 15 日，对计算机系统和网络进行加密的数据加密标准（DES，Data Encryption Standard）由美国国家标准局颁布为国家标准，这是密码术历史上一个具有里程碑意义的事件。1976 年，当时在美国斯坦福大学的 Diffie 和 Hellman 两人提出了公开密钥密码的新思想（论文《密码学的新方向》），把密钥分为加密公钥和解密私钥，奠定了公钥密码学的基础。1977 年，美国的 Ronald Rivest、Adi Shamir 和 Len Adleman 提出了第一个较完善的公钥密码体制——RSA 体制，这是一种建立在大数因子分解基础上的算法，该体制的提出是密码学的一场革命。

(1) 公钥密码体制的理论价值。第一，突破 Shannon 理论，从计算复杂性上刻画密码算法的强度；第二，它把传统密码算法中两个密钥管理中的保密性要求，转换为保护其中一个的保密性，保护另一个的完整性的要求；第三，它把传统密码算法中密钥归属从通信两方变为一个单独的用户，从而使密钥的管理复杂度有了较大下降。

(2) 公钥密码体制在应用上的价值。公钥密码体制提出后的几年，对信息安全应用产生了重要的意义。第一，密码学的研究已经逐步超越了数据的通信保密性范围，同时开展了对数据的完整性、数字签名技术的研究，已成为密码学的最核心部分；第二，随着计算机及其网络的发展，密码学已逐步成为计算机安全、网络安全的重要支柱，使得数据安全成为信息安全的核心内容，超越了以往物理安全占据计算机安全主导地位的状态。

1.1.2 计算机系统安全阶段（20 世纪 70 年代—20 世纪 80 年代）

自从进入计算机时代，信息安全研究目标扩展到计算机系统安全。在将密码技术应用到计算机通信保护的同时，开始针对信息系统的安全进行研究，重在物理安全层与运行安全层，兼顾数据安全层。随着数据库技术和信息系统的广泛应用，信息安全概念从仅仅侧重机密性扩充到完整性，访问控制技术变得更加重要。20 世纪 70 年代，访问控制技术取得了突破性的成果。同时，信息安全学术界形成了以安全模型分析与验证为理论基础、以信息安全产品为主要构件、以安全域建设为主要目标的安全防护体系思想；不仅涌现出以安全操作系统、安全数据库管理系统、防火墙为代表的信息安全产品，同时形成了相关的信息安全产品测评标准，以及基于安全标准的测评认证制度与市场准入制度，实现了信息安全产品的特殊监管。

1969 年，B. Lampson 提出了访问控制矩阵模型。1973 年，D. Bell 和 L. Lapadula 创立了一种模拟军事安全策略的计算机操作模型 BLP 模型。由于 BLP 模型是针对机密性的，所以，1977 年针对完整性的 Biba 模型被提出，1987 年出现侧重完整性和商业应用的 Clark-Wilson 模型。1996 年出现了 RBAC96、2000 年出现了 NIST RBAC 引用参考标准，权限管理基础设施（PMI，Privilege Management Infrastructure）使得访问控制在网络环境下的实施更加方便。

1985 年，美国国防部发布可信计算机系统评估准则（TESEC，Trusted Computer Security Evaluation Criteria），即橘皮书。该标准是计算机系统安全评估的第一个正式标准，具有划时代的意义。该准则于 1970 年由美国国防科学委员会提出，并于 1985 年 12 月由美国国防部公布。TCSEC 最初只是军用标准，后来延至民用领域。

为了建立一个各国都能接受的通用的信息安全产品和系统的安全性评估准则，1993 年 6 月，美国政府同加拿大及欧共体共同起草单一的通用准则——CC 标准（The Common Criteria for Information Technology security Evaluation），并将其推为国际标准。它综合了美国的 TCSEC、欧洲的 ITSEC、加拿大的 CTCPEC、美国的 FC 等信息安全准则，形成了一个更全面的框架。

我国国家质量技术监督局也于 1999 年发布了国家标准《计算机信息系统安全保护等级划分准则》（Classified Criteria for Security Protection of Computer Information System），序号为 GB 17859—1999，评估准则的制定为评估、开发研究计算机系统安全提供了指导准则。

1.1.3　网络安全与信息保障阶段（20 世纪 90 年代之后）

20 世纪 60 年代开始，美国国防部的高级研究计划局（ARPA，Advance Research Projects Agency）开始建立阿帕网 ARPANet，ARPANet 就是 Internet 的前身。Internet 的迅猛发展始于 20 世纪 90 年代，由欧洲原子核研究组织 CERN 开发的万维网 WWW 被广泛使用在 Internet 上，大大方便了广大非网络专业人员对网络的使用，成为 Internet 发展的指数级增长的主要驱动力。今天的 Internet 已不再是计算机人员和军事部门进行科研的领域，而是变成了一个开发和使用信息资源的覆盖全球的信息海洋，覆盖了社会生活的方方面面，构成了一个信息社会的缩影。目前，互联网正从 IPv4 向 IPv6 跨越。然而 Internet 也有其固有的缺点，如网络无整体规划和设计，网络拓扑结构不清晰，以及容错及可靠性的缺乏，而这些对于商业领域的不少应用是至关重要的。安全性问题是困扰 Internet 用户发展的另一主要因素。计算机病毒、网络蠕虫的广泛传播，计算机网络黑客的恶意攻击，DDOS 攻击的强大破坏力、网上窃密和犯罪的增多，使得网络安全性问题关系到未来网络应用的深入发展。当信息技术快速步入网络时代，跨地域、跨管理域的协作不可避免，多个系统之间存在频繁交互或大规模数据流动，专一、严格的信息控制策略变得不合时宜，信息安全领域随即进入了以立体防御、深度防御为核心思想的信息安全保障时代，形成了以预警、攻击防护、响应、恢复为主要特征的全生命周期安全管理，出现了大规模网络攻击与防护、互联网安全监管等各项新的研究内容。安全管理也由信息安全产品测评发展到大规模信息系统的整体风险评估与等级保护等。在这一阶段，开始针对信息安全体系进行研究，重在运行安全与数据安全，兼顾内容安全。

因此，网络安全的研究涉及安全策略、移动代码、指令保护、密码学、操作系统、软件工程和网络安全管理等内容。

1.1.4　信息安全保障

进入 20 世纪 90 年代，随着网络技术的进一步发展，超大型网络迫使人们必须从整体安全的角度去考虑信息安全问题。网络的开放性、广域性等特征把人们对信息安全的需求，延展到可用性、完整性、真实性、机密性和不可否认性等更全面的范畴。同时，随着网络黑客、病毒等技术层出不穷、变化多端，人们发现任何信息安全技术和手段都存在弱点，传统"防火墙＋补丁"的纯技术方案无法完全抵御来自各方的威胁，必须寻找一种可持续的保护机制，对信息和信息系统进行全方位的、动态的保护。1989 年美国卡内基·梅隆大学计算机应急小组开始研究如何从静态信息安全防护向动态防护转变。之后，美国国防部在其信息安全及网络战防御理论探索中吸收了这一思想，并于 1995 年提出了"信息保障"概念。信息安全保障在美国称为信息保障（IA，Information Assurance）。1996 年美国国防部（DoD）在国防部令 S-3600.1 中对信息保障下作了如下定义：保护和防御信息及信息系统，确保其可用性、完整性、保密性、可认证性、不可否认性等特性。这包括在信息系统中融入保护、检测、反应功能，并提供信息系统的恢复功能。这就是信息保障的 P2DR 模型，如图 1-2 所示。

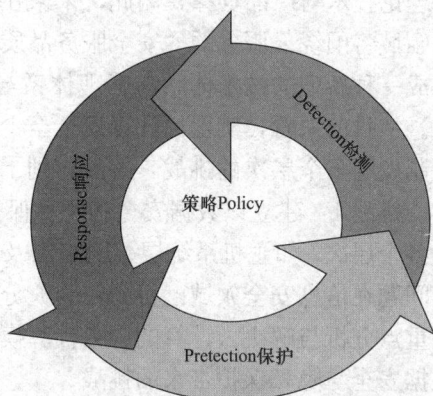

图 1-2　P2DR 模型示意图

信息保障的五个技术环节为预警、保护、检测、响应和恢复。

（1）预警的概念：根据以前掌握的系统脆弱性和当前了解的犯罪趋势预测未来可能受到的攻击及危害。是否能预警客观存在着空间差、时间差、知识差、能力差的问题。预警的技术支持包括威胁分析、脆弱性分析、资产评估、风险分析、漏洞修补、预警协调。

（2）P（保护，Protect）：采用可能采取的手段保障信息的保密性、完整性、可用性、可控性和不可否认性。技术手段包括网络安全、操作系统安全、数据库系统安全访问控制、口令等保密性和完整性技术。

（3）D（检测，Detect）：利用高级技术提供的工具检查系统存在的可能的黑客攻击、白领犯罪、病毒泛滥等脆弱性。技术手段包括病毒检测、漏洞扫描、入侵检测、用户身份鉴别等。

（4）R（响应，React）：对危及安全的事件、行为、过程及时做出响应处理，杜绝危害的进一步蔓延扩大，力求系统尚能提供正常服务。技术手段包括监视、关闭、切换、跟踪、报警、修改配置、联动、阻断等。

（5）R（恢复，Restore）：一旦系统遭到破坏，尽快恢复系统功能，尽早提供正常的服务。技术手段包括备份、恢复等。

1998 年 5 月美国公布了由国家安全局 NSA 起草的 1.0 版本的《信息保障技术框架》（IATF，Information Assurance Technical Framework），旨在为保护美国政府和工业界的信息与技术设施提供技术指南。1999 年 8 月 31 日 IATF 论坛发布了 IATF2.0 版本，2000 年 9 月 22 日又推出了 IATF3.0 版本。

1.1.5　云计算安全阶段

云计算以动态的服务计算为主要技术特征，以灵活的"服务合约"为核心商业特征，是信息技术领域正在发生的重大变革。这种变革为信息安全领域带来了巨大的冲击。

（1）在云平台中运行的各类云应用没有固定不变的基础设施，没有固定不变的安全边界，难以实现用户数据安全与隐私保护。

（2）云服务所涉及的资源由多个管理者所有，存在利益冲突，无法统一规划部署安全防护措施。

（3）云平台中数据与计算高度集中，安全措施必须满足海量信息处理需求。

由于当前信息安全领域仍缺乏针对此类问题的充分研究，尚难为安全的云服务提供必要的理论技术与产品支撑，因此，未来在信息安全学术界与产业界共同关注及推动下，信息安全领域将围绕云服务的"安全服务品质协议"的制定、交付验证、第三方检验等，逐渐发展形成一种新型的技术体系与管理体系与之相适应，标志着信息安全领域一个新的时代的到来。从目前来看，实现云计算安全至少应解决关键技术、标准与法规建设，以及国家监督管理制度等多个层次的挑战，下面分别予以简要阐述。

挑战1：建立以数据安全和隐私保护为主要目标的云安全技术框架。当前，云计算平台的各个层次，如主机系统层、网络层及Web应用层等都存在相应安全威胁，但这类通用安全问题在信息安全领域已得到较为充分的研究，并具有比较成熟的产品。研究云计算安全需要重点分析与解决云计算的服务计算模式、动态虚拟化管理方式及多租户共享运营模式等对数据安全与隐私保护带来的挑战。

挑战2：建立以安全目标验证、安全服务等级测评为核心的云计算安全标准及其测评体系。建立安全指导标准及其测评技术体系是实现云计算安全的另一个重要支柱。云计算安全标准是度量云用户安全目标与云服务商安全服务能力的尺度，也是安全服务提供商构建安全服务的重要参考。基于标准的"安全服务品质协议"，可以依据科学的测评方法检测与评估，在出现安全事故时快速实现责任认定，避免产生责任推诿。

挑战3：建立可控的云计算安全监管体系。科学技术是把双刃剑，云计算在为人们带来巨大好处的同时也带来巨大的破坏性能力。而网络空间又是继领土权、领空权、领海权、太空权之后的第五维国家主权，是任何主权国家必须自主掌控的重要资源。因此，应在发展云计算产业的同时大力发展云计算监控技术体系，牢牢掌握技术主动权，防止其被竞争对手控制与利用。

1.2　信息安全基本概念

1.2.1　信息安全的定义

信息安全领域的发展历程已多次证明，信息技术的重大变革将直接影响信息安全领域的发展进程。从通信保密到系统安全，从网络安全到信息安全保障，信息安全定义随着网络与信息技术的发展而不断发生变化，其含义也在动态发生变化。

从理念上看，以前信息安全强调的是"规避风险"，即防止发生并提供保护，避免破坏发生时无法挽回；而信息保障强调的是"风险管理"，即综合运用保护、探测、反应和恢复等多种措施，使得信息在攻击突破某层防御后，仍能确保一定级别的可用性、完整性、真实性、机密性和不可否认性，并能及时对破坏进行修复。再者，以前的信息安全通常是单一或多种技术手段的简单累加，而信息保障则是对加密、访问控制、防火墙、安全路由等技术的综合运用，更注重入侵探测和灾难恢复技术。

信息安全逐渐演变成一个综合、交叉的学科领域，不再仅仅限于对传统意义上的网络和计算机技术进行研究，必须要综合利用数学、物理、通信、计算机及经济学等诸多学科的长期知识积累和最新发展成果，进行自主创新研究，并提出系统的、完整的、协同的解决方案。例如，防电磁辐射、密码技术、数字签名、信息安全成本和收益等方面的研究都分别涉及并综合了计算机、物理学、数学及经济学上的一些原理。但是严格来说对信息安全并没有明确的定义，而只有一些相关的描述。

国际标准化委员会定义的信息安全概念是：为数据处理系统而采取的技术和管理的安全保护，保护计算机硬件、软件、数据不因偶然的或恶意的原因而遭到破坏、更改、显露。

ISO/IEC 17799 定义信息安全是：通过实施一组控制而达到的，包括策略、措施、过程、组织结构及软件功能，是对机密性、完整性和可用性保护的一种特性。机密性确保信息只能被授权访问方所接受，完整性即保护信息处理手段的正确与完整，可用性确保授权用户在需要时能够访问信息相关资源。

我国相关立法给出的定义是保障计算机及其相关和配套的设备、设施（网络）的安全，运行环境的安全，保障信息的安全，保障计算机功能的正常发挥，以维护计算机系统的安全。

从上述定义看，信息安全涵盖两个层次。第一，从信息层次来看，信息安全要保证信息的完整性和保密性。完整性即保证信息的来源、去向、内容真实无误；保密性即保证信息不会被非法泄露与扩散。第二，从网络层次来看，要达到可用性和可控性。可用性即保证网络和信息系统随时可用，运行过程不出现故障，并且在遇到意外情况时能够尽量减小损失，并尽早恢复正常；可控性即对网络信息的传播具有控制能力。

1.2.2 信息安全的内涵与外延

1. 信息空间（CyberSpace）安全

信息空间是自然空间中的一个域，由网络、电磁场以及人在其中的信息交互共同组成，已成为继陆地、海洋、天空和外太空之后人类生存的第五空间，其形成经历了计算机网络空间、电磁与网络融合空间、泛在网络电磁空间三个阶段。

计算机网络空间起始于计算机和网络技术的发展，它的出现不仅是一场科学技术革命，更是人类生活方式革命。20 世纪 60 年代末，"互联网传输控制和网际协议"彻底改变了传统通信传输样式，分组数据包传输以其高效的资源使用率和更大规模的连接能力为计算机网络的出现奠定了基础。随即以有线传输为主的互联网迅速在全球推广并普及，成为人们高度依赖的新平台。

网络技术一经出现，便以惊人的速度发展，朝着网络与电磁融合的方向快速迈进，极大地拓展了人类活动的物理空间。2006 年新版美军《联合信息作战条令》写道："由于无线电网络化的不断扩展及计算机与射频通信的整合，使计算机网络战与电子战行动、能力之间已无明确界限。"

仅有 50 多年历史的网络，以超乎想象的速度在全球推广，成为承载政治、军事、经济、文化的全新空间。特别是随着"网络中心战""智慧地球"的不断推进，物联网、激光通信、太空互联网、全球信息栅格、云计算技术的发展，使网络与电磁空间融为一体，使网络成为影响社会稳定、国家安全、经济发展和文化传播的重要平台。当前，网络信息层与电磁能量层融合的空间，再一次向认知层和社会层伸出了触角，逐渐形成涵盖物理、信息、认知和社会四域的第五维空间，即泛在的网络电磁空间。

信息空间是一个广泛、无所不在的网络（Ubiquitous and Pervasive Networks），该空间特征为：①网络融合性：互联网、电信网络、广播电视网络、物联网（IoT，Internet of Things）等；②终端多样性：智能手机、电视、PC、IPAD 等；③内容多样化：云计算、社交网络、对等网络服务等；④领域广泛性：涉及政治、经济、文化、军事等社会各个层面。

信息空间安全问题。信息空间需要使用动态的资源聚集，这依赖于端对端的连通性和双向的事件通知，导致传统网络安全设施被穿越。信息空间的信息传输往往使用高性能基于UDP的协议，通信源点易于欺骗，这将带来数据传输层的不可靠性。信息空间的扩展性、异构性和动态性等特征带来的诸多安全问题，是现有安全技术无法解决的。我国在打造网络大国的过程中，有责任、有义务保障信息空间的安全、可信和可靠，同时需重点关注以下两方面关键应用需求：①安全问题重心的转移：从低层的信息系统安全向高层的网络平台信息管控转移；②全新的访问控制理论和技术挑战：组织间跨域资源聚合共享。

2. 网络空间安全

网络空间是融合物理域、信息域、认知域和社会域，以互联互通的信息技术基础设施网络为平台，通过无线电、有线电信道传递信号信息，控制实体行为的信息活动空间。网络空间安全包含物理域和信息域两个层面：

（1）物理域的网络空间安全是指网络空间硬件设施设备安全，要求确保硬件设施设备不被干扰、破坏和摧毁；

（2）信息域的网络空间安全重点是确保信息的可用性、机密性、完整性和真实性。

在我国，国家高度重视网络空间安全保障工作，网络信息安全上升至国家战略。2014年2月27日中央网络安全和信息化领导小组成立。2015年4月20日《国家安全法（草案）》二审稿增加了国家"建设国家网络与信息安全保障体系，提升网络与信息安全保护能力"、"维护国家网络空间主权"的规定。

1.2.3 安全目标

计算机信息系统的安全目标主要包括机密性、完整性、可用性、不可否认性和身份认证等。其中，机密性、完整性和可用性是信息安全的三个核心安全目标，这五个安全目标对应着五种基本的安全服务。对这五个安全目标的解释随着它们所处环境的不同而不同。在某种特定的环境下，对某种安全目标的解释也是由个体需求、习惯和特定组织的法律所决定的。

1. 机密性

NIST关于机密性的定义：机密性是指对信息或资源的隐藏。信息保密的需求源自计算机在敏感领域的使用，如政府或企业。即机密性指确保信息资源仅被合法的用户、实体或进程访问，使信息不泄露给未授权的用户、实体或进程。

2. 完整性

NIST关于完整性的定义：完整性指的是数据或资源的可信度，通常使用防止非授权的或者未经授权的数据改变来表达完整性。完整性指信息资源只能由授权方式或以授权的方式修改，在存储或传输过程中不丢失、不被破坏。完整性的破坏一般来自未授权、未预期、无意三个方面。

3. 可用性

NIST关于可用性的定义：可用性是指对信息或资源的期望使用能力。即信息可被合法用户访问并按要求的特性使用而不遭拒绝服务。可用的对象包括信息、服务和IT资源。

4. 不可否认性

不可否认性指信息的发送者无法否认已发出的信息或信息的部分内容，信息的接收者无法否认已经接收的信息或信息的部分内容。无论是授权的使用还是非授权的使用，事后都应该是有据可查的。对于非授权的使用，必须是非授权的使用者无法否认或抵赖的，这应该是信息安全的最后一个重要环节。

5. 身份认证

认证是安全的最基本要素。信息系统的目的就是供使用者使用的，但只能给获得授权的使用者使用，因此，首先必须知道来访者的身份。使用者可以是人、设备和相关系统，无论是什么样的使用者，安全的第一要素就是对其进行认证。在信息化系统中，对每一个可能的入口都必须采取认证措施，对无法采取认证措施的入口必须完全堵死，从而防堵每一个安全漏洞。

这五种安全目标已经基本上覆盖了现有的攻击。但应当说明的是这五种安全目标绝对没有覆盖未来可能发现的攻击行为。这一点同其他学科不大一样，因为攻、防本身是在不断变化发展的。不同行业、不同用户对于上述安全目标有不同的侧重。

1.3 信息安全攻击、安全策略与安全机制

T X.800 标准将通常所说的"网络安全（Network Security）"进行逻辑上的分别定义，即安全攻击（Security Attack）是指损害机构所拥有信息的安全的任何行为；安全机制（Security Mechanism）是指设计用于检测、预防安全攻击或者恢复系统的机制；安全服务（Security Service）是指采用一种或多种安全机制以抵御安全攻击、提高机构的数据处理系统安全和信息传输安全的服务。安全体系结构层次如图 1-3 所示。

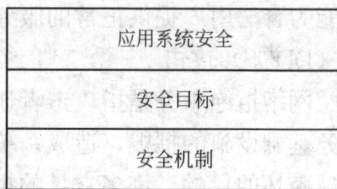

| 应用系统安全 |
| 安全目标 |
| 安全机制 |

图 1-3 安全体系结构层次

给定一类应用对安全需求归结为一些基本要素，称为安全目标（安全服务），目标通过合理配置安全机制实现。

1.3.1 信息安全攻击

1. 根据安全目标划分

信息安全包括机密性、完整性、可用性三个核心目标。根据上述三类安全目标将攻击划分成以下几个分类。

（1）威胁机密性的攻击。

1）窃听。窃听指在未经授权的情况下访问或拦截信息。例如，一个在网络上传输的文件可能含有机密信息，某未经授权的实体就有可能拦截该传输并利用其内容用以牟利。为避免被窃听，通常使用本章中讨论的加密技术，就可以使文件成为对拦截者不可解的信息。

用各种可能的合法或非法手段窃取系统中的信息资源和敏感信息。例如，对通信线路中传输的信号搭线监听，或者利用通信设备在工作过程中产生的电磁泄漏截取有用信息等。

2）流量分析。窃听和数据分析是指攻击者通过对通信线路或通信设备的监听，或通过对通信量（通信数据流）的大小、方向频率的观察，经过适当分析，直接推断出秘密信息，达到信息窃取的目的。例如，可以获得发送者或者接收者的电子地址（如电子邮箱地址），也可以通过收集通信双方的信息来猜测交易的本质。流量分析攻击通过对系统进行长期监听，利用统计分析方法对诸如通信频度、通信的信息流向、通信总量的变化等参数进行研究，从中发现有价值的信息和规律。

（2）威胁完整性的攻击。

1）篡改。拦截或访问信息后，攻击者可以修改信息使其对己有利。例如，某客户为一笔交易给银行发送信息，攻击者即可拦截信息并将其改变为对己有利的交易形式。值得注意的是，有时攻击者只要简单地删除或拖延信息就能给网络造成危害并从中牟利。

2）伪装。伪装或欺骗就是攻击者假扮成某人。例如，攻击者伪装为银行的客户，从而盗取银行客户的银行卡密码和个人身份号码。有时攻击者也可能伪装为接收方。例如，当用户设法联系某银行的时候，另外一个地址伪装为银行，从用户那里得到某些相关的信息。

插入、重放指攻击者通过把网络传输中的数据截获后存储起来并在以后重新传送，或把伪造的数据插入到信道中，使得接收方收到一些不应当收到的数据。这种攻击通常也是为了达到假冒或破坏的目的。但是通常比截获/修改的难度大，一旦攻击成功，危害性也大。

3）否认。这是一种来自用户的攻击，如否认自己曾经发布过的某条消息、伪造一份对方来信等。

（3）威胁可用性的攻击。威胁可用性的攻击指对信息或其他资源的合法访问被无条件地阻止。典型的威胁可用性的攻击是拒绝服务攻击。拒绝服务攻击的目的是摧毁计算机系统的部分乃至全部进程，或者非法抢占系统的计算资源，导致程序或服务不能运行，从而使系统不能为合法用户提供正常的服务。目前最有杀伤力的拒绝服务攻击是网络上的分布式拒绝服务（DDOS）攻击。

网络拒绝服务是指攻击者通过对数据或资源的干扰、非法占用、超负荷使用、对网络或服务基础设施的摧毁，造成系统永久或暂时不可用，合法用户被拒绝或需要额外等待，从而实现破坏的目的。许多常见的拒绝服务攻击都是由网络协议（如 IP）本身存在的安全漏洞和软件实现中考虑不周共同引起的。例如，TCP SYN 攻击，利用 TCP 连接需要分配的内存，多次同步使其他连接不能分配到足够内存，从而导致系统暂时不可用。

计算系统受到上述类型的攻击可能是黑客或敌手操作实现的，也可能是网络蠕虫或其他恶意程序造成的。典型示例有 SYN Flood 攻击、Ping Flood 攻击、Land 攻击、WinNuke 攻击等。

（4）其他类型的攻击。除上面明确分类的攻击之外，还存在很多其他类型的攻击，如信息泄露、非法使用（非授权访问）、假冒、旁路控制、授权侵犯、特洛伊木马、陷阱门、计算机病毒、人员不慎、媒体废弃信、物理侵入、窃取、业务欺骗等。这些攻击都不同程度地对系统造成威胁。

2. 根据威胁信息系统的攻击划分

根据在系统中的作用，威胁信息系统的攻击可以划分为被动攻击和主动攻击两大类。

（1）被动攻击（Passive Attack）。在被动攻击中，攻击者的目的只是获取信息，这意味着攻击者不会篡改或危害系统。系统可以不中断其正常运行。然而，攻击可能危害信息的发送者或者接收者。威胁信息机密性的攻击——窃听和流量分析均属于被动攻击。信息的暴露会危害信息的发送者或接收者，但是系统不会受到影响。因此，在信息发送者或接收者发现机密信息已经泄露之前，要发现这种攻击是很困难的。然而，被动攻击可以通过对信息进行加密而避免。

被动攻击主要是收集信息而不是进行访问，数据的合法用户对这种活动一点也不会觉察到。被动攻击包括嗅探、信息收集等攻击方法。报文内容泄露、通信分析法等属于被动攻击。

（2）主动攻击（Active Attack）。主动攻击可能改变信息或危害系统。威胁信息完整性和可用性的就是主动攻击。主动攻击通常易于检测但却难以防范，因为攻击者可以通过多种方法发起攻击。主动攻击包含攻击者访问他所需信息的故意行为。拒绝服务攻击、信息篡改、资源使用、欺骗等属于主动攻击。

这样分类并不意味主动攻击不能收集信息或被动攻击不能被用来访问系统。多数情况下这两种类型被联合用于入侵一个站点。但是，大多数被动攻击不一定包括可被跟踪的行为，因此更难被发现。从另一个角度看，主动攻击容易被发现但多数公司都没有发现，所以发现被动攻击的机会几乎是零。

1.3.2 安全策略

计算机系统的安全策略是为了描述系统的安全需求而制定的对用户行为进行约束的一套严谨的规则，这些规则是对允许什么、禁止什么的规定，是指在某个安全区域内（一个安全区域通常是指属于某个组织的一系列处理和通信资源），用于所有与安全相关活动的一套规则。这些规则是由此安全区域中所设立的一个安全权力机构建立的，并由安全控制机构来描述、实施或实现的。

信息安全策略是一组规则，它们定义了一个组织要实现的安全目标和实现这些安全目标的途径。信息安全策略可以划分为两个部分：问题策略（Issue Policy）和功能策略（Functional Policy）。问题策略描述了一个组织所关心的安全领域和对这些领域内安全问题的基本态度。功能策略描述如何解决所关心的问题，包括制定具体的硬件和软件配置规格说明、使用策略及雇员行为策略。

信息安全策略必须有清晰和完全的文档描述，必须有相应的措施保证信息安全策略得到强制执行。在组织内部，一方面，必须有行政措施保证既定的信息安全策略被不打折扣地执行，管理层不能允许任何违反组织信息安全策略的行为存在；另一方面，也需要根据业务情况的变化不断地修改和补充信息安全策略。

信息安全策略的内容应该有别于技术方案，信息安全策略只是描述一个组织保证信息安全的途径的指导性文件，它不涉及具体做什么和如何做的问题，只需指出要完成的目标。信息安全策略是原则性的，不涉及具体细节，对于整个组织提供全局性指导，为具体的安全措施和规定提供一个全局性框架。在信息安全策略中不规定使用什么具体技术，也不描述技术配置参数。信息安全策略的另外一个特性就是可以被审核，即能够对组织内各个部门信息安全策略的遵守程度给出评价。

信息安全策略的描述语言应该是简洁的、非技术性的和具有指导性的。例如，一个涉及对敏感信息加密的信息安全策略条目可以这样描述："任何类别为机密的信息，无论存储在计算机中，还是通过公共网络传输时，必须使用本公司信息安全部门指定的加密硬件或者加密软件予以保护。"这个叙述没有谈及加密算法和密钥长度，所以当旧的加密算法被替换，新的加密算法被公布的时候，无须对信息安全策略进行修改。

1.3.3 安全机制

安全机制是实施安全策略的方法、工具或者规程。安全机制是指用来保护系统免受侦听、阻止安全攻击及恢复系统的机制。通常，信息安全机制包括防护机制、检测机制与恢复机制三个大类。安全机制可通过密码、软件、硬件、策略及物理安全来实现。在体系上可分为密码技术、安全控制技术（如访问控制技术、口令控制技术）和安全防护技术（防火墙技术、计算机网络病毒防治技术、信息泄露防护技术）。

1. 加密技术

加密技术能为数据或通信信息流提供机密性保护，同时对其他安全机制的实现起主导作用或辅助作用，可通过以下手段实现。

（1）对称加密。对称加密又称私钥加密，即信息的发送方和接收方用同一个密钥去加密和解密数据。它的最大优势是加、解密速度快，适合于对大数据量进行加密，但密钥管理困难。如果进行通信的双方能够确保专用密钥在密钥交换阶段未曾泄露，则机密性和报文完整性就可以通过这种加密方法加密机密信息、随报文一起发送报文摘要或报文散列值来实现。

（2）非对称加密。非对称加密又称公钥加密，使用一对密钥来分别完成加密和解密操作，其中一个公开发布（即公钥），另一个由用户自己秘密保存（即私钥）。信息交换的过程是：甲方生成一对密钥并将其中的一把作为公钥向其他交易方公开，得到该公钥的乙方使用该密钥对信息进行加密后再发送给甲方，甲方再用自己保存的私钥对加密信息进行解密。

（3）密钥管理。加密机制的使用产生了密钥管理的需求，从而产生出了密钥管理机制。密钥管理技术划分为以下三类。

1）对称密钥管理。对称加密是基于共同保守秘密来实现的。采用对称加密技术的贸易双方必须要保证采用的是相同的密钥，要保证彼此密钥的交换是安全可靠的，同时还要设定防止密钥泄密和更改密钥的程序。这样，对称密钥的管理和分发工作将变成一件潜在危险的和烦琐的过程。通过公开密钥加密技术实现对称密钥的管理使相应的管理变得简单和更加安全，同时还解决了纯对称密钥模式中存在的可靠性问题和鉴别问题。

2）公开密钥管理/数字证书。贸易伙伴间可以使用数字证书（公开密钥证书）来交换公开密钥。国际电信联盟（ITU）制定的标准 X. 509，对数字证书进行了定义，该标准等同于国际标准化组织（ISO）与国际电工委员会（IEC）联合发布的 ISO/IEC 9594 - 8：195 标准。数字证书通常包含有唯一标识证书所有者（即贸易方）的名称、唯一标识证书发布者的名称、证书所有者的公开密钥、证书发布者的数字签名、证书的有效期及证书的序列号等。证书发布者一般称为证书管理机构（CA），它是贸易各方都信赖的机构。数字证书能够起到标识贸易方的作用，是目前电子商务广泛采用的技术之一。

3）密钥管理相关的标准规范。目前国际有关的标准化机构都着手制定关于密钥管理的技术标准规范。ISO 与 IEC 下属的信息技术委员会（JTC1）已起草了关于密钥管理的国际标准规范。该规范主要由三部分组成：一是密钥管理框架；二是采用对称技术的机制；三是采用非对称技术的机制。该规范现已进入国际标准草案表决阶段，并将很快成为正式的国际标准。

2. 信息的完整性

完整性证明是在数据的传输过程中，验证收到的数据是否与原来数据保持完全一致的手段。有两类消息的鉴别：数据单元的完整性鉴别和数据流的完整性鉴别。数据单元的鉴别是数据的生成者（或发送者）计算的普通分组校验码、用传统密码算法计算的鉴别码、用公钥密码算法计算的鉴别码，附着在数据单元后面，数据的使用者（或接收者）完成对应的计算（可能与生成者的相同或不同），从而检验数据是否被篡改或假冒。

3. 数字签名

数字签名也称电子签名，同出示手写签名一样，能起到电子文件认证、核准和生效的作用。其实现方式是把散列函数和公开密钥算法结合起来，发送方从报文文本中生成一个散列值，并用自己的私钥对这个散列值进行加密，形成发送方的数字签名；然后，将这个数字签名作为报文的附件和报文一起发送给报文的接收方；报文的接收方首先从接收到的原始报文中计算出散列值，接着再用发送方的公开密钥来对报文附加的数字签名进行解密；如果这两个散列值相同，则接收方就能确认该数字签名是发送方的。数字签名机制提供了一种鉴别方法，以解决伪造、抵赖、冒充、篡改等问题。

4. 身份识别

各种系统通常为用户设定一个用户名或标识符的索引值。身份识别就是后续交互中当前用户对其标识符一致性的一个证明过程，通常是用交互式协议实现的。常用的身份识别技术包括以下三种。

（1）口令（Password）。验证方提示证明方输入口令，证明方输入后由验证方进行真伪识别。

（2）密码身份识别协议。使用密码技术，可以构造出多种身份识别协议，如挑战-应答协议、零知识证明、数字签名识别协议等。

（3）使用证明者的特征或拥有物的身份识别协议。如指纹、面容、虹膜等生物特征，身份证、IC 卡等拥有物的识别协议，这些特征或拥有物独一无二的概率很大。

5. 流量填充

通信量通常会泄露信息。为了防止敌手对通信量的分析，需要在空闲的信道上发送一些无用的信息，以便蒙蔽敌手（填充的信息经常要使用机密性服务），这就称为通信量填充机制。在专用通信线路上这种机制非常重要，但在公用信道中则要依据环境而定。信息隐藏则是把一则信息隐藏到看似与之无关的消息（如图像文件等）中，以便蒙蔽敌手，通常也要和密码技术结合才能保证不被敌手发现。通信量填充和信息隐藏是一组对偶的机制。前者发送有形式无内容的消息，而后者发送有内容"无"形式的消息，以达到扰乱的目的。

6. 路由控制

路由控制是对于信息的流经路径的选择，为一些重要信息指定路径，例如，通过特定的安全子网、中继或连接设备，也可能是要绕开某些不安全的子网、中继或连接设备。这种路由可以是预先安排的或者作为恢复的一种方式而由端系统动态指定。路由控制则是一种一般的通信环境保护。恰当的路由控制可以提升环境的安全性，从而可能会因此简化其他安全机制实施的复杂性。

7. 公证

在两方或多方通信中，公证机制可以提供数据的完整性，发、收方的身份识别和时间同步等服务。通信各方共同信赖的公证机构，称为可信第三方，它保存通信方的必要信息，并以一种可验证的方式提供上述服务。通信各方选择可信第三方指定的加密、数字签名和完整性机制，并和可信第三方做少量的交互，实现对通信的公证保护。例如，证书权威机构 CA，通过为各通信方提供公钥证书和相关的目录、验证服务，从而实现了一部分公证机构的职能。

8. 访问控制

访问控制机制使用实体的标识、类别（如所属的实体集合）或能力，从而确定权限、授予访问权。按用户身份及其所归属的某预定义组来限制用户对某些信息项的访问，或限制对某些控制功能的使用。访问控制通常用于系统管理员控制用户对服务器、目录、文件等网络资源的访问。其功能主要有以下三种：①防止非法的主体进入受保护的网络资源；②允许合法用户访问受保护的网络资源；③防止合法的用户对受保护的网络资源进行非授权的访问。访问控制机制基于以下四种技术：

(1) 访问信息库。

(2) 识别信息库。

(3) 能力信息表。

(4) 安全等级。

为进行访问的实体和被访问的实体划分相应的安全等级、范围，制定访问交互中双方安全等级、范围必须满足的条件（称为强安全策略）。这种机制与访问控制表或能力表机制相比，信息维护量小，但设计难度大。此外，在访问控制中有时还需要考虑时间及持续长度、通信信道等因素。

9. 事件检测与安全审计

事件检测对所有用户与安全相关的行为进行记录，以便对系统的安全进行审计。与安全相关的事件检测，包括对明显违反安全规则的事件和正常完成事件的检测。其处理过程首先是对事件集合给出一种定义，这种定义是关于事件特征的描述，而这些特征又应当是易于捕获的。一旦检测到安全相关的事件，则进行事件报告（本地的和远程的）和存档。安全审计则在专门的事件检测存档和系统日志中提取信息，进行分析、存档和报告，是事件检测的归纳和提升。安全审计的目的是改进信息系统的安全策略、控制相关进程，同时也是执行相关的恢复操作的依据。对于分布式的事件检测或审计，要建立事件报告信息和存档信息的语义和表示标准，以便信息的交换。目前经常提到的漏洞扫描和入侵检测都属于事件检测和审计的范畴。

10. 恢复机制

恢复包括对数据的恢复和对网络计算机系统运行状态的恢复。电子数据恢复是指通过技术手段，将保存在台式机硬盘、笔记本硬盘、服务器硬盘、存储磁带库、移动硬盘、U 盘、数码存储卡、MP3 等设备上丢失的电子数据进行抢救和恢复的技术。计算机系统运行状态恢复是指把系统恢复到安全状态。

1.4　信息安全体系结构

1.4.1　信息安全体系结构的含义

什么是体系结构？它是由英文单词 Architecture 翻译而来。在英语中，Architecture 最常用的解释就是"建筑"。可见，与任何一个"建筑"相类似，一个体系结构应该包括一组组件及其组件之间的联系。从系统工程的观点看，任何复杂的系统都是由相对简单的、具有层次结构的基本元素组成的。这些基本元素彼此之间存在着复杂的相互作用，某些元素还可能具有非常复杂的内部结构。该观点帮助我们理解体系结构的重点所在，即元素及其关系。

信息安全体系结构是针对信息系统而言的，一般信息系统的安全体系结构是系统信息安全功能定义、设计、实施和验证的基础，该体系结构应该在反映整个信息系统安全策略的基础上，描述该系统安全组件及其相关组件相互间的逻辑关系和功能分配。这种描述的合理性和准确性将直接关系信息系统安全策略的实现效果。

结合上述基本定义，信息系统安全体系由技术体系、管理体系和组织机构体系组成，如图1-4所示，技术体系、组织机构体系与管理体系三个层面缺一不可。

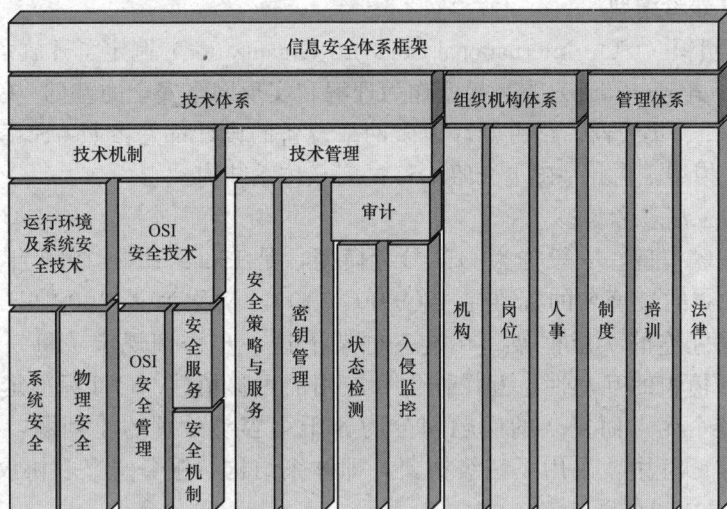

图1-4 信息安全体系框架

1.4.2 技术体系

1. 物理安全技术

信息系统的建筑物、机房条件及硬件设备条件满足信息系统的机械防护安全；通过对电力供应设备及信息系统组件的抗电磁干扰和电磁泄漏性能的选择措施达到相应的安全目的。物理安全技术运用于物理保障环境（含系统组件的物理环境）。

2. 系统安全技术

通过对信息系统与安全相关组件的操作系统的安全性选择措施或自主控制，使信息系统安全组件的软件工作平台达到相应的安全等级，一方面避免操作平台自身的脆弱性和漏洞引发的风险，另一方面阻塞任何形式的非授权行为对信息系统安全组件的入侵或接管系统管理权。硬件机制主要介绍PC物理保护、基于硬件的访问控制技术、可信计算与安全芯片、硬件防辐射技术和计算机运行环境安全问题。操作系统安全机制主要介绍操作系统的安全机制，包括存储保护、用户认证和访问控制技术。数据库系统安全主要包括数据库的安全性、完整性、并发控制、备份与恢复等安全机制。

3. 网络安全技术（网络层安全）

网络安全技术主要体现在网络方面的安全性，包括网络层身份认证、网络资源的访问控制、数据传输的保密与完整性、远程接入的安全、域名系统的安全、路由系统的安全、入侵检测的手段、网络设施防病毒、防火墙与入侵检测系统、网络隔离技术、网络安全协议等。

4. 应用安全技术（应用层安全）

应用安全技术主要由提供服务所采用的应用软件和数据的安全性产生，包括Web服务、电子邮件系统、DNS等，以及因编程不当引起的缓冲区漏洞，开发安全的应用系统的编程方法、软件保护的技术措施，还包括病毒对系统的威胁。

5. 管理安全性（管理层安全）

安全管理包括安全技术和设备的管理、安全管理制度、部门与人员的组织规则等。管理的制度化在很大程度上影响着整个网络的安全，严格的安全管理制度、明确的部门安全职责划分、合理的人员角色配置都可以降低其他层次的安全漏洞。

1.4.3　OSI 参考模型

国际标准化组织（ISO，International Standard Organization）制定了开放系统互联（OSI，Open System Interconnection）参考模型作为理解和实现网络安全的基础。OSI 模型用途相当广泛，如交换机、集线器、路由器等很多网络设备的设计都是参照 OSI 模型设计的。本节首先介绍 OSI 模型，在此基础上介绍 OSI 的安全体系结构。

1. 开放系统互联参考模型

开放系统互联模型，一般称为 OSI 参考模型，是 ISO 组织在 1985 年研究的网络互联模型。ISO 发布的最著名的标准是 ISO/IEC 7498，又称为 X.200 协议。该体系结构标准定义了网络互连的 7 层框架。在这一框架下进一步详细规定了每一层的功能，以实现开放系统环境中的互联性、互操作性和应用的可移植性。OSI 标准定制过程中所采用的方法是将整个庞大而复杂的问题划分为若干个容易处理的小问题，这就是分层体系结构方法。在 OSI 中，采用了三级抽象，即体系结构、服务定义和协议规定说明。

2. OSI 7 个层次划分原则

ISO 为了使网络应用更为普及，推出了 OSI 参考模型。其含义就是推荐所有公司使用这个规范来控制网络。这样所有公司都有相同的规范，就可实现互联。提供各种网络服务功能的计算机网络系统是非常复杂的。根据分而治之的原则，ISO 将整个通信功能划分为 7 个层次，划分原则为以下五点。

（1）网络中各结点都有相同的层次；

（2）不同结点的同等层具有相同的功能；

（3）同一结点内相邻层之间通过接口通信；

（4）每一层使用下层提供的服务，并向其上层提供服务；

（5）不同结点的同等层按照协议实现对等层之间的通信。

3. OSI 的 7 层协议模型

OSI 的 7 层协议模型如图 1-5 所示，每层的内容如下。

（1）第 7 层：应用层。应用层是 OSI 中的最高层，为特定类型的网络应用提供了访问 OSI 环境的手段。应用层确定进程之间通信的性质，以满足用户的需要。应用层不仅要提供应用进程所需要的信息交换和远程操作，而且还要作为应用进程的用户代理，来完成一些为进行信息交换所必需的功能。应用层包括文件传送访问和管理 FTAM、虚拟终端 VT、事务处理 TP、远程数据库访问 RDA、制造业报文规范 MMS、目录服务 DS 等协议。

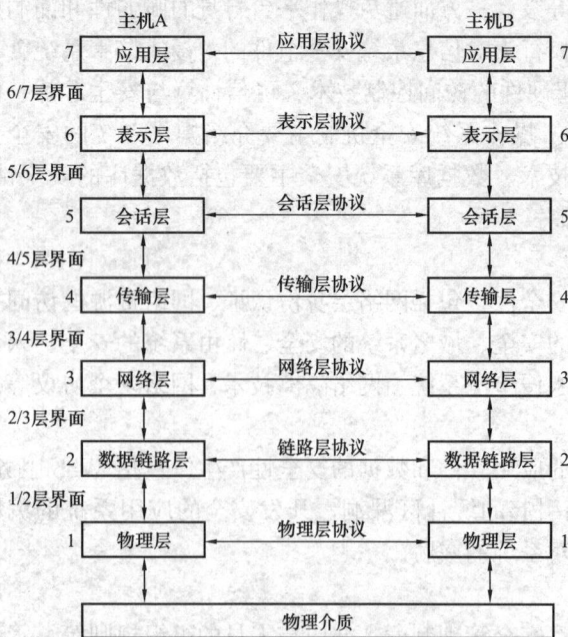

图 1-5　OSI 的 7 层协议模型

（2）第 6 层：表示层。表示层主要用于处理两个通信系统中交换信息的表示方式。为上层用户解决用户信息的语法问题。它包括数据格式交换、数据加密与解密、数据压缩与恢复等功能。

（3）第 5 层：会话层。会话层在两个结点之间建立端连接，为端系统的应用程序之间提供了对话控制机制，决定通信是否被中断，以及通信中断时决定从何处重新发送。

（4）第 4 层：传输层。传输层完成常规数据递送——面向连接或无连接。为会话层用户提供一个端到端的可靠、透明和优化的数据传输服务机制，包括全双工或半双工、流控制和错误恢复服务。

（5）第 3 层：网络层。网络层通过寻址来建立两个结点之间的连接，为源端的运输层送来的分组，选择合适的路由和交换结点，正确无误地按照地址传送给目的端的运输层。它包括通过互联网络来路由和中继数据。

（6）第 2 层：数据链路层。数据链路层将数据分帧，并处理流量控制。屏蔽物理层，为网络层提供一个数据链路的连接，在一条有可能出差错的物理连接上，进行几乎无差错的数据传输。本层指定拓扑结构并提供硬件寻址。

（7）第 1 层：物理层。物理层处于 OSI 参考模型的最底层。物理层的主要功能是利用物理传输介质为数据链路层提供物理连接，以便透明地传送比特流。

开放系统互联参考模型的基本构造技术是分层。每层的目的都是为上层提供某种服务，把这些层与提供服务的细节分开就形成结构化模型。在互联的开放系统中，各子系统的同一层共同构成开放系统中的一层，一般表示为 N 层-某一特定层，N+1 层-相邻的高层，N−1 层-相邻的低层。

在 OSI 参考模型中，对等实体的通信必须通过相邻低层及下面各层通信来完成。从 N+1 实体看，对等 N+1 实体间的通信只能通过相邻对等 N 实体完成。N 实体向 N+1 实体提供相互通信的能力称 N 服务，即 N+1 实体通过请求 N 服务完成对等实体通信。应注意的是，N 服务同时也要使用较低层提供的服务功能。

4. OSI 7 层模型数据传输

数据发送时，从第 7 层传到第 1 层，接收数据则相反。上三层总称应用层，用来控制软件方面。下四层总称数据流层，用来管理硬件。数据在发至数据流层的时候将被拆分。在传输层的数据称为段，网络层称为包，数据链路层称为帧，物理层称为比特流，这样的叫法称为协议数据单元（PDU）序，来完成网络用户的应用需求，如文件传输、收发电子邮件等。如图 1-6 为 OSI 模型中数据在各层之间的传递过程。

1.4.4 OSI 的安全体系结构

1982 年，OSI 基本模型建立之初，就开始进行 OSI 安全体系结构的研究。1989 年 12 月 ISO 颁布了计算机信息系统互联标准的第二部分，即 ISO 7498-2 标准，并首次确定了开放系统互联参考模型的安全体系结构，如图 1-7 所示。

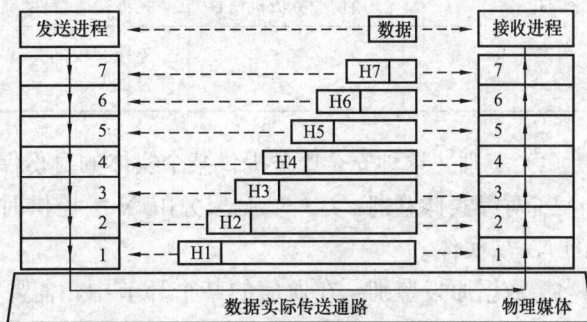

图 1-6 OSI 模型中数据在各层之间的传递过程

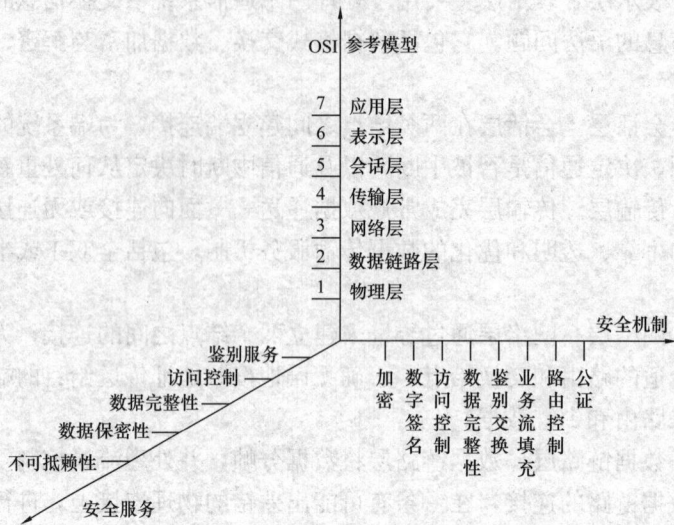

图 1-7　OSI 的安全体系结构

1. OSI 的安全服务

OSI 安全体系结构确定了五大类安全服务，安全服务就是加强数据处理系统和信息传输的安全性的一类服务，其目的在于利用一种或多种安全机制阻止安全攻击。这五大类安全服务包括鉴别服务、访问控制服务、数据机密性服务、数据完整性服务和抗否认性服务，见表 1-1。

表 1-1　　　　　　　　　　　OSI 的安全服务

鉴别	数据机密性	数据完整性	访问控制	抗否认性
对等实体鉴别	连接机密性	带恢复的连接完整性	访问控制	有数据原发证明的抗抵赖
数据原发鉴别	无连接机密性	不带恢复的连接完整性		有交付证明的抗抵赖
	选择字段机密性	选择字段的连接完整性		
	通信业务流机密性	无连接完整性		
		连接字段的无连接完整性		

（1）鉴别。这种安全服务提供某个实体的身份保证。该服务有以下两种类型。

1）对等实体鉴别：这种安全服务由 N 层提供时，N1 层实体可确信对等实体是它所需要的 N1 层实体。

2）数据原发鉴别：在通信的某个环节中，需要确认某个数据是由某个发送者发送的。当这种安全服务由 N 层提供时，可向 N1 层实体证实数据源正是它所需要的对等 N1 层实体。

（2）访问控制服务。这种安全服务提供的保护，就是对某一些确知身份限制对某些资源（这些资源可能是通过 OSI 协议可访问的 OSI 资源或非 OSI 资源）的访问。这种安全服务可用于对某个资源的各类访问（如通信资源的利用，信息资源的阅读、书写或删除，处理资源的执行等）或用于对某些资源的所有访问。

（3）数据机密性服务。这种安全服务能够提供保护，使得信息不泄露、不暴露给那些未授权就试图掌握该信息的实体。

1）连接机密性：这种安全服务向某个 N 层连接的所有 N 层用户数据提供保密性。

2）无连接机密性：这种安全服务向单个无连接 N 层安全数据单元（SDU）中的所有 N 层用户数据提供保密性。

3）选择字段机密性：这种安全服务向 N 层连接上的 N 层用户数据内或单个无连接 N 层 SDU 中的被选字段提供保密性。

4）业务流机密性：这种安全服务防止通过观察业务流以得到有用的保密信息。

（4）数据完整性服务。这种安全服务保护数据在存储和传输中的完整性。

1）带恢复的连接完整性：这种安全服务向某个 N 层连接上的所有 N 层用户数据保证其完整性。它检测对某个完整的 SDU 序列内任何一个数据遭到的任何篡改、插入、删除或重放，同时还可以补救恢复。

2）不带恢复的连接完整性：与带恢复的连接完整性服务相同，但不能补救恢复。

3）选择字段连接完整性：这种安全服务向在某个连接中传输的某个 N 层 SDU 的 N 层用户数据内的被选字段提供完整性保护，并能确定这些字段是否经过篡改、插入、删除或重放。

4）无连接完整性：这种安全服务由 N 层提供，向提出请求的 N1 层实体提供无连接的数据完整性保证，并能确定收到的 SDU 是否经过篡改；另外，还可以对重放情况进行一定程度的检测。

5）选择字段无连接完整性：这种安全服务对单个无连接 SDU 中的被选字段的保证其完整性，并能确定被选字段是否经过篡改、插入、删除或重放。

（5）抗否认性服务（抗抵赖）。它主要保护通信系统不会遭到来自系统中其他合法用户的威胁，而不是来自未知攻击者的威胁。

1）数据源的抗抵赖：向数据接收者提供数据来源的证据，以防止发送者否认发送该数据或其内容的任何企图。

2）传递过程的抗抵赖：向数据发送者提供数据已到目的地的证据，以防止收信者否认接收该数据或其内容的任何事后的企图。

2. OSI 的安全机制

OSI 八大类安全机制包括加密机制、数据签名机制、访问控制机制、数据完整性机制、认证机制、业务流填充机制、路由控制机制、公正机制。

（1）加密机制：确保数据安全性的基本方法，在 OSI 安全体系结构中应根据加密所在的层次及加密对象的不同而采用不同的加密方法。

（2）数据签名机制：确保数据真实性的基本方法，利用数字签名技术可进行用户的身份认证和消息认证，它具有解决收、发双方纠纷的能力。

（3）访问控制机制：从计算机系统的处理能力方面对信息提供保护。访问控制按照事先确定的规则决定主体对客体的访问是否合法，当一主体试图非法使用一个未经给出的访问时，则产生报警并记录日志档案。

（4）数据完整性机制：破坏数据完整性的主要因素有数据在信道中传输时受信道干扰影响而产生错误，数据在传输和存储过程中被非法入侵者篡改，计算机病毒对程序和数据的传染等。纠错编码和差错控制是对付信道干扰的有效方法。对付非法入侵者主动攻击的有效方法是访问认证，对付计算机病毒采用各种病毒检测、杀毒和免疫方法。

（5）认证机制：在计算机网络中认证主要有用户认证、消息认证、站点认证和进程认证等，可用于认证的方法有已知信息（如口令）、共享密钥、数字签名、生物特征（如指纹）等。

（6）业务流填充机制：攻击者通过分析网络中由一路径上的信息流量和流向来判断某些事件的发生，为了对付这种攻击，一些关键站点间再无正常信息传送时，持续传递一些随机数据，使攻击者不知道哪些数据是有用的，哪些数据是无用的，从而挫败攻击者的信息流分析。

（7）路由控制机制：在大型计算机网络中，从源点到目的地往往存在多条路径，其中有些路径是安全的，有些路径是不安全的，路由控制机制可根据信息发送者的申请选择安全路径，以确保数据安全。

（8）公正机制：在大型计算机网络中，并不是所有的用户都是诚实可信的，同时也可能由于设备故障等技术原因造成信息丢失、延迟等，用户之间很可能引起责任纠纷，为了解决这个问题，需要有一个各方都认可的第三方以提供公证仲裁，仲裁数字签名技术是对这种公正机制的一种技术支持。

3. OSI 安全服务与安全机制的关系

ISO 7498 - 2 标准说明了哪些安全服务应当采用哪些安全机制。表 1 - 2 为安全机制与安全服务的关系。

表 1 - 2　　　　　　　　　　　安全机制与安全服务的关系

服务＼机制	加密	数字签名	访问控制	数据完整性	认证	业务流填充	路由控制	公证
对等实体鉴别	Y	Y	.	.	Y			
数据原发鉴别	Y	Y	.	.	.			
访问控制服务	.	.	Y	.	.			
连接机密性	Y	.	.	.	.		Y	
无连接机密性	Y	.	.	.	.		Y	
选择字段机密性	Y	.	.	.	.			
通信业务流机密性	Y	.	.	.	.	Y	Y	
带恢复的连接完整性	Y	.	.	Y	.			
不带恢复的连接完整性	Y	.	.	Y	.			
选择字段连接完整性	Y	.	.	Y	.			

续表

服务 ＼ 机制	加密	数字签名	访问控制	数据完整性	认证	业务流填充	路由控制	公证
无连接完整性	Y	Y	.	Y	.	.		
选择字段无连接完整性	Y	Y	.	Y	.	.		
抗否认、带数据原发证据	.	Y	.	Y	.	.		Y
抗否认、带交付证据	.	Y	.	Y	.	.		Y

注　"Y"表示机制适合相应的服务；"."表示机制不适合相应的服务。

4. 层次化结构中服务的配置

ISO 7498 - 2 标准的目标是要增强 OSI 各层的安全服务，这些安全服务应当在适当的服务层中，如表 1 - 3 所示。OSI 安全体系结构最重要的贡献是它总结了各项安全服务在 OSI 7 层中的适当配置位置。在标准中层次化结构中服务配置表起到了"航标"作用，因为它说明了参考模型中的各个层次应提供哪些安全服务。

表 1 - 3　　　　　　　　　　　　　层次化结构中服务的配置

服务 ＼ 协议层	1	2	3	4	5	6	7
对等实体鉴别	.	.	Y	Y	.	.	Y
数据原发鉴别	.	.	Y	Y	.	.	Y
访问控制服务	.	.	Y	Y	.	.	Y
连接机密性	Y	Y	Y	Y	.	Y	Y
无选择机密性	.	Y	Y	Y	.	Y	Y
选择字段机密性	.	.	.	.	.	Y	Y
通信业务流机密性	Y	.	Y	.	.	.	Y
带恢复的连接完整性	.	.	.	Y	.	.	Y
不带恢复的连接完整性	.	.	Y	Y	.	.	Y
选择字段连接完整性	.	.	.	.	.	.	Y
无连接完整性	.	.	Y	Y	.	.	Y
选择字段无连接完整性	.	.	.	.	.	.	Y
抗否认、带数据原发证据	.	.	.	.	.	.	Y
抗否认、带交付证据	.	.	.	.	.	.	Y

注　层数 1 代表最底层物理层；层数 7 代表最高层应用层；"Y"表示服务可在相应的层次上提供；"."表示服务不能在相应的层上提供。

从表 1 - 2、表 1 - 3 可看出，相同安全需求可以在不同的网络协议层次得到满足。虽然在高层能够实现更多的安全，但在实现安全功能的网络层次方面主要需要考虑：若在较低的网络协议层次满足这些需求，一般在成本、通用性和适用性等方面具有一定优势，但是，一些现实条件要求或约束使安全性必须在更高的网络层次实现。综合地看，OSI 安全体系结构中的安全服务为网络系统主要提供更高的网络层次实现。

5. OSI 中的安全管理

为了更有效地运用安全服务，需要有其他措施来支持其操作，这些措施即为安全管理。安全管理是对安全服务和安全机制进行管理，把管理信息分配到有关的安全服务和安全机制中去，并收集与它们的操作有关的信息。

OSI 概念化的安全体系结构是一个多层次的结构，它本身是面向对象的，给用户提供了各种安全应用。安全应用由安全服务来实现，而安全服务又是由各种安全机制来实现的。OSI 提出了每一类安全服务所需要的各种安全机制，而安全机制如何提供安全服务的细节可以在安全框架内找到。

1.4.5 组织体系结构和管理体系结构

组织体系结构是信息系统安全的组织保障系统，由机构、岗位和人事三个模块构成一个体系。管理机构的设置分为决策层、管理层和执行层三个层次。决策层是信息系统安全的领导机构，负责本单位信息安全的策略制定及其宏观调控。通常由单位主管信息系统的负责人负责，由行使国家安全、公安、机要和保密等职能的部门负责人和信息系统主要负责人参加组成。

管理层是决策层的日常管理机关，根据决策层的信息安全策略，全面规划并且协调各方力量实施信息系统的安全方案，制定、修改安全策略，处理安全事故，设置安全岗位。执行层是在管理层的协调下具体负责某一个或几个特定安全事务的群体，负责具体事务的操作与落实。岗位是信息系统安全管理机关根据系统安全需要设定的负责某一个或某几个安全事务的职位。人事机构是根据管理机构设定的岗位，对岗位上在职、待职和离职的雇员进行素质教育、业绩考核和安全监管的机构。人员是信息安全实施的主体，其活动需在国家有关安全的法律、法规、政策范围内进行。随着人们对信息安全重视程度的提高，"人处于第一位"已经成为一个逐渐被接受的观点。这里所说的人包括信息安全保障目标的实现过程中所有的相关人员，例如，机构信息安全保障目标的制定与实施人员，业务系统的设计、开发、维护和管理人员，这些系统（或产品）的用户，可能存在的网络入侵人员，信息安全事件报告、分析、处理人员，信息安全法律顾问等。

俗话说"三分技术，七分管理"，可见管理在信息安全保障中的重要性。管理是信息系统安全的灵魂。信息系统安全的管理体系由法律管理、制度管理和培训管理三个部分组成。

（1）法律管理是根据相关的国家法律、法规对信息系统主体及其与外界关联行为的规范和约束。目前，信息安全法律体系初步构建，但体系化与有效性等方面仍有待进一步完善，信息安全法律法规体系初步形成。

（2）相关系列政策推出，与国外有异曲同工之处。从政策来看，美国信息安全政策体系值得国内学习与借鉴。

（3）信息安全标准化工作得到重视，但标准体系尚待发展与完善。信息安全标准体系主要由基础标准、技术标准和管理标准等分体系组成。

（4）培训管理是确保信息系统安全的前提。教育培训是培育信息安全公众或专业人才的重要手段，我国近些年来在信息安全正规教育方面也推出了一些相应的科目与专业，国家各级及社会化的信息安全培训也得到了开展，但这些仍然是不够的，社会教育深入与细化程度与美国等发达国家比较仍有差距。

1.5 新技术发展给信息安全带来的挑战

尽管当前信息安全科学技术得到了很大的发展，但是信息技术和应用的不断发展变化也给其带来了巨大挑战，这些挑战主要有五个方面。

1.5.1 新型通信网络

各国大力投入对新型通信网络的研究，欧盟 FP7 计划 Challenge One 项目目标是提升网络灵活性以及可重构；日本 AKARI 计划主旨是网络虚拟化、多样化数据接入、网络功能扩展；美国国家科学基金会（NSF）的 FIA 项目构建网络内容为导向、具备更安全表达性的网络。斯坦福大学 OpenFlow 构建网络控制平面与数据平面相分离的体系，实现灵活控制；软件定义网络（SDN，Software Define Network）由 OpenFlow 发展而来，被 ITU 等认可为新型通信网络的主流架构。随着新型通信网络技术的发展，ITU-T、IETF、ONF、ETSI 等正着手制定相应标准。

由于新型通信网络以用户为中心、异构、动态、虚拟、开放，网络业务需求呈现应用异构性、系统可扩展性、需求动态性、服务客户化；新型通信网络的控制集中性导致安全威胁更集中、开放性导致受安全威胁面更大、虚拟性导致攻击形式趋于复杂和动态。因此，新型通信网络拓扑的动态性、控制的开放性、流量的隔离性、资源的虚拟性对信息安全提出了新挑战：网络结构和安全行为关系难以准确描述，控制节点的脆弱性影响整个网络，难以对控制平面入侵行为进行分析，虚实资源的复杂映射导致难以准确分析威胁态势。一些重要的科学问题：网络结构、脆弱分析、检测机理、安全态势等，需要新的思路来解决。

1.5.2 云计算

云计算的安全问题是用户不再对数据和环境拥有完全控制权。云计算的出现彻底打破了地域的概念，数据不再存放在某个确定的物理节点，而是由服务商动态提供存储空间，这些空间可能是现实的，也可能是虚拟的，还可能分布在不同国家及区域，用户对存放在云中的数据不能像从前那样具有完全的管理权。

相比传统的数据存储和处理方式，云计算时代的数据存储和处理，对于用户而言，变得非常不可控，云环境中用户数据安全与隐私保护难以实现。传统模式下，用户可以对其数据通过物理和逻辑划分安全域，实现有效的隔离和保护。在云计算环境下，各类云应用不再依靠机器或网络形成固定不变的基础设施物理边界和安全边界，数据安全由云计算提供商负责。云计算中多层服务模式同样存在安全隐患。

云计算发展的趋势之一是 IT 服务专业化，即云服务商在对外提供服务的同时，自身也需要购买其他云服务商所提供的服务；用户所享用的云服务间接涉及多个服务提供商，多层转包无疑极大地增加了问题的复杂性，进一步增大了安全风险；虚拟运算平台的安全漏洞不断涌现，直接威胁云安全根基；云端大量采用虚拟技术，虚拟平台的安全无疑关系到云体系的架构安全；虚拟运算平台变得越来越复杂和庞大，管理难度也随之增大，如果黑客利用安全漏洞获得虚拟平台的管理控制权，后果将不堪设想。

1.5.3 大数据

随着互联网/移动互联网、社交网络、数码设备、物联网/传感器等技术的发展，各种设备产生的数据量将会急剧增长。根据互联网数据中心（IDC，Internet Data Center）预测，未来 10 年内全球数据量将以超过 40% 的速度增长，2020 年全球数据量将达到 35 ZB。

大数据的概念在学术界由来已久，但真正进入公众视野是在 2011 年麦肯锡发布的研究报告——《大数据：创新、竞争和生产力的下一个新领域》以后。普遍的观点认为，大数据是指规模大且复杂以至于很难用现有数据库管理工具或数据处理应用来处理的数据集。大数据的常见特点包括大规模（Volume）、高速性（Velocity）和多样性（Variety）。根据来源的不同，大数据大致可分为以下几类：①来自于人，人们在互联网活动以及使用移动互联网过程中所产生的各类数据，包括文字、图片、视频等信息；②来自于机，各类计算机信息系统产生的数据，以文件、数据库、多媒体等形式存在，也包括审计、日志等自动生成的信息；③来自于物，各类数字设备所采集的数据，如摄像头产生的数字信号、医疗物联网中产生的人的各项特征值、天文望远镜所产生的大量数据等。

大数据从概念走向实践，引发了个人隐私安全问题。2011 年 4 月初，全球最大的电子邮件营销公司艾司隆（Epsilon）发生史上最严重的黑客入侵事件，导致许多企业客户名单以及电子邮件地址外泄。2011 年底有网友爆料有黑客在网上公开了知名程序员网站 CSDN 的用户数据库；2014 年初国内某知名网站被疑用户信用卡信息存在泄露风险，根据智能手机存储、显示的位置信息等多种数据组合，已可相对精准地锁定个人，用户个人隐私信息安全问题堪忧。

大数据时代国家安全将受到信息战与网络恐怖主义的威胁，大数据成为网络攻击显著目标，并成为高级可持续攻击（APT）的载体。各国信息基础设施和重要机构都可能成为打击目标，而保护其免受攻击早已超出军事职权和能力范围，庞大海量的大数据涉及的方面之广，也将为网络恐怖主义提供新的资源支持。

因其体量巨大、产生高速、类型多样、分布协同等特征，大数据面临严峻的信息安全挑战。传统的信息安全技术难以直接应用，发展一套全新的大数据系统安全理论和技术目前不现实。因此，采用现有安全技术，结合具体应用，利用新的思路，将大数据变成小数据，研究相关的安全关键技术，包括大数据中的用户隐私保护、大数据的可信性、大数据的访问控制技术、大数据可信度量技术、高效的大数据密码学，以及针对不同结构的结构化、半结构化和非结构化数据，研究如何有效地进行安全管理、访问控制和安全通信。此外，在多租户的模式下，需要在保证效率的前提下，实现租户数据的隔离性、保密性、完整性、可用性、可控性和可追踪性。

1.5.4　物联网与可穿戴设备

物联网的广泛应用将规避因特网应用上的局限性与安全性问题。通过射频识别（RFID）、红外感应器、全球定位系统、激光扫描器等信息传感设备，按约定的协议，把特定区域里的任何物品与虚拟网络连接起来，进行信息交换和通信，以实现智能化识别、定位、跟踪、监控和管理。物联网实质上是传感网与因特网、移动通信网，"三网"高效融合的产物。建立本地化的相对保密的传感网络与物联网络，可提升本土信息流通的安全性。国家的各个关键部门、产业领域及一些关键性基础设施的控制系统逐步实现网络化，可增强在国际信息竞争中的话语权，为解决信息安全问题提供方案。

物联网感知层的电子标签和传感网络节点资源有限：存储空间、计算资源、通信能力、运算速度有限，难以采用复杂的安全机制，给传统的密码学和信息安全提出了挑战。感知层采用无线通信：传递信息暴露于大庭广众之下，给攻击者带来更多机会。物联网系统对应用完全开放，将带来更多安全隐患。

对于可穿戴设备比较隐蔽，智能尘埃（Intelligent Mote）电子标签不可见给用户隐私保护带来极大的困难；谷歌眼镜和普通眼镜外观上区别不大，却能拍照；尺寸极小的电子标签长 0.1mm，宽 0.1mm，厚 0.01mm，用户很难在物理上发现已经被跟踪，保护用户隐私难度更大；认证过程需要物品的身份和位置信息，这加大了隐私保护难度。

物联网中数亿计的设备接入、海量的数据信息、大量异构网络的存在、大规模的分布式应用系统，使物联网的安全体系架构面临着更加艰巨的挑战；物联网的访问控制存在难点，因为物联网部署的可扩展性、移动性和复杂性，使得对物品的访问控制很难有效地进行；物品间集群概念的引入，还需要解决群组认证的问题。物联网网络态势感知与评估理论和技术需求迫切，如何从大数据中升华智慧，对大规模物联网正常运转进行全面的态势感知和安全评估，以保障其安全运行和故障报警是正在开展的研究热点。

1.5.5　量子网攻

美国《纽约时报》曝光的美国国家安全局"量子"项目———一种秘密技术成功植入没有联网的电脑，对其数据进行任意更改，使人们大吃一惊。美国国家安全局至少从 2008 年就开始使用这项名为"高科技广播频率"（The High-tech Radio Frequency Technology）的技术，并利用该技术成功入侵了全球近 10 万台电脑。一般来说，电脑间谍软件都是通过网络进行传播、植入的，但据悉美国国家安全局使用该技术可以在电脑不接入互联网的情况下接入并修改其中数据的秘密技术，美国国家安全局所使用的其中一件装备就是外形同普通 USB 设备无异的"Cottonmouth"，只是该装置内嵌一个微型发射/接收器。

值得注意的是，在 2008 年至 2010 年夏天美国对伊朗核设施采取的网络攻击中，美国就利用了这项技术向伊朗核设施植入"震网"病毒，这也是该技术第一次参与实战，该项目同时已成功将间谍软件植入俄罗斯军用网络、墨西哥警察和贩毒集团系统以及欧盟贸易机构网络。据《纽约时报》透露，美国还出于反恐目的在沙特阿拉伯、印度和巴基斯坦网络中植入了这一间谍软件。

1.6　小　　结

随着网络和信息技术的不断发展，信息安全的发展经历了通信保密阶段、计算机系统安全阶段、网络信息安全阶段、信息保障阶段及目前的云计算、物联网阶段，信息安全的内涵也在不断发生变化。机密性、完整性、可用性、抗否认性、访问控制是信息安全的主要目标和服务，而针对上述安全目标，出现了各种攻击。通过执行相应的安全策略，实施不同的安全机制进行系统的安全保障。信息安全体系结构包括技术体系、组织机构体系和管理体系三个方面。OSI 的安全体系结构定义了网络环境下的五大类安全服务和八大类安全机制。随着信息技术的发展，信息安全不断面临新的挑战。

思　考　题

1. 信息安全经历了哪几个发展阶段，每个阶段中的标志性事件是什么？
2. 信息安全的定义是什么？

3. 信息安全的安全目标包括哪几个？分别举例说明。

4. 安全策略与安全机制的关系是什么？

5. 常见的安全机制包括哪些？

6. OSI 的安全体系结构包括哪几类安全服务，哪几种安全机制？它们的关系怎样？

7. 根据自己日常使用计算机和上网的经历，谈谈对信息安全含义的理解。

8. 新技术的发展给信息安全带来了哪些挑战？

第2章 密码学基础

密码学是一门既古老又年轻的科学。密码学最初用于保护军事和外交通信，可以追溯到几千年前。1949年Claude Shannon发表的论文《保密系统的通信理论》（Communication Theory of Secrecy System）为现代密码学研究与发展奠定了坚实的理论基础，把已有数千年历史的密码技术推向了科学的轨道，使密码学（Cryptology）成为一门真正的科学。在当今的信息时代，大量的敏感信息通过公共通信设施或计算机网络来进行交换，而如何保证这些信息的秘密性和真实性是信息交换的关键。因此，现代密码学对于军事、政治和外交、商业的价值越来越大。计算机密码学是研究计算机信息加密、解密及其变换的科学，是数学和计算机的交叉学科，在各行各业的信息安全网络和信息系统中起着重要的作用。

本章介绍密码学的基本概念，密码学中一些重要算法的概述及这些算法在信息安全中的作用。

2.1 密码学的基本概念

经典密码学是指秘密书写的科学。密码（Cipher）是一种秘密书写的方法。把明文（Plaintext）变换为密文（Ciphertext）或密报（Cryptograph），这种变换称为加密（Encipherment或Encryption）。而将密文变换为明文的过程称为解密（Decipherment或Decryption）。加密和解密都要通过密钥（Key）的控制。加密/解密示意图如图2-1所示。

密码学的研究领域可分为密码编码学（Cryptography）和密码分析学（Cryptanalysis）两个分支，分别研究密码的编制和破译问题。密码编码学和密码分析学是密码学的两个方面，两者既相互对立，又互相促进和发展。

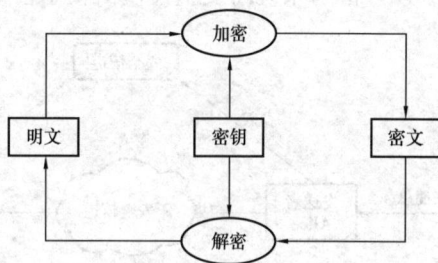

图2-1 加密/解密示意图

2.1.1 密码编码学

密码编码学研究密码编码（也称为加密）、译码（也称为解密）的理论和算法。为了对密码学有一个稍微具体的了解，先介绍对称密码系统的概念。

对称密码系统主要是对信息提供机密性（Secrecy）保护，防止敌手在信道上进行窃听后产生的泄密。对称密码系统同时还能保护数据的完整性（Integrity），检测敌手对数据进行的篡改、伪造等破坏。

定义2.1 一个对称密码系统（Cryptosystem）CS，是一个五元集合 $CS=\{M, C, K, e, d\}$，其中：

(1) 明文消息空间 $M=\{m\}$：表示明文消息的集合。

(2) 密文消息空间 $C=\{c\}$：表示密文消息的集合。

（3）密钥空间 $K = \{k\}$：表示密钥的集合。

（4）加密变换 e：表示一个确定的映射。

$$e: K \times M \rightarrow C$$

$$(k, m) \mapsto c$$

（5）解密变换 d：表示一个确定的映射

$$d: K \times C \rightarrow M$$

$$(k, c) \mapsto m$$

它满足下列条件：对于给定的密钥 k，均有

$$d(k, e(k, m)) = m, \quad \forall m \in M$$

对给定的密钥 k，由 e 和 d 诱导下列两个变换

$$e_k: M \rightarrow C$$

$$m \mapsto e(k, m)$$

$$d_k: C \rightarrow M$$

$$c \mapsto e(k, c)$$

也称为加密/解密变换。这时，定义 2.1 所满足的条件可以记为 $d_k(e_k(m)) = m (\forall m \in M)$。

通常实用的密码系统在技术角度上还需要满足下列三个要求。

（1）加密/解密变换 e、d 对所有密钥 k 都有效防止计算中的阻断。

（2）密码系统应易于实现。对任意给定的密钥 k，有高效的加密/解密计算方法。

（3）密码系统的安全性仅依赖于密钥的保密，而不依赖于算法 e 和 d 的保密。

这种密码系统的典型使用环境是，由通信的发起方 Alice 和通信的接收方 Bob，还有一个称为敌手的窃听者或破坏者 Oscar。假设 Alice 想发给 Bob 一个消息，Alice 和 Bob 需要事先共享一个密钥 k，然后 Alice 用该密钥加密明文消息 m，得到密文消息 c；Alice 把该密文发给 Bob。Bob 首先接收到密文消息 c；然后利用相同的密钥解密密文 c，得到明文

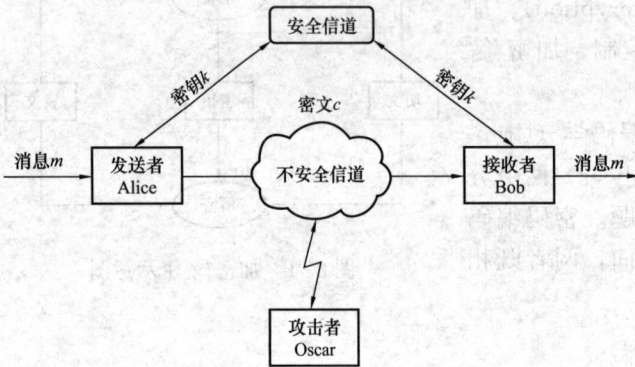

图 2-2　密码系统应用参考模型

m。参考模型如图 2-2 所示。

图 2-2 中，敌手 Oscar 可能进行窃听、篡改或重放等破坏。这对密码算法提出了保护机密性及完整性的相应要求。机密性和完整性对密码算法的要求有很大差异。

容易看出，如果 Oscar 拥有了密钥，他可以实现任何想进行的攻击。在对称密码系统中，密钥的管理扮演着非常重要的角色。

构造一种好的密码算法并不容易，它要求算法在抗攻击强度、运算效率、系统开销、功能特点等方面都具有优势才可。

2.1.2 密码分析学

密码分析也叫做破译，密码分析学的主要任务是研究加密信息的破译或认证信息的伪造。它主要是对密码信息的解析方法进行研究。只有密码分析者才能评判密码体制的安全性。密码分析者破译或攻击密码的方法主要有穷举攻击法、统计分析击攻法和数学分析攻击法。

1. 穷举攻击法

穷举攻击法又称为强力或蛮力（Brute Force）攻击。这种攻击方法是对截获到的密文尝试遍历所有可能的密钥，直到获得了一种从密文到明文的可理解的转换，或使用不变的密钥对所有可能的明文加密直到得到与截获到的密文一致为止。

2. 统计分析攻击法

统计分析攻击就是指密码分析者根据明文、密文和密钥的统计规律来破译密码的方法。

3. 数学分析攻击法

数学分析攻击是指密码分析者针对加解密算法的数学基础和某些密码学特性，通过数学求解的方法来破译密码。数学分析攻击是对基于数学难题的各种密码算法的主要威胁。

在假设密码分析者已知所用加密算法全部知识的情况下，根据密码分析者对明文、密文等数据资源的掌握程度，可以将针对加密系统的密码分析攻击类型分为以下四种。

（1）唯密文攻击（Ciphtext - only Attack）。在唯密文攻击中，密码分析者知道密码算法，但仅能根据截获的密文进行分析，以得出明文或密钥。由于密码分析者所能利用的数据资源仅为密文，这是对密码分析者最不利的情况。

（2）已知明文攻击（Plaintext - known Attack）。已知明文攻击是指密码分析者除有截获的密文外，还有一些已知的"明文-密文对"来破译密码。密码分析者的任务目标是推出用来加密的密钥或某种算法，这种算法可以对用该密钥加密的任何新的消息进行解密。

（3）选择明文攻击（Chosen - plaintext Attack）。选择明文攻击是指密码分析者不仅可得到一些"明文-密文对"，还可以选择被加密的明文，并获得相应的密文。这时密码分析者能够选择特定的明文数据块去加密，并比较明文和对应的密文，以分析和发现更多的与密钥相关的信息。

密码分析者的任务目标也是推出用来加密的密钥或某种算法，该算法可以对用该密钥加密的任何新的消息进行解密。

（4）选择密文攻击（Chosen - ciphenext Attack）。选择密文攻击是指密码分析者可以选择一些密文，并得到相应的明文。密码分析者的任务目标是推出密钥。这种密码分析多用于攻击公钥密码体制。

如果一种保护机密性的密码系统，无论有多少密文或明密对都得不到任何关于明文或密钥的信息，则称为绝对安全的（Unconditioned Secure）。Shannon证明了一种称为一步一密的密码系统是绝对安全的。然而，绝对安全的密码经常给密钥管理带来非常大的压力。现在主流的编码思想是寻找密钥管理简单，且破译者利用现有资源无法在预定的时间内破译的密码编码方法，这就是计算上安全（Computationally Secure）的密码。

2.2 对称密码算法

对称密码算法又称为传统密码算法，其主要特征是加密算法与解密算法所使用的密钥是相同的，或者从一个容易推出另一个。对称密码算法可用于保护数据的机密性和完整性，还可以扩展到身份识别等。对称密码算法在最近半个多世纪的研究中得到了迅猛发展，有很多成熟的算法可供选择。具有代表性意义的算法有两类：一类是分组密码算法，另一类是序列密码算法。分组密码算法是把明文、密文分成等长的组，然后对这些等长的组进行变换，把明文变为密文，把密文变为明文。而序列密码算法则是通过算法把密钥 k 扩展为与明文或密文相一致的子密钥序列，然后明文与密文通过与该子密钥序列按位模 2 相加，把明文变为密文，把密文变为明文。

本节介绍有代表性的分组密码算法（DES）、（AES）和序列密码算法（A5）。对其他相关算法仅做简要的介绍。

2.2.1 DES

DES 的明文长度是 64 位，密钥长度为 56 位，加密后的密文长度也是 64 位。实际中的明文未必恰好是 64 位，因此要经过分组和填充把它们对齐为若干个 64 位的分组，然后逐组进行加密处理。解密过程则相反，它首先按照分组进行解密，然后去除填充信息并进行合并和还原。

DES 的主体运算由初始置换和 Feistel 网络组成。DES 算法总体流程图如图 2-3 所示。

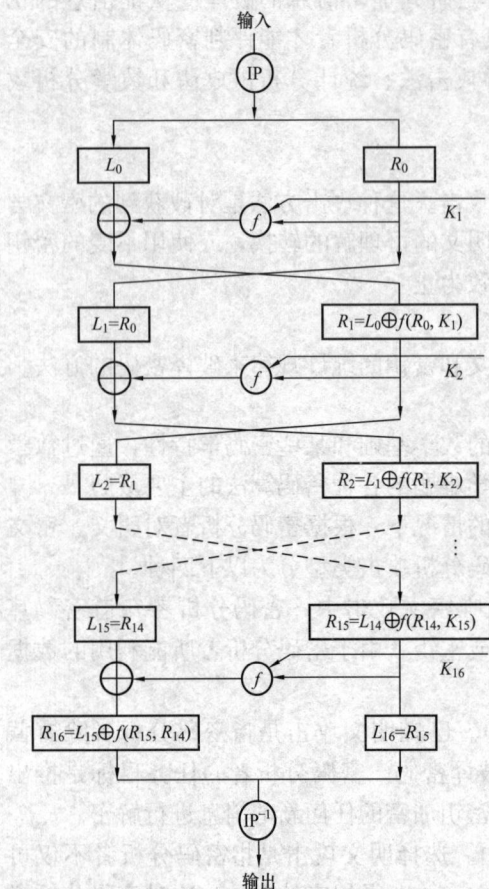

图 2-3　DES 算法总体流程图

其中，IP 是 64 位的位置置换，L_i、R_i 均为 32 位，K_i 为 48 位的子密钥。经过 16 层变换把明文（Input）变换为密文（Output）。此外，密钥扩展运算把 56 位的种子密钥扩展为 16 个 48 位的子密钥。下面分别介绍初始置换、圈函数、密钥扩展、加/解密处理以及 DES 的安全性。

1. 初始置换 IP

IP 是 64 位的位置置换，见表 2-1。它表示把第 58 位（t_{58}）换到第 1 位，把第 50 位（t_{50}）换到第 2 位，……，把第 7 位（t_7）换到第 64 位。IP 及它的逆置换 IP^{-1} 如图 2-4 所示。

表 2-1　　　　　　　　　　　　　　初　始　置　换

IP															
58	50	42	34	26	18	10	2	60	52	44	36	28	20	12	4
62	54	46	38	30	22	14	6	64	56	48	40	32	24	16	8
57	49	41	33	25	17	9	1	59	51	43	35	27	19	11	3
61	53	45	37	29	21	13	5	63	55	47	39	31	23	15	7

2. 圈函数

圈函数由规则 $L_i = R_{i-1}$，$R_i = L_{i-1} \oplus f(R_{i-1}, K_i)$ 给出，原理如图 2-5 所示。其中关键的运算扩展变换 E 把 32 位的数扩展为 48 位，而 S-盒代替则把 48 位的数压缩为 32 位，P-盒置换是 32 位的位置置换。

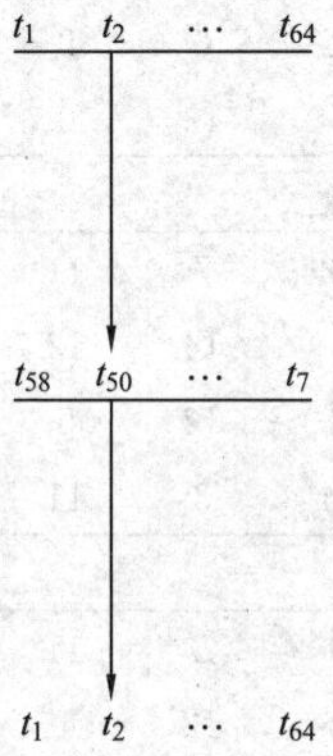

图 2-4 初始置换效果示意图

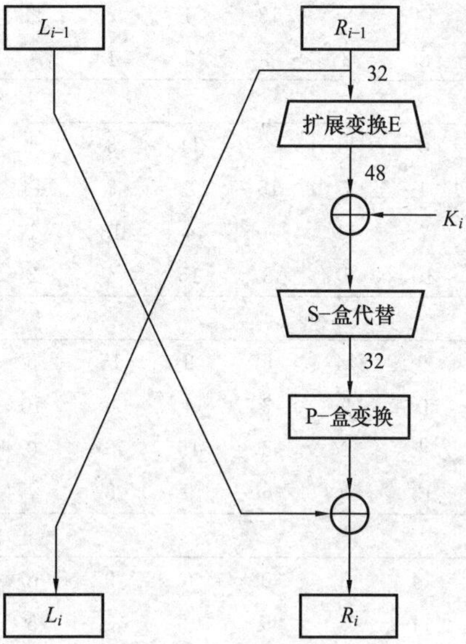

图 2-5 圈函数原理图

（1）E 变换。由输入 32 位按照图 2-6 所示的方法扩展，其中有 16 位出现两次。具体地说，输出的前 6 位顺次是输入的第 32、1、2、3、4、5 位，输出的第二组 6 位顺次是输入的第 4、5、6、7、8、9 位，……，输出的第 8 组 6 位顺次是输入的第 28、29、30、31、32、1 位。

（2）S-盒。把 48 位的数分成 8 组 6 位的数，每组 6 位插一个 S-盒得到 4 位的输出。S-盒变换示意图如图 2-7 所示。

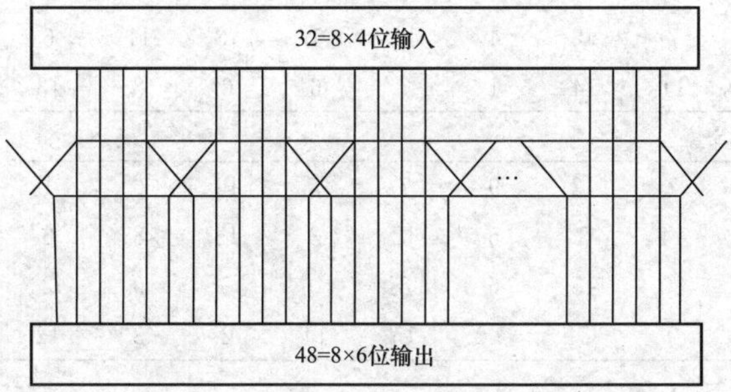

图 2-6 E 变换原理图

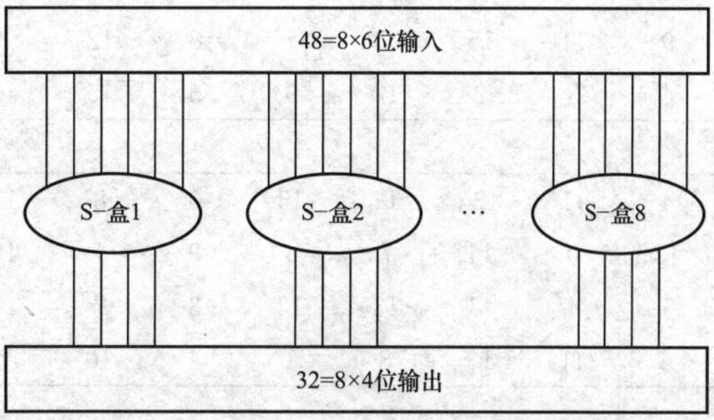

图 2-7 S-盒变换示意图

S-盒相当于一张 64 项 4 位数的表，8 个 S-盒的内容见表 2-2。把 S-盒看成一个 4×16 的矩阵 $\boldsymbol{S} = (\boldsymbol{S}_{ij})$，其元素取整数值 0～15。给定 6 位输入 $x = x_1 x_2 x_3 x_4 x_5 x_6$，令 $i = x_1 x_6 + 1$，$j = x_2 x_3 x_4 x_5 + 1$，则 $y = \boldsymbol{S}_{ij}$ 即为对应的输出。

表 2 - 2　　　　　　　　　　　　　　　**8 个 S - 盒的内容**

8 个 S-盒的内容															
S_1															
14	4	13	1	2	15	11	8	3	10	6	12	5	9	0	7
0	15	7	4	14	2	13	1	10	6	12	11	9	5	3	8
4	1	14	8	13	6	2	11	15	12	9	7	3	10	5	0
15	12	8	2	4	9	1	7	5	11	3	15	10	0	6	13
S_2															
15	1	8	14	6	11	3	4	9	7	2	13	12	0	5	10
3	13	4	7	15	2	8	14	12	0	1	10	6	9	11	5
0	14	7	11	10	4	13	1	5	8	12	6	9	3	2	15
13	8	10	1	3	15	4	2	11	6	7	12	0	5	14	9
S_3															
10	0	9	14	6	3	15	5	1	13	12	7	11	4	2	8
13	7	0	9	3	4	6	10	2	8	5	14	12	11	15	1
13	6	4	9	8	15	3	0	11	1	2	12	5	10	14	7
1	10	13	0	6	9	8	7	4	15	14	3	11	5	2	12
S_4															
7	13	14	3	0	6	9	10	1	2	8	5	11	12	4	15
13	8	11	5	6	15	0	3	4	7	2	12	1	10	14	9
10	6	9	0	12	11	7	13	15	1	3	14	5	2	8	4
3	15	0	6	10	1	13	8	9	4	5	11	12	7	2	14
S_5															
2	12	4	1	7	10	11	6	8	5	3	15	13	0	14	9
14	11	2	12	4	7	13	1	5	0	15	10	3	9	8	6
4	2	1	11	10	13	7	8	15	9	12	5	6	3	0	14
11	8	12	7	1	14	2	13	6	15	0	9	10	4	5	3
S_6															
12	1	10	15	9	2	6	8	0	13	3	4	14	7	5	11
10	15	4	2	7	12	9	5	6	1	13	14	0	11	3	8
9	14	15	5	2	8	12	3	7	0	4	10	1	13	11	6
4	3	2	12	9	5	15	10	11	14	1	7	6	0	8	13
S_7															
4	11	2	14	15	0	8	13	3	12	9	7	5	10	6	1
13	0	11	7	4	9	1	10	14	3	5	12	2	15	8	6
1	4	11	13	12	3	7	14	10	15	6	8	0	5	9	2
6	11	13	8	1	4	10	7	9	5	0	15	14	2	3	12
S_8															
13	2	8	4	6	15	11	1	10	9	3	14	5	0	12	7
1	15	13	8	10	3	7	4	12	5	6	11	0	14	9	2
7	11	4	1	9	12	14	2	0	6	10	13	15	3	5	8
2	1	14	7	4	10	8	13	15	12	9	0	3	5	6	11

（3）P-盒。是 32 位的位置置换，用法和 IP 类似，数据见表 2-3。

表 2-3　　　　　　　　　　　　　　　　P-盒

P-盒															
16	7	20	21	29	12	28	17	1	15	23	26	5	18	31	10
2	8	24	14	32	27	3	9	19	13	30	6	22	11	4	25

3. 密钥扩展

DES 的密钥 K 为 56 位，使用中在每 7 位后添加一个奇偶校验位，扩充为 64 位的 K 是为防止通信中出错的一种简单编码手段。从 64 位的带校验位的密钥 K（本质上是 56 位密钥 K）中，生成 16 个 48 位的子密钥 K_i，用于 16 个圈函数中，其算法如图 2-8 所示。

其中，拣选变换 PC-1 表示从 64 位中选出 56 位的密钥 K 并适当调整比特次序，拣选方法由表 2-4 给出。它表示选择第 57 位放到第 1 位，选择第 49 位放到第 2 位……选择第 4 位放到第 56 位。C_i 与 D_i（$0 \leqslant i \leqslant 16$）表示 28 位的位串。

与 PC-1 类似，PC-2 则是从 56 位中拣选出 48 位的变换，作用到由 C_i 与 D_i 比连得到的位串上。拣选方法由表 2-5 给出，使用方法和表 2-4 相同。

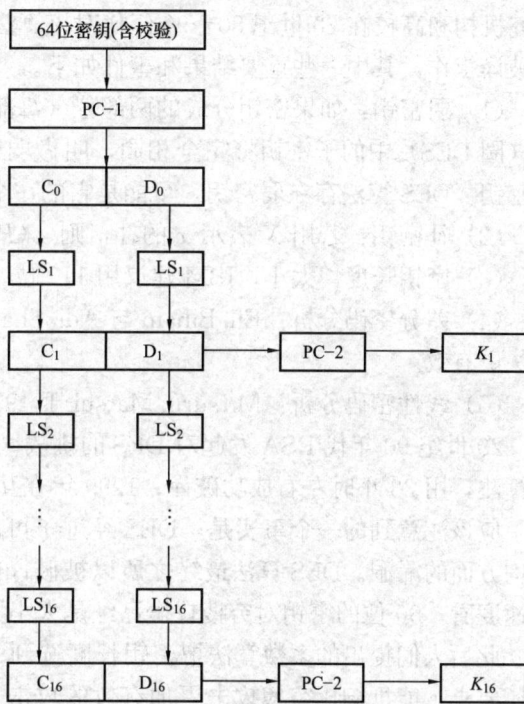

图 2-8　密钥扩展原理图

表 2-4　　　　　　　　　拣选变换 PC-1

PC-1															
57	49	41	33	25	17	9	1	58	50	42	34	26	18	10	2
59	51	43	35	27	19	11	3	60	52	44	36	63	55	47	39
31	23	15	7	62	54	46	38	30	22	14	6	61	53	45	37
29	21	13	5	28	20	12	4								

LS_i 表示对 28 位串的循环左移：当 $i=1$，2，9，16 时，移一位；对其他 i，移两位。当 $1 \leqslant i \leqslant 16$ 时 $C_i = \mathrm{LS}_i(C_{i-1})$，$D_i = \mathrm{LS}_i(D_{i-1})$。

表 2-5　　　　　　　　　　拣选变换 PC-2

PC-2															
14	17	11	24	1	5	3	28	15	6	21	10	23	19	12	4
26	8	16	7	27	20	13	2	41	52	31	37	47	55	30	40
51	45	33	48	44	49	39	56	34	53	46	42	50	36	29	32

4. 解密

解密是加密的逆变换。其运算与加密相似，但子密钥的选取次序正好与加密变换相反

$$K_1' = K_{16}, K_2' = K_{15}, \cdots, K_{16}' = K_1$$

5. DES 的安全性

DES 由 IBM 公司研制，美国国家标准与技术研究局 NIST（原国家标准局 NBS）颁布。因为它在商业系统中广泛采用，加上人们怀疑美国国家安全局在 DES 中加入了陷门，各种研究机构和高校在 20 世纪 80～90 年代对该算法产生了极大研究兴趣。他们进行了大量的分析破译工作，其中一些重要结果和事件如下。

（1）弱密钥：如果密钥分成的两部分（每部分 28 位），分别都是全 0 或全 1，则任一周期（圈 DES）中的子密钥将完全相同，叫做弱密钥。此外，如果使圈密钥只有两种的叫半弱密钥。DES 算法存在弱密钥，可能是它的一个弱点。

（2）补密钥：若用 X' 表示 x 的补，则 $e_k(P)=C \Longleftrightarrow e_{k'}(P')=C'$。这可能是一个弱点。

（3）密钥长度：太小，IBM 建议用 112 位。

（4）差分密码分析：Eli. Biham 与 Adi. Shamir 于 1990 年提出差分密码分析方法，比穷举法更有效。

（5）线性密码分析：Mitsuru. Matsui 于 1993 年提出线性密码分析方法。

20 世纪 90 年代 RSA 发起对 DES 的挑战（攻击）。1999 年使用一百多个 CPU，利用并行算法，用 23 小时左右成功破译；1999 年在互联网上用分割密钥方法，成功破译。

应该注意到的一个事实是，DES 经过了可能是当今最多的分析或攻击，但未发现任何结构方面的漏洞。DES 算法最终之所以被破译的关键是密钥的长度问题，用当今计算机处理速度看，56 位的密钥对穷搜攻击已经是太小了。

此后人们提出的多数算法把密钥长度选到 80 位、128 位甚至 256 位以上。高强度的算法还要求，能抵御比穷搜攻击更加有效的攻击方案。DES 的最大缺陷是使用了短密钥。为了克服这个缺陷，Tuchman 于 1979 年提出了三重 DES，使用了 168 位的长密钥。1985 年三重 DES 成为金融应用标准（参见 ANSI X9.17），1999 年并入美国国家标准与技术研究局 NIST 的数据加密标准（参见 FIPS PUB 46-3）。三重 DES 记为 TDES，使用三倍 DES 的密钥长度的密钥，执行 3 次 DES 算法。尽管 TDES 在强度上满足了当时商用密码的要求，但随着计算速度的提高和密码分析技术的不断进步，人们对 DES 算法家族日益担忧。2000 年 10 月，Rijndael 算法被评选为新的 AES 算法标准。

2.2.2 AES

下面对 AES 进行详细介绍。

1. 数学基础

（1）有限域。设 F 是一个二元域 $F_2=\{0, 1\}$，令 $F[x]$ 是 F_2 上的多项式环，故 $F[x]$ 中有乘法和加法两种运算并满足自然的运算规则。

设 $m(x)=x^8+x^4+x^3+x+1$（Rijndael 中 $m(x)$ 是取定的），容易验证 $m(x)$ 是一个不可约多项式，从而 $F[x]/(m(x))$ 是一个域，即 $GF(2^8)$。因 $F[x]/(m(x))$ 可看成是次数不高于 7 次多项式的集合，故恰好与 8 位长的二进制数有一个一一对应关系

$$f(x)=b_7x^7+\cdots+b_0 <===> f(2)=b_7\cdots b_0$$

故可把 $GF(2^8)$ 中元素看成 256 字节，并赋予相应的运算。

【例 2.1】 求 "57"+"83" 和 "57"×"83" 的值。

解 "57" 的二进制表示为 01010111,对应的多项式为

$$f_1(x) = x^6 + x^4 + x^2 + x + 1$$

"83" 的二进制表示为 10000011,对应的多项式为

$$f_2(x) = x^7 + x + 1$$

因为 $f_1(x) + f_2(x) = x^7 + x^6 + x^4 + x^2$,对应的二进制表示为 11010100,所以

$$"57" + "83" = "D4"$$

又

$$f_1(x) * f_2(x) \equiv x^7 + x^6 + 1 (\bmod m(x))$$

对应的二进制表示为 11000001,所以

$$"57" \times "83" = "C1"$$

注:在 $GF(2^8)$ 求乘法的逆可用欧氏算法得之,比起前述加、乘运算稍微烦琐一些。

(2) 环 $GF(2^8)[x]/(n(x))$ 中的 "多项式" 乘法。取定 $GF(2^8)[x]$ 中多项式 $n(x)$ (Rijndael 中 $n(x) = x^4 + 1$),考虑模多项式 $n(x)$ 的乘法运算。用类似于 (1) 中的办法,建立 $GF(2^8)[x]/(n(x))$ 中多项式与系数组成的四维向量的对应关系。

$GF(2^8)[x]/(n(x))$ 中元与 4 字节的二进制数有一个一一对应关系。两个 4 字节的 "数" 相乘得到 4 字节的数组。

给定 $a(x) = a_3 x^3 + \cdots + a_0$,$b(x) = b_3 x^3 + \cdots + b_0$,设 $d(x) = a(x) \cdot b(x) = d_3 x^3 + \cdots + d_0$
则其系数的计算公式为

$$d_0 = a_0 b_0 + a_3 b_1 + a_2 b_2 + a_1 b_3$$
$$d_1 = a_1 b_0 + a_0 b_1 + a_3 b_2 + a_2 b_3$$
$$d_2 = a_2 b_0 + a_1 b_1 + a_0 b_2 + a_3 b_3$$
$$d_3 = a_3 b_0 + a_2 b_1 + a_1 b_2 + a_0 b_3$$

即

$$\begin{bmatrix} d_0 \\ d_1 \\ d_2 \\ d_3 \end{bmatrix} = \begin{bmatrix} a_0 & a_3 & a_2 & a_1 \\ a_1 & a_0 & a_3 & a_2 \\ a_2 & a_1 & a_0 & a_3 \\ a_3 & a_2 & a_1 & a_0 \end{bmatrix} \cdot \begin{bmatrix} b_0 \\ b_1 \\ b_2 \\ b_3 \end{bmatrix}$$

2. Rijndael 的状态、密钥和圈密钥

下面介绍状态、密钥、圈数、圈密钥的概念及它们的表示法。

(1) 状态:表示加密的中间结果,和明文(或密码)分组有相同的长度,用 $GF(2^8)$ 上的一个 $4 \times N_b$ 矩阵表示,N_b 等于分组长度/32。

(2) 密钥:用一个 $GF(2^8)$ 上的 $4 \times N_k$ 矩阵表示,N_k =密钥长/32。

(3) 圈数:表示下述圈变换重复执行的次数,用 N_r 表示。

(4) 圈密钥:由(种子)密钥扩展得到每一圈需要的圈密钥,圈密钥与状态的规模一致,用 $GF(2^8)$ 上的 $4 \times N_b$ 矩阵表示。

如 $N_b = 6$,$N_k = 4$ 时的状态矩阵表示为

$$S_l = \begin{pmatrix} a_{00} & a_{01} & a_{02} & a_{03} & a_{04} & a_{05} \\ a_{10} & a_{11} & a_{12} & a_{13} & a_{14} & a_{15} \\ a_{20} & a_{21} & a_{22} & a_{23} & a_{24} & a_{25} \\ a_{30} & a_{31} & a_{32} & a_{33} & a_{34} & a_{35} \end{pmatrix}$$

这里，$0 \leqslant l \leqslant N_r$。圈密钥矩阵表示为

$$K_l = \begin{pmatrix} k_{00} & k_{01} & k_{02} & k_{03} & k_{04} & k_{05} \\ k_{10} & k_{11} & k_{12} & k_{13} & k_{14} & k_{15} \\ k_{20} & k_{21} & k_{22} & k_{23} & k_{24} & k_{25} \\ k_{30} & k_{31} & k_{32} & k_{33} & k_{34} & k_{35} \end{pmatrix}$$

这里，$0 \leqslant l \leqslant N_r$。密钥矩阵表示为

$$K = \begin{pmatrix} w_{00} & w_{01} & w_{02} & w_{03} \\ w_{10} & w_{11} & w_{12} & w_{13} \\ w_{20} & w_{21} & w_{22} & w_{23} \\ w_{30} & w_{31} & w_{32} & w_{33} \end{pmatrix}$$

它们按先列后行的顺序可映射为字节数组，如 a_{00}，$\cdots$，a_{30}，a_{01}，$\cdots$，a_{35}，k_{00}，$\cdots$，k_{30}，k_{01}，$\cdots$，k_{33} 以及 W_{00}，$\cdots$，W_{30}，W_{01}，$\cdots$，W_{33}。从而把 S_0、S_{Nr} 和 K 分别对应成明文 m、密文 c 和密钥 k。圈数 N_r 与 N_b、N_k 之间的关系见表 2-6。

表 2-6　　　　　　　　　　　圈数 N_r，N_b，N_k 之间的关系

N_r	$N_b=4$	$N_b=6$	$N_b=8$
$N_k=4$	10	12	14
$N_k=6$	12	12	14
$N_k=8$	14	14	14

3. 圈变换

（1）字节代替（SubByte）（每个状态字节独立进行）。字节代替分为下列两个步骤。

1）对初始状态（明文）中的每个非零字节在 $GF(2^8)$ 中取逆，而"00"映射到自身。

2）经过 $GF(2)$ 中的仿射变换把上述代替后所得字节 $X-(y_0，y_1，\cdots，y_7)^T$ 映射到 $Y=(y_0，y_1，\cdots，y_7)^T$

$$\begin{pmatrix} y_0 \\ y_1 \\ y_2 \\ y_3 \\ y_4 \\ y_5 \\ y_6 \\ y_7 \end{pmatrix} = \begin{pmatrix} 1 & 0 & 0 & 0 & 0 & 1 & 1 & 1 \\ 1 & 1 & 0 & 0 & 0 & 1 & 1 & 1 \\ 1 & 1 & 1 & 0 & 0 & 0 & 1 & 1 \\ 1 & 1 & 1 & 1 & 0 & 0 & 0 & 1 \\ 1 & 1 & 1 & 1 & 1 & 0 & 0 & 0 \\ 0 & 1 & 1 & 1 & 1 & 1 & 0 & 0 \\ 0 & 0 & 1 & 1 & 1 & 1 & 1 & 0 \\ 0 & 0 & 0 & 1 & 1 & 1 & 1 & 1 \end{pmatrix} \begin{pmatrix} x_0 \\ x_1 \\ x_2 \\ x_3 \\ x_4 \\ x_5 \\ x_6 \\ x_7 \end{pmatrix} + \begin{pmatrix} 1 \\ 1 \\ 0 \\ 0 \\ 0 \\ 1 \\ 1 \\ 0 \end{pmatrix}$$

（2）行移位（ShiftRow）。保持状态矩阵的第一行不动，第二、三、四行分别循环左移 1 字节、2 字节、3 字节。

（3）列混合（MixColumn）。把状态的一列 $\begin{pmatrix} a_{0j} \\ a_{1j} \\ a_{2j} \\ a_{3j} \end{pmatrix}$ 视为一个多项式 $a_{3j}x^3 + \cdots + a_{0j}$，模 x^4+1 乘固定多项式 $c(x)=3x^3+x^2+x+2$ 得 $b(x)$，则 $b(x)$ 对应的列是混合的结果，即

$$\begin{pmatrix} b_0 \\ b_1 \\ b_2 \\ b_3 \end{pmatrix} = \begin{pmatrix} 2 & 3 & 1 & 1 \\ 1 & 2 & 3 & 1 \\ 1 & 1 & 2 & 3 \\ 3 & 1 & 1 & 2 \end{pmatrix} \begin{pmatrix} a_0 \\ a_1 \\ a_2 \\ a_3 \end{pmatrix}$$

（4）加圈密钥（AddRoundKey）。把圈密钥矩阵与每圈的状态逐比特异或。

4. 密钥扩展

Rijndael 把种子密钥扩展成长度为 $(N_r+1) \times N_b \times 32$ 的密钥位串，然后把最前面的 $N_b \times 32$ 位对应到第 0 个圈密钥矩阵，接下来的 $N_b \times 32$ 位作为第 1 个圈密钥矩阵，如此继续下去。密钥扩展过程把矩阵 $\boldsymbol{K}$ 扩展为一个 $4 \times (N_b \times (N_r+1))$ 的字节矩阵 $\boldsymbol{W}$，用 $\boldsymbol{W}(i)$ 表示 $\boldsymbol{W}$ 的第 i 列（$0 \leqslant i \leqslant N_b \times (N_r+1)-1$）。

对于 $N_k=4$，6 和 $N_k=8$ 分别应用两个不同的算法进行扩展。

（1）$N_k=4$，6 的情形。最前面的 N_k 列取为种子密钥 K，然后，递归地计算后面各列：若 $N_k \otimes i$，则

$$W(i) = W(i-1) \oplus W(i-N_k)$$

若 $N_k \mid i$，先对 $X=(x_0, x_1, x_2, x_3)^T=W(i-1)$ 进行循环移位，变为

$$Y = \mathrm{RotByte}(X) = (x_1, x_2, x_3, x_0)^T$$

然后用字节代替 SubByte（参看圈函数）作用到 Y 上，再把所得的结果与 $W(i-N_k)$ 以及一个与 i/N_k 相关的向量按位异或。即

$$W(i) = \mathrm{SubByte}(\mathrm{RotByte}(W(i-1))) \oplus W(i-N_k) \oplus \mathrm{Rcon}(i/N_k)$$

这里，i/N 表示 i 除以 N 的商的整数部分。

$$\mathrm{Rcon}(j)=((02)^{j-1}, 0, 0, 0)^T$$

其中 $(02)^{j-1}$ 表示 $GF(2^8)$ 中元"02"的 $j-1$ 次方幂。

（2）$N_k=8$ 的情形和 $N_k=4$，6 的情形基本类似，但当 $i=4(\mathrm{mod}\ \mathrm{Nk})$ 时 $W(i) \equiv \mathrm{SubByte}(W(i-1)) \oplus W(i-N_k)$

5. 加密/解密

AES 加密和解密变换原理图如图 2-9 所示。注意到字节代替、行移位、列混合、加密钥四个主要的变换过程都是可逆的，而且其逆变换非常直观。因此解密过程很容易由上述加密过程得到。这里不再赘述。

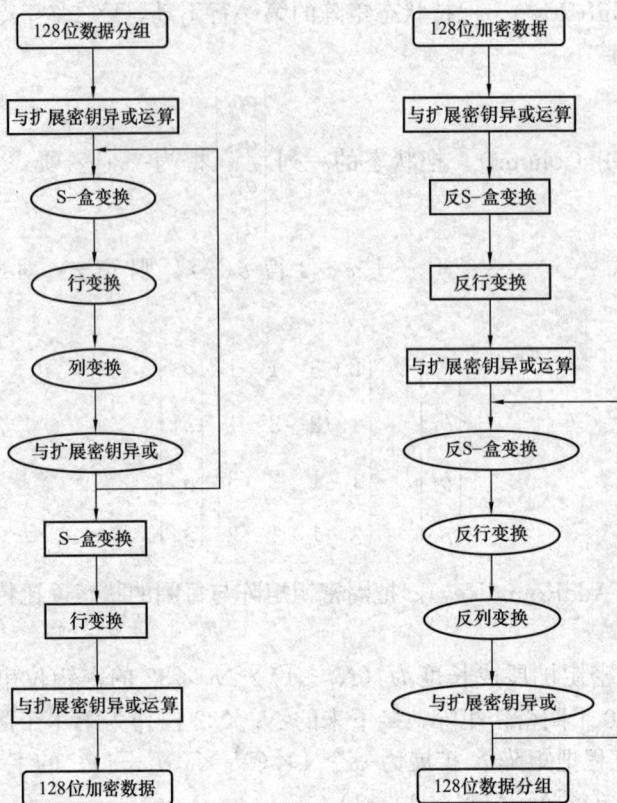

图 2-9 AES 加密/解密变换原理图

2.2.3 序列密码算法 A5

A5 在 1989 年由法国人开发，用于 GSM 系统的序列密码算法，它用于对从电话到基站连接的加密，而基站之间的固网信息没有进行加密。先后开发的三个版本称做 A5/1、A5/2、A5/3，如果没有特别声明，通常所说的 A5 是指 A5/1。关于 GSM 的加密问题，一些人认为会因为密码的问题阻碍手机的推广；而另一些人则认为 A5 太弱，不能抵抗一些国家情报机构的窃听。A5 的特点是效率高，适合硬件上高效实现，它能通过已知的统计检验，起初该算法的设计没有公开但最终不慎被泄露。

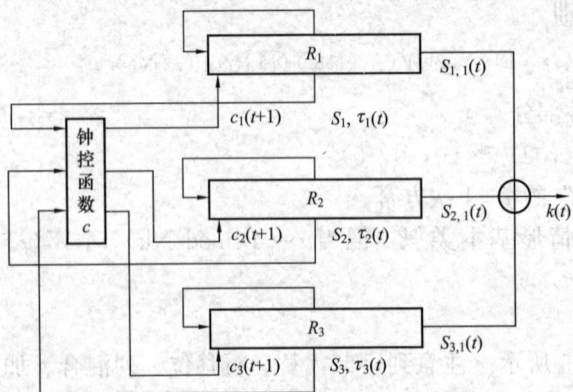

A5 算法由三个线性反馈移位寄存器（LFSR）R_1、R_2、R_3 组成，寄存器的长度分别是 $n_1 = 19$，$n_2 = 22$ 和 $n_3 = 23$。它们的特征多项式分别是

$$f_1(x) = x^{19} + x^5 + x^2 + x + 1$$
$$f_2(x) = x^{22} + x + 1$$
$$f_3(x) = x^{23} + x^{15} + x^2 + x + 1$$

所有的反馈多项系数都较小。三个 LFSR 的异或值作为输出。A5 通过"停/走"式钟控方式相连。A5 原理图如图 2-10 所示。

图 2-10 A5 原理图

这里 $S_{i,j}$ 表示 t 时刻，R_i 的状态向量的第 j 位，而 $t_1=10$，$t_2=11$，$t_3=12$。钟控函数为 $c(t)=g[S_{1,t_1}(t-1)$，$S_{2,t_2}(t-1)$，$S_{3,t_1}(t-1)]$ 是一个四值函数。

$$g(S_1, S_2, S_3) = \begin{cases} \{1, 2\} & S_1 = S_2 \neq S_3 \\ \{1, 3\} & S_1 = S_3 \neq S_2 \\ \{2, 3\} & S_2 = S_3 \neq S_1 \\ \{1, 2, 3\} & S_1 = S_2 \neq S_3 \end{cases}$$

R_i 的停/走规则是：当 $i \in c(t)$ 时，则 R_i 走，否则停。

A5 算法的密钥 K 是 64 位。顺次填入为 R_1、R_2、R_3 的初始状态，然后经过 100 拍的初始化运算，不输出。加密过程是，为通信的一个方向生成 114 位的密钥序列，然后空转 100 拍，再为通信的另一个方向生成 114 位的密钥序列，依次类推。用密钥序列与明文序列按位模 2 相加得到相应的密文，对方用密钥序列与密文序列按位模 2 相加得到相应的明文。这就是 A5 的基本原理。

A5 的弱点可能是因为其移位寄存器的技术太短所致。有一种直接攻击需要 240 次加密运算：先猜测前两个移位寄存器的状态，然后通过输出序列决定第三个移位寄存器的状态。

1999 年 12 月，在一定条件下 A5 算法被攻破。2002 年 5 月，IBM 研究人员发现新的快速获取密钥 K 的方法。2003 年 8 月，A5 的一个变种 A5/2 也被破译。

2.2.4 其他分组算法

除了 DES 和 AES 外，还有一大批其他的对称分组密码算法。下面介绍其他常用的算法，以便参考。

1. IDEA

由瑞士联邦理工学院的 Xuejia. Lai 和 James. Messey 在 1990 年提出。算法的主要参数是 64 位分组，128 位密钥。其主要特点是运行速度快，适合软件、芯片实现。IDEA 在其后面版本中增加了抗差分分析特性。设计者定义了马尔科夫链且证明了能抗差分攻击的模型和量化估计，Lai 证明在 8 轮的算法中，第 4 轮后就对差分分析攻击免疫了。

该算法已经被 PGP 电子邮件安全协议采用。

2. RC5

RC5 由美国 RSA. Laboratory 的 Ron. Rivest 在 1994 年提出。算法主要参数是加密圈数——0～255 的任何数，分组长度——32 位，64 位或 128 位，密钥长度为 0～255 位的任何数。主要特点是参数的可变性，使用者可方便地在算法安全性、速度和内存资源占用的等方面做出符合实际应用情况的选择。

RC5 已经用于 RSA 数据安全公司的 BSAFE、JSAFE、S/MAIL 等产品中。

3. CAST - 128

由 Carlisle. Adams 和 Stafford. Tavares 在 1997 年提出。算法主要参数是密钥长度——40 位开始按照 8 位递增到 128 位，分组长度为 64 位。其主要特点是得到密码学家广泛的评审，可见其安全性较好。该算法已经被 PGP 电子邮件安全协会采用，并且作为 RFC 2144 标准颁布。

4. Blowfish

由密码学家 Bruce. Schneier 在 1993 年提出。算法主要参数是密钥长度——32～448 位，分组长度 64 位。其主要特点是编码规则同以往算法比较有重要改进，密码分析变得异常困难，可见它的安全强度较高，目前应用到很多产品中。

此外，还有一些很好的密码算法。如 MARS、Serpent、Twofish、RC6 都进入 AES 评选决赛。这里不再赘述。

2.3 公钥密码体制

本章 2.2 节讨论的对称密钥密码体制中，解密密钥与加密密钥相同或容易从加密密钥导出，加密密钥的暴露会使系统变得不安全，因此使用对称密钥密码体制在传送任何密文之前，发送者和接收者必须使用一个安全信道预先通信传输密钥 k。而在实际通信中做到这一点很困难。公钥密码体制能很好地解决对称密钥密码体制中的安全性问题。

公钥密码算法又称为非对称密钥密码算法，其主要特征是加密密钥可以公开，而不会影响到解密密钥的机密性。可用于保护数据的机密性、完整性和身份识别等。

2.3.1 公钥基本概念

1. 公钥密码体制

公钥密码体制也称为双密钥密码体制或非对称密码体制，与此相对应，将序列密码和分组密码等称为单密钥密码体制或对称密钥密码体制。表 2-7 总结了单钥加密和公开密钥加密的重要特征。

表 2-7　　　　　　　　单钥加密和公开密钥加密的重要特征

	单钥加密	公开密钥加密
运行条件	① 加密和解密使用同一密钥和同一算法。② 发送方和接收方必须共享密钥和算法	① 用同一算法进行加密和解密，而密钥有一对，其中一个用于加密，而另一个用于解密。② 发送方和接收方每个拥有一个相互匹配的密钥中的一个（不是另一个）
安全条件	① 密钥必须保密。② 如果不掌握其他信息，要想解密报文是不可能或者至少是不现实的。③ 知道所用的算法加上密文的样本必须是不足以确定密钥	① 两个密钥中的一个必须保密。② 如果不掌握其他信息，要想解密报文是不可能或者至少是不现实的。③ 知道所用的算法加上一个密钥和密文的样本必须不足以确定密钥

为了区分这两个体制，一般将单钥加密中使用的密钥称为秘密密钥（Secret Key），公开密钥加密中使用的两个密钥分别称为公开密钥（Public Key）和私有密钥（Private Key）。在任何时候私有密钥都是保密的，但把它称为私有密钥而不是秘密密钥，以免同单钥加密中的秘密密钥混淆。

单钥密码安全的核心是通信双方秘密密钥的建立，当用户数增加时，其密钥分发就越来越困难，而且单钥密码不能满足日益膨胀的数字签名的需要。公开密钥密码编码学是在试图解决单钥加密面临的这个难题的过程中发展起来的。公共密钥密码的优点是不需要经安全渠道传递密钥，大大简化了密钥管理。它的算法有时也称为公开密钥算法或简称为公钥算法。公开密钥的应用主要有以下三方面。

（1）加密和解密。发送方用接收方的公开密钥加密报文。

（2）数字签名。发送方用自己的私有密钥"签署"报文。签署功能是通过对报文或者作为报文的一个函数的一小块数据应用发送者私有密钥加密完成的。

（3）密钥交换。两方合作以便交换会话密钥。

2. 典型公钥算法 RSA 数学基础

定义 2.2 设 m，n 是两个整数，如果正整数 d 满足：

（1）d 整除 m 和 n，即 $d|m$，$d|n$；

（2）若 $d'|m$ 且 $d'|n$，则 $d'|d$。

则称 d 是 m 与 n 的最大公因数，记为 $d=(m,n)$。若 $(m,n)=1$，则称 m 与 n 互素。

设 n 是任一自然数，记 1，2，$\cdots$，$n-1$ 中与 n 互素的数的个数为 $\varphi(n)$，称为**欧拉**
(Euler) 函数。

定理 2.1 设 $Z_n^*=\{m|(m,n)=1, 1\leqslant m\leqslant n-1\}$，则对 $\forall a\in Z_n^*$，有

$$a^{\varphi(n)}\equiv 1(\mathrm{mod}\,n)$$

【证明】 记 $Z_n^*=\{a_1,a_2,\cdots,a_{\varphi(n)}\}$，由于 $a\in Z_n^*$，则 $(a,n)=1$。又 $(a_i,n)=1$，
从而 $(aa_i,n)=1$，$i=1,2,\cdots,\varphi(n)$。则 $aa_1(\mathrm{mod}\,n)$，$aa_2(\mathrm{mod}\,n)$，$\cdots$，$aa_{\varphi(n)}(\mathrm{mod}\,n)$
都与 n 互素。又由于 $(a,n)=1$，则存在整数 b，c，使 $ab+cn=1$，即 $ab\equiv 1(\mathrm{mod}\,n)$，即 a
模 n 可逆，故 $aa_i\neq aa_j(\mathrm{mod}\,n)$，$i\neq j$。从而 $Z_n^*=\{aa_1(\mathrm{mod}\,n),aa_2(\mathrm{mod}\,n),\cdots,aa_{\varphi(n)}$
$(\mathrm{mod}\,n)\}=\{a_1,a_2,\cdots,a_{\varphi(n)}\}$，故这两个集合中元素的乘积模 n 相等，即

$$\prod_{i=1}^{\varphi(n)}aa_i=\prod_{i=1}^{\varphi(n)}a_i(\mathrm{mod}\,n)$$

则

$$a^{\varphi(n)}\prod_{i=1}^{\varphi(n)}(a_i)=\prod_{i=1}^{\varphi(n)}a_i(\mathrm{mod}\,n)$$

故 $a^{\varphi(n)}\equiv 1(\mathrm{mod}\,n)$。证毕。

设 $n=pq$，其中 p 与 q 是不同的素数，则由数论知识知 $\varphi(n)=(p-1)(q-1)$。

定理 2.2（费马小定理） 设 p 与 q 是两个不同的素数，$n=pq$，则对任意的 $x\in Z_n=\{0,1,2,\cdots,n-1\}$ 及任意的非负整数 k，有

$$x^{k\varphi(n)+1}\equiv x(\mathrm{mod}\,n) \quad\text{或}\quad x^{\varphi(n)}\equiv 1(\mathrm{mod}\,n)$$

【证明】 由于 p 是素数，则 1，2，$\cdots$，$p-1$ 都与 p 互素，则 $\varphi(p)=p-1$，又 $\varphi(n)=(p-1)(q-1)$，从而 $\varphi(p)|\varphi(n)$。

（1）若 $p|x$，则 $x\equiv 0(\mathrm{mod}\,p)$，则

$$x^{k\varphi(n+1)}\equiv 0\equiv x(\mathrm{mod}\,p)$$

（2）若 $p|x$，由定理 2.1 知，$x^{p-1}\equiv 1(\mathrm{mod}\,p)$，由于 $\varphi(p)|\varphi(n)$，记 $\varphi(n)=\varphi(p)m$，则

$$x^{k\varphi(n)+1}=x^{k\varphi(p)m}\cdot x=(x^{p-1})^{km}\cdot x\equiv 1\cdot x\equiv x(\mathrm{mod}\,p)$$

因此，恒有

$$x^{k\varphi(n)+1}\equiv x(\mathrm{mod}\,p)$$

同理，恒有

$$x^{k\varphi(n)+1}\equiv x(\mathrm{mod}\,q)$$

又 $(p,q)=1$，由数学中的同余式性质可得 $x^{k\varphi(n)+1}\equiv x(\mathrm{mod}\,pq)\equiv x(\mathrm{mod}\,n)$。证毕。

RSA 算法的基本原理可归纳如下：

设 p，q 是两个不同的奇素数，$n=pq$，则 $\varphi(n)=(p-1)(q-1)$，密钥 $k=\{(n,p,q,a,b)|ab\equiv 1[\mathrm{mod}\,\varphi(n)], a,b\in Z_n, [b,\varphi(n)]=1, 0<b<\varphi(n)\}$，对每一个 $k=(n,p,$

q，a，b）：

定义加密变换为：$E_k(x) \equiv x^b (\mathrm{mod}\, n)$，$x \in Z_n$

定义解密变换为：$D_k(y) \equiv y^a (\mathrm{mod}\, n)$，$y \in Z_n$

RSA 密码体制是公开加密密钥 n 与 b，保密解密密钥 a 以及辅助信息 p 与 q。

定理 2.3　设 E_k 与 D_k 分别是 RSA 体制中的加密变换和解密变换，则对一切 $x \in Z_n$，有 $D_k(E_k(x)) = x$。

【证明】　因为 $ab \equiv 1(\mathrm{mod}\, \varphi(n))$，则可设 $ab = k\varphi(n) + 1$，其中 k 是自然数，则对 $\forall x \in Z_n$，有

$$D_k(E_k(x)) \equiv D_k(x^b) \equiv (x^b)^a \equiv x^{ab} \equiv x^{k\varphi(n)+1} (\mathrm{mod}\, n)$$

由定理 2.2 知，$x^{k\varphi(n)+1} \equiv x(\mathrm{mod}\, n)$，故

$$D_k(E_k(x)) \equiv x^{k\varphi(n)+1} \equiv x(\mathrm{mod}\, n)$$

2.3.2　RSA 算法

RSA 因其创始人 Rivest，Shamir 和 Adleman 而得名。1977 出现的 RSA 是建立在大整数分解这个 NP 问题之上的公钥密码系统。RSA 的安全性几乎都建立在一些重要的数学假设基础之上，它至今仍是一条数学家相信存在但缺乏正式证明的定理。RSA 算法研制的最初理念与目标是努力使互联网安全可靠，旨在解决 DES 算法秘密密钥利用公开信道传输分发的难题。而实际结果是不但很好地解决了这个难题，还可利用 RSA 来完成对电文的数字签名以抵抗对电文的否认与抵赖，同时还可以利用数字签名较容易地发现攻击者对电文的非法篡改，以保护数据信息的完整性。RSA 是第一个比较完善的公开密钥算法，它既能用于加密也能用于数字签名。在已公开的公钥算法中，RSA 是最容易理解和实现的。

1. RSA 算法简单描述

RSA 算法的实现步骤如下（这里设 B 为实现者）：

（1）B 寻找出两个大素数 p 和 q。

（2）B 计算出 $n = pq$ 和 $\varphi(n) = (p-1)(q-1)$。

（3）B 选择一个随机数 $e(0 < e < \varphi(n))$，满足 $(e, \varphi(n)) = 1$（即 e 和 $\varphi(n)$ 互素）。

（4）B 使用 Euclidean（欧几里得）算法计算 $d \equiv e^{-1}(\mathrm{mod}\, \varphi(n))$。

（5）B 在目录中公开 n 和 e 作为他的公开密钥，保密 p、q 和 d。

密码分析者攻击 RSA 体制的关键点在于如何分解 n。若分解成功使 $n = pq$，则可以算出

$$\varphi(n) \equiv (p-1)(q-1)$$

然后由公开的 e 解出秘密的 d。

加密时，对每一明文 m 计算密文

$$c \equiv m^e (\mathrm{mod}\, n)$$

解密时，对每一密文 c 计算明文

$$m \equiv c^d (\mathrm{mod}\, n)$$

RSA 算法主要用于数据加密和数字签名。RSA 算法用于数字签名时，公钥和私钥的角色可变换，即将消息用 d 加密签名，用 e 验证签名。

欧几里德算法又称辗转相除法，用于计算两个整数 a，b 的最大公约数（记为 $gcd(a, b)$），其计算原理为：$gcd(a, b) = gcd(b, a\, \mathrm{mod}\, b)$。例如

$$gcd(72,15) = gcd(15,72\, \mathrm{mod}\, 15) = gcd(15,12) = gcd(12,15\, \mathrm{mod}\, 12) = gcd(12,3)$$

$$= gcd(3, 12 \bmod 3) = gcd(3, 0) = 3$$

根据欧几里德算法，若 $gcd(ab, \varphi(n)) = gcd(\varphi(n), ab \bmod \varphi(n)) = gcd(\varphi(n), 1)$，则 $ab = 1 (\bmod \varphi(n))$，即 $a = b^{-1} (\bmod \varphi(n))$。因此，根据欧几里德算法，如果已知公钥 e，通过列举计算的方法可得到私有密钥 d。

2. RSA 算法实例

【例 2.2】 假定用户 B 选择两个素数 $p = 3$，$q = 11$，则 $n = pq = 33$，$\varphi(n) = (3-1)(11-1) = 20$。取 $e = 3$，显然 $(e, \varphi(n)) = (3, 20) = 1$，再由 Euclidean 算法，对 $\forall d \in Z_{33} = \{0, 1, \cdots, 32\}$，计算 $gcd(ed, 20)$，若

$$gcd(ed, 20) = gcd(20, ed \bmod 20) = gcd(20, 1)$$

则 $ed = 1 (\bmod 20)$，即 $d = e^{-1} (\bmod 20)$，在本例中求出 $d = 7$ 或 $d = 27$。一般地，d 的值不是唯一的，这里选 $d = 7$，即 B 公开 $n = 33$ 和 $e = 3$，保密 $p = 3$，$q = 11$ 和 $d = 7$。现在用户 A 想把明文 $m = 19$ 发送给 B。

A 加密明文 $m = 19$，得密文

$$c = E_k(m) \equiv m^e (\bmod 33) \equiv 19^3 (\bmod 33) = 28$$

A 在公开信道上将加密后的密文 $c = 28$ 发送给 B，当 B 收到密文 $c = 28$ 时，解密可得

$$c^d = 28^7 \equiv 19 (\bmod 33)$$

从而 B 得到 A 发送的明文 $m = 19$。

若用以上算法对明文 "SUZANNE" 进行加密和解密，可得到如表 2-8 的结果。

表 2-8　　　　　　　　　　　　RSA 加 密 示 例

加密过程				解密过程			
明文 P	序号 m	m^3	密文 $c = m^3 (\bmod 33)$	密文 $c = m^3 (\bmod 33)$	c^7	$m = c^7 (\bmod 33)$	明文 P
S	19	6859	28	28	13492928512	19	S
U	21	9261	21	21	1801088541	21	U
Z	26	17576	20	20	1280000000	26	Z
A	1	1	1	1	1	1	A
N	14	2744	5	5	78125	14	N
N	14	2744	5	5	78125	14	N
E	5	125	26	26	8031810176	5	E

3. RSA 的安全性

RSA 算法的理论基础是一种特殊的可逆模指数运算，它的安全性是基于分解大整数 n 的困难性。密码破译者对 RSA 密码系统的一个明显的攻击是企图分解 n，如果能做到，则将很容易计算出欧拉数 $\varphi(n) = (p-1)(q-1)$，这样就可从公钥 e 计算出私钥 d，从而破译密码系统。目前大整数分解算法能分解的数已达到 130 位的十进制数。也就是说，129 位十进制数字的模数是能够分解的临界数，因此，n 的选取应该大于这个数。基于安全性考虑，建议用户选择的素数 p 和 q 大约都为 100 位的十进制数，那么 $n = pq$ 将是 200 位的十进制数。因为在每秒上亿次的计算机上对 200 位的整数进行因数分解需要 55 万年。因而 RSA 体制在目前技术条件下是安全的，是无人能破译的。

当然，现在有很多种攻击 RSA 的方法，但这些攻击方法都是在得到一定信息的前提下进行才有效。有三种可能攻击 RSA 算法的方法：①强行攻击，这包含对所有的私有密钥都进行尝试；②数学攻击，有几种方法，实际上都等效于对两个素数乘积的因子分解；③定时攻击，这依赖于解密算法的运行时间。

基于安全性考虑，一般在应用 RSA 时，必须做到以下几点：①绝对不要对陌生人提交的随机消息进行签名；②不要在一组用户间共享 n；③加密之前要用随机值填充消息，以确保 m 和 n 的大小一样。

RSA 技术既可用于加密通信又能用于数字签名和认证。由于 RSA 的速度大大低于 DES 等分组算法，因此 RSA 多用于加密会话密钥、数字签名和认证。RSA 以其算法的简单性和高度的抗攻击性在实际通信中得到了广泛的应用。在许多操作平台（如 Windows、Sun、Novell 等）都应用了 RSA 算法。另外，几乎所有的网络安全通信协议（如 SSL，IP$_{Sec}$ 等）也都应用了 RSA 算法。ISO 已指定 RSA 用作数字签名标准。在 ISO 9796 中，RSA 已成为其信息附件。法国银行界和澳大利亚银行界已使 RSA 标准化，ANSI 银行标准的草案也利用了 RSA。许多公司都采用了 RSA 安全公司的 PKCS。

RSA 在目前和可预见的未来若干年内，在信息安全领域的地位是不可替代的，在没有良好的分解大数因子的方法，以及不能证明 RSA 的不安全性时，RSA 的应用领域会越来越广泛。但是一旦分解大数因子不再困难，RSA 的时代将会成为历史。

2.3.3 有限域乘法群密码与椭圆曲线密码

另一类重要的公开密钥密码算法的构造依赖于一个阶数相当大的有限群。特别是阶数含大素因子的群。事实上，有限域乘法群和椭圆曲线加法群是非常方便的候选对象。用这两种群可构造 Diffie-Hellman 密钥交换算法、ElGamal 加密算法和 ElGamal 数字签名算法等。

按照抽象代数的有限域的构造理论，对于给定的任意一个素数 p 和一个正整数 n，存在且仅存在一个 p^n 阶的有限域，记为 $GF(p^n)$，则 $G=GF(p^n)^x$ 是一个 $s=p^n-1$ 阶的循环群。若 g 是它的一个生成元，则可记为 $G=<g>$。

先介绍 Diffie-Hellman 密钥交换算法。

假设 Alice 和 Bob 选择了一个有限域的乘法群 $G=<g>$，并把它作为系统参数公开出去。然后，Alice 秘密选择一个指数 $a \in Z_s$ 作为私钥，计算 $A=g^a$ 作为公钥；对称地，Bob 秘密选择一个指数 $b \in Z_s$ 作为私钥，计算 $B=g^b$ 作为公钥。如图 2-11 所示，Alice 和 Bob 通过公共信道交换公钥，这时 Alice 和 Bob 通过下面的算式计算出共同的群 G 中的元素 g^{ab}。Alice 计算 $g^{ab}=B^a$；Bob 计算 $g^{ab}=A^b$，从而 Alice 和 Bob 双方通过上述过程，共享了一个秘密参数值 g^{ab}，它可作为双方以后进行密码计算所需的秘密值，如作为密钥使用。

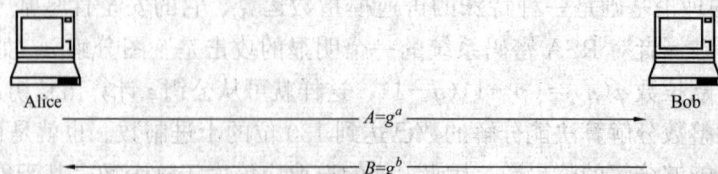

图 2-11 Diffie-Hellman 密钥交换原理图

为保证上述过程是可行的，需要满足一个条件。其他人在没有获得 Alice 和 Bob 的私有密钥的情况下，要想计算这个共享的秘密值是不可行的。为此，需要对相关的密码参数选取进行限制。

容易看出，一个限制条件是敌手 Oscar 从给定的 A 计算 a 是困难的。即给定底数 g 和幂 A，求指数是困难的，即离散对数问题是难解的。

对有限域而言，最好的求解离散对数问题的方法是指标计算法，它能在亚指数时间内求解离散对数问题。一方面，就现在的计算能力来讲，1024 位规模阶的有限域已足够了。另一方面，人们试图在寻找一个群，使得其上的离散对数问题没有亚指数算法。椭圆曲线中可以提供大量的这样的群。

基于有限域乘法群还可以构造加密算法和数字签名算法。其中一个比较有影响的加密算法是 ElGamal 加密算法。假设 Bob 选择了一个有限域的乘法群 $G=<g>$，秘密选择一个指数 $b\in Zs$ 作为私钥，计算 $B=g^b$ 作为公钥。

Alice 想给 Bob 发送消息 $m\in G$。她首先随机选择一个指数 $k\in Zs$，然后计算 $c_1=g^k$ 和 $c_2=mg^{bk}$，她把消息 $C=\{C_1，C_2\}$ 发送给 Bob。Bob 利用自己的私钥 b 和 C_1 可以计算出 g^{bk}，从而可求得：$m=c_2(g^{bk})^{-1}$，从面完成解密运算。

该算法的强度与 Diffie - Hellman 算法强度等价。ElGamal 数字签名算法将在 2.4 节介绍。

前面提过椭圆曲线上的离散对数问题比起有限域上的乘法群来说，求解难度更大。那么什么是椭圆曲线呢？

域 F 上的椭圆曲线是指，下列 Weierstrass 方程式给出的曲线

$$y^2+a_1xy+a_3y=x^3+a_2x^2+a_4x+a_6$$

并且其系数满足一个简单的条件，保证它是亏格为 1 的光滑曲线。若 $P(x，y)$ 满足上述方程，则称 P 是该曲线上的一个点。为该方程表示的曲线添加上一个 y 方向上的无穷远点 O，称为该曲线的射影完备化。图 2 - 12 是实数域上的两个椭圆密码曲线轨迹的例子。

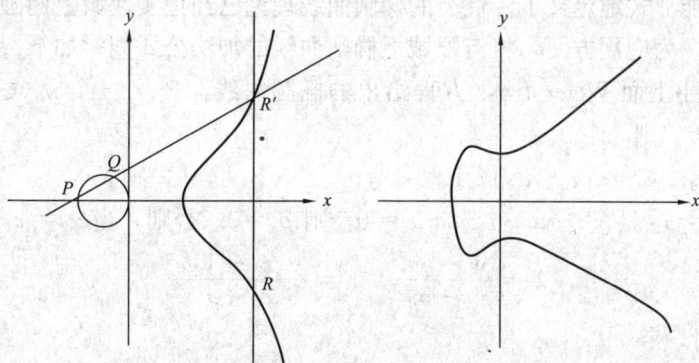

图 2 - 12　实数域上椭圆密码曲线轨迹

椭圆曲线中可以定义一个运算。其在图形上的表现是，两个点 P、Q 连成一条直线 PQ，因为曲线是三次的，故这条直线还与曲线相交于第三点，设为 R'。然后过 R' 引一条与 y 轴平行的线 $R'R$ 交曲线于点 R。称 R 为 P 与 Q 的和，记为 $R=P+Q$。

必须说明上述加法是良定义的，也就是说给定曲线上任意两点能唯一地确定一个第三点。

我们首先分情形考察两点的连线问题。

（1）如果 P 与 Q 重合，且为有限点（$\neq O$），则 PQ 取为过曲线上 P 点的切线，切线的存在性可由曲线的光滑性保证。

（2）如果 P 与 Q 重合，且均为无穷远点 O，则由射影曲线的讨论可知，O 点的切线是无穷远直线。

（3）如果 P 与 Q 不重合，且两者均为有限点，则 PQ 为通常意义下的连线。

（4）如果 P 与 Q 不重合，且两者中之一是无穷远点，如 $Q=O$，则因为 O 是 y 轴方向上的无穷远点，PQ 是过 P 点且平行于 y 轴的直线。

可见，曲线上的任何两点总能唯一地确定一条连线。那么，这条连线是否一定能与曲线相交于唯一的第三点，则有待进一步研究。这里列出下面的事实，仅讨论怎样确定这个第三点。

（1）当 PQ 为无穷远直线时，它与曲线三重相切于无穷远点 O 处。

（2）当 PQ 为有限直线，且与 y 轴平行时，它与曲线相交无穷远点和两个有限点（可能重合）。

（3）当 PQ 为有限直线，且与 y 轴不平行时，它与曲线恰好相交于三个有限点（可能有一个二重点）。

由此可知，椭圆曲线加法是良定义的。

O 在加法运算中有特殊地位。事实上，O 与实数的加法中的 0 相同，它与曲线上任何一点 P 的和仍然为点 P：$P+O=P$。椭圆曲线的基本理论还告诉我们：曲线的这种加法构成一个以 O 为单位元的加法群。对这一点的证明，感兴趣的读者可参看专门介绍椭圆曲线的书。

上面介绍了实数域上的椭圆曲线有无穷个点，对构造密码计算是不方便的。我们希望能得到一个有限个点构成的椭圆曲线。事实上，有限域上的 Weierstrass 方程只有有限个解，加上无穷远点，仍然称为椭圆曲线，尽管这时它已经没有图 2-12 所示的直观图形，而且过一点的切线也只能形式地定义了。优美的椭圆曲线理论已经把实数域上椭圆曲线的加法理论形式化地搬过来。为应用方便，将有限域上椭圆曲线的加法公式列举如下。

设 E 是一条由上面 Weierstrass 方程给出的椭圆曲线，$P_i=(x_i,\ y_i)\in E(i=0,\ 1,\ 2,\ 3)$，$P_1+P_2=P_3$，则

（1）$P_0=(x_0-y_0-a_1x_0-a_3)\in E$；

（2）如果 $x_1=x_2$ 且 $y_2+y_1+a_1x_1+a_3=0$，则 $p_3=0$。否则，当 $x_2\neq x_1$ 时，令

$$\lambda=\frac{y_2-y_1}{x_2-x_1},\quad v=\frac{y_1x_2-y_2x_1}{x_2-x_1}$$

当 $x_2=x_1$ 时，令

$$\lambda=\frac{3x_1^2+2a_2x_1+a_4-a_1y_1}{2y_1+a_1x_1+a_3},\quad v=\frac{-x_1^3+a_4x_1+2a_6+a_3y_1}{2y_1+a_1x_1+a_3}$$

（这时，直线 $y=\lambda x+v$ 是过 P_1 和 P_2 的直线，或当 $P_1=P_2$ 时是过 P_1 的切线。）

这时，$P_3=P_1+P_2$ 的计算公式为

$$x_3=\lambda^2+a_1\lambda-a_2-x_1-x_2$$

$$y_3=-(\lambda+a_1)x_3-v-a_3$$

由此，我们可以方便地编程以实现有限域上椭圆曲线的加法运算。

这样实际上得到了一个可以有效计算的有限群，可以证明这种有限群的点数基本接近所在的有限域的元素个数，从而是阶数较大的群。但它的阶数的计算不仅与域的规模有关，而且与方程的系数有关，其计算也是相当复杂的。

与在有限域上的乘法群一样，在有限域上的椭圆曲线也可实现 Diffie - Hellman 密钥交换算法和 ElGamal 加密算法。

【例 2.3】 Alice 想使用椭圆曲线版本的 ElGamal 加密算法给 Bob 传送一个消息 m。这时 Bob 选择了一个大素数 $p=8831$，并选择了一个有限域 GF(8831) 上的椭圆曲线 $E：y^2=x^3+3x+45$，以及这条曲线上的一个点 $G=(4, 11)$。Bob 还选择了自己的私钥 $b=3$，计算并公开一个点 $B=bG=(413, 1808)$ 作为自己的公钥。

假设 Alice 想要发送的消息可以适当地编码为 E 上的点 $P_m=(5, 1743)$，这时她首先随机选择一个指数 $k=8$，然后计算 $k=(5415, 6321)$ 和 $P_m+kB=(6626, 3576)$，并把这两个数据一同传送给 Bob。

Bob 利用自己的私钥 $b=3$ 和收到的消息计算 $b(kG)=3(5415, 6321)=(673, 146)$，再从 (6626, 3576) 中减去这个点，得到

$$(6626, 3576) - (673, 146) = (6626, 3576) + (673, -146) = (5, 1743)$$

从而完成了解密运算。

有两类椭圆曲线上的离散对数问题没有预期的那样难解。一类称为超奇异（Supersingular）的曲线，其离散对数求解稍比其基域（有限域）上的困难一些。另一类称为反常（Anomalous）的曲线，其上的离散对数问题可以通过形式指数——形式对数映射为十分简单的问题。用椭圆曲线构造密码系统时，绝对要避免反常曲线的情形。密码研究人员原来对超奇异曲线不感兴趣，但是近年来人们又发现超奇异曲线有一些非常好的性质，主要是通过 weil 配对，给出的 E 到基域乘法群上的双线性映射，提供了一种可以构造基于身份的密码系统的方法。而且这种密码经常是在较基本的假设下可以证明其安全性，从而成为近年来学术界追逐的对象之一。

2.4 数字签名算法

数字签名算法属于公钥密码范畴，它的签名密钥是私钥，验证密钥是公钥。主要用途是完成数字签名，从而实现抗抵赖、消息鉴别和身份识别。它与公钥加密算法的公私钥生成算法是一样的，区别只是在于公钥加密算法使用公钥进行加密，用私钥进行解密；而签名算法中公钥和私钥的角色是对换了的，它使用私钥进行加密，公钥进行解密也即验证。

很多年以来，人们使用各种签名将他们的身份同文档联系起来。在中世纪时期，贵族用他们勋章的蜡印来封文档，人们认为贵族是唯一能够复制这种勋章的人。在现代事务中，人们通过信用卡和签名，为售货员通过与信用卡上的签名进行比较来检验签名真伪提供了一种可能。随着电子商务和电子文档的发展，这些方法已经不能满足需要了。

假设你想签署一个电子文档，是否可以将你的签名数字化并简单地附在文档上呢？因为任何得到该文档的人都可以轻易地将你的签名移走并将其添加到其他地方，如大面额的支票上。对于传统的签名，这需要将文档上的签名剪下来或者影印下来，然后将其粘贴到支票上。这种几乎无法通过验证的伪造签名方法，在电子签名上变得容易，并且很难与最初的签

名区分。

因此，我们要求电子签名不能和消息分开，再附加在其他消息上。也就是说，签名不仅和签名者联系，而且还与签名的消息联系在一起，同时签名需要很容易被其他方证实。因此数字签名包含两个不同的步骤：签名过程和验证过程。

2.4.1　数字签名概述

对文件进行加密只解决了传送信息的保密问题，而防止他人对传输的文件进行破坏及如何确定发信人的身份还需要采取其他的手段，这一手段就是数字签名。在信息安全保密系统中，数字签名技术有着特别重要的地位，信息安全服务中的源鉴别、完整性服务、不可否认服务中，都要用到数字签名技术。

数字签名主要利用公钥密码技术。经过长时间的研究，数字签名已经有了自己的研究体系，形成了自己的理论框架。目前已有 RSA、椭圆曲线等经典签名，也有盲签名、代理签名、群签名、不可否认签名、公平盲签名、门限签名、具有消息恢复功能的签名等与具体应用环境密切相关的特殊签名。

数字签名的应用还涉及法律问题，联合国已经出台了电子签名示范法，法国、美国等几十个国家也颁布了各自的电子签名法。

2.4.2　数字签名的概念和特点

1. 数字签名的特点

在日常的社会生活和经济领域中，签名盖章和识别签名是一个重要的环节。例如，银行业务、挂号邮件、合同、契约和协议的签订等都离不开签名。在书面文件上，签名是确认文件的一种手段，其作用有三点：①因为签名难以否认，从而可确认文件已签署这一事实；②因为签名不易仿冒，从而可确定文件是真的这一事实；③如果对签名有争议，可以请专家分析、辨认笔迹的真伪。

数字签名与书面文件签名有相同之处。采用数字签名，也能确认以下三点：第一，信息是由签名者发送的；第二，信息自签发后到收到为止未曾做任何修改；第三，如果 A 否认对信息的签名，可以通过仲裁解决 A 和 B 之间的争议。因此，数字签名就可用来防止电子信息因易被修改而被伪造，或冒用别人名义发送信息，或发出（收到）信件后又加以否认等情况发生。数字签名又不同于手写签名：数字签名随文本的变化而变化，而手写签字反映某个人个性特征，是不变的；数字签名与文本信息是不可分割的，而用手写签字是附加在文本之后的，与文本信息是分离的。

综上所述，完善的数字签名应具备签字方不能抵赖、他人不能伪造、在公证人面前能够验证真伪的能力。

2. 数字签名的形式化定义

一个签名方案由签署算法与验证算法两部分构成，可用五元关系组 (P, A, K, S, V) 进行形式化表示。其中 P 是由一切可能消息（Messages）所构成的有限集合；A 是一切可能的签名的有限集合；K 为有限密钥空间，是一些可能密钥的有限集合。任意 $k \in K$，有签署算法 $Sig_k \in S$，$Sig_k: P \rightarrow A$。对任意 $x \in P$，有 $s = Sig_k(x)$，则 $s \in S$ 为消息 x 的签名，将 (x, s) 发送到签名验证者。

对于密钥集合 K，有对应的验证算法 $Ver_k \in V$，满足

$$Ver_k: P \times A \rightarrow \{真, 假\}$$

签名者收到 (x, s) 后，计算 $Ver_k(x, y)$。若 $y=Sig_k(x)$，则 $Ver_k(x, y)=$ 真；若 $y\neq Sig_k(x)$，则 $Ver_k(x, y)=$ 假。其中：①任意 $k\in K$，函数 Sig_k 和 Ver_k 都为多项式时间函数；②Ver_k 为公开的函数，而 Sig_k 为秘密函数；③如果他人要伪造 B 对 x 的签名，则在计算上是不可能的，即给定 x，仅有 B 能计算出签名 y，使得 $Ver_k(x, y)=$ 真；④一个签名方案不能是无条件安全的，只要有足够的时间，第三方总能伪造 B 的签名。

3. 数字签名的功能

数字签名机制提供了一种鉴别方法，可解决信息管理中的以下问题：

(1) 身份认证。收方通过发方的电子签名能够确认发方的确切身份，但无法伪造。

(2) 保密。双方的通信内容高度保密，第三方无从知晓。

(3) 完整性。通信的内容无法被篡改。

(4) 不可抵赖。发方一旦将电子签字的信息发出，就不能再否认。

值得说明的是，数字签名与数据加密完全独立。数据可以只签名或只加密，也可既签名又加密，当然，也可以既不签名也不加密。

2.4.3 数字签名方案的分类

根据不同的标准，数字签名方案有不同的分类方法。

1. 基于数学难题的分类

根据数字签名方案所基于的数学难题，分类如下。

(1) 基于离散对数问题的签名方案。如 ElGamal 型数字签名方案和美国数字签名算法 (DSA)。

(2) 基于素因子分解问题的签名方案。如 RSA 数字签名方案。二次剩余作为素因子分解问题的特殊情况，当前也发展了多种基于二次剩余的签名方案，如 Rabin 数字签名方案和 1997 年 Nyang 和 Song 所设计的快速数字签名方案等。

(3) 上述两种的结合签名方案。如 1994 年 Harn 设计的一种数字签名方案；1997 年 Laih 和 Kuo 设计的一种新的数字签名方案。

2. 基于签名用户的分类

根据签名用户的情况，可将数字签名方案分为单个用户签名的数字签名方案和多个用户的数字签名方案。

3. 基于数字签名所具有特性的分类

根据数字签名方案是否具有消息自动恢复特性，可分为：

(1) 不具有自动恢复特性的数字签名方案。一般数字签名不具有此特性，如 ElGamal 数字签名。

(2) 具有消息自动恢复特性的数字签名方案。1994 年，Nyberg 和 Ruepple 首次提出一类基于离散对数问题的具有消息恢复特性的数字签名方案。

4. 基于数字签名所涉及的通信角色分类

根据数字签名所涉及的通信角色可分为直接数字签名（仅涉及通信的源和目的两方）和需仲裁的数字签名（除通信双方外，还有仲裁方）。

2.4.4 数字签名的使用模式

目前使用的电子签名主要有三种模式。

(1) 智慧卡式。使用者拥有一个像信用卡一样的磁卡，储存有自己的数字信息。使用时只需在计算机扫描器上扫描，然后输入自己设定的密码即可。

（2）密码式。它是由使用者设定一个密码，通过特定的硬件，利用电子笔在电子板上签名后将信息存入计算机。电子板不仅记录下签名的形状，而且对使用者签名时使用的力度、写字的速度都有记载，以防他人盗用签名。

（3）生物测定式。它是以使用者的身体特征为基础，通过特定的设备对使用者的指纹、面部、视网膜或眼球进行数字识别，从而确定对象是否与原使用者相同。

实际应用过程中，大都是将以上两种或三种数字签名技术结合在一起，这样可提高电子签名的安全性和可靠性。

2.4.5　数字签名使用原理

安全的数字签名使接收方可以确认文件确实来自声称的发送方。鉴于签名的私有密钥只有发送方自己保存，他人无法做一样的数字签名，因此发送方不能否认参与了信息交易业务。在安全的数字签名过程中，通常还要求能确认传输的信息没有被篡改。

数字签名的加密解密过程和公钥密码体制的加密解密过程正好相反，使用的密钥对也不同。数字签名使用的是发送方的密钥对，发送方用自己的私有密钥进行加密，接收方用发送方的公开密钥进行解密。这是一个一对多的关系，任何拥有发送方公开密钥的人都可以验证数字签名的正确性。而公钥密码体制的加密解密使用的则是接收方的密钥对，这是多对一的关系，任何知道接收方公开密钥的人都可以向接收方发送加密信息，只有唯一拥有接收方私有密钥的人才能对信息解密。

在实际应用过程中，通常一个用户拥有两个密钥对，一个密钥对用于数字签名，另一个密钥对用于加密。这种方式提供了更高的安全性。在实际运用中，由于公钥体制加密解密速度慢，直接用私有密钥对相当长的文件进行签名并不完全可行。

通常的解决办法是引入可公开的散列函数（Hash Function，也称哈希函数或摘要函数）。它取任意长度的消息做自变量，结果产生规定长度的消息摘要。该函数能保证对原文作任何一点修改，再产生的数字摘要将会不同。如数字签名标准 DSS 中的消息摘要为 160 位，签名消息摘要发生在签名后、加密前，对邮件传输或存储都有节省空间的好处。

利用散列函数进行数字签名和文件验证的传输过程如下。

（1）发送方首先用哈希函数从原文得到数字摘要，然后采用公钥密码体制用发送方的私有密钥（简称私钥）对数字摘要进行签名，并把签名后的数字摘要附加在要发送的原文后面；

（2）发送方选择一个会话秘密密钥对文件进行加密，并把加密后的文件通过网络传输到接收方；

（3）发送方用接收方的公有密钥（简称公钥）对会话秘密密钥进行加密，并通过网络把加密后的会话秘密密钥传输到接收方；

（4）接受方使用自己的私钥对密钥信息进行解密，得到会话秘密密钥的明文；

（5）接收方用会话秘密密钥对文件进行解密，得到附有经过加密的数字摘要的原文明文；

（6）接收方用发送方的公钥对数字签名进行解密，得到发送方计算的数字摘要的明文；

（7）接收方对得到的原文明文用同一哈希函数重新计算数字摘要，并与解密后的数字摘要进行对比。如果两个是相同的，说明文件在传输过程中没有被破坏。上述流程如图 2 - 13 所示。如果第三方冒充发送方发出了一个文件，只要第三方不是用发送方的私钥加密，接收方就不能正确解密发来的密文，这是因为接收方在对数字签名进行验证时使用的是发送方的公钥。这就提供了一个确认发送方身份的方法。如果原文被篡改，得到的数字摘要就会与传送过来的数字摘要不同，从而可保证原文不能被篡改。如果一切正常，发送方的私有密钥是保密的，其就无法否认该原文是他签发的。

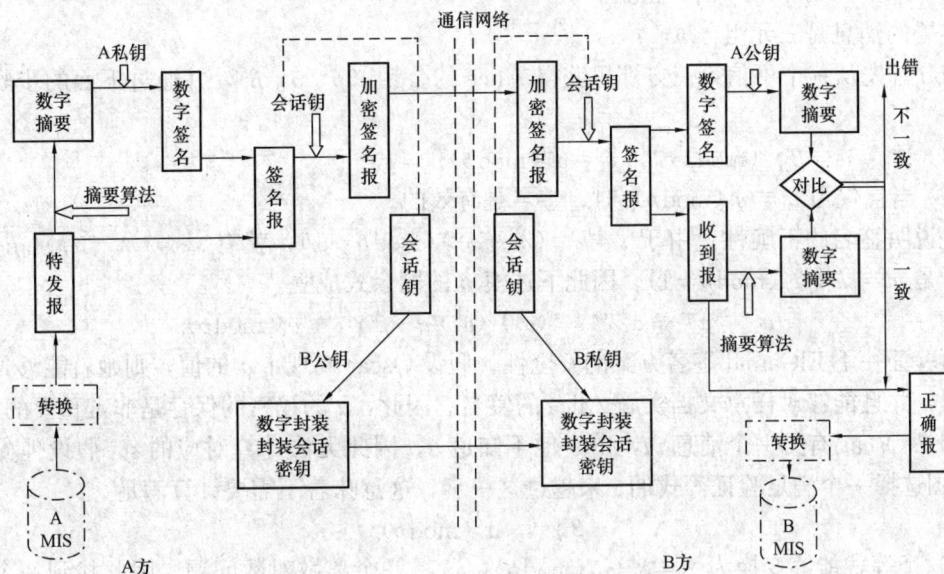

图 2-13　数字签名流程

2.4.6　常规数字签名方法

1. RSA 签名方案

RSA 签名方案是利用 RSA 公钥密码体制建立的一种实用的数字签名方案。

设 p 与 q 是两个不同的素数，$n=pq$，$\varphi(n)=(p-1)(q-1)$。任取一个与 n 互素且小于 n 的数 d（即 $d\in Z_n^*$），由 $ed\equiv 1(\mathrm{mod}\varphi(n))$，$e\in Z_n^*$，求得唯一的解 e，$1<e<n$。公开 n 与 d，值 p，q 和 e 保密。

对 $\forall x\in Z_n$，定义签名算法 $S(\cdot)$ 为

$$S(x)\equiv x^d(\mathrm{mod}n)$$

对 $y\in Z_n$，定义验证算法 $V(\cdot)$ 为

$$V(y)\equiv y^e(\mathrm{mod}n)$$

则签名为真的充要条件是

$$V(S(x))\equiv x(\mathrm{mod}n)$$

由于 $S(\cdot)$ 是秘密的，只有签名者一人知道，因此只有他一人能给出真的签名。

2. ElGamal 签名算法

ElGamal 签名算法提供一种新的方案。它与 RSA 签名算法的不同之处是，对于 ElGamal 签名算法，同一个消息有许多不同的有效签名。

假设 Alice 想对一个消息签名。首先她选择一个大素数 p 和一个本原根 α，即乘法群 $GF(p)^x$ 的生成元，然后选择一个秘密的整数 α 使得 $1\leqslant\alpha\leqslant p-2$，并且计算 $\beta\equiv\alpha^a(\mathrm{mod}p)$，$p$、$\alpha$、$\beta$ 的值是公开的，而把 α 作为私钥。由于离散对数问题是非常困难的，所以对手很难由 (p,α,β) 确定 α。

Alice 为了签署消息 m，需要做下面的工作。

（1）选择一个随机数 k，使得 $gcd(k, p-1)=1$。

（2）计算 $\gamma \equiv \alpha^k (\mathrm{mod}\, p)$。

（3）计算 $s \equiv k^{-1}(m-\alpha\gamma)(\mathrm{mod}\, p-1)$。

签署的消息是三元组 (m, γ, s)。

Bob 首先从一个可信第三方那里获得 Alice 的公钥 (p, α, β)，并通过下面的步骤验证签名。

（1）计算 $v_1 \equiv \beta^\gamma \gamma^s (\mathrm{mod}\, p)$ 和 $v_2 \equiv \alpha^m (\mathrm{mod}\, p)$。

（2）当且仅当 $v_1 \equiv v_2 (\mathrm{mod}\, p)$ 时，签名是有效的。

先说明签名的正确性。由于 $s \equiv k^{-1}(m-\alpha\gamma)(\mathrm{mod}\, p-1)$，就有 $sk \equiv (m-\alpha\gamma)(\mathrm{mod}\, p-1)$，于是 $m \equiv sk+\alpha\gamma (\mathrm{mod}\, p-1)$。因此下述模 p 的同余式成立

$$v_2 \equiv \alpha^m \equiv \alpha^{sk+\alpha\gamma} \equiv (\alpha^\alpha)^\gamma (\alpha^k)^s \equiv \beta^\gamma \gamma^s \equiv v_1 (\mathrm{mod}\, p)$$

再验证一下 ElGamal 签名方案的安全性。假设 Oscar 发现了 a 的值，则她就能够处理签名过程，并且能够对任意文档实施 Alice 的签名。因此，a 的秘密的保存是非常重要的。

如果 Oscar 有另一个消息 m，由于他不知道 a，因此无法计算对应的 s。假设他先选定 γ，试图选择一个满足验证等式的 s 来越过这一步，这意味着不需要计算满足

$$\beta^\gamma \gamma^s \equiv \alpha^m (\mathrm{mod}\, p)$$

的 s。这个等式能够变换为 $\gamma^s \equiv \beta^{-\gamma} \alpha^m (\mathrm{mod}\, p)$，这是一个离散对数问题。因此找到一个合适的 s 是很困难的。如果先选择 s，那么对于 γ 的等式也类似于一个离散对数问题，并且更加复杂，一般认为这个问题也是很难解决的。尽管还不知道是否有一种方法能够同时确定 s 和 γ，但这看上去是不可能的。因此只要模 p 离散对数的计算是很困难的（如一个必要条件是 $p-1$ 不能为小素数的乘积），则这个签名方案就是安全的。

如果 Alice 要签署另一个消息，她必须选择另一个随机数 k。假设对于 m_1 和 m_2，她选择相同的 k，那么相同的 γ 将用在两个签名中，因此 Oscar 会发现 k 被使用了两次。s 的值是不同的，称它们为 s_1 和 s_2。Oscar 知道

$$s_1 k - m_1 \equiv -\alpha\gamma \equiv s_2 k - m_2 (\mathrm{mod}\, p-1)$$

因此

$$(s_1 - s_2)k \equiv m_1 - m_2 (\mathrm{mod}\, p-1)$$

设 $d = gcd(s_1 - s_2, p-1)$，该同余式恰有 d 个解，并且可以通过简单数学计算得到。由于 d 很小，因此 k 可能的值不多。Oscar 对每个可能的 k 计算 α^k 直到值 γ，于是知道了 k 的准确值，现在 Oscar 解

$$a\gamma \equiv m_1 - ks_1 (\mathrm{mod}\, p-1)$$

式中的 a，这共有 $gcd(\gamma, p-1)$ 种可能。Oscar 对于每一种的可能计算 α^a，直至获得 β，这样也获得了对应的 a，这时已经完全破解了这个体制，并且可以随意地伪造 Alice 的签名。

ElGamal 签名的安全性依赖于群上的离散对数计算。同基于离散对数的加密算法一样，基于离散对数的数字签名算法 ElGamal 也可以在椭圆曲线加法群上实现。

2.5　散　列　函　数

散列函数是一类重要的函数，可用于计算数字签名和消息鉴别码，从而用于防抵赖、身

份识别和消息鉴别。

2.5.1 安全散列函数的定义

散列函数是为了实现数字签名或计算消息的鉴别码而设计的。散列函数以任意长度的消息作为输入/输出一个固定长度的二进制值，称为散列值、杂凑值或消息摘要。从数学上看散列函数 H 是一个映射。

$$H: Z_2^* \to Z_2^n$$
$$x \mapsto H(x)$$

这里，n 是一个给定的自然数，Z_2^n 称为杂凑长度。用 Z_2^m 表示长度为 m 位的全体二进制数的集合，而 $Z_2^* = \bigcup_{m \in N} Z_2^m$。

散列函数是代表一个消息在计算意义下的特征数据。计算特征数据表示在计算上无法找到两个不同的消息 x_1 和 x_2，使得它们有相同的函数值。这条性质称为散列函数的强无碰撞性。可以证明，强无碰撞性蕴含着下列性质。

(1) 弱无碰撞性：给定消息 x_1，在计算上无法找到一个 x_1 与 x_2 不同的，使得它们有相同的函数值。

(2) 单向性：对于任意给定的一个函数值求源像，在计算上是不可行的。

满足上述强无碰撞性条件的散列函数，称为安全散列函数。实践证明安全散列函数的构造是一件十分困难的事，已经成为密码学研究的一个热点。

目前工程上常用的散列函数，几乎都采用下列实现框架。

(1) 选择一个适当的正整数 b，称为分组长度，构造一个映射 h

$$h: Z_2^b \times Z_2^n \to Z_2^n$$
$$(x, y) \to h(x, y)$$

(2) 选定一个初始向量 $IV \in Z_2^n$。

(3) 对任意给定的消息 x，把它按照固定的规则扩展成长度为 b 的整倍数的二进制

$$x \to x_1 \| x_2 \| \cdots \| x_s$$

(4) 令 $y_0 = IV$，执行下列迭代运算

$$y_{i+1} = h(x_{i+1}, y_i) \quad i = 0, 1, \cdots, s-1$$

则 $H(x) = y_s$ 为输入 x 的杂凑值。

2.5.2 MD 与 SHA

散列函数的上述计算过程，与用 DES 算法的 CBC 模式计算消息鉴别码十分相似。

MD4 由 Rivest 在 1990 年提出，其增强版于 1991 年提出。而 SHA 则是 1993 年 NSA 与美国国家标准技术局（NIST）在 MD4 基础上改进的，并由 NIST 公布作为安全 Hash 标准（FIPS180）。1995 年由于 SHA 存在一个未公布的安全性问题，NSA 提出了 SHA 的一个改进算法 SHA-1，作为安全 Hash 标准（SHS，FIPS180-1）。2002 年，在安全 Hash 标准 FIPS PUB 180-2 中公开了 SHA 的三种固定输出长度分别为 256 位、384 位及 512 位的变形算法 SHA-256、SAH-384 及 SHA-512。原 SHA 和 SHA-1 的固定输出长度为 160 位。但目前应用较广泛的仍是 SHA-1。MD4 的另一个改进版 MD5，已经被证明不满足强无碰撞性，因此在一些需要强无碰撞性的场合使用 MD5 是不安全的。在介绍 SHA-1 之前，先回顾一下它的基础 MD4 算法的一些特点。

MD 是 Message Digest 的缩写。MD4 对任意输入的消息计算一个 128 位的固定长度的

值（称为杂凑值或消息摘要），其设计目标如下。

（1）安全性：表示它满足强无碰撞性，且不存在比穷举更有效的碰撞攻击。

（2）直接安全性：MD4 的安全性不基于任何假设，如因子分解难度。

（3）速度：适用于高速软件实现，使用 32 位字的简单运算。

（4）简单紧凑性：没有大的数据机构，程序复杂性低。

（5）Big‐Endian 结构：即高有效位在前，低有效位在后。在某些计算机中要做必要转换。

2.5.3　SHA‐1 算法描述

1. 数据填充与分拆

在 SAH‐1 中，对于输入的任意长度的消息 X，先把它扩充成长度（位数）为 512 的整倍数数的数据

$$X \rightarrow X \quad \| 1 \| 0\cdots0 \| \quad （X \text{ 的长度}） \quad L$$
$$（\text{原消息}） \quad （\text{填充}） \quad （64 \text{ 位}）$$

再把所得数据分成 s 个 512 位的数组：

$$X = x_1 \| x_2 \| \cdots \| x_s$$

2. SHA 算法描述

（1）SHA 的初始化和主循环。SHA‐1 有 5 个 32 位的链接变量 A，B，C，D，E。算法执行时，对 A，B，C，D，E 初始化为（十六进制表示）

$$A = 0x67452301$$
$$B = 0xefcdab89$$
$$C = 0x98badcfe$$
$$D = 0x10325476$$
$$E = 0xc3d2e1f0$$

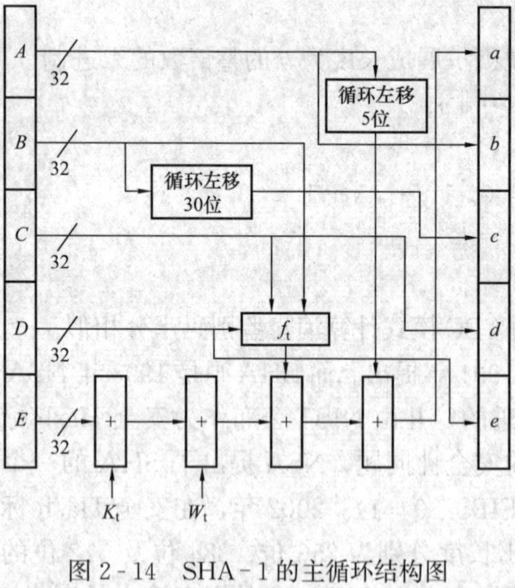

图 2‐14　SHA‐1 的主循环结构图

图 2‐14 所示给出了 SHA‐1 的主循环结构图。它执行 s 次循环，把链接变量的初始值，在逐次循环中变换，产生最终的散列值。每个主循环都由 4 个轮循环组成，每轮 20 次操作，每次操作对 a、b、c、d、e 中的 3 个进行一次非线性运算，后进行移位和加运算，运算的过程见图 2‐14。a、b、c、d 和 e 分别加上 A、B、C、D 和 E，然后用下一数据分组继续运行算法。最后的输出由 A、B、C、D 和 E 级联而成。

（2）轮函数。SHA‐1 的 4 个轮函数中的每一轮都由 20 次的操作组成，4 轮共完成 80 次操作。SAH‐1 中定义了 3 个基本逻辑函数，它们合并为一个带参数 i（表示操作序号）的逻辑函数，用在 4 轮的 80 个操作中。设 X、Y、Z 表示 32 位的字，定义如下

$$f_i(X, Y, Z) = \begin{cases} (X \wedge Y) \vee (X \wedge Z) & \text{当 } 0 \leqslant i \leqslant 19 \text{ 时} \\ X \oplus Y \oplus Z & \text{当 } 20 \leqslant i \leqslant 39 \text{ 或 } 60 \leqslant i \leqslant 79 \text{ 时} \\ (X \wedge Y) \vee (Y \wedge Z) \vee (X \wedge Z) & \text{当 } 40 \leqslant i \leqslant 59 \text{ 时} \end{cases}$$

各个轮函数的输入除链接变量外，另一个输入是 512 位的字分组的扩展。若把这个 16 个 32 位字分组表示为 M_0，M_1，…，M_{15}，先把它扩展为 80 次操作中的所需要的 80 个 32 位如下

$$W_i = \begin{cases} M_i & \text{当 } 0 \leqslant i \leqslant 15 \text{ 时} \\ W_{i-3} \oplus W_{i-8} \oplus W_{i-14} \oplus W_{i-16} \lll 1 & \text{当 } 16 \leqslant i \leqslant 79 \text{ 时} \end{cases}$$

轮函数中还有 4 个常数。按照 80 次操作，它们记为

$$K_i = \begin{cases} 0x5a827999 & \text{当 } 0 \leqslant i \leqslant 19 \text{ 时} \\ 0x6ed9eba1 & \text{当 } 20 \leqslant i \leqslant 39 \text{ 时} \\ 0x8f1bbcdc & \text{当 } 40 \leqslant i \leqslant 59 \text{ 时} \\ 0xca62c1d6 & \text{当 } 60 \leqslant i \leqslant 79 \text{ 时} \end{cases}$$

现在已为每个操作准备了逻辑函数、32 位消息字和轮常量。这里 i 对应操作序号（$0 \leqslant i \leqslant 79$），$\lll s$ 表示循环左移 s 位运算，"$\oplus$" 表示模 2^{32} 加法。

这时，主循环可以表示如下

$$a = A, b = B, c = C, d = D, e = E$$

对 $i=0\sim79$ 执行

$$TEMP = (a \lll 15) + f_f(b, c, d) + e + W_i + K_i$$
$$e = d$$
$$d = c$$
$$c = b \lll 130$$
$$b = a$$
$$a = TEMP$$

80 次循环后计算 $A=a+A$，$B=b+B$，$C=c+C$，$D=d+D$，$E=e+E$。

然后，利用下一次 512 位分组进行计算直至用完最后一个 512 位分组为止。这时变量 A，B，C，D，E 的当前值的毗连

$$A \parallel B \parallel C \parallel D \parallel E$$

即是所要的 Hash 值。

3. SHA 算法的安全性

1998 年，两位法国研究人员 Florent Chabaud 与 Antoine Joux 发现了攻击 SHA（也称 SHA - 0）的一种差分碰撞算法。2004 年美洲密码年会 Crypto2004 上，Antoine Joux 利用 BULLSA 公司开发计算机系统 TERA NOVE 发现了 SHA 算法碰撞的实例。在同一会议上，我国的王小云指出可通过大约 2^{40} 次的计算，找出 SHA - 0 的碰撞例子，她因为攻击 MD5、HAVAL - 128、MD4、RIPEMD 的算法，并成功给出了 MD5 碰撞的例子而受到关注。

目前虽然还没有发现 SHA - 1 的任何密码攻击算法，但是人们已经怀疑它的安全性了。

2.6 密码学的新方向

密码学是信息安全的重要研究基础，涉及众多信息安全核心算法。随着信息时代的来临，计算机网络迅速发展，密码学也面临空前的挑战和发展机遇，其相应的理论技术也在不

断向前发展，需求也日益增多，本节介绍了目前密码学研究领域几种新的研究方向。

2.6.1　代理密码学

代理密码学包含了代理签名技术和代理重加密技术两个部分。

1. 代理签名技术

代理签名技术相关概念在 1996 年由 Mambo 等人提出。用户指定的代理方通过代理密钥等信息替代原始用户生成有效的签名。通过代理签名方案委托签名权后，用户可避免因自身行程等不可抗拒因素对相应业务造成影响。

代理签名方案通常需要同时满足六条基本性质，即不可伪造性、可验证性、不可否认性、可区分性、代理者的不符合性和可识别性。Lee 等人根据代理签名不可否认性将代理签名技术划分为强代理签名和弱代理签名两个类别。强代理签名代表了原始用户和代理方的签名，而弱代理签名仅代表原始用户的签名。Mambo 等人则根据代理密钥的生成方式将代理签名技术划分为完全代理签名、部分代理签名和具有证书的代理签名。完全代理签名方案中，代理方持有原始用户的所有签名密钥，因此代理方和原始用户可以产生完全相同的签名。尽管签名具备了不可否认性和可识别性，但由于缺失了可区分性，签名可能被滥用，且原始用户只能通过完全废止原有签名密钥的办法回收签名权，系统可用性不强；部分代理签名方案中，原始用户通过自身签名密钥 k 为代理方产生代理签名密钥 sk，密钥的生成具备不可逆性，以此确保代理方无法获知相应的原始签名密钥 k。部分代理签名具备了可区分性，因此可在一定程度上避免签名滥用，但无法对签署文件进行限制；具有证书的代理签名方案通常和部分签名方案存在交叉，并没有严格的界限。原始用户可通过对文件或消息签名为代理方产生证书。具有证书的签名可对签署的文件进行限制，补充了部分签名方案的不足。

2. 代理重加密技术

代理重加密技术相关概念在 1998 年欧洲密码学年会上被首次提出。代理方可通过持有的转换密钥将用户 Alice 公钥加密的密文数据 M 转换成另一用户 Bob 公钥加密的密文数据 N，密文 M 和 N 对应同一明文 m。用户通过代理加密技术可实现不可信平台数据访问权限的控制。以云计算平台的文件访问系统为例，Alice 委托云服务器存储了其公钥加密的私人文件，并指定用户访问，但 Alice 无法在每次用户群发生变化时进行在线密文转换。通过代理重加密方案，Alice 通过持有的私钥和新用户持有的公钥计算重加密密钥，即转换密钥，并由代理服务器采用该密钥对密文重新加密为新用户可访问的密文。

代理重加密技术应用较为广泛，近几年在互联网邮件转发、云计算平台文件访问、传感器网络数据分类、互操作系统加密等方面得到了较多的关注，是目前密码学研究领域较为活跃的研究热点之一。

2.6.2　多方密钥协商

多方密钥协商也称为组密钥协商，系统通过该算法为各个参与组播的节点成员生成、分发和更新密钥 k。该密钥 k 为所有组播成员的共享密钥，用于保障组播的报文安全，实现对报文的加解密和认证。多方密钥协商协议的参与成员无法事先预知密钥内容，共享密钥需要所有成员合作生成。

根据协商协议是否具备认证功能可将其划分为认证协议和非认证协议两类。相比认证协议，非认证多方密钥协商协议效率更高，但由于其不会对参与方和组播报文进行认证，为了确保安全性，现有大部分算法是通过网络信道认证或其他补充算法确保认证功能。如 Burmester 等人提出的 BD 协议，算法只需 2 轮通信就实现了密钥协商，但 n 个参与方共执行了 $n+1$ 次模指数运算。经过不断改进，模指数运算次数不断降低，但算法无法有效抵御恶意组播成员内部发起的攻击，密钥协商被阻断后无法确定恶意成员的身份。

多方密钥协商协议可广泛应用于网络游戏、远程会议、云数据共享等面向群组的数据传播领域，现有多方密钥协商协议大多基于 Diffie-Hellman 密钥交换和 Weil 双线性对实现，在成员和密钥动态更新等方面仍存在不足，有待进一步的发展和研究。

2.6.3 圆锥曲线密码

基于特殊代数曲线构造公钥密码体制的思路得到了人们的广泛关注，曹珍富等人首次利用有限域上圆锥曲线的点构造公钥体制，设计了相应的圆锥曲线密码。相比同类型的椭圆曲线密码体制，圆锥曲线密码在计算开销上占有较大优势，其编解码方法更易于实现。

圆锥曲线密码体制在有限域的扩展、算法的简化等方面不断改进和成熟，其应用领域也日益广泛。随着新的网络技术如云计算、智能电网、大数据存储等相关领域安全需求的多样化和复杂化，圆锥曲线密码体制仍有较大的研究发展和应用空间。

2.7 小　　结

本章介绍了密码学的基本概念和当前流行的算法，同时简要介绍了三个新的密码学研究方向。密码算法的介绍主要注重编码思想和算法的原理描述，对它们的安全性分析仅做了结论性的描述。密码分析是密码学中的一个非常重要的组成部分，有兴趣的读者可以参看密码学方面的书籍。

本章介绍的密码知识应当说是初等的。然而密码学作为信息安全领域最成熟、最可靠的技术，读者对后续章节的理解是相当重要的。这一点尤其体现在后续的各个章节之中。

思 考 题

1. 讨论分组密码和序列密码的不同。

2. 证明 DES 满足互补性，即若 $e_k(x)=y$，则 $e_{\bar{k}}(\bar{x})=\bar{y}$。

3. 对指定的输入分组，用 DES 算法加密，平均来说，有多少个 DES 密钥可以由指定的输入分组用 DES 算法加密，得到指定的输出分组？

4. 解释为什么 DES 密钥的初始置换对算法的安全性没有任何贡献。

5. 如果 DES 密钥输入不是 64 位，而是 56 位，应对 DES 算法的描述做何修改？

6. 利用你所学的知识，提出一种最高效的实现 64 位输入 64 位输出的一一映射方法。

7. 查阅相关资料，描述几种对 DES 有效的分析方法。

8. 比较对称密码算法和公钥密码算法，并根据各自的特点给出适合的应用场景。

9. 针对 RSA 密码系统，证明对明文 0，1 和 $n-1$，加密后密文等于明文本身。还存在其他这样的明文吗？

10. 通常认为破译 RSA 密码等同于分解大整数 n。证明：如果 n 能被分解，则可根据 n 和公钥计算出私钥。

11. 利用 $ab\ \mathrm{mod}n = [(a\ \mathrm{mod}n)(b\ \mathrm{mod}n)]\mathrm{mod}n$，能把 $35^{77}\mathrm{mod}83$ 所需的 76 次乘法运算化简到 13 次吗？还能进一步化简吗？

12. 设实数域上的椭圆曲线为 $y^2 = x^3 - 36x$，令 $P = (-3.5, 9.5)$，$Q = (-2.5, 8.5)$。计算 $P+Q$ 和 $2P$。

13. SHA 比 MD5 安全吗？为什么？

14. 使用 RSA 签名算法计算一个长消息的签名时，运算速度非常慢；为能够以较快的速度计算除法，首先将长消息除以 n，并对其结果用 RSA 算法签名，这样得到的数字签名是否安全？

15. 计算消息摘要要求运算速度很快，假设这样处理消息：取出消息，将其分为长度为 128 位的分组，将这些分组异或，得到 128 位的结果，对这一结果使用标准的散列函数计算其摘要。这是否是一个好的安全消息摘要算法？

16. 试说明 SHA-1 算法对于长度为 512 位的消息实施填充的必要性。

17. 假定已知若干用 RSA 签名算法编码的分组但不知私钥，假设 $n = pq$，e 是公钥。若某人说他知道其中有一个明文分组与 n 有公因子，这对破译有帮助吗？

18. 在 RSA 公钥密码体制中，每个用户都有一个公钥 P 和一个私钥 d。假定 Bob 的私钥已泄密，Bob 决定产生新的公钥和新的私钥，而不是产生新的模数，请问这样安全吗？为什么？

19. EIGamal 签名算法。Alice 选择 $p = 225\,119$，则 $a = 11$ 是本原根，她有一个秘密的数据，并计算 $\beta = \alpha^a \equiv 18\,191(\mathrm{mod}p)$，她的公开密钥为 (p, a, b)。Alice 签署消息 $m1 = 151\,405$ 的过程是，她选择一个随机数七并且秘密地保存，再计算 $\gamma \equiv \alpha^k \equiv 164\,130(\mathrm{mod}p)$，然后得到 $s \equiv k^{-1}(m - a\gamma) \equiv 130\,777(\mathrm{mod}p-1)$。从而得到签名三元组 $(m, y, s) = (151\,405, 164\,130, 130\,777)$。设 Alice 还对消息 $m2 = 202\,315$ 进行了签署，得到签名 $(m, r, s) = (202\,315, 164\,130, 164\,899)$。试描述 Oscar 通过攻击获得 Alice 的私钥的过程。

第 3 章　认证与密钥管理技术

　　随着信息技术的发展，信息系统面临的各种类型的攻击包括窃听来获取信息内容或进行流量分析的被动攻击和以假冒、重放、篡改消息及拒绝服务等手段进行的主动攻击。利用第二章介绍的加密方法，对信息进行加密可以有效地抵抗各类攻击。本章介绍的认证技术可以有效地抵御被动攻击，而密钥管理技术和公钥基础设施管理则是主动提高密码系统自身的安全性来有效的防御攻击。

　　一般来说，鉴别的主要目的有两个。第一，验证信息收发双方的真实身份；第二，验证信息的完整性及信息在传输中未被篡改、截获、重放、延迟或发生乱序等。有关鉴别的实用技术有以下两种。

　　（1）消息鉴别（Message Authentication）。信息来源的可靠性及完整性，需要有效的消息鉴别来保证，如通过网络用户 A 将消息 M 送给用户 B，这里的用户可能是个人、机关团体、处理机等，用户 B 需要进行消息鉴别，确定收到的消息是否来自于 A，而且还要确定消息的完整性。

　　（2）身份鉴别（Identity Authentication）。通信和数据系统的安全性常取决于能否正确地验证通信终端或用户的个人身份，如机要重地的进入、自动提款机提款、密钥分发以及各种资源系统的访问等都需要对用户的个人身份进行识别。

　　下面首先介绍消息鉴别机制。

3.1　消　息　鉴　别

　　如果消息数据是真实完整的数据并且来自所声称的消息源，就称该消息数据是可信的。消息鉴别是原发方对原始消息数据进行约定的处理，将得到的数据发出，使得收方能够验证所接收的消息为可信消息的技术。鉴别的两个重要方面是验证消息的内容没有受到更改以及消息源是可信的，同时还希望验证消息的时效性，不存在人为的延迟或重放，以及通信各方之间消息流的顺序关系。

　　利用收发双方拥有的特定知识，原发方对原始数据进行约定的变换，达到收方能够验证的目的，这是消息鉴别的基本思想。本节将介绍基于对称加密的鉴别、消息鉴别码、数字签名机制、无条件安全鉴别码四种消息鉴别机制。

3.1.1　基于对称加密的鉴别

　　假定只有通信双方 A 和 B 共享有密钥 K_{AB}，M 为 A 欲发送给 B 的有意义的合法信息。A 将 M 用密钥 K_{AB} 加密后发给 B，如图 3-1 所示，在对信息提供保密性的同时也提供完整性的鉴别。

　　由于密钥 K_{AB} 只有 A 和 B

图 3-1　信息完整性鉴别

知道，在 B 收到消息后，可以确信该消息的原发方是 A。攻击者不知道密钥 K_{AB}，无法伪造 C 使得其解密后是有意义的合法消息，同样也无法对 A 发出的 C 进行篡改使得其解密后是有意义的合法消息。为保证消息顺序和防止重放攻击，原发方 A 可以在消息 M 中添加序号和时间戳。

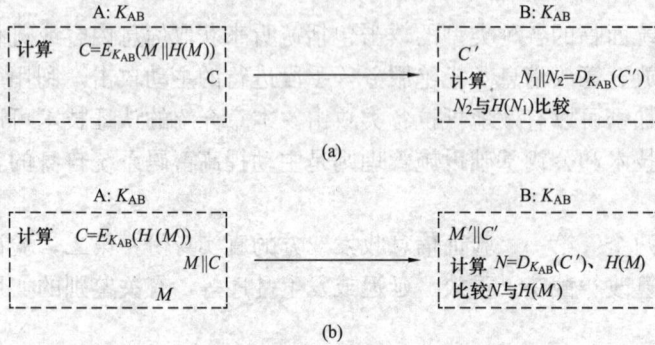

图 3-2　信息完整性检测

当原发方 A 欲发送的消息无实际语言意义时，如随机数等，上面介绍的方案起不到消息鉴别的作用。此时，引入单向散列函数，可以解决信息完整性的检测问题，如图 3-2 所示。

在图 3-2（a）所示的方式中，原发方 A 先对信息 M 计算散列值 H（M），然后将 M‖H（M）加密后发送给 B；用户 B 收到加密信息 C' 后，先解密，然后计算 N_1 的散列值，并与附在其后的 N_2 比较，若相同，则该信息是可信的。在图 3-2（b）所示的方式中，唯一的不同是 A 只加密信息 M 的散列值 H（M），这样的做法类似于消息鉴别码方式，只保证消息的完整性，不提供保密性。

基于传统密码的消息鉴别优点是速度快，同时可以提供保密性；缺点是通信双方需要事先约定共享密钥，而且当有 n（$n>2$）个用户参与通信时，必须两两之间事先约定对立的共享密钥，每个用户要保存（$n-1$）个密钥，密钥管理难度大。

3.1.2　消息鉴别码（MAC）

消息鉴别的思想是不对消息进行加密，利用特定编码方法由消息直接生成一个消息鉴别码，把消息鉴别码附加在消息后。这样，接收方可以在不用解密的情况下读取消息，验证消息的完整性。

在多数情况下，希望保证消息完整性的同时，不一定需要提供保密性。消息鉴别码可应用在下列场合。

（1）要求将相同的消息向许多目标收方进行广播。为提高效率，一般是只有一个负责消息鉴别的收方。如果消息鉴别的结果不是预期的，该收方将用一个通用的报警信号向其他收方发出警告。例如，网络中心向用户发送通告等。

（2）接收方的工作繁忙，无法进行大量的解密工作，可以选择性地进行消息鉴别。

（3）有些应用场合期望得到长期的保护，同时要在收到消息时允许处理消息，如果使用加密机制，当解密后保护便失效，这样消息只能在传输过程中得到完整性保护，而在接受方的存放将无法保证其完整性。

（4）对计算机程序提供完整性鉴别，计算机程序以明文的方式存放，每次都可以直接运行，不需要浪费计算机资源进行解密。

消息鉴别码是在密钥的控制下，将消息映射到一个简短的定长数据分组，如图 3-3 所示。将消息鉴别码附加到消息后，提供消息的完整性检测。设 M 是消息；F 为密钥控制的公开函数，F 可以接受任意长度的输入，但输出为定长，通常称 F 为 MAC 函数；K 为通信

方之间共享的密钥。则消息 M 的消息鉴别码为

$$\mathrm{MAC_M} = F_K(M)$$

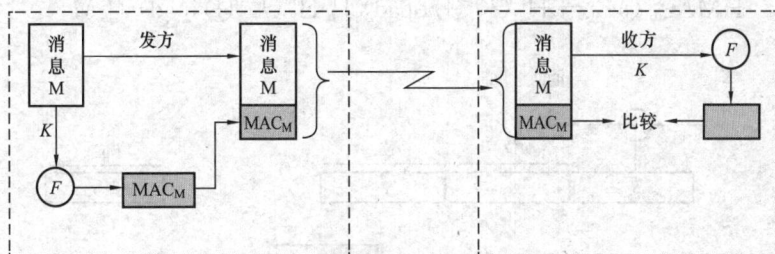

图 3-3　使用消息鉴别码实现消息鉴别

(1) 消息是完整的，没有被篡改。因为只有收发方知道密钥，攻击者篡改消息后，无法得到与篡改后的消息相应的消息鉴别码。

(2) 消息出自声称的原发方，不是冒充的。因为只有收发方知道密钥，攻击者无法对自己发送的消息产生相应的消息鉴别码。

为了保证消息确实是由原发方实时发出的，而不是攻击者的重放，只需要在原始消息中加上时间戳组成新的消息流顺序。

MAC 函数类似于加密函数，不同的是 MAC 函数不需要可逆，而加密函数必须是可逆的。因此，MAC 函数比加密函数更容易构造。使用加密函数加密消息时，其安全性一般取决于密钥的长度。如果加密函数没有其他弱点可以利用，攻击者只能使用穷搜索的方法测试所有的密钥。假设密钥长度为 k 位，则攻击者平均进行的测试次数为 2^{k-1} 次。特别地，对于唯密文攻击来说，攻击者只知道密文，需要用所有可能的密钥对密文执行解密，直到得到有意义的明文为止。

MAC 函数为多对一的映射，当 MAC 的长度为 n 位时，函数输出有 2^n 种可能，其可能的输入消息个数远远大于 2^n；假设密钥长度为 k 位，则可能的密钥个数为 2^k。现假设 $k>n$，分析攻击者获得明文消息 M 及其 MAC，如何利用穷搜索攻击获得密钥。对应 2^k 个密钥，攻击者可计算与 M 相应的 2^k 个 MAC，由于 MAC 函数的输出只有 2^n 种可能，且 $2^k>2^n$，则平均有 2^{k-n} 个密钥可以对同一 M 产生相同的 MAC。攻击者此时无法确定哪一个密钥是通信双方使用的。为了确定正确的密钥，攻击者必须得到更多的消息及其由该密钥生成的 MAC，然后重复进行上述的穷搜索攻击。利用概率论知识作出下列估计，第一轮后可以确定 2^{k-n} 个可能的密钥，第二轮后可以确定 2^{k-2n} 个可能的密钥，以此类推。攻击者大约需要 k/n 轮穷搜索，才可以得到正确的密钥。计算量很大，从穷搜索攻击的角度来看，MAC 函数不易破解。

产生消息鉴别码的方法有很多，下面来介绍一个典型的方案——HMAC 算法。

HMAC 算法由 Bellare 等人在 1996 年提出，1997 年在 RFC-2104 中发布，之后成为事实上的 Internet 标准，包括 IPsec 协议在内的一些安全协议都采用了 HMAC 算法。HMAC 算法的基本思想是利用基于密钥的 Hash 函数构造 MAC。图 3-4 描述了 HMAC 算法的构造。其中，Hash 为嵌入的 Hash 函数（如 MD5、SHA-1）；IV 为嵌入 Hash 函数的初始向量；M 为输入的消息（包括嵌入 Hash 函数所要求的填充）；Y_i（$0 \leqslant i \leqslant l-1$）为 M 的第 i 个分组；l 是 M 的分组数；b 为分组的位长；n 为嵌入的 Hash 函数输出值的位长；K 为密钥，如果密钥长度大于 b，则将密钥输入嵌入的 Hash 函数以产生一个 n 位长的密钥；K^+ 是

经左边填充 0 满足长度为 b 的 K；ipad 为重复 $b/8$ 次的 00110110（ox36）；opad 为重复 b/8 次的 01011100（ox5C），则算法的输入可表示为

$$\mathrm{HMAC}_K(M) = \mathrm{H}[(K^+ \oplus \mathrm{opad}) \parallel \mathrm{H}[(K^+ \oplus \mathrm{ipad}) \parallel M]]$$

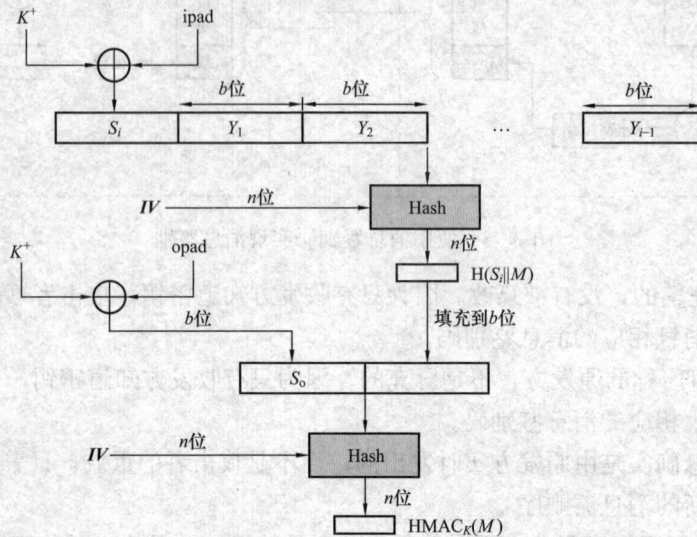

图 3-4　HMAC 算法的构造

算法的运算可叙述如下。

（1）在 K 的左边填充 0 以产生 b 位长的 K^+；

（2）将 K^+ 与 ipad 按位异或产生 b 位长的 S_i；

（3）将 M 附加在 S_i 后；

（4）将上一步产生的数据输入 Hash 函数，输出 $\mathrm{H}(S_i \parallel M)$；

（5）将 K^+ 与 opad 按位异或产生 b 位长的 S_o；

（6）将第（4）步产生的 $\mathrm{H}(S_i \parallel M)$ 填充到 b 位长后，附加在 S_o 后；

（7）将上一步产生的数据输入 Hash 函数，输出结果 $\mathrm{HMAC}_K(M)$。

说明：K^+ 与 ipad 按位异或以及 K^+ 与 opad 按位异或，其目的是将 K 中一半的位取反，只是两次取反的位置不同；而 S_i 和 S_o 相当于以伪随机的方式从 K 产生了两个密钥，用于 Hash 函数中压缩函数的处理。

HMAC 算法的安全性取决于嵌入其中的 Hash 函数的安全性。已经证明了算法的强度与嵌入的 Hash 函数的强度之间的关系。对 HMAC 的攻击等价于对嵌入的 Hash 函数的两种攻击之一。

（1）对于 Hash 函数的初始向量 **IV** 是随机或秘密的，攻击者能够计算压缩函数的一个输出；

（2）对于 Hash 函数的初始向量 **IV** 是随机或秘密的，攻击者能够找到 Hash 函数的碰撞。

3.1.3　数字签名机制

在基于对称密码算法的身份识别和消息鉴别码方案中，通信双方需要共享一个秘密值，这是建立在双方互相忠实、信任的基础上的。但在现实生活中，这样的基础在利益面前是很

脆弱的。以一个投资商和他的经纪人为例,当投资商想投资某个股票时,他会发消息指示他的经纪人去购买该股票,为了保证消息的可信度,他们之间约定使用前面介绍的消息鉴别。当投资商发现股票一直在亏损时,他可以向经纪人要赖,否认让经纪人购买股票的消息是他发的,而说是经纪人自己编造的,让经纪人负责赔偿。在这种情况下,由于经纪人和投资商享有同样的秘密值,无法证明该消息真正出自投资商还是经纪人。同样,在经纪人私自挪用投资商的资金后,也可以伪造一个投资商的授权消息。当使用数字签名机制进行消息鉴别时,可以解决该例子中出现的问题。

使用基于公钥密码的数字签名实现消息鉴别的过程如图 3-5 所示。

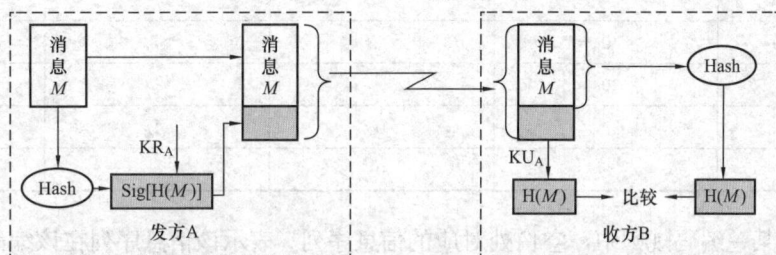

图 3-5 使用数字签名机制实现消息鉴别

发送方先利用公开的 Hash 函数对消息 M 进行变换,得到消息摘要;然后利用自己的私钥对消息摘要进行签名形成数字签名 Sig[H(M)];而后将签名附加在消息后发出,接收方收到消息后,先利用公开 Hash 函数对消息 M 进行变换,得到消息摘要;然后利用发送方的公钥验证签名。如果验证通过,可以确定消息是可信的。

数字签名具有不可否认、不可伪造的优点。因为只有签名者拥有签名的私钥,别人是无法做出能够通过相应公钥验证的合法签名,这样所有可以通过签名者公钥验证的签名消息必然是签名者发出的。利用数字签名机制进行消息鉴别时,由于发方的公钥是公开的,任何人都可以对他发出的消息进行鉴别,适用于通信双方无法事先商定共享秘密值的情况。

3.1.4 无条件安全鉴别码

前面介绍的消息鉴别在基于计算复杂性的假设下是安全的,即它的安全建立在攻击者计算能力有限的假设基础之上。本节介绍的鉴别码是与计算无关,不基于任何假设,考虑概率意义下的安全性,因此称为无条件安全鉴别码。即使攻击者拥有无限的计算能力,也无法百分之百做到假冒和篡改。这里的假冒是指攻击者在没有截获到发方 A 发出任何消息的情况下,向收方 B 发送虚假消息,以期望 B 相信消息来自于 A;篡改是指攻击者在只截获到发方 A 发出一条合法信息 M 后,对消息 M 修改得 M',再将 M' 发给 B,以期望 B 相信 M' 是由 A 发出的。

严格地说,无条件安全鉴别码的编码思想来自于纠错码。它们都是在原始消息中引入冗余,然后进行编码传输,在所有可能的信息序列中,只有一小部分是原发方用于发送的。用做纠错时,如果双方收到的信息序列不是原发方发送的原始序列,收方将运用约定的规则(通常是最大似然法则)判定原发方可能发送的消息。对于无条件安全鉴别码,当收到的信息序列不是双方约定的用于发送的序列时,说明该信息序列不是原发方发送的,或者说该信息序列是被人修改过的,这样的消息将由于无法通过鉴别而被拒绝。

在无条件安全鉴别码方案中，收发双方制定编码方案后，秘密约定一个编码规则。对于攻击者来说，即使他知道通信双方使用的编码方案，也无法做到百分之百攻击成功。这是由于原发方用于发送的信息序列在编码方案中是均匀分布的，所以在攻击者看来总是随机的，使得他无法确定用于攻击的信息序列。下面用一个简单的例子来说明。

设原始的消息集为 $\{0, 1\}$，所有可能的信息序列有四种，分别为 00、01、10、11（每个信息序列的第一位代表消息），四个不同编码规则为 R_0，R_1，R_2，R_3。编码方案如表 3-1 所示。

表 3-1 编 码 方 案

信息 编码规则	00	01	10	11
R_0	0		1	
R_1	0			1
R_2		0	1	
R_3		0		1

其中，在某一编码规则中，空白处对应的信息序列，表示该信息序列在该编码规则下不存在，即在双方约定使用该编码规则后，该信息序列不是原发方用于发送的序列。例如，当使用编码规则 R_1 时，收方只有收到信息序列 00 或 11，才认为该信息序列是由原发方发出的。考虑假冒攻击的情形。假如攻击者想假冒发方 A，发送消息 0 给 B。按照编码方案，攻击者可以选择信息序列 00 或 01 来发送，00 序列只在编码规则 R_0，R_1 下存在，01 序列只在编码规则 R_2，R_3 下存在，由于攻击者不知道双方约定的编码规则，无论选择哪一个，假冒成功的概率只有 50%。

再看篡改攻击的情形。当双方约定的编码规则为 R_0 时，A 想发消息 1 给 B，用于发送的消息序列为 10；攻击者从 10 序列可以判断出 A 和 B 约定的编码规则为 R_0 或 R_2，对原始消息进行篡改，将消息 1 改为消息 0 时，同时需要对传输的信息序列修改，但是，将信息序列改为 00 或 01 中哪一个呢？攻击者无法用计算来确定，只好随机的选一个，因此篡改成功的概率也只有 50%。

从上面的分析可以看出，在无条件安全鉴别码方案下，无论攻击者拥有多强的计算能力，攻击成功的概率均达不到百分之百。

上述例子仅就无条件安全的消息鉴别码的机理进行了说明。实际使用中需要规模更大的计算更加复杂的编码方法，用以控制假冒和篡改攻击的成功概率，达到可忽略的地步关于这方面的内容不再叙述。

3.2 身 份 识 别

有效的身份识别是信息安全的保障，在信息的访问或使用中，必须有严格的身份验证保证信息及信息系统的安全，保证授权用户的权利。例如，银行的自动提款机（ATM）可将现款发放给经它识别后认为是合法的账号持卡人，对计算机的访问和使用、安全重地进出、出入境等都是以准确的身份识别为基础的。身份识别技术是信息安全的一项关键技术，身份识别包括用户向系统出示自己的身份证明和系统查核用户的身份证明两个过程，它们是判明和确定通信双方真实身份的重要环节。

身份识别的主要依据有以下三种。

(1) 用户所知道的,如常用的口令、密钥等;

(2) 用户所拥有的,如身份证、存有密钥的智能卡、钥匙;

(3) 用户的生理特征及特有的行为结果,如指纹、DNA、声音、签名字样等。

在实际应用中,身份识别跟密钥分发紧密联系在一起。身份识别可以分为双向鉴别和单向鉴别。双向鉴别是双方要互相向对方证明自己的身份,一般适用于通信双方同时在线的情况;单向鉴别是只要一方向对方证明自己的身份,如登录邮件服务器,只需用户向服务器证明自己是授权用户即可。

常用的身份识别技术可以分为两大类:一类是基于密码技术的身份识别技术,根据采用密码技术的特点又可以分为基于口令、基于传统密码、基于公钥密码三种不同的身份识别技术;另一类是基于生物特征的身份识别技术。

3.2.1 基于口令的身份识别技术

识别用户身份最常用、最简单的方法是口令核对法。系统为每一个授权用户建立一个用户名/口令对,当用户登录系统或使用某项功能时,提示用户输入自己的用户名和口令,系统通过核对用户名/口令与系统内存有的授权用户的用户名/口令对(这些用户名/口令对在系统内是加密储存的)是否匹配,如与某一项用户名/口令对匹配,则该用户的身份得到了鉴别。

这种技术简单实用,其安全性仅仅基于用户口令的保密性。基于口令的身份识别技术存在很大的安全威胁。以在 UNIX 操作系统中广泛使用的实现机制为例,来分析口令系统的弱点及改进方法。在 UNIX 中,口令的存储采用了图 3-6 (a) 所示的复杂机制。每个用户都选择一个包含 8 个可打印字符长度的口令,该口令被转换为一个 56 位的值(用 7 位 ASCII 编码)作为加密程序的密钥输入。加密程序以 DES 算法为基础,但为了使算法具有更强的安全性,在实现中对该算法进行了适当的改动,这主要是通过引入一个 12 位的随机数实现的。典型的情形为随机数的取值是与口令分配给用户的时间相关联的。改进的 DES 算法以包含 64 位的数据作为输入,算法的输出作为下一次加密的输入。将这一过程重复 25 次加密,最终的 64 位输出转换为 11 个字符的序列。之后,密文形式的口令和随机数的明文形式的副本一起存放到相应用户名的口令文件中。

当用户试图登录 UNIX 操作系统时,操作系统进行身份识别的机制如图 3-6 (b) 所示。该用户输入用户名和口令,操作系统用该用户名索引口令文件,找到明文形式的随机数和密文形式的口令,而后随机数和用户输入的口令一起作为加密程序的输入,如果加密程序的输出与以前储存的密文形式的口令值匹配,则该用户被认为是系统的授权用户。

随机数的主要作用有以下三个。

(1) 防止根据口令文件进行口令推测,即两个不同的用户选取了相同的口令,但由于口令的分配时间是不同的,因此经过添加随机数扩展后在口令文件中储存的口令仍是不同的。

(2) 该方法并不要求用户记忆口令额外增加的两个字符,但有效地增加了口令的长度,因此,可能的口令增加了 4096 倍,从而增加了口令文件的破解难度。

(3) 该方法防止了对 DES 算法专用硬件实现的应用,在一般情况下,专用硬件的使用会降低攻击者的破解难度。

可以看出 UNIX 操作系统的口令方案面临以下两种安全威胁。

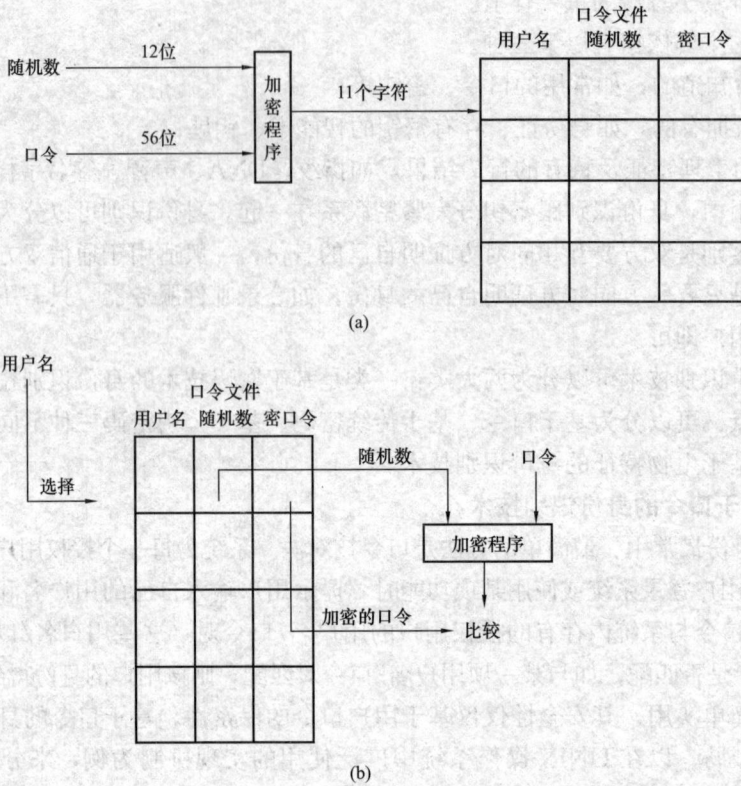

图 3-6   操作系统的身份识别机制

（a）分配新口令；（b）验证口令

（1）攻击者一旦获得了对系统的访问权后，可以在该机器上运行口令破解程序，对某一已知用户名，进行多次可能口令的尝试。

（2）攻击者可以获得口令文件的副本，在另外的机器上运行破解程序，对所有授权用户的口令进行破解。

为了避免以上的威胁，可以采用增加口令长度的方法提高破解难度；限制口令错误重试次数；对口令文件的读取进行严格限制；只有特殊授权的用户才可以访问等策略。然而，现实中存在的最大隐患是很多用户在不同的场合使用相同的口令，而且使用容易记忆的口令，如用户的名字缩写、生日、家中的电话号码等与用户相关的信息以及生活中常见词汇等。这样的口令选择使得攻击者易于猜测，破解口令的难度大大降低。因此，强制用户选择难以猜测的口令是一种更为有效地策略。

在口令选择时，为取得既难以猜测又易于记忆的"好"的口令，先验口令验证是一种可以提高口令安全性的有效的方法。这种方法是在用户进行口令选择的最初由系统对口令选择的合理性进行判断，如果系统判定该口令的选取是不合理的，将拒绝接受该口令。验证算法的设计关键是在用户可记忆能力和口令安全强度之间找到一个平衡点，拒绝太多用户选择的口令，则增加了用户选择口令的难度；如果验证算法过于宽松，用户的口令会变得易于猜测，这给攻击者以可乘之机。因此，这种验证算法的设计是一种折中的艺术。一种前景较好的方法是实现一个用于产生易猜测口令的 Markov 模型，利用这个模型，将问题从"这是一个不好的口令吗？"转换为"这个口令是由 Markov 模型生成的吗？"

一般地，Markov 模型可以用一个四元组 $[m，A，T，k]$ 来表示，其中 m 代表模型中的状态数，A 代表状态空间，T 代表转移概论矩阵，k 代表模型阶数。对于一个 k 阶 Markov 模型来讲，向某特定字符转移的概论依赖于此前产生的 k 个字符。图 3-7 给出一个简单一阶 Markov 模型实例。

$$M = \{3, \{A, B, C\}, T_1\}$$

$$T = \begin{pmatrix} 0.0 & 0.5 & 0.5 \\ 0.2 & 0.4 & 0.4 \\ 1.0 & 0.0 & 0.0 \end{pmatrix}$$

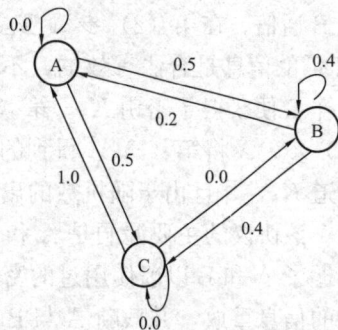

图 3-7　一阶 Markov 模型实例

该模型展示了由包括三个字符的字母表生成的语言形式，系统在某时刻的状态由节点中的字符标记，系统节点间的转移线箭头代表了系统变迁的方向，转移线上的数值代表了某个状态下转移到另一个状态的概论。例如，当前的字符为 A，则下一个字符为 B 的概论为 0.5。利用这个模型，对于一个给定的口令，该口令的所有字母组成字符串的转移概论都可以计算出来。再利用一些准确的统计学测试方法，就可以判定该口令是否可以由 Markov 模型生成，如果可以由模型生成，则拒绝该口令。

选择一个"好"的口令后，对口令的使用和储存的安全原则有：尽量避免在输入口令时被他人看到；口令最好自己记住，不要随便写出来或告诉他人；经常更换口令等。另外，在条件允许的情况下，可以将身份识别的依据由用户知道的变为用户所拥有的，选择将口令存放在智能卡中，当需要使用口令时将智能卡插入，让系统完成口令验证。

3.2.2　基于传统密码的身份识别技术

在网络环境中，传输的信息存在被窃听和重发的威胁，这对身份识别的安全技术提出了更高的要求。例如，当授权用户登录邮件服务器查看自己的邮件时，需要向邮件服务器出示自己的身份证明，假如将身份信息以明文的方式传输给邮件服务器，攻击者可以窃听并记录这些信息，这样攻击者就可以将所记录的授权用户的身份信息发给邮件服务器，在邮件服务器完全无法分辨的情况下，假冒授权用户。基于传统密码的身份识别可以有效地避免这样的安全威胁，这种技术要求双方事先通过其他方式商定共享的密钥。

典型的基于对称密码的双向鉴别协议是 Needham-Schroeder 协议，该协议要求有可信第三方密钥分发中心（KDC）的参与，采用询问/应答的方式使得通信双方 A、B 互相识别对方的身份，过程如下。

(1) A→KDC：$ID_A \| ID_B \| R_A$；

(2) KDC→A：$E_{K_A}[K_S \| ID_B \| R_A \| E_{K_B}[K_S \| ID_A]]$；

(3) A→B：$E_{K_B}[K_S \| ID_A]$；

(4) B→A：$E_{K_S}[R_B]$；

(5) A→B：$E_{K_S}[f(R_B)]$。

其中，A→B 表示 A 向 B 发送冒号后的信息；"$\|$"表示两个信息不加任何改变地连接在一起；$E_{K_S}[\cdots]$ 表示利用密钥 K_S 对括号内信息加密；ID_A 表示用户 A 的用户名；K_A 和 K_B 分别是 A 和 KDC、B 和 KDC 之间共享的密钥；R_A 和 R_B 是两个随机数；$f(R_B)$ 是对

R_B 进行一个运算，如 $f(R_B)=R_B-1$。

随机数及对其进行运算的引入是为了防止重发攻击。在第（1）步，A 向 KDC 申请要和 B 通信。在第（2）步 A 安全地得到一个密钥 K_S，并且由于 R_A 的出现，使 A 确信来自 KDC 的信息是合法有效的，不是攻击者的重放。第（3）步，除 KDC 外，只有 B 能解密，这样 B 便获得了密钥 K_S。第（4）步，B 向 A 证明自己已经知道，从而证明 B 的身份。第（5）步，A 将第（4）步得到的信息解密得 R_B，并向 B 发送用加密的 R_B-1，从而 B 相信 A 知道 K_S，并且由于随机数的出现，确信不是攻击者的重放，成功地识别了 A 的身份。

该协议的主要漏洞是 A 和 B 以前使用过的密钥 K_S 对攻击者仍有利用价值。当攻击者 C 掌握了 A 和 B 以前使用过的密钥后，C 可以冒充 A 通过 B 的鉴别。C 在第（3）步将以前记录的信息重放，并截断 A 与 B 之间的通信，过程如下。

(3)' C→B：$E_{K_B}[K_S\|ID_A]$；

(4)' B→C：$E_{K_S}[R_B]$；

(5)' C→B：$E_{K_S}[f(R_B)]$。

这样，C 使得 B 相信正在与自己通信的是 A。

Denning 结合时间戳的方法，对协议进行了改进，如下所述。

(1) A→KDC：$ID_A\|ID_B$；

(2) KDC→A：$E_{K_A}[K_S\|ID_B\|T\|E_{K_B}[K_S\|ID_A\|T]]$；

(3) A→B：$E_{K_B}[K_S\|ID_A\|T]$；

(4) B→A：$E_{K_S}[R_B]$；

(5) A→B：$E_{K_S}[f(R_B)]$。并有

$$|\,\text{Clock}-T\,|<\Delta t_1+\Delta t_2$$

其中，T 是时间戳，Δt_1 是 KDC 时钟与本地时钟（A 或 B）之间差异的估计值，Δt_2 是预期的网络延迟时间。

在 Denning 的改进中，由于 T 是经 A 和 KDC、B 和 KDC 之间分别共享的密钥加密的，所以攻击者即使知道 A 和 B 以前使用过的密钥 K_S，并在协议的过去执行期间截获第（3）步的结果，也无法成功地重放给 B，因 B 对收到的消息可通过时间戳检查其是否为新的。

Denning 对协议的改进避免了原来协议可能遭到的攻击，但其安全性主要依赖网络中各方时钟的同步，而这种同步可能会由于系统故障或计时误差而遭到破坏。如果发送方的时钟超前于接收方的时钟，攻击者就可能截获发送方发出的消息，等待消息中时间戳接近于接收方的时钟时，再重发这个消息，这种攻击称为等待重放攻击。为了抵抗等待重放攻击，要求网络中各方以 KDC 的时钟为基准定期检查并调整自己的时钟。

下面来看一个不需要可信第三方的参与的鉴别协议，要求 A 和 B 事先共享有密钥 K_{AB}。

(1) A→B：$ID_A\|R_A$；

(2) B→A：$E_{K_S}[K_S\|ID_B\|f(R_A)\|R_B]$；

(3) A→B：$E_{K_S}[f(R_B)]$。

第（1）步，A 将自己的身份和一个随机数发给 B，希望和 B 通信。第（2）步，B 生成一个密钥 K_S，连同对随机数 R_A 的运算和一个新的随机数 R_B，一起用事先共享的密钥 K_{AB}，加密后发给 A；A 收到后，如果能用共享的密钥解密消息并得到对随机数 R_A 的正确运算，则相信 B 的身份，同时得到密钥 K_S。第（3）步，A 用 K_S 加密对随机数 R_B 的运算，并发

给 B；B 收到后如果能解密并得到对随机数的 R_B 的正确运算，则相信 A 的身份。

3.2.3　基于公钥密码的身份识别技术

在无法事先商定共享密钥的情况下，使用基于公钥密码的身份识别技术可以进行有效的身份识别和密钥分发。下面先以 Woo - Lam 协议为例来说明。

该协议同样需要可信第三方的参与，过程如下。

(1) A→KDC：$ID_A \| ID_B$；

(2) KDC→A：$E_{KR_{auth}}[ID_B \| KU_B]$；

(3) A→B：$E_{KU_B}[R_A \| ID_A]$；

(4) B→KDC：$ID_B \| ID_A \| E_{KU_{auth}}[R_A]$；

(5) KDC→B：$E_{KR_{auth}}[ID_A \| KU_A] \| E_{KU_B}[E_{KR_{auth}}[R_A \| K_S \| ID_A \| ID_B]]$；

(6) B→A：$E_{KU_A}[E_{KR_{auth}}[R_A \| K_S \| ID_A \| ID_B] \| R_B]$；

(7) A→B：$E_{K_S}[R_B]$。

其中，KU_A、KU_B、KU_{auth} 分别是 A、B、KDC 的公钥；KR_A、KR_B、KR_{auth} 分别是 A、B、KDC 的私钥；K_S 为分发的密钥。

该协议的具体含义如下。

第 (1) 步，A 发送自己和 B 的身份信息给 KDC，向 KDC 请求 B 的公钥。

第 (2) 步，KDC 向 A 发送用自己私钥对 B 的公钥签名，A 用已知的 KDC 的公钥验证后可得 B 的公钥。

第 (3) 步，A 向 B 发送用 B 的公钥加密的自己的身份信息和一个随机数 R_A。

第 (4) 步，B 向 KDC 请求 A 的公钥，并发送用 KDC 的公钥加密的随机数 R_A。

第 (5) 步，B 得到 A 的公钥，以及 KDC 对随机数 R_A、密钥 K_S、A 和 B 身份信息的签名。

第 (6) 步，B 将第 (5) 步得到的签名和随机数 R_B 发给 A，A 在其中找到自己的随机数 R_A，确信该消息不是重放。

第 (7) 步，A 用第 (6) 步从 KDC 的签名中得到的密钥 K_S 加密随机数 R_B，并发送给 B；B 收到后，解密并验证随机数 R_B，确信消息不是重放。

在以上协议中，由于 A 和 B 都确信只有对方才能正确解密用其公钥加密的信息，这样，A 和 B 就能够互相识别对方的身份。

基于公钥密码的身份识别技术还可用于通信双方不同时在线的情景。例如，A 向 B 发送电子邮件，并不需要同时在线，而在 B 查看电子邮件时必须确认该邮件是出自 A，而不是攻击者伪造的。下面是基于公钥密码的一个单向身份识别方案

$$A→B：E_{KU_B}[K_S] \| E_{K_S}[M \| E_{KR_A}[H(M)]]$$

该方案要求 A 和 B 互相知道对方的公钥。A 用 B 的公钥加密一个密钥 K_S，再用 K_S 加密要发送给 B 的数据和用自己的私钥签名的数据的散列值，然后将这些内容一起发送给 B；由于只有 B 能够用自己的私钥解密得到 K_S，所以其他人即使截获消息，也无法得到 A 发给 B 的数据明文。B 收到后，先解密得到 K_S，然后解密数据和 A 的签名，最后计算出数据的散列值，利用 A 的公钥可以验证 A 的签名，从而确定 A 的身份。本方案在让 B 确认 A 的身份的同时，还可以防止 A 对所发数据的抵赖。

3.2.4　基于生物特征的身份识别技术

传统的身份识别主要是基于用户所知道的知识和用户所拥有的身份标识物，如用户的口令、用户持有的智能卡等；在一些安全性较高的系统中，往往将两者结合起来，如自动取款机要求用户提供银行卡和相应的密码。但身份标识物容易丢失或伪造，用户所知道的知识容易忘记或被他人知道，这使得传统的身份识别无法区分真正的授权用户和取得授权用户知识和身份标识物的冒充者，一旦攻击者得到授权用户的知识和身份标识物，就可以拥有相同的权利。现代社会的发展对人类自身的身份识别的准确性、安全性和实用性不断提出要求，在人类寻求更为安全、可靠、使用方便的身份识别途径的过程中，基于生物特征的身份识别技术应运而生。

基于生物特征的身份识别技术是以生物技术为基础，以信息技术为手段，将生物和信息技术交汇融合为一体的一种技术。其识别过程如图 3-8 所示，提取唯一的特征并且转换成数字代码，进一步将这些代码组成特征模板；在用户需要进行身份识别时，获取其相应特征并与数据库中的特征模板进行对比，根据匹配结果来决定接受或拒绝。

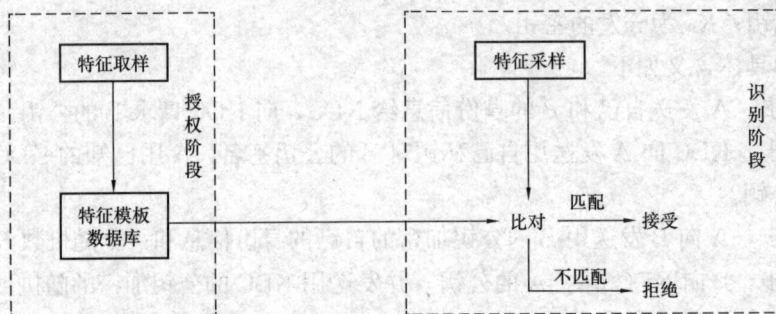

图 3-8　基于生物特征的身份识别过程

并不是所有的生物特征都可用来进行身份识别，只有满足以下条件的生理或行为特征才可以用来作为身份识别的依据。

（1）普遍性：每个人都应该具有该特征；

（2）唯一性：每个人在该特征上有不同的表现；

（3）稳定性：该特征相对稳定，不会随着年龄等变化；

（4）易采集性：该特征应该容易测量；

（5）可接受性：人们是否接受以该特征作为身份识别。

下面介绍几种研究较多而又有实用价值的身份识别特征。

1. 指纹

指纹识别是最传统、最成熟的生物鉴定方式。目前，全球范围内都建立有指纹鉴定机构以及罪犯指纹数据库，指纹鉴定已经被官方所接受，成为司法部门有效的身份鉴定手段。指纹识别处理包括对指纹图像采集、指纹图像处理与特征提取、特征值的比对与匹配等过程。许多研究表明，指纹识别在所有生物特征识别技术中是对人体最不构成侵犯的一种技术手段，其优点如下。

（1）独特性：19 世纪末，英国学者亨利提出了基于指纹特征进行识别的原理和方法。根据亨利的理论，一般人的指纹在出生后 9 个月得以成型并终生不变；每个指纹一般都有 70～

150 个基本特征点。从概率学的角度，在两枚指纹中只要有 12、13 个特征点吻合，即可认定为同一指纹。按现有人口计算，120 年才会出现两枚完全相同的指纹。

（2）稳定性：指纹纹脊的样式终生不变。例如，指纹不会随着人年龄的增长、身体健康程度的变化而变化，人的声音却有着较大的变化。

（3）方便性：目前已有标准的指纹样本库，方便识别系统的软件开发；另外，识别系统中完成指纹采样功能的硬件部分（即指纹采集仪）也较易实现。

2. 虹膜

人眼虹膜位于眼角膜之后，水晶体之前，是环形薄膜，其图样具有个人特征，可以提供比指纹更为细致的信息，因此可以作为个人身份识别的重要依据。可以使用一台摄像机在 35～40cm 的距离内采样，然后由软件对所得数据与存储的模板进行比对。每个人的虹膜结构各不相同，并且这种独特的虹膜结构在人的一生几乎不发生变化。

3. DNA

DNA（脱氧核糖核酸）存在于一切有核的动、植物中，生物的全部遗传信息都储存DNA 分子里。DNA 结构中的编码区，即遗传基因或基因序列部分占 DNA 全长的 3%～10%，这部分即所谓的遗传密码区。就人来讲，遗传基因约有十万个，每个均由 A、T、G、C 四种核苷酸，按次序排列在两条互补的螺旋的 DNA 长链上。核苷酸的总数达 30 亿左右，如随机查两个人的 DNA 图谱，其完全相同的概率仅为三千亿分之一。随着生物技术的发展，尤其是人类基因研究的重大突破，研究人员认为 DNA 识别技术将是未来生物特征识别技术发展的主流。

由于识别的精确性和费用的不同，在安全性要求较高的应用领域中，往往需要融合多种生物特征来作为身份识别的依据。由于人体的生物特征具有人体所固有的不可复制的唯一性，而且具有携带方便等特点，使得基于生物特征的身份识别技术比其他身份识别技术具有更强的安全性和方便性。

在实际的身份识别系统中，往往不是单一地使用某种技术，而是将几种技术结合起来使用，兼顾效率和安全。需要注意的是，只靠单纯的技术并不能保证安全，当在实际应用中发现异常情况时，如在正确输入口令的情况下仍无法获得所需服务，一定要提高警惕，很有可能是有攻击者在盗用身份证明。

3.3　密钥管理技术

在现代的信息系统中用密码技术对信息进行保密，其安全性实际取决于对密钥的安全保护。在一个信息安全系统中，密码体制、密码算法可以公开，甚至如果所有的密码设备丢失，只要密钥没有被泄露，保密信息仍是安全的。而密钥一旦丢失或出错，则将致使合法用户不能提取信息，而非法用户却可能窃取到保密的信息。因此，密钥管理在信息安全系统中至关重要。

密钥管理是处理密钥自产生到最终销毁的整个过程中的所有问题，包括系统的初始化，密钥的产生、存储、备份/装入、分配、保护、更新、控制、丢失、吊销和销毁等。其中分配和存储是最大的难题。密钥管理不仅影响系统的安全性，而且涉及系统的可靠性、有效性和经济性。当然，密钥管理也涉及物理上、人事上、规程上和制度上的一些问题。

　　具体的密钥管理包括以下内容。

　　（1）产生与所要求安全级别相称的合适密钥。

　　（2）根据访问控制的要求，对于每个密钥决定哪个实体应该接受密钥的复制。

　　（3）用可靠的办法使这些密钥对开发系统中的实体是可用的，即安全地将这些密钥分配给用户。

　　（4）某些密钥管理功能将在网络应用实现环境之外执行，包括用可靠手段对密钥进行物理分配。

　　也就是说，密钥管理的目的是维持系统中各实体之间的密钥关系，以抗击各种可能的威胁，这些威胁主要有密钥的泄露、私钥或公钥的身份真实性丧失、未授权使用等。需要强调的是，密钥管理是对密钥的整个生成期的管理。整个管理过程是一个不可断裂的链条，在整个密钥生成期中，任何管理环节的失误都会危及密码系统的安全。

　　假设 Alice 和 Bob 在使用对称密钥进行保密通信时，必然拥有相同的密钥。Kerberos 系统中为了避免攻击者通过穷举攻击等方式获得密钥，必须经常更新或是改变密钥，对于更新的密钥也要试图找到合适的传输途径。

　　假设 Alice 在向 Bob 发送信息时，始终不更新密钥，则在攻击者 Mallory 对信息 M 的收集量满足一定要求时，其成功破译系统的可能性会增大。两个通信用户 Alice 和 Bob 在进行通信时，必须要解决两个问题，一是必须经常更新或改变密钥和如何能安全地更新或是改变密钥；二是人为的情况往往比加密系统的设计者所能想象的还要复杂得多，所以需要有一个专门的机构和系统防止上述情形的发生。

3.3.1　对称密钥的管理

　　对称密钥加密又称为常规密钥加密，有时又称为单密钥加密算法，即加密密钥与解密密钥相同，或加密密钥可以从解密密钥推算出来，同时解密密钥也可以从加密密钥中推算出来。对称加密是基于共同保守秘密来实现的。采用对称加密技术的通信双方必须保证采用的是相同的密钥，要保证彼此密钥的交换是安全可靠的，同时还要设定防止密钥泄密和更改密钥的程序。

　　对称加密的优点在于算法实现后的效率高、速度快。但由于加密解密双方都要使用相同的密钥，因此在发送、接收数据之前，必须完成密钥的分发。这样，密钥的分发便成了对称密钥加密体制中最薄弱并且风险最大的环节。各种基本手段均很难保障安全地完成此项工作。此外，对称密钥加密体制中密钥的管理问题同样难以解决。例如，在一个有 n 个用户参与通信的密钥系统中，可能的两两通信关系有 $n(n-1)/2$ 种，每对通信实体之间都要有一对秘密密钥，则总共需要 $n(n-1)/2$ 个密钥，密钥数与通信人数的平方数成正比，而维护这样一个庞大的密钥管理系统几乎是不可能的。

　　根据密码算法对明文信息加密的方式，可将对称密码体制分为分组密钥体制和序列密码体制两类。如果密文仅与给定的密码算法和密钥有关，与被处理的明文数据段在整个明文（或密文）中所处的位置无关，则称为分组密码体制。如果密文不仅与给定的密码算法和密钥有关，同时也是被处理的明文数据段在整个明文（或密文）中所处位置的函数，则称为序列密码体制。

　　1. Diffie-Hellman 密钥交换机制

　　Diffie-Hellman 协议的两方密钥交换机制见第 2 章 2.3.3 的内容，其三方密钥传输过程为 Alice、Bob 和 Coral 三方首先要协商确定一个大的素数 n 和整数 g（这两个数可以公开），其中 g 是 n 的本原元。由此产生密钥的过程如下。

（1）Alice 首先选取一个大的随机整数 x，并且发送 $X = g^x \bmod n$ 给 Bob；Bob 首先选取一个大的随机整数 y，并且发送 $Y = g^y \bmod n$ 给 Coral；Coral 首先选取一个大的随机整数 z，并且发送 $Z = g^z \bmod n$ 给 Alice。

（2）Alice 计算 $X_1 = Z^x \bmod n$ 给 Bob；Bob 计算 $Y_1 = X^y \bmod n$ 给 Coral；Coral 计算 $Z_1 = Y^z \bmod n$ 给 Alice。

（3）Alice 计算 $k = Z_1^x \bmod n$ 作为秘密密钥；Bob 计算 $k = X_1^y \bmod n$ 作为秘密密钥；Coral 计算 $k = Y_1^z \bmod n$ 作为秘密密钥。

2. 加密密钥交换协议

加密密钥交换（EKE，Encryption Key Exchange）协议假设 A 和 B 共享一个密钥或者口令 P，那么产生密钥 K 的过程如下。

（1）A 选取随机的公（私）密钥 AEK，使用 P 作为加密密钥，并且发送 E_p（AEK）给 B。

（2）B 计算求得 AEK，然后选取随机的对称密钥 BEK，使用 AEK 和 P 加密，发送 E_P（E_{AEK}（BEK））给 A。

（3）A 计算求得 BEK，则此时这个数值就是产生的密钥 K，然后再进行鉴别和验证。

（4）A 选取随机数字符串 R_A，使用 K 加密后，发送 E_K（R_A）给 B。

（5）B 计算求得 R_A 后选取随机数字符串 R_B，使用 K 加密后，发送 E_K（R_A，R_B）给 A。

（6）A 计算求得数字串（R_A，R_B）后，判断此时的字符串是否还有先前发送的字符串 R_A，如果有则取出字符串 R_B，使用 K 加密后，发送 E_K（R_B）给 B；否则取消发送。

（7）B 计算求得字符串 R_B 后，判断此时的字符串是否等于先前发送的数字串 R_B，如果是则选用密钥 K 作为通信密钥；否则取消通信。

此外，还有因特网密钥交换（IKE，Internet Key Exchange）协议等很多关于密钥交换的协议。

3.3.2　非对称密钥的管理

非对称密钥加密也称公开密钥加密，是以由 Diffie 和 Hellman 两位学者所提出的单向函数与单向陷门函数为基础。与对称密码体制不同，非对称密码体制需要公开密钥（简称公钥）和私有密钥（简称私钥）两个密钥。公钥与私钥是一对，如果用公钥对数据进行加密，只要用对应的私钥才能解密；如果用私钥对数据进行加密，则只有用对应的公钥才能解密。因为加密和解密使用的是两个不同的密钥，所以这种密码体制称为非对称密钥加密。

对称密钥加密体制的致命弱点就在于它的密钥管理十分困难，因此很难在电子商务和电子政务中得到广泛的应用。非对称密钥的管理相对于对称密钥就要简单得多，因为对于用户 Alice 而言，只需要记住通信的他方（Bob）的公钥，即可以进行正常的加密通信和对 Bob 发送信息的签名验证。非对称密钥的管理主要在于密钥的集中式管理。如何安全地将密钥传送给需要接收消息的人是对称密码系统的一个难点，但却是公开密钥密码系统的一个优势。公开密钥密码系统的一个基本特征就是采用不同的密钥进行加密和解密。公开密钥可以自由分发而无需威胁私有密钥的安全，但是私有密钥一定要保管好。

　　由于公钥加密计算复杂，耗用时间长，比常规的对称密钥加密慢很多，因此通常使用公开密钥密码系统来传送密码，使用对称密钥密码来实现对话。例如，假设 Alice 和 Bob 相互要进行通话，他们按照以下步骤进行。

　　（1）Alice 想与 Bob 通话，并向 Bob 提出对话请求。

　　（2）Bob 响应请求，并给 Alice 发送认证机构证书（认证机构证书已经过第三方认证和签名，并且无法伪造或篡改）。这个证书中包括了 Bob 的身份信息和公开密钥。

　　（3）Alice 验证认证机构证书，使用一个高质量、快速的常用对称密钥加密法来加密一个普通文本信息和产生一个临时的通话密钥；然后使用 Bob 的公钥去加密该临时的会话密钥；最后把此会话密钥和该已加密文本发送给 Bob。

　　（4）Bob 接收到信息，并使用私有密钥恢复出会话密钥。Bob 使用临时会话密钥对加密文本解密。

　　（5）双方通过这个会话密钥会话。会话结束，会话密钥也就废弃。

　　公开密钥管理利用数字证书等方式实现通信双方间的公钥交换。数字证书通常包含有证书所有者（即交易方）的唯一标识、证书发布者的唯一标识、证书所有者的公开密钥、证书发布者的数字签名、证书的有效期及证书的序列号等。证书发布者一般称为认证机构（CA，Certificate Authority），它是交易各方都信赖的机构。数字证书能够起到标识交易双方的作用，目前网络上的浏览器都提供了数字证书的识别功能来作为身份鉴别的手段（公钥证书管理将在本章 3.6 中介绍）。

3.4　密钥管理系统

　　一个完整的密钥管理系统应该包括密钥管理、密钥分配、计算机网络密钥分配方法、密钥注入、密钥存储、密钥更换和密钥吊销。密钥管理是处理密钥自产生到最后销毁的整个过程中的关键问题，包括系统的初始化以及密钥的产生、存储、备份/恢复、装入、分配、保护、更新、控制、丢失、吊销和销毁等内容。密钥的管理需要借助于加密、认证、签字、协议、公证等技术。

　　主要的密钥有以下四种。

　　（1）初始密钥。由用户选定或系统分配的、在较长的一段时间内由一个用户专用的秘密密钥。要求它既安全又便于更换。

　　（2）会话密钥。两个通信终端用户在一次会话或交换数据时所用的密钥，一般由系统通过密钥交换协议动态产生。会话密钥使用的时间很短，从而限制了密码分析者攻击时所能得到的同一密钥加密的密文量。丢失时对系统保密性影响不大。

　　（3）密钥加密密钥（KEK，Key Encrypting Key）。用于传送会话密钥时采用的密钥。

　　（4）主密钥（Mater Key）。对密钥加密密钥进行加密的密钥，存于主机的处理器中。

3.4.1　密钥的分配

　　生成的密钥要经过安全的途径分发到终端用户。密钥是密码系统中最核心的机密数据，如果密钥分发过程不够严密，必然会造成严重的安全漏洞，因此，密钥分发过程中对被分配密钥本身的安全性要求非常严格。密钥分发过程中，即使有很小的安全漏洞或认为疏忽，都可能危及待分配密钥的安全性，就会使得整个密码系统处于不安全状态。

　　在密钥分发过程中，除要保护待分配密钥的机密性之外，还要保证密钥的完整性、可认证性、正确性和可控性。在特殊情况下，还要保证通信双方的不可否认性。此外，密钥分配过程还要解决两个问题：第一，密钥的自动分配机制，自动分配密钥以提高系统的效率；第二，应该尽可能减少系统中驻留的密钥量，以降低密钥管理功能的工作负荷及密钥泄露的风险。根据密钥信息的交换方式，密钥分配可以分成人工密钥分发、基于中心的密钥分发和基于认证的密钥分发三类。

　　1. 人工密钥分发

　　在很多情况下，用人工的方式给每个用户发送一次密钥。然后，后面的加密信息用这个密钥加密后再进行传送，这时，用人工方式传送的第一个密钥称为密钥加密密钥。该方式已经不适应现代计算机网络发展的要求。

　　2. 基于中心的密钥分发

　　基于中心的密钥分发利用可信任的第三方进行密钥分发。可信第三方可以在其中扮演密钥分发中心（KDC，Key Distribution Center）和密钥转换中心（KTC，Key Translation Center）两种角色。这种方式的优势在于，用户 Alice 知道自己的密钥和 KDC 的公钥，就可以通过密钥分发中心获取他将要进行通信的他方的公钥，从而建立正确的保密通信。

　　如果主体 Alice 和 Bob 通信时需要一个密钥，那么，Alice 需要在通信之前先从 KDC 获得一个密钥，这种模式又称为拉模式（Pull Model），如图 3 - 9（a）所示。Alice 首先向 KDC 请求获得一个密钥，然后利用该密钥与 Bob 通信。

　　另一种是推模式（Push Model）。美国金融机构密钥管理标准（ANSI X9.17）要求通信方 Alice 首先要与 Bob 建立联系，然后，让 Bob 从 KDC 取得密钥，这种模式就是推模式，表示是由 Alice 推动 Bob 去和 KDC 联系取得密钥，如图 3 - 9（b）所示。

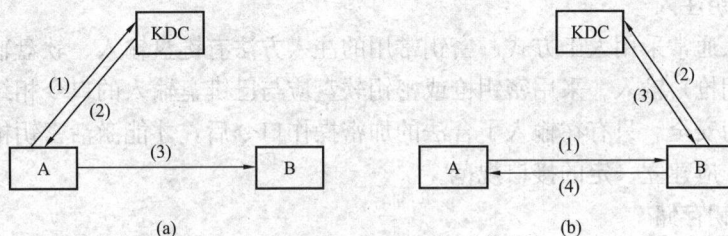

图 3 - 9　拉模式与推模式
（a）拉模式；（b）推模式

　　3. 基于认证的密钥分发

　　基于认证的密钥分发也可以用来进行建立成对的密钥。基于认证的密钥分发技术又分成以下两类。

　　（1）用公开密钥加密系统对本地产生的加密密钥进行加密，来保护加密密钥在发送到密钥管理中心的过程，整个技术称为密钥传送。

　　（2）加密密钥由本地和远端密钥管理实体一起合作产生密钥，这种技术称为密钥交换，或密钥协议。最典型的密钥交换协议是 Diffie - Hellman 密钥交换。

3.4.2　计算机网络密钥分配方法

　　分配方法包括只采用会话密钥、采用会话和基本密钥、采用非对称密码体制的密钥分配。

1. 会话密钥

这种分配方法适合比较小的网络系统中的不同用户保密通信。由一个专门机构生成密钥后，将其安全发送到每个用户节点，保存在安全的保密装置内。在通信双方通信时，直接使用这个会话密钥对信息加密。

只使用这一种密钥的通信系统的安全性低，因为密钥被每个节点共享，容易泄露。在密钥更新时就必须在同一时间、在网内的所有节点（或终端）上进行，比较烦琐。这种情况不适合现在开放性、大容量网络系统的需要。

2. 会话和基本密钥

这种方法进行数据通信的过程是主体在发送数据之前首先产生会话密钥，用基本密钥对其加密后，通过网络发送到客体；客体收到后用基本密钥对其解密，双方就可以开始通话了；会话结束，会话密钥消失。为了防止会话密钥和中间一连串加密结果被非法破译，加密方法和密钥必须保存在一个被定义为保密装置的保护区中。基本密钥必须以秘密信道的方式传送，注入保密装置，不能以明文形式存在于保密装置以外。

基于这种情况的密钥分配已经产生了很多成熟的密钥协议。例如，Wide‑Mouth Frog 密钥分配协议、Yahalom 密钥分配协议、Needham‑Schroeder 协议、Kerberos 协议。

3. 采用非对称密码体制的密钥分配

当系统中某一主体 A 想发起和另一主体 B 的秘密通信时，要先进行会话密钥的分配。A 首先从认证机构获得 B 的公钥，用该公钥对会话密钥进行加密，然后发送给 B，B 收到该信息后，用自己唯一拥有的私钥对该信息进行解密，就可以得到这次通信的会话密钥。这种方法是目前比较流行的密钥分配方法。

3.4.3 密钥注入

密钥的注入通常采用人工方式。密钥常用的注入方法有键盘输入、软盘输入、专用密钥注入设备（密钥枪）输入。采用密钥枪或密钥软盘应与已键盘输入的口令相结合的方式，以使密钥注入更为安全。只有在输入了合法的加密操作口令后，才能激活密钥枪或软盘里的密钥信息。因此，应建立一定的接口规范。

3.4.4 密钥存储

密钥平时都以加密的形式存放，而且对操作口令应该实现严格的保护。加密设备应有一定的物理保护措施。如果采用软件加密的形式，应有一定的软件保护措施。存储时必须保证密钥的机密性、认证性和完整性，防止被泄露和篡改。

较好的解决方案是将密钥储存在磁条卡中，使用嵌入 ROM 芯片的塑料密钥或智能卡，通过计算机终端上特殊的读入装置把密钥输入到系统中。当用户使用这个密钥时，用户既不知道也不能泄露它，只能用这种方法使用它。若将密钥平分成两部分，一半存入终端，另一半存入 ROM 密钥卡上，即使丢掉了 ROM 密钥卡也不会泄露密钥。将密钥做成物理形式会使存储和保护更加直观。

3.4.5 密钥更换和密钥吊销

密钥的使用是有寿命的，一旦密钥到了有效期，必须消除原密钥存储区，或者使用随机产生的噪声重写。密钥的更换可以采用批密钥的方式，即一次注入多个密钥，在更换时可以按照一个密钥生效，另一个密钥废除的形式进行。替代的次序可以按照密钥的序号，如果批密钥的生成与废除是顺序的，则序数低于正在使用的密钥的所有密钥都已过期，相应的存储区清零。

会话密钥在会话结束时会被删除，不需要吊销。一些密钥有有效期，不需要吊销。对于密钥丢失或被攻击的情况，密钥的拥有者必须将密钥不再有效并且不应该继续使用这一情况通知其他用户。对于私钥加密系统，如果密钥被攻击，则启用新的密钥。

公钥的情况有些不同。如果密钥对被攻击或吊销，则没有明显的途径可以通知公钥的潜在使用者这个公钥不再有效。在某些情况下，公钥被发布给公钥服务器，那些希望与密钥的拥有者通信的使用者都可以连接到该服务器，以获得有效的公钥。通信他方必须定期访问密钥服务器，以查看密钥是否被吊销，密钥的拥有者必须向所有潜在的密钥服务器发送吊销消息。密钥服务器还必须在原始证书有效期之前保留这条吊销信息。

3.5　密 钥 产 生 技 术

一个不合适的密钥有可能很容易被对方破解，这种密钥被称为弱密钥。导致弱密钥的产生有以下两种情形。

(1) 密钥产生设置的缺陷和密钥空间的减少。对于一个 64 位的密钥，可以有 1019 种可能的密钥，然而实际上所对应的密钥空间中的密钥值比预计的要少得多。

(2) 人为选择的弱密钥。用户通常选择易于记忆的密钥，但这给密码破译提供了便利。

防止产生弱密钥的最佳方案是产生随机密钥，显然，这是不利于记忆的，也可以将随机密钥存储在智能卡中。在密钥产生的过程中，需要的是真正的随机数。密钥产生有随机性、密钥强度和密钥空间三个制约条件。

密钥产生的方法有硬件技术和软件技术两种。

3.5.1　密钥产生的硬件技术

噪声源技术是密钥硬件产生的常用方法。噪声源的功能为产生二进制的随机序列或与之对应的随机数；在物理层加密的环境下进行信息填充，使网络具有防止流量分析的功能。当采用序列密码时，也有防止乱数空发的功能。噪声源技术用于某些身份验证技术中，如在对等实体鉴别中，为了防止口令被窃取，常常使用随机应答技术，这时的提问与应答是由噪声源控制的。噪声源输出随机数序列有以下常见的三种。

(1) 伪随机序列，也称作伪码，具有近似随机序列（噪声）的性质，而又能按一定规律（周期）产生和复制的序列。一般用数学方法和少量的种子密钥来产生。

(2) 物理随机序列，用热噪声等客观方法产生的随机序列。实际的物理噪声往往要受到温度、电源、电路特性等因素的限制，其统计特性常带有一定的偏向性。因此也不能算是真正的随机序列。

(3) 准随机序列，用数学方法和物理方法相结合产生的随机序列。这种随机序列可以克服前两者的缺点，具有很好的随机性。

按照产生的方法不同常见的物理噪声源有以下三种。

(1) 基于力学噪声源的密钥产生技术。通常利用硬币、骰子等抛散落地的随机性产生密钥。这种方法效率低，而且随机性较差。

(2) 基于电子学噪声源的密钥产生技术。这种方法利用电子方法对噪声器件（如真空管、稳压二极管等）的噪声进行放大、整形处理后产生密钥随机序列。根据噪声迭代的原理将电子器件的内部噪声放大，形成频率随机变化的信号，在外界采样信号的控制下，对此信号进行采样锁存，然后输出信号为"0""1"随机的数字序列。

（3）基于混沌理论的密钥产生技术。在混沌现象中，只要初始条件稍有不同，其结果就大相径庭，难以预测，在有些情况下，反映这类现象的数学模型又很简单。因此利用混沌理论的方法，不仅可以产生噪声，而且噪声序列的随机性好，产生效率高。

3.5.2　密钥产生的软件技术

X9.17（X9.17-1985 金融机构密钥管理标准，由美国国家标准定义）标准定义了一种产生密钥的方法，其算法是三重 DES，其目的是在系统中产生一个会话密钥或伪随机数。三重 DES 过程如下。

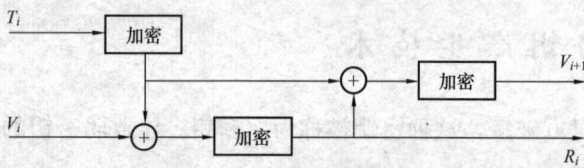

图 3-10　随机密钥的产生式

假设用密钥对比特串进行的三重 DES 加密，为密钥发生器保留的一个特殊密钥，这个特殊密钥是一个秘密的 64 位种子，也是一个时间标记。产生的随机密钥可以通过如图 3-10 所示的算式来计算。

对于 128 位和 192 位密钥，在通过上述方法生成几个 64 位的密钥后，串接起来即可。

3.6　公钥基础设施（PKI）管理

随着 Internet 的普及，电子商务、网上银行、网上证券等行业得到了广泛的发展。但这些敏感的网络交易活动却面临着诸如黑客窃听、篡改、伪造等行为的威胁，对重要信息的传递和控制也非常困难，交易安全无法得到保障。一旦受到攻击，就很难辨别所收到的信息是否是由某个确定实体发出的，以及在信息的传递过程中是否曾被非法篡改过。这些安全问题将在很大程度上限制电子商务的进一步发展，因此如何保证 Internet 网上信息传输的安全，已成为电子商务发展的重要环节。

为解决这些 Internet 的安全问题，世界各国进行了多年的研究，初步形成了一套完整的 Internet 安全解决方案，即目前被广泛采用的公钥基础设施技术（PKI, Public Key Infrastructure），PKI 技术采用证书管理公钥，通过第三方的可信任机构——CA，把用户的公钥和用户的其他标识信息（如名称、E-mail、身份证号等）捆绑在一起，在 Internet 网上验证用户的身份。目前，通用的办法是采用基于 PKI 结构结合数字证书，通过把要传输的数字信息进行加密，保证信息传输的机密性、完整性，签名保证身份的真实性和不可否认性。

3.6.1　数字证书

1. 数字证书的概念

在 PKI 密钥管理服务中公钥的载体是数字证书，CA 就是通过生成、发布、撤销数字证书来提供密钥管理服务。数字证书是各实体（持卡人/个人、商户/企业、网关/银行等）在网上信息交流及商务交易活动中的身份证明，是一个经 CA 数字签名的包含实体身份信息（如实体的名称、电子邮件等）、实体公钥信息的文件。在电子交易的各个环节，交易的各方都需要验证对方数字证书的有效性，从而解决相互间的信任问题。

　　PKI 技术是公开密钥密码学完整的、标准化的、成熟的工程框架。它基于并且不断吸收公开密钥密码学丰硕的研究成果，按照软件工程的方法，采用成熟的各种算法和协议，遵循国际标准和 RFC 文档，如 PKCS、SSL、X.509、LDAP，完整地提供网络和信息系统安全的解决方案。PKI 发展至今存在多种数字证书模型，而且每种证书都具有各自不同的格式，目前最为通用的证书标准是 X.509。X.509 是由国际电信联盟制定的数字证书标准，最初的版本公布于 1988 年。X.509 证书由用户公共密钥和用户标识符组成，此外还包括版本号、证书序列号、CA 标识符、签名算法标识、签发者名称、证书有效期等信息。这一标准的最新版本是 X.509 V3，它定义了包含扩展信息在内的数字证书。该版本数字证书提供了一个扩展信息字段，用来提供更多的灵活性及特殊应用环境下所需的信息传送。

　　2. X.509 数字证书结构

　　X.509 证书的结构如表 3-2 所示，其中证书和基本信息采用 X.500 的可辨别名 DN 来标记，它是一个复合域，通过一个子组件来定义。

表 3-2　　　　　　　　　　　　X.509 数字证书的结构

证书版本号	证书序列号	签名算法标识	证书颁发者 X.500 名称	证书有效期	证书持有者 X.500 名称	证书持有者公钥	证书颁发者唯一标识符	证书持有者唯一标识符	证书扩展部分

　　X.509 数字证书包括下面的一些数据。

　　（1）证书版本号。该域定义了证书的版本号，这将最终影响证书中包含的信息的类型和格式，目前版本 4 已颁布，但在实际使用过程中，版本 3 还是占据主流。

　　（2）证书序列号。序列号是赋予证书的唯一整数值。它用于将本证书与同一 CA 颁发的其他证书区别开来。

　　（3）签名算法标识。该域中含有 CA 签发证书所使用的数字签名算法的算法标识符，如 SHA1WithRSA。有 CA 的签名，便可保证证书拥有者身份的真实性，而且 CA 也不能否认其签名。

　　（4）证书颁发者 X.500 名称。这是必选项，该域含有签发证书实体的唯一名称（DN），命名必须符合 X.500 格式，通常称为某个 CA。

　　（5）证书有效期。证书仅仅在一个有限的时间段内有效。证书的有效期就是该证书有效的时间段，该域表示为两个时间的序列：证书的有效期开始日期（notBefore）和证书有效期结束的日期（notAfter）。

　　（6）证书持有者 X.500 名称。必选项，证书拥有者的可识别名称，命名规则也采用 X.500 格式。

　　（7）证书持有者公钥。主体的公钥和它的算法标识符，这一项是必选的。

　　（8）证书颁发者唯一标识符。这是一个可选域，它含有颁发者的唯一标识符。

　　（9）证书持有者唯一标识符。证书拥有者的唯一标识符，也是可选项。

　　（10）证书扩展部分。证书扩展部分是 V3 版本在 RFC 2459 中定义的。可供选择的标准可扩展包括证书颁发者的密钥标识、证书持有者的密钥标识符、公钥用途、CRL 发布点、证书策略、证书持有者别名、证书颁发者别名和主体目录属性等。

3. 证书撤销列表

在 CA 系统中，由于密钥泄密、从属变更、证书终止使用以及 CA 本身私钥泄密等原因，需要对原来签发的证书进行撤销。X. 509 定义了证书的基本撤销方法：由 CA 周期性地发布一个证书撤销列表（CRL，Certificate Revocation List），里面列出了所有未到期却被撤销的证书，终端实体通过 LDAP 的方式下载查询 CRL。

CA 将某个证书撤销后，应使得系统内的用户尽可能及时地获知最新的情况，这对于维护 PKI 系统的可信性至关重要，所以 CA 如何发布 CRL 的机制是 PKI 系统中的一个重要问题。发布 CRL 的机制主要有定期发布 CRL 的模式、分时发布 CRL 的模式、分时分段发布 CRL 的模式、Delta - CRL 的发布模式四种。

3.6.2 PKI 系统

1. 系统的组成

PKI 公钥基础设施是提供公钥加密和数字签名服务的系统或平台，目的是管理密钥和证书。一个机构通过采用 PKI 框架管理密钥和证书可以建立一个安全的网络环境。PKI 主要包括 X. 509 格式的证书撤销列表 CRL、CA/RA 操作协议、CA 管理协议、CA 政策制定 4 个部分。一个典型、完整、有效的 PKI 应用系统至少包括以下部分。

（1）CA。CA 是证书的签发机构，它是 PKI 的核心，是 PKI 应用中权威的、可信任的、公正的第三方机构。CA 是一个实体，它有权利签发并撤销证书，对证书的真实性负责。在整个系统中，CA 由比它高一级的 CA 控制。

（2）根 CA（Root CA）。信任是任何认证系统的关键。因此，CA 自己也要被另一些 CA 认证。每一个 PKI 都有一个单独的、可信任的根，从根处可取得所有认证证明。

（3）注册机构（RA，Registration Authority）。RA 的用途是接受个人申请，核查其中的信息并颁发证书。然而在许多情况下，把证书的分发与签名过程分开是很有好处的。因为签名过程需要使用 CA 的签名私钥（私钥只有在离线状态下才能安全使用），但分发的过程要求在线进行。所以，PKI 一般使用 RA 去实现整个过程。

（4）证书目录。用户可以把证书存放在共享目录中，而不需要在本地硬盘里保存证书。因为证书具有自我核实功能，所以这些目录不一定需要时刻被验证。一旦目录被破坏，通过使用 CA 的证书链接功能，证书仍能恢复其有效性。

（5）管理协议。该协议用于管理证书的注册、生效、发布和撤销。PKI 管理协议包括证书管理协议 PKIX（CMP，Certificate Management Protocol）；信息格式，如证书管理信息格式（CMMF，Certificate Management Message Format）；PKCS♯10。

（6）操作协议。操作协议允许用户找回并修改证书，对目录或其他用户的证书撤销列表 CRL 进行修改。在大多数情况下，操作协议与现有协议（如 FTP、HTTP、LDAP 和邮件协议等）共同工作。

（7）个人安全环境。在这个环境下，用户个人的私人信息（如私钥或协议使用的缓存）被妥善保存和保护。一个实体的私钥对于所有公钥而言是保密的。为了保护私钥，客户软件要限制对个人安全环境的访问。

2. PKI 相关标准

在 PKI 技术框架中，许多方面都经过严格的定义，如用户的注册流程、数字证书的格式、CRL 的格式、证书的申请格式以及数字签名格式等。

国际电信联盟 ITU X.509 协议是 PKI 技术体系中应用最广泛，也是最为基础的一个国际标准。它的主要目的在于定义一个规范的数字证书格式，以便为基于 X.500 协议的目录服务提供一种强认证手段，但该标准并非要定义一个完整的、可操作的 PKI 认证体系。在 X.509 规范中，一个用户有两把密钥：一把是用户的专用密钥，另一把是其他用户都可以利用的公共密钥。为进行身份认证，X.509 标准及公共密钥加密系统提供了数字签名方案。

PKCS (Public Key Cryptography Standard) 系列标准是由美国 RSA 数据安全公司及合作伙伴制定的一组公钥密码学标准，它在 OSI 的基础之上定义了公钥加密技术的应用标准和细节，同时制定了基于公开密钥技术的身份认证及数字签名的相关标准。其中包括证书申请、证书更新、CRL 发布、扩展证书内容以及数字签名、数字信封的格式等方法的一系列相关协议。

PXIX (Public Key infrastructure for X.509) 系列标准是由 IETF 国际工作组制定的基于 X.509 的 PKI 应用系列标准，它主要定义了与数字证书应用相关的标准和协议及基于 X.509 和 PKCS 的 PKI 模型框架。PKIX 模型框架中定义的 4 个主要模型为用户、CA、RA 和证书存取库。这些标准是由各大商家的组织提交的，是基于安全系统之间的互操作的理想化标准草案。但 PKIX 大部分定义的是 PKI 的应用方案，缺乏统一的安全接口的抽象工作。

目前世界上已经出现了许多依赖于 PKI 的安全标准，即 PKI 的应用标准，如安全的套接层协议 SSL、传输层安全协议 TLS、安全的多用途互联网邮件扩展协议 S/MIME 和 IP 安全协议 IPSEC 等。

S/MIME 是一个用于发送安全报文的 IETF 标准。它采用了 PKI 数字签名技术并支持消息和附件的加密，无需收发双方共享相同密钥。S/MIME 委员会采用 PKI 技术标准来实现 S/MIME，并适当扩展了 PKI 的功能。目前该标准包括密码报文语法、报文规范、证书处理以及证书申请语法等方面的内容。SSL/TLS 是互联网 Web 服务器最重要的安全协议。当然，它们也可以应用于基于客户机/服务器模型的非 Web 类型的应用系统。SSL/TLS 都利用 PKI 的数字证书来认证客户和服务器的身份。IPSEC 是 IETF 制定的 IP 层加密协议，PKI 技术为其提供了加密盒认证过程的密钥管理功能。IPSEC 主要用于开发新一代的 VPN。

另外，随着 PKI 的进一步发展，新的标准也在不断地增加和更新。

3.6.3　基于 PKI 的服务

PKI 作为安全基础设施，提供常用 PKI 功能的可复用函数，为不同的用户实体提供多重安全服务，分为核心服务和支撑服务。

1. 核心服务

（1）认证服务。认证即为身份识别与鉴别，即确认实体是其所声明的实体，鉴别其身份的真伪。鉴别有两种：其一是实体鉴别，实体身份通过认证后，可获得某些操作或通信的权限；其二是数据来源鉴别，它是鉴定某个指定的数据是否来源于某个特定的实体，是为了确定被鉴别的实体与一些特定数据有着不可分割的联系。

（2）完整性服务。完整性就是确认数据没有被修改，即数据无论是在传输还是在存储过程中经过检查没有被修改。采用数据签名技术，既可以提供实体认证，也可以保证被签名数据的完整性。完整性服务也可以采用消息认证码，即报文校验码 MAC。

（3）保密性服务。保密性服务又称机密性服务，就是确保数据的秘密。PKI 的机密性服务是一个框架结构，通过它可以完成算法协商和密钥交换，而且对参与通信的实体是完全透明的。

这些服务可使实体证明它们就是其所声明的身份，保证重要数据没有被以任何方式进行了修改，确信发送的数据只能由接收方读懂。

2. 支撑服务

（1）不可否认性服务。不可否认性服务指从技术上保证实体对它们的行为的诚实性。最受关注的是对数据来源的不可否认，即用户不能否认敏感消息或文件不是来源于它；以及接手后的不可否认性，即用户不能否认已接收到了敏感信息或文件。此外，还包括传输的不可否认性、创建的不可否认性以及同意的不可否认性等。

（2）安全时间戳服务。安全时间戳服务用来证明一组数据在某个特定时间是否存在，它使用核心 PKI 服务中的认证和完整性。一份文档上的时间戳涉及对时间和文档的 Hash 值的数字签名，权威的签名提供了数据的真实性和完整性。

（3）公证服务。PKI 中运行的公证服务是"数据认证"的含义。也就是说，CA 机构中的公证人证明数据是有效的或正确的，而"正确的"取决于数据被验证的方式。

3.6.4　常用信任模型

信任模型提供了建立和管理信任的框架，是 PKI 系统整个网络结构的基础。基于 X.509 证书的信任模型主要有以下几种。

1. 通用层次结构

在这个模型中考虑了两类认证机构：一个子 CA 向最终实体（用户、网络服务器、应用程序代码段等）颁发证书；中介 CA 对子 CA 或其他中介 CA 颁发证书。通用层次信任模型允许双向信任关系，证书用户可以选择自己觉得合适的信任锚。

2. 下属层次信任模型

下属层次信任模型是通用层次模型的一个子集，其根 CA 被任命为所有最终用户的公共信任锚。根据定义，它是最可信的证书权威，所有其他信任关系都起源于它。它单向证明了下一层下属 CA。只有上级 CA 可以给下级 CA 证明，下级 CA 不能反过来证明上级 CA。

3. 网状模型

在网状配置中，所有的根 CA 之间是对等的关系，都有可能进行交叉认证。特别是在任何两个根 CA 之间需要安全通信时，它们就要进行交叉认证。在完全连接的情况下，如果有 n 个 CA，则需要 C_n^2 个交叉认证协议。

4. 混合信任模型

本模型是将层次模型和网状模型相混合的模型。当独立的机构建立了各自的层次结构时，想要相互间认证，则要将交叉认证加到层次模型当中，形成混合信任模型。

5. 桥 CA 模型

桥 CA 模型实现了一个交叉认证中心，它的目的是提供交叉证书，而不是作为证书路径的根。对于各个异构模式的"根"节点来说，它是它们的同级。当一个企业与桥 CA 建立了交叉证书，则它就获得了与那些已经和桥 CA 交叉认证的企业进行信任路径构建的能力。

6. 信任链模型

在这种模型中，一套可信任的根的公钥被提供给客户端系统，为了被成功地验证，证书必须直接或间接地与这些可信任根相连接。浏览器中的证书就是这种应用。

在以上的信任模型中涉及一个重要概念——交叉认证。交叉认证是一种把以前无关的

CA 连接在一起的有用机制，从而保证它们各自主体群体之间的安全。

3.6.5　PKI 功能及任务

1. PKI 的功能

PKI 的主要功能是提供身份认证、机密性、完整性与不可否认服务。

（1）身份认证。随着网络的扩大和用户量的增加，事前协商秘密会变得非常复杂，特别是在电子政务中，经常会有人员新聘用和退休的情况。另外，在大规模网络中，两两进行协商几乎是不可能的，通过一个密钥管理中心来协调也会有很大的困难，而且当网络规模巨大时，密钥管理中心甚至有可能成为网络通信的瓶颈。PKI 通过证书进行认证，认证时对方知道你就是你，却无法知道你为什么是你。在这里，证书是一个可信的第三方证明，通过它通信双方可以安全地进行互相认证而不用担心对方会假冒自己。

（2）机密性。通过加密证书，通信双方可以协商一个秘密，而这个秘密可以作为通信加密的密钥。在需要通信时，可以在认证的基础上协商一个密钥。在大规模网络中，特别是在电子政务中，密钥恢复也是密钥管理的一个重要方面，政府绝不希望加密系统被犯罪分子窃取使用。当政府的个别职员背叛或利用加密系统进行反政府活动时，政府可以通过法定的手续解密其通信内容，保护政府的合法权益。PKI 通过良好的密钥恢复能力，提供可信的、可管理的密钥恢复机制。PKI 的普及应用能够保证在全社会范围内提供全面的密钥恢复与管理能力，保证网上活动的健康发展。

（3）完整性与不可否认。完整性与不可否认是 PKI 提供的最基本的服务。一般来说，完整性也可以通过双方协商一个秘密来解决，但一方有意抵赖时，这种完整性就无法接受第三方的仲裁。PKI 提供的完整性是可以通过第三方仲裁的，而这种可以由第三方进行仲裁的完整性是通信双方都不可否认的。

2. PKI 的基本任务

PKI 的基本任务包括签发证书、注销证书以及证书的取得、解读和验证。

（1）签发证书。使用者自行产生密钥对后，便可向认证机构申请签发证书。认证机构审核使用者数据无误后，便用自己的私钥对该使用者的公钥签章，形成证书。在 PKI 的架构下，证书必须与申请者紧密结合，并确保使用者可以取得正确证书，即向 PKI 取 A 的证书，绝对不会拿到 B 的证书。证书签名后并非永久有效，而是有一定的使用期限，期限一到，使用者必须更换密钥对，以提高安全性。

（2）注销证书。使用者的密钥对在到期之前便已经不安全，比如密钥遗失或遭到破解，这时必须立刻到认证机构注销旧有的证书，而且注销证书的消失必须很快地在 PKI 中传播开来，让 PKI 的所有成员都知道，这样可以避免 A 的私钥被人盗用以后，B 仍拿旧的证书来验证，让盗用者伪冒成功。

（3）证书的取得、解读和验证。在 PKI 的架构下，能取得指定使用者的证书，而且取得证书之后，要能解读证书的内容、证书的用途。当然，还要能验证证书内的签名，以检查其正确性。

在 PKI 的管理上，除满足易用性以外，认证机构必须依据 PKI 的签发原则，对使用者验明正身，确保证书与该使用者的关联。证书的密钥有两种用途，一是用于签名，二是用于加密。如果密钥用于签名上，则签名的算法必须要能防止伪造，而且签名若遭到修改能够侦测出来；如果用于加密上，则加密用的算法必须能让通信的双方通过加密的方式，协调产生一个仅用于该次通信的会话密钥（Session Key）。

　　PKI将使用者注册的证书放在经过检查认可的目录服务器上，使用者可以通过目录服务器取得指定的证书。另外，证书作废表也一并放在目录服务器上。证书作废表上列出了近期内注销的证书，由认证机构定期置放在目录服务器上。从证书作废表上的记录可以判别所拿到的证书是不是最新的，倘若不是，就到目录服务器取得更新后的证书。证书作废表必须有认证机构的签名，以防止伪冒。此外，认证机构必须将证书及相关数据加以备份，包括进行更换已经注销的证书，以备日后验证证书时使用。

3.7　安全认证和密钥管理的新方向

3.7.1　安全认证新方向

　　目前安全领域认证技术主要划分为生物信息识别技术、数字证书认证技术和公民网络电子身份标识（EID，Electronic IDentity）识别技术。其中数字证书认证技术发展最为稳定和成熟，在电子商务及相应认证业务的发展方面，配合定期安全风险评估等相应机制发挥了重要的保障作用。

　　生物识别技术在互联网＋背景的推动下，在P2P众筹，第三方支付领域进行了一定程度的探索，例如阿里巴巴公司大力推动的刷脸支付技术。指纹和虹膜等具有唯一性的生物特征也同样可用于相关支付业务，然而生物信息的相对唯一性和不变性也同时是该类技术的风险，即若相对唯一不变的特征信息被盗取后，证书可替换，但生物信息却无法作出相应改变。此外，生物特征识别的训练周期长，技术相对复杂，仍有较多问题有待进一步解决。

　　EID即公民网络电子身份标识识别技术，与数字证书技术一样基于PKI签名体系，但不同在于EID缺乏相应的服务牌照，不符合电子签名法等相应的服务规范，在电子交易中存在法律风险。EID目前主要涵盖三种载体，即IC卡、蓝牙key和手环。然而EID在用户体验、识别率和对交易信息签名方面仍存在不足。

3.7.2　密钥管理新方向

　　传统密钥管理系统主要通过改变加密密钥对象的方式来实现密钥传递，在安全性方面并未得到显著提高，新有结合硬件加密的密钥管理技术则通过专有的硬件设备加密、存储和传递密钥。例如CPU卡密钥管理系统，其具有可用做加密器件的硬件结构，同时相应的软件体系COS（Chip Operation System）可操作和存储一定数量的数据。密钥采用梯级生成的方式下发，即以卡片形式由上一级向下一级分发生成密钥，系统具备良好的伸缩性和安全性。

　　随着大数据概念的提出，结合云安全的密钥管理技术也比较活跃。其重点研究领域主要有以下几个方面：密钥在云存储介质、传输过程和数据备份记录中的相应保护；基于角色分离的访问密钥生成和分配策略；梯级密钥的备份、恢复和相应的数据销毁业务等。尽管目前存在OASIS密钥管理协同协议、IEEE1619.3等适用于IaaS模式的标准，但支持云服务模式下的健壮密钥管理方案仍有待进一步的研究。

3.8　小　　结

　　本章首先介绍了消息鉴别和身份识别机制，然后介绍了密钥管理技术，PKI机制及策略及其在国内外的规划与建设情况，最后对安全认证技术和密钥管理技术新的研究方向进行了总结。本章重点是各种认证技术以及密钥管理算法，了解 PKI 的管理以及各项技术的新发展方向。

思 考 题

1. 简答题。假设只允许使用 26 个字母来构造口令，回答以下问题：

（1）如果口令最多为 n 个英文字符，$n＝4$，6，8，不区分大小写，可能有多少个不同的口令？

（2）如果口令最多为 n 个英文字符，$n＝4$，6，8，区分大小写，可能有多少个不同的口令？

2. 列出基于口令的身份识别技术面临的安全威胁。

3. 简述基于公钥密码身份识别技术的应用特点，并说明该技术是否存在安全隐患。

4. 列出五种可以用于身份识别的生物特征，并比较各自的效率和设备成本的不同。

5. 简述四种身份识别技术的特点。

6. 什么是消息鉴别码？分析消息鉴别码与无条件安全鉴别码的异同。

7. 简述抵赖的安全威胁。

8. 设计一个对加密消息（没有格式）采用无条件安全鉴别码进行消息鉴别的方案。

9. 假设用户 A、B 之间欲进行网上交易，A 和 B 共享有密钥，请根据本章所学的身份识别和消息鉴别技术设计一个交易方案，并分析所设计方案的安全目标和面临的安全威胁。

10. 在进行人体特征认证时，可以利用指纹、图像、气味、声音等进行认证。如果在不同的系统中都采用该特征进行认证，则在不同的认证中使用同一特征，如何保证一个系统中的安全问题不影响另一个系统的安全使用？

11. 简单认证一般采用用户 ID、口令的形式，实现使用者在系统中的身份认证。在简单认证中一般不使用加密作为认证的手段，但在网络上存在被窃听的威胁。如何改进方案保证入侵者不能使用重放攻击？

12. 密钥管理的基本任务是什么？

13. 什么是密钥托管？

14. 什么是 PKI，其用途有哪些？

15. 简述 PKI 的功能模块组成。

第4章 访问控制技术

访问控制技术起源于20世纪70年代，是从对操作系统和数据库安全的研究中提出的。随着计算机技术和网络技术的发展，访问控制技术在信息系统的各个领域得到越来越广泛的应用。在30多年的发展过程中，出现了多种重要的访问控制技术。访问控制以身份认证为前提，在此基础上实施访问控制策略来控制和规范合法用户在系统中的行为。本章介绍访问控制的基本概念，讨论访问控制矩阵、BLP模型、RBAC模型，以及访问控制的实施，探讨访问控制技术的新进展。

4.1 访问控制概念

4.1.1 访问控制概念

访问控制是在保障授权用户能获取所需资源的同时拒绝非授权用户的安全机制，是信息安全理论基础的重要组成部分。访问控制涉及三个基本概念，即主体、客体和授权访问。

（1）主体。主体是一个主动的实体，该实体造成了信息的流动和系统状态的改变，它包括用户、用户组、终端、主机或一个应用，主体可以访问客体。

（2）客体。客体是指一个包含或接受信息的被动实体，对客体的访问要受控。它可以是一个字节、字段、记录、程序、文件，或者是一个处理器、存储器、网络节点等。

（3）授权访问。授权访问指主体访问客体的允许，对每一对主体和客体来说授权访问是给定的，决定了谁能够访问系统，能访问系统的何种资源以及如何使用这些资源。例如，授权访问有读写、执行，读写客体是直接进行的，而执行是搜索文件、执行文件。对用户的授权访问是由系统的安全策略决定的。

在计算机系统中，访问控制包括以下三个任务：授权，即确定可给予哪些主体存取客体的权力；确定存取权限（读、写、执行、删除、追加等存取方式的组合）；实施存取权限。在一个访问控制系统中，区别主体与客体很重要。首先由主体发起访问客体的操作，该操作根据系统的授权或被允许或被拒绝。另外，主体与客体的关系是相对的，当一个主体受到另一主体的访问成为访问目标时，该主体便成为了客体。访问控制的目的是限制访问主体对访问客体的访问权限，从而使计算机系统在合法范围内使用；它决定用户能做什么，也决定代表一定用户身份的进程能做什么。

4.1.2 访问控制策略

访问控制策略是用于规定如何做出访问决定的策略。传统的访问控制策略包括一组由操作规则定义的基本操作状态。典型的状态包含一组主体（S）、一组对象（O）、一组访问权（$A[S, O]$），包括读、写、执行和拥有。访问控制策略涵盖对象、主体和操作，通过对访问者的控制达到保护重要资源的目的。对象包括终端、文本和文件，系统用户和程序被定义为主体。操作是主体和客体的交互。访问控制模型除提供机密性和完整性外，还提供记账性。记账性是通过审计访问记录实现的，访问记录包括主体访问了什么客体和进行了什么操作。

4.2 访问控制矩阵

4.2.1 保护状态

系统的当前状态是由所有内存、二级缓存、寄存器和系统中其他设备的状态构成的集合。这个集合中涉及安全保护的子集称为保护状态。

(1)（系统的）状态——一组内部存储器或外部存储器的当前值。

(2)（系统的）保护状态——状态存储器中用来描述系统的安全保护的子集。保护状态随着系统的变化而变化。当一个系统命令改变了系统状态的时候，保护状态也随之转换。

(3) 状态的安全性。假设 P 是系统的保护状态，Q 是 P 中那些认为是安全的状态。这就是说，当保护状态处于 Q 中时，系统是安全的；而当系统的保护状态处于 $P-Q$ 时，系统是不安全的。访问控制通过刻画 Q 中的状态，并保证系统处于 Q 中的状态而达到安全性的目的，如图 4-1 所示。

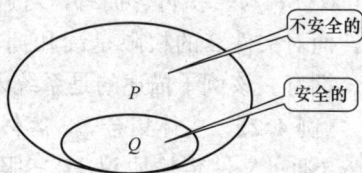

图 4-1 系统保护状态区分图

(4) 刻画 Q 中的状态是安全策略的研究目标；保证系统处于 Q 中的状态则是安全机制的研究目标。

(5) 一组安全机制的作用是限制系统到达保护状态的子集合 $R \subseteq P$。最理想的情形当然是 $R==Q$，这时保护的力度恰到好处。

给定一组安全机制，它对于安全策略有下列概念：

(1) 安全的——如果 $R \subseteq Q$；

(2) 精确的——如果 $R==Q$；

(3) 过保护的——如果它是安全的但不是精确的；

(4) 宽松的——如果 R 不包含于 Q。

4.2.2 访问控制矩阵模型

访问控制矩阵是用于描述当前保护状态的工具。描述一个保护系统的最简单框架模型是使用访问控制矩阵模型，这个模型将所有用户对于文件的权限存储在矩阵中。访问控制矩阵模型最早由 Butlet Lampson 于 1971 年提出，Graham 和 Denning 对它进行了改进，本章使用他们的模型。

客体，受保护的实体（如数据、文件等）的集合称为客体（Object）集合，记为 O；

主体，发起行为的实体集合（如人、进程等）称为主体（Subject）集合，记为 S。

访问权限，对象集合 O 和主体集合 S 之间的关系用带有权限的矩阵 A 来描述，所有权限的集合的类型用集合 R 来表示，如 r（只读）、w（读写）、a（只写）、e（执行）、c（控制）等，它们被称为权限（Right）集合，记为 R。

对于一个主体 $s \in S$ 和一个客体 $o \in O$，用 $[s,o] \in R$ 来表示允许 s 对 o 实施的所有访问权限集合。这样可以得到以 S 中元素为行指标，O 中元素为列指标，表值为 $a[s,o]$ 的一个矩阵 A，称为访问控制矩阵。这时，系统的安全状态可以用三元组 (S, O, A) 来表示。

【例 4.1】 表 4-1 是一个主体集合 $S=\{$张三，李四，进程 1$\}$，客体集合为 $O=\{$文件 1，文件 2，进程 1}的一个访问控制表（矩阵）。访问权限集合为 $R=\{r$、a、w、e、app（添加）、o（拥有）}。

表 4 - 1　　　　　　　　　　　　　　　　访问控制矩阵示例一

主体　＼　客体	文件 1	文件 2	进程 1	进程 2
进程 1	{读，写，拥有}	{读}	{读，写，执行，拥有}	{写}
进程 2	{添加}	{读，拥有}	{读}	{读，写，执行，拥有}

根据表 4-1，进程 1 对文件 1 有读、写、拥有的权限，对文件 2 的权限只有读，对进程 1 可以读、写、执行、拥有，对进程 2 可以执行写操作。进程 2 可以在文件 1 上执行添加操作，而对文件 2 的权限是读和拥有，进程 2 也可以读进程 1，对其本身则可以读、写、执行、拥有。该例子描述的是系统内进程与文件，以及进程与进程之间的权限控制。

【例 4.2】　主体集合 S，客体集合 $O=\{$主机 1，主机 2，主机 3}，访问权限集合为 $R=$ {ftp（通过文件传输协议 FTP 服务器）、nfs（通过网络文件系统协议 NFS 访问文件服务器）、mail（通过简单邮件传输协议 SMTP 收发邮件）、own（增加服务器）}。这是由一台个人计算机（主机 1）和两台服务器（主机 2、主机 3）组成的一个局域网。访问控制矩阵见表 4-2。

表 4 - 2　　　　　　　　　　　　　　　　访问控制矩阵示例二

主体　＼　客体	主机 1	主机 2	主机 3
主机 1	{own}	{ftp}	{ftp}
主机 2		{ftp, nfs, mail, own}	{ftp, nfs, mail}
主机 3		{ftp, mail}	{ftp, nfs, mail, own}

主机 1 只允许执行 ftp 客户端，而不安装任何服务器；主机 2 安装了 FTP 服务器、NFS 服务器和 mail 服务器，允许它用 ftp、nfs 和 mail 访问主机 3；主机 3 安装了 FTP 服务器、NFS 服务器和 mail 服务器，仅允许它用 ftp 和 mail 访问主机 2。可见该例子描述的系统之间的交互控制，而不是一台计算机内部的访问控制。

不同的系统有不同的对于权限意义的解释。一般来说，文件读取、文件写、文件数据添加，这些操作的意义是很明显的。但是，"进程读数据"这种操作代表什么意义？这与系统的实现有关，它可以代表从该进程获取一个消息或者只是简单地查看进程当前的状态（和调试器一样）。不同类型客体上定义权限的意义也是不一样的。理解访问控制矩阵模型的关键点在于访问控制矩阵模型只是保护状态的抽象模型，如果谈到某个具体的访问控制矩阵的意义，则必须和系统的具体实现联系起来。

访问控制矩阵模型对理解访问控制机制提供了一个很好的框架。但是，在有成千上万个主体和客体，访问权限又比较多的情况下，直接用访问控制矩阵表示保护状态或安全状态是不现实的，用访问控制矩阵模型来描述状态的转移也是不方便的，更严重的是使用大量数据经常掩盖其内在的逻辑联系，使得分析与验证变得更加困难。

4.3 BLP 模型

4.3.1 BLP 模型

Bell-LaPadula 模型（简称 BLP 模型）是 D. Elliott Bell 和 Leonard J. LaPadula 于 1973 年创立的一种模拟军事安全策略的计算机操作模型，它是最早也是最常用的一种计算机多级安全模型。该模型除了它的实用价值外，其历史重要性在于它对许多其他访问控制模型和安全技术的形成具有重要影响。

BLP 模型是一个形式化模型，使用数学语言对系统的安全性质进行描述，BLP 模型也是一个状态机模型，它反映了多级安全策略的安全特性和状态转换规则。BLP 模型定义了系统、系统状态、状态间的转换规则、安全概念，制定了一组安全特性，对系统状态、状态转换规则进行约束。如果它的初始状态是安全的，经过一系列转换规则都是保持安全的，则可以证明该系统是安全的。BLP 模型一开始作为军方的一个安全模型出台，对于数据间的权利转让而产生变化的访问权限，提供一系列安全检查，避免权利的过度转让产生的模糊泛滥。

在 BLP 模型中，主体对客体的访问被分为 r（只读）、w（读写）、a（只写）、e（执行）及 c（控制）等几种访问模式，其中，c（控制）是指该主体用来授予或撤销另一主体对某一客体的访问权限的能力。

BLP 的安全策略从自主安全策略（Discretionary Policy）和强制安全策略（Mandatory Policy）两方面描述。自主安全策略使用一个访问控制矩阵表示，访问控制矩阵第 i 行 j 列的元素 a_{ij} 表示主体 S_i 对客体 Q_j 的所有允许的访问权限集合，主体只能按照在访问控制矩阵中被授予的对客体的访问权限对客体进行相应的访问。强制安全策略包括简单安全特性和 $*$ 一性质。系统对所有的主体和客体都分配一个访问类属性，包括主体和客体的密级和范畴，系统通过比较主体和客体的访问类属性控制主体对客体的访问。

密级是一个有序全序集 L。用两个函数 f_{1s} 和 f_{1o} 表示主体 S 对客体 O 的密级函数。主体密级函数为

$$f_{1s}: S \to L$$
$$s \mapsto l$$

客体的密级函数为

$$f_{1o}: O \to L$$
$$o \mapsto l$$

为了使模型能适应主体的安全级变化的需要，还引入了一个主体的当前密级函数

$$f_{1c}: S \to L$$
$$s \mapsto l$$

主体的当前密级是可以变化的，但要求满足：$f_{1s}(s) \geqslant f_{1c}(s)$，$\forall s \in S$。为了能准确地理解密级的含义，用一个例子来说明。

【例 4.3】 假设主体的集合是 $S = \{Alice, Bob, Carol\}$；客体的集合是 $O = \{Email\_File, Telephone\_Number\_Book, Personal\_File\}$。它们的访问控制矩阵由表 4-3 给出。

表 4-3   访问控制矩阵示例三

客体 主体	Email_File	Telephone_Number_Book	Personal_File
Alice	{w}	{r}	{r}
Bob	{a}	{w, o, app}	{a}
Carol	{a}	{r}	

假设密级集合 $L=\{$绝密，机密，秘密，敏感，普通$\}$。L 中的偏序：绝密＞机密＞秘密＞敏感＞普通。密级函数表如表 4-4 所示。

表 4-4   密 级 函 数 表

密级函数 主、客体	f_{1s}	f_{1o}	f_{1c}
Alice	绝密		敏感
Bob	机密		敏感
Carol	普通		普通
Email_File		秘密	
Telephone_Number_Book		普通	
Personal_File		绝密	

BLP 模型的基本安全策略是"下读上写"，即主体对客体向下读、向上写。主体可以读安全级别比他低或相等的客体，可以写安全级别比他高或相等的客体。"下读上写"的安全策略保证了数据库中的所有数据只能按照安全级别从低到高的流向流动，从而保证了敏感数据不泄露。这样就能保证信息流只能从一个客体流到同等密级或较高密级的客体中，从而能适应军事指挥的信息机密性需求。

Carol 可以从 Telephone_Number_Book 中读取信息，然后写到 Email_File 中。三个主体中的任何一个都不能读取 Email_File 中的信息，因为 Bob 和 Carol 既不满足访问控制矩阵的要求又不满足密级的限制，而 Alice 的当前密级不满足读的要求（在她密级升高后可以）。

Bell-LaPadula 模型还使用了范畴的概念。范畴描述了实体（主体和客体）的一种信息。每一个实体被指定到若干个范畴内，每一个实体对应到范畴集合的一个子集，而按照包含关系"$\subseteq$"，实体的范畴子集构成了一种偏序关系。用 $(C, \subseteq)$ 表示范畴集合按照包含关系形成的偏序集。同实体的密级一样，定义主体的最高范畴等级、主体的当前范畴等级和客体的范畴等级如下。

主体的最高范畴等级函数为

$$f_{2s}: S \to C$$
$$s \mapsto c$$

主体的当前主体的范畴等级函数为

$$f_{2c}: S \to C$$
$$s \mapsto c$$

客体的范畴等级函数为

$$f_{2o}:O \to C$$
$$o \mapsto c$$

范畴概念的思想是，仅当主体有访问需要的时候才考虑这种访问，略称为"需要知道（Need To Known）"思想。范畴直观上就是对业务的一种划分，以避免那些不需要的访问发生。再把实体的密级和范畴等级的笛卡尔积称为实体的安全级，按照下属规则它构成一个偏序。用 f_s 表示主体的最高范畴等级函数（f_{1s}，f_{2s}），用 f_c 表示主体的当前安全等级函数（f_{1c}，f_{2c}）；用 f_o 表示客体的安全等级函数（f_{1o}，f_{2o}）。

在［例 4.3］中，进一步假设范畴集合＝{VPN 课题组，办公室，后勤}，而相应的范畴等级函数由表 4 - 5 给出。

表 4 - 5　　　　　　　　　　范 畴 等 级 表

范畴等级函数 主、客体	f_{1s}	f_{1o}	f_{1c}
Alice	{VPN 课题组，办公室}		{VPN 课题组}
Bob	{VPN 课题组}		{VPN 课题组}
Carol	{办公室，后勤}		{办公室，后勤}
Email _ File		{VPN 课题组}	
Telephone _ Number _ Book		{办公室，后勤}	
Personal _ File		{VPN 课题组，办公室}	

Carol 仍然可以从 Telephone _ Number _ Book 中读取信息，因为 Carol 的当前安全等级（普通，{办公室，后勤}）等于 Telephone _ Number _ Book 的安全等级（普通，{办公室，后勤}），满足"读低"的要求。但她不可以写到 Email _ File 中，因为 Email _ File 的安全等级是（秘密，{VPN 课题组}）对 Carol 的最高安全等级（普通，{办公室，后勤}）没有控制关系，不满足"写高"的要求。

4.3.2　BLP 模型的形式化描述

1. 状态机模型

确定有限自动机 DFA 为一个五元组：（Σ，SS，S_0，f，TS），其中，Σ 是一个有穷字母表，它的每个元素称为一个输入字符；SS 是一个有穷集，它的每个元素称为一个状态；$S_0 \in SS$ 是唯一的一个初始状态；f 是在 $SS \times \Sigma \to \Sigma SS$ 上的转换函数；$TS \subseteq SS$，是一个终止状态集，又称为接受状态集。

2. BLP 模型的基本元素

BLP 模型定义了如下的集合。

$S = \{s_1, s_2, \cdots, s_n\}$　主体的集合，主体：用户或代表用户的进程，能使信息流动的实体。

$O = \{o_1, o_2, \cdots, o_m\}$　客体的集合，客体：文件、程序、存储器段等。（主体也看作客体 S_O）。

$C = \{c_1, c_2, \cdots, c_q\}$　主体或客体的密级（元素之间呈全序关系），$c_1 \leqslant c_2 \leqslant \cdots \leqslant c_q$。

$K = \{k_1, k_2, \cdots, k_r\}$　部门或类别的集合。

$A=\{r, w, e, a, c\}$　访问属性集，其中，r 为只读；w 为读写；e 为执行；a 为添加（只写）；c 为控制。

$RA=\{g, r, c, d\}$　请求元素集，其中，g 为 get（得到），give（赋予）；r：release（释放），rescind（撤销）；c：change（改变客体的安全级），create（创建客体）；d：delete（删除客体）。$D=\{yes, no, error, ?\}$ 判断集（结果集），其中，yes 为请求被执行；no 为请求被拒绝；error 为系统出错，有多个规则适合于这一请求；? 为请求出错，规则不适用于这一请求。

$\mu=\{M_1, M_2, \cdots, M_p\}$　访问矩阵集，其中元素 M_k 是一个 $n\times m$ 的矩阵，M_k 的元素 $M_{ij}A$。

$F=C^S\times C^O\times P(K)^S\times P(K)^O$，其中，$C^S=\{f_1|f_1:S\rightarrow C\}$，$f_1$ 给出每一主体的密级；$C^O=\{f_2|f_2:O\rightarrow C\}$，$f_2$ 给出每一客体的密级；$P(K)^S=\{f_3|f_3:S\rightarrow P(K)\}$，$f_3$ 给出每一主体的部门集；$P(K)^O=\{f_4|f_4:O\rightarrow P(K)\}$，$f_4$ 给出每一客体的部门集。

其中，$P(K)$ 表示 K 的幂集（$P(K)=2^K$）。

F 的元素记作 $f=(f_1, f_2, f_3, f_4)$，给出在某状态下每一主体的密级和部门集，每一客体的密级和部门集，即主体的许可证级（f_1, f_3），客体的安全级（f_2, f_4）。

3. 系统状态

$V=P(S\times O\times A)\times \mu \times F$　状态集，对 $v\in V$，$v=(b, M, f)$ 表示某一状态，$b=S\times O\times A$ 表示在当前时刻，哪些主体获得了对哪些客体的权限；M 为当前状态访问控制矩阵，它的第 i 行，第 j 列的元素 M_{ij}，表示在当前状态下主体 S_i 对客体 O_j 所拥有的访问权限。f 为当前时刻所有主体和客体的密级和部门集。$f=(f_1, f_2, f_3, f_4)$，其中，$f_1(s)$ 和 $f_3(s)$ 分别表示主体 s 的密级和部门集，$f_2(s)$ 和 $f_4(s)$ 分别表示客体 O 的密级和部门集。

系统在任何一个时刻都处于某一种状态 v，即对任何时刻 t，必有状态 v_t 与之对应，随着用户对系统的操作，系统的状态不断地发生变化，只有每一个时刻状态是安全的，系统才可能安全。

4. BLP 模型的安全特性

BLP 模型的安全特性定义了系统状态的安全性，体现了 BLP 模型的安全策略。

（1）自主安全性。状态 $v=(b, M, f)$ 满足自主安全性，如果对所有的 $(s_i, o_j, x)\in b$，有 $x\in Mij$。

此条性质是指，若 $(s_i, o_j, x)\in b$，即如果在状态 v，主体 s_i 获得了对客体 o_j 的 x 访问权，则 s_i 必定得到了相应的自主授权。如果存在 $(s_i, o_j, x)\in b$，但主体 s_i 并未获得对客体 o_j 的 x 访问权的授权，则 v 被认为不符合自主安全性。

（2）简单安全性。状态 $v=(b, M, f)$ 满足简单安全性，如果对所有的 $(s, o, x)\in b$，有

① $x=e$ 或 $x=a$ 或 $x=c$；

② （$x=r$ 或 $x=w$）且 $[f_1(s)\geqslant f_2(o), f_3(s)\geqslant f_4(o)]$。

（3）*—性质。状态 $v=(b, M, f)$ 满足 *—性质，当且仅当对所有的 $s\in S$，若 $o_1\in b$（s：w, a），$o_2\in b(s$：$r, w)$，则 $f_2(o_1)\geqslant f_2(o_2)$，$f_4(o_1)\geqslant f_4(o_2)$，其中符号 b（s：$x_1, x_2, \cdots, x_n$）表示 b 中主体 s 对其具有访问特权 x_i（$1\leqslant i\leqslant n$）的所有客体的集合。

（4）请求集。$R=S^+\times RA\times S^+\times O\times X$ 请求集，它的元素是一个完整的请求，不是请求元素集，其中：$X=A^+F$。R 中的元素是一个五元组，代表一个请求或一次操作，表示为

(s_1, g, s_2, O_j, x)。

$T=\{1, 2, \cdots, t, \cdots\}$ 离散时刻的集合（标识），用作请求序列、结果序列和状态序列的下标。

$X=RT=\{x \mid x: T \rightarrow R\}$，其中元素 x 可表示为 $x=x_1x_2x_3\cdots x_t\cdots$ 是一个请求序列，每一时刻有一请求，构成一个请求序列，因此 X 是请求序列的集合。

$Y=DT=\{y \mid y: T \rightarrow D\}$，其中元素 $y=y_1y_2y_3\cdots y_t\cdots$ 是一个结果序列，每一时刻的请求导致一个判断（或结果），构成一个结果序列，Y 是结果序列的集合。

$Z=VT=\{z \mid z: T \rightarrow V\}$，其中元素 $z=z_1z_2z_3\cdots z_t\cdots$ 是一个状态序列，每一 $z_t \in V$，表示时刻 t 时系统的状态。Z 是状态序列的集合。

5. 状态转换规则

系统状态的转换由一组规则定义，一个规则 P 定义为：$R \times V \rightarrow D \times V$。其中，$R$ 是请求集，D 为判断集，V 是状态集。在函数 r 的作用下 r (Rk, v) $=$ (Dm, v*)；系统对请求 Rk 的反应是 Dm，状态由 v 转换成 v*。也就是说，P 规定对于给定的一个状态和一个请求，系统产生一个判断和下一个状态，只有当 D 的取值为 "yes" 时，请求才被执行，状态才发生转换。

BLP 模型定义了 10 条基本规则（后来又有所扩充），其中：规则 1~4 分别用于主体请求对客体的读（r）、添加（a）、执行（e）和写（w）的访问权。规则 5 用于主体释放它对某客体的访问权（包括 r，或 a，或 e，或 w）。规则 6 和规则 7 分别用于一个主体授予和撤销另一个主体对某客体的访问权。规则 8 用于改变静止客体的密级和类别集。规则 9 和规则 10 分别用于创建和删除（使之成为静止）一个客体。

6. 系统的定义

(1) $R \times D \times V \times V = \{(r_K, d_m, v^*, v) \mid r_K R, d_m D, v^*, v V\}$ 即，任意一个请求，任意一个结果（判断）和任意两个状态都可组成一个上述的有序四元组，这些有序四元组便构成集合 $R \times D \times V \times V$。

(2) 设 $\omega = \{P_1, P_2, \cdots P_s\}$ 是一组规则的集合，定义 $W(\omega) \subseteq R \times D \times V \times V$。

1) $(r_k, ?, v, v) \in W(\omega)$ 如果对每个 i，$1 \leqslant i \leqslant s$，$P_i(r_k, v) = (?, v)$

2) $(r_k, \text{error}, v, v) \in W(\omega)$ 如果存在 $i1, i2$，$1 \leqslant i1, i2 \leqslant s$，使得对于任意的 v^* 和 V 有 $P_{i1}(r_k, v)(?, v^*)$ 且 $P_{i2}(r_k, v)(?, v^*)$。

3) $(r_k, d_m, v^*, v) \in W(\omega)$，如果存在唯一的 i，$1 \leqslant i \leqslant s$，使得对某个 v^* 和任意的 v^{**}，$P_i(r_k, v)(?, v^{**})$，$P_i(r_k, v) = (d_m, v^*)$。

以上定义说明 $W(\omega)$ 只包含 $R \times D \times V \times V$ 中一部分四元组，或某些特定的四元组。若某 $(r_k, d_m, v^*, v) \in W(\omega)$，则说明该四元组一定满足上述定义中（3 条）的某一条，也意味着在状态 v 下，发出某请求 r_k 后，按照某条规则，其结果为 d_m，状态 v 转换成状态 v^*。因此 $W(\omega)$ 是由 ω 中的一组规则所定义的有序四元组所组成。

(3) $X \times Y \times Z = \{(x, y, z) \mid xX, yY, zZ\}$，其中：

$x=x_1x_2\cdots x_t\cdots$ 是请求序列，X 是请求序列集。

$y=y_1y_2\cdots y_t\cdots$ 是结果序列，Y 是结果序列集。

$z=z_1z_2\cdots z_t\cdots$ 是状态序列，Z 是状态序列集。

任意一个请求序列，任意一个结果序列和任意一个状态序列均可组成一个有序三元组，

$X \times Y \times Z$ 即由所有这样的有序三元组所构成。

（4）系统表示为 $\sum(R, D, W(\omega), z_0)$，定义为：$\sum(R, D, W(\omega), z_0) \subseteq X \times Y \times Z$，只含有其中一部分有序三元组，$X \times Y \times Z$ 中的有序三元组 $(x, y, z) \in \sum(R, D, W(\omega), z_0)$，如果对每一个 tT，$(x_t, y_t, z_t, z_{t-1}) \in W(\omega)$。

z_0 是系统的初始状态，通常表示为 (φ, M, f)，令 $x = x_1 x_2 \cdots x_t \cdots$ 是请求序列；$y = y_1 y_2 \cdots y_t \cdots$ 是结果序列；$z = z_1 z_2 \cdots z_t \cdots$ 是状态序列。若 $(x, y, z) \in \sum(R, D, W(\omega), z_0)$，则意味着对于所有的 tT，$(x_t, y_t, z_t, z_{t-1}) \in W(\omega)$，即符合 ω 所规定的操作规则。

因此系统 $\sum(R, D, W(\omega), z_0)$ 是一个状态机，它从一个特定的初始状态 z_0 开始，接受用户的一系列请求，按照 $W(\omega)$ 的规则给出相应的结果，并进行相应的状态转换，符合上述条件的所有可能的 (x, y, z) 组成系统 $\sum$。系统 R 就是由所有这些有序三元组 (x, y, z) 所组成。从初始状态 z_0 出发，任何一个请求序列均可导致出一结果序列和状态序列，引起一系列的状态转换。

7. 系统安全的定义

（1）安全状态。一个状态 $v = (b, M, f) \in V$，若它满足自主安全性，简单安全性和 * 一性质，则这个状态就是安全的。

（2）安全状态序列。设 zZ 是一状态序列，若对于每一个 tT，z_t 都是安全状态，则 z 是安全状态序列。

（3）系统的一次安全出现。$(x, y, z) \in \sum(R, D, W(\omega), z_0)$ 称为系统的一次出现。若 (x, y, z) 是系统的一次出现，且 z 是一安全状态序列，则称 (x, y, z) 是系统 $\sum(R, D, W(\omega), z_0)$ 的一次安全出现。

（4）安全系统。若系统 $\sum(R, D, W(\omega), z_0)$ 的每次出现都是安全的，则称该系统是一安全系统。

8. 对 BLP 安全模型的评价

BLP 模型是最早的一种安全模型，也是最有名的多级安全策略模型。它给出了军事安全策略的一种数学描述，用计算机可实现的方式定义。它已为许多操作系统所使用。由于它描述的是军事安全策略，受到美国国防部的特别推崇，以至于在很长一段时期人们将多级安全策略等同于强制访问控制策略。其优点如下。

（1）BLP 模型是一个最早的对多级安全策略进行描述的模型；

（2）BLP 模型是一个严格形式化的模型，并给出了形式化的证明；

（3）BLP 模型是一个很安全的模型，既有自主访问控制，又有强制访问控制；

（4）BLP 模型控制信息只能由低向高流动，能满足军事部门等一类对数据保密性要求特别高的机构的需求。

但是，总体来说 BLP 模型"过于安全"：①上级对下级发文受到限制；②部门之间信息的横向流动被禁止；③缺乏灵活、安全的授权机制。另外，BLP 模型也有不安全的地方：①低安全级的信息向高安全级流动，可能破坏高安全客体中数据完整性，被病毒和黑客利用；②只要信息由低向高流动即合法（高读低），不管工作是否有需求，这不符合最小特权原则；③高级别的信息大多是由低级别的信息通过组装而成的，要解决推理控制的问题。

4.4　基于角色的访问控制模型

4.4.1　RBAC 模型介绍

基于角色的访问控制（RBAC，Role-Based Access Control）模型是 20 世纪 90 年代研究出来的一种新模型，但从本质上讲，这种模型是对前面描述的访问矩阵模型的扩展。这种模型的基本概念是把许可权（Permission）与角色（Role）联系在一起，用户通过充当合适角色的成员而获得该角色的许可权。这种思想实际上早在 20 世纪 70 年代的多用户计算时期就被提出来了，但直到 20 世纪 90 年代中后期，RBAC 才在研究团体中得到一些重视。NIST RBAC 参考模型是 NIST 在 RBAC96 的基础上于 2000 年提出的，并在 2001 年的 TISSEC 中对该模型进行了详细的说明。NIST 建议将该参考模型作为 RBAC 标准。目前对 RBAC 的研究工作大多在该模型的基础上进行，因此，本节主要介绍该模型。

4.4.2　NIST RBAC 模型

RBAC 参考模型由四个模型组件定义：核心 RBAC、层次 RBAC、静态职责分离和动态职责分离。核心 RBAC 定义了获取一个完备的基于角色的访问控制系统的最小 RBAC 元素、元素集和关系，其中包括了用户—角色分配和权限—角色分配关系，这些是任何一个 RBAC 系统的基础。此外，核心 RBAC 引入计算机系统中，作为用户会话一部分角色激活的概念。任何一个 RBAC 系统中都需要核心 RBAC，其他组件都是相互独立并且可能独立实现。RBAC 组件添加了关系来支持角色层次。层次是数学上的偏序，它定义了角色之间的一个优先级关系。据此高层角色可获得低层角色的权限，同时低层角色的用户集包含高层角色的用户集。此外，层次 RBAC 通过引入授权用户和授权权限角色集的概念来超越简单用户与权限角色的分配。第三种模型组件——静态职责分离（SSD）关系，考虑到用户分配添加了角色之间的排他关系。考虑静态职责分离关系和角色层次的继承关系潜在的不一致性，SSD 关系模型组件定义了角色层次的存在和不存在关系。第四个模型组件——动态职责分离（DSD）关系，定义了在一个用户会话中被激活的角色的排他关系。每个模型组件由子组件定义：

（1）一组基本的元素集；

（2）一组包含这些元素集（包含表示有效分配的笛卡尔积子集）的 RBAC 关系集；

（3）一组映射函数，从一个元素产生成员实例，作为来自另一个元素集合的给定实例。

1. 核心 RBAC

图 4-2 是核心 RBAC 模型的元素集和关系，核心 RBAC 包括用户（USERS）、角色（ROLES）、对象（OBS）、操作（OPS）和权限（PRMS）五个基本的数据元素集。RBAC 模型作为一个整体从根本上定义了当一个用户被指定给一个角色时，该用户同时被赋予了该角色所拥有的权限。因此，角色就是指单个的用户与访问权限的多对多关系。此外，核心 RBAC 模型还包括会话集（Sessions）。每一个会话就是一个用户和一个被赋予该用户的激活角色子集之间的映射。

一个用户被定义为一个人。尽管用户的概念可以被扩展为机器、网络或智能自动代

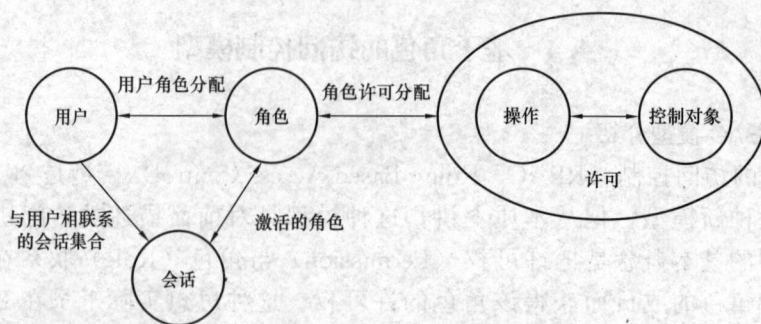

图 4 - 2　核心 RBAC 的元素集和关系

理，为了简单易懂，本文中仅被定义为一个人。角色是在一个组织上下文内，关于分配到角色的用户授予的权威和责任相关语义的工作函数。权限是允许在一个或多个 RBAC 被保护客体上执行的操作。操作是一个程序的可执行映像，它被调用时执行用户函数。RBAC 控制的操作与对象类型是与它将要执行的系统类型相关的。例如，在一个文件系统中，操作可能包括读、写、执行；在一个数据库管理系统中，操作可能包括增加、删除、附加和更新。

任何访问控制机制的目的都是保护系统资源（即被保护的对象）。与早期的访问控制模型一致，对象是一个包含或接收信息的实体。对于一个实现 RBAC 的系统来说，对象可以是表现信息的容器（例如，操作系统中的文件、目录抑或是数据库管理系统中的列、行、表和视图）或者系统资源，例如打印机、磁盘空间和 CPU 周期。PBAC 涵盖的对象集合包括所有被赋予权限角色的对象。

RBAC 的核心是角色关系的概念，根据该概念，角色是阐述策略的语义构件。图 4 - 3 阐述了用户分配和权限分配的关系。箭头表示一个多对多的关系（例如，一个用户可以被分配一个或多个角色，同时一个角色可以被分配给一个或多个用户）。这样的方案提供了巨大的灵活性，扩展了把权限分配给角色及用户分配给角色的粒度。如果没有这些便利则会增加一个用户被赋予了更多超过需求的访问资源权限的危险性，因为与用户和资源的访问类型关联的控制是有限的。例如，用户可能需要列出目录并修改已存在的文件，而不需要新建文件，或者他们需要在文件中附加记录并不修改已存在的记录。资源访问控制灵活性增加的同时也体现了最小特权原则。

每个会话就是一个用户对多个角色的映射，例如一个用户建立了一个会话，期间该用户激活一些他或她被指派的角色子集。每个会话与一个单一用户关联，同时每个用户与一个或多个会话关联。会话—角色函数定义被会话激活的角色，会话—用户函数提供与会话关联的用户。用户的权限就是所有活跃用户会话中角色的权限。

核心 RBAC 规范如下。

（1）用户（USERS）、角色（ROLES）、操作（OPS）及对象（OBS）（分别的用户、角色、操作和对象）。

（2）UA⊆USERS×ROLES，是用户到角色分配关系的多对多映射。

（3）分配用户：(r：ROLES)→2^{USERS}，角色 r 到用户集上的映射。

形式化表示为：assigned_users (r)=$\{u \in USERS | (u, r) \in UA\}$。

（4）PRMS$=2^{(\text{OPS}\times\text{OBS})}$，权限集。

（5）PA$\subseteq$PERMS$\times$ROLES，一个多对多的权限到角色分配关系。

（6）分配权限（r：ROLES）$\rightarrow 2^{\text{PRMS}}$，角色 r 映射到权限集上。

形式化表示为：assigned_permissions（r）$=\{p\in\text{PRMS}|(p,r)\in\text{PA}\}$。

（7）Op（p：PRMS）$\rightarrow\{\text{op}\subseteq\text{OPS}\}$，权限到操作的映射，给出了一组与权限 p 相关的操作集。

（8）Ob（p：PRMS）$\rightarrow\{\text{ob}\subseteq\text{OBS}\}$，权限到对象的映射，给出了一组与权限 p 相关的对象集。

（9）SESSIONS＝会话集。

（10）session_users（s：SESSIONS）$\rightarrow$USERS，会话 s 到相应的用户上的映射。

（11）session_roles（s：SESSIONS）$\rightarrow 2^{\text{ROLES}}$，会话 s 到用户集的映射。

形式化表示为：session_roles（s_i）$\subseteq\{r\in\text{ROLES}|(\text{session\_users}(s_i),r)\in\text{UA}\}$。

（12）avail_session_perms（s：SESSIONS）$\rightarrow 2^{\text{PRMS}}$，一个会话中用户可得的权限表示为 $\bigcup_{r\in\text{session\_roles}(s)}\text{assigned\_permissions}(r)$。

2. 层次 RBAC

层次 RBAC 组件引入了角色继承的概念，如图 4-3 所示。角色层次是包含在 RBAC 模型中的一个重要方面，并且经常作为一个 RBAC 产品的一个部分。层次是一个关于结构化角色的用来反映组织路线的权利和责任的方法。

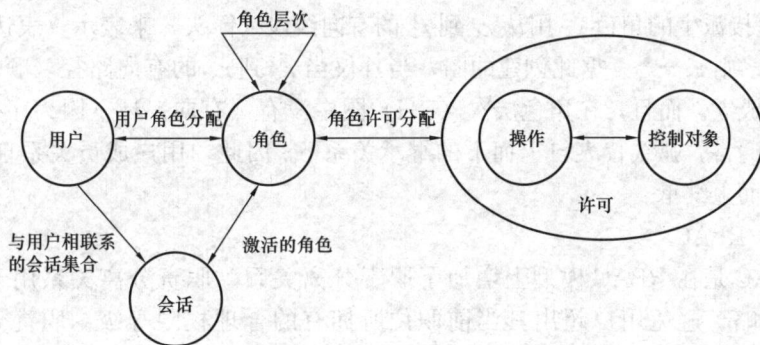

图 4-3　层次 RBAC

角色层次定义了角色之间的一个继承关系，继承根据权限描述。例如，如果 r_2 的特权同时也是 r_1 的特权，则角色 r_1 继承角色 r_2。对于一些分布式 RBAC 实现，当角色继承存在时，角色权限就不能集中管理。对于这些系统来说，角色层次根据用户包含关系管理：如果所有用户授权给 r_1，同时授权给 r_2 时，角色 r_1 包含角色 r_2。注意：r_1 和 r_2 的权限继承并不意味着用户分配时，角色 r_1 的用户都拥有角色 r_2 的所有特权。

该标准划分两种类型的角色层次包括通用角色层次与约束角色层次。通用角色层次提供对任意偏序集的支持作为角色层次服务，包括多种权限继承与用户成员的概念。受限角色层次施加限制生成一个简单的树状结构（即一个角色可以有一个或者多个直接祖先，但仅限于一个单一的直接子孙）。

（1）通用角色层次。$RH\subseteq ROLES\times ROLES$ 是一个角色上的偏序，称为继承关系，写做$\sqsubseteq$。只有当 r_2 的权限同样是 r_1 的权限，r_1 的所有用户也是 r_2 的用户时，$r_1 \sqsubseteq r_2$ 成立。形式化表示为，$r_1 \sqsubseteq r_2 \Rightarrow$ authorized_permissions（r_2）$\subseteq$ authorized_permissions（r_1）。

1）授权用户（r：$ROLES$）$\rightarrow 2^{USERS}$，角色层次出现时，角色 r 到一组用户上的映射。

形式化表示为：authorized_users（r）$=\{u \in$ USERS $\mid r' \sqsubseteq r,（u, r'）\in UA\}$。

2）授权权限（r：$ROLES$）$\rightarrow 2^{PRMS}$，角色层次出现时，角色 r 到一组权限上的映射。

形式化表示为：authorized_permissions（r）$=\{p \in$ PRMS $\mid r' \sqsubseteq r,（p, r'）\in PA\}$。

通用角色层次支持多继承的概念，它提供了从一个或多个角色资源中继承权限及继承用户成员的能力。多继承提供了两种重要的层次属性。第一种就是在定义角色关系时，从多个从属角色（有着更少的权限）中构成一个角色，这些角色和关系是这些角色要表述的组织和商业结构的特征。第二种就是多层次提供对用户/角色分配关系和角色/角色继承关系的统一处理。用户包含在角色层次之中，利用相同的关系$\sqsubseteq$来表示用户分配到的角色，以及从一个角色到其分配用户的权限继承。尽管受限角色层次不支持多重继承，但与核心 RBAC 相比受限角色提供了清晰的管理优势。如果 $r_1 \sqsubseteq r_2$，表示节点 r_1 从 r_2 直接派生，但在 r_1 与 r_2 之间不存在中间角色。也就是说，角色层次中不存在角色 r_3，使得当 $r_1 \neq r_2$ 且 $r_2 \neq r_3$ 时，$r_1 \sqsubseteq r_2 \sqsubseteq r_3$ 成立。

（2）受限角色层次。受限角色层次定义为通用角色层次在直接子孙上的限制。通用角色层次使用以下的限制

$$\forall r, r_1, r_2 \in \text{ROLES}, r \sqsubseteq r_1 \wedge r \sqsubseteq r_2 \Rightarrow r_1 = r_2$$

通用角色层次用一个 Hasse 图来表达。Hassa 图构造方法如下：结点表示角色的层次，从角色 r_2 上直接派生的角色 r_1 用从 r_1 到 r_2 的有向线段（箭头）来表示。表达的含义如下：如果 $r_1 \succ r_2$，则 $r_1 \rightarrow r_2$。据此创建的图，当且仅当 r_x 到 r_y 的有向路径（顺序箭头）存在时，$r_x \succ r_y$ 成立。而且，在角色层次（RH）图中没有（有向）环，因为序列关系是反对称和传递的。通常，弧线代表自上而下的继承关系 o。因此，用户成员关系自上而下继承，角色权限自下而上继承。

3. 约束的 RBAC

约束 RBAC 是在 RBAC 模型上增加了职责分离关系。职责分离关系用于组织内实施的利益冲突策略，避免用户超出其当前职位所拥有的合理权限等级。职责分离作为一个安全原则，早就被广泛地应用到商业、工业及政府。其目的是确保在一个组织内遗漏或者委任导致的失败，造成的个体之间的共谋。为了最小化共谋的可能性，拥有不同技能或者不同利益的个体被分配到需要在业务中表现的独立任务。其动机是为了确保欺诈及重大错误时，不出现多个用户蓄意串通的情况。该 RBAC 标准定义了静态和动态的职责分离。

（1）静态职责分离（SSD，Static Separation of Duty Relations）。静态职责分离即在系统初始化的时候，当分配用户角色时判断是否将冲突的角色分配给了同一个用户。在 RBAC 标准中，冲突的角色被定义为一个二元关系，即任何一个用户只能拥有其中的一个角色。

在一个基于角色的系统中，利益冲突可能会引起用户获取到与冲突角色相关联的权限授权。一种避免该形式的利益冲突的方法就是通过静态职责分离，强制对用户分配角色时进行约束。静态约束可以采取多种多样的形式。一个有关 SSD 常见的范例就是根据角色集合，SSD 定义互不相关的用户分配。静态约束已被证明是实现一系列其他重要职责分离策略的

有力方法。

在这个模型中定义的静态约束针对这样的关系：在角色集上设置限制关系，尤其是能够形成 OA 的那些关系。这意味着，如果一个用户被赋予一个角色，这个用户将会禁止成为该角色的第二个成员。SSD 策略可以集中指定，然后统一地在特定角色上实施。从策略的角度看，静态约束关系提供了一种强有力的方法来实施利益冲突和在 RBAC 元素集上的其他分离规则。静态约束通常让管理员来操作约束，这样可能潜在地破坏更高层次的职责分离。

RBAC 模型定义了针对用户—角色分配限制的 SSD 关系（例如，没有用户可以同时拥有 SSD 中分配的两个角色）。虽然这种 SSD 策略的例子在真实的世界中存在，但是该定义在两个方面要求过于严格。第一方面是给 SSD 角色集的规模，第二方面是在角色合并时用户分配受到的限制。该 SSD 模型通过两个参数定义：包含两个或多个角色的角色集，以及角色合并时违反 SSD 策略的基数。例如，在一个组织中可能要求没有用户可以被分配代表采购功能的四个角色的其中三个。

如图 4-4 所示，SSD 关系可能存在于层次 RBAC 中。当在一个已存在的角色层次中应用 SSD 关系时，必须特别注意确保用户继承不会破坏 SSD 策略。因此，在对角色层次进行定义时需要包含 SSD 的限制继承。

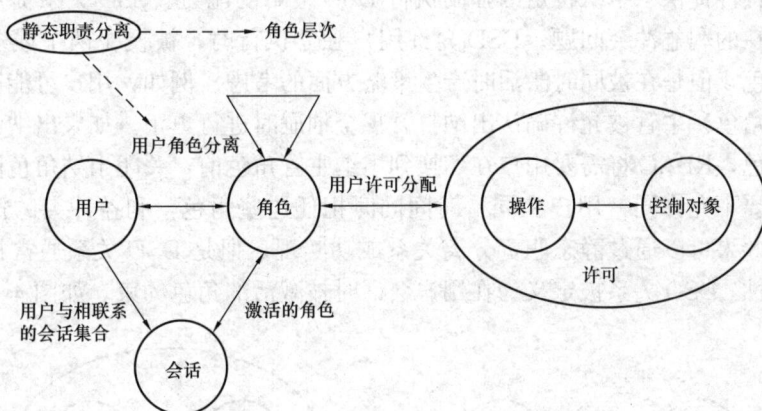

图 4-4　层次 RBAC 内的静态职责分离

为了解决 SSD 中存在的潜在不一致性，SSD 定义了拥有 SSD 关系的授权用户在角色上的限制。

$$\forall (rs, n) \in \text{SSD}, \ \forall t \subseteq rs: \ |t| \geqslant n \Rightarrow \bigcap_{r \in t} assigned\_users(r) = \varnothing$$

在静态职责分离（SSD）中，$\text{SSD} \subseteq (2^{\text{ROLES}} \times N)$ 是集合对 (rs, n)，其中 rs 是角色集，t 是角色集 rs 的子集，具备这样的特性对于每个 $(rs, n) \in \text{SSD}$，没有用户可以从集合 rs 中分配到 n 或更多的角色。

在存在角色层次的静态职责分离中，基于授权用户而不是分配的用户来重新定义，定义如下

$$\forall (rs, n) \in \text{SSD}, \ \forall t \subseteq rs: \ |t| \geqslant n \Rightarrow \bigcap_{r \in t} authorized\_users(r) = \varnothing$$

静态职责分离关系通过在分配给用户的角色集上给予限制，减少了用户的潜在权限数量。

（2）动态职责分离（DSD，Dynamic Separation of Duty Relations）。DSD 指相冲突的角色可以同时给一个人，但是在一次会话中不能同时扮演两个冲突的角色。例如，某个人可以是收银员或收银员主管。收银员必须经过主管才能打开收银机的抽屉，修改某次的结账错误。如果收银员角色的一个单独行为需要从收银员切换到主管，则 DSD 要求这个用户必须先放弃收银员角色。也就是说，当该收银员正在收银时候发现错误，必须要先关闭抽屉，然后再次以主管身份打开抽屉才行。收银机就是最早的权限系统。

动态职责分离关系与 SSD 关系相同，意在限制提供给用户的权限。然而，DSD 关系在上下文中提到的限制是被强加的，这不同于 SSD 关系。SSD 关系定义并且放在总用户权限中去进行限制。这个模型构件定义了 DSD 属性，活跃在一个用户会话内或跨越用户会话，通过给予角色限制来限制用户权限越界的可能性。动态关系属性提供了最小特权原则的扩展支持，因为每个用户在不同时期对应正在执行的不同角色，都有不同程度的权限。这些属性确保每个用户履行职责时不存在超权情况。最小特权原则往往被称为及时撤销信任。没有动态职责分离的设施，动态权限撤销是一个相当复杂的问题。这就是在过去由于权宜之计使得它通常被忽视的原因。

这个模型构件提供了组织特定的强制执行 DSD 策略的能力。SSD 关系提供了在分配给用户角色时潜在的利益冲突问题。DSD 允许用户独立执行时，被授予两个或多个不会产生利益冲突的角色，但是在被同时激活时产生策略方面的考虑。例如，用户可能同时被授予出纳和出纳主管角色，主管被允许确认出纳打开现金抽屉时进行更正。如果出纳角色试图切换到出纳主管角色，RBAC 将需要用户在切换到出纳主管角色前，关闭出纳角色同时强制关闭现金抽屉。只要不允许同一用户在同一时间同时担任这些角色，利益冲突的情况将不会产生。尽管这种效果可以通过静态职责分离关系成功实现，但是 DSD 关系通常提供给企业更大的操作灵活性。DSD 关系被定义为在用户会话时被激活的角色约束，如图 4-5 所示。

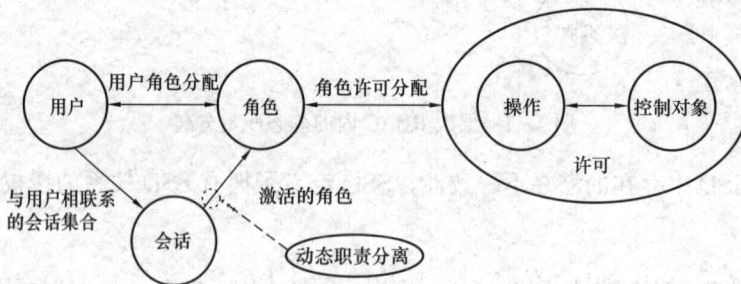

图 4-5 职责关系的动态分离

在动态职责分离 DSD 中，(rs, n) 是集合对，其中每个 rs 是一个角色集，n 是大于等于 2 的自然数，由于具备这样的属性，对每个 $dsd \in DSD$，没有主体可以从集合 rs 中激活 n 个或更高的角色。

$\forall rs \in 2^{\text{ROLES}}, n \in N, (rs, n) \in DSD \Rightarrow n \geqslant 2, |rs| \geqslant n, \text{and} \forall s \in \text{SESSIONS}, \forall rs \in 2^{\text{ROLES}}, \forall role\_subset \in 2^{\text{ROLES}}, \forall n \in N, (rs, n) \in DSD, role\_subset \subseteq rs, role\_subset \subseteq$

$session \_ roles (s) \Rightarrow | role \_ subset | < n$。

4.4.3 RBAC 模型的特点

RBAC 符合各类组织机构的安全管理需求。RBAC 模型支持最小特权原则、责任分离原则，这些原则是任何组织的管理工作都需要的，这就使得 RBAC 模型有广泛的应用前景。

RBAC 模型支持数据抽象原则和继承概念。由于目前主流程序设计语言都支持面向对象技术，RBAC 的这一特性便于在实际系统中应用实现。模型中概念与实际系统紧密对应。RBAC 模型中的角色、用户和许可权等概念都是实际系统实际存在的实体，便于设计者建立现存的或待建系统的 RBAC 模型。

RBAC 模型仍属于访问控制类模型，本质是对访问控制矩阵模型的扩充，能够很好地解决系统中主体对客体的访问控制访问权力的分配与控制问题，但模型没有提供信息流控制机制，还不能完全满足信息系统的全部安全需求。

虽然也有观点认为可以用 RBAC 去仿真基于格的访问控制系统（LBAC），但 RBAC 对系统内部信息流的控制不是直观的，需要模型外的功能支持。

RBAC 模型没有提供操作顺序控制机制，这一缺陷使得 RBAC 模型很难应用于那些要求有严格操作次序的实体系统。例如，在购物控制系统中要求系统对购买步骤的控制，在客户未付款之前不应让其把商品拿走。RBAC 模型要求把这种控制机制放到模型外去实现。

RBAC96 模型和 RBAC97 模型都故意回避了一些问题，如是否允许一个正在会话的用户再创建一个新会话，管理模型不支持用户和许可权的增加与删除等管理工作等，都是需要解决而未提供支持的问题。这些问题都还在研究中，但是如果缺少这些能力的支持，模型的应用也将受到影响。相反，访问控制矩阵模型提供了用户和权限修改功能，因此，RBAC 模型并不能够完全取代访问矩阵模型。

4.5 访问控制实施

访问控制实施包括鉴别与授权两个过程。前面介绍的几种访问控制安全模型为访问控制的工程实现做了理论准备。本节从实现的角度论述访问控制技术中需要考虑的其他相关技术问题。这些问题主要包括身份识别、密钥分发、访问决策。

4.5.1 PMI 模型

PMI 模型（PMI, Privilege Management Infrastructure）指授权管理基础设施或称为属性特权机构，在 ANSI，ITUX.509 和 IETEPKIX 中都有定义，它依赖于公共密钥基础设施 PKI（Public Key Infrastructure）的支持，旨在提供访问控制和特权管理，提供用户身份到应用授权的映射功能，实现与实际应用处理模式相对应的、与具体应用系统和管理无关的访问控制机制，并能极大地简化应用中访问控制和权限管理系统的开发与维护。国际电联电信委员会（ITU-T）2001 年发表的 X.509 的第四版首次将权限管理基础设施（PMI）的证书完全标准化。X.509 的早期版本侧重于公钥基础设施（PKI）的证书标准化。

PMI 授权技术的基本思想是以资源管理为核心，将对资源的访问控制权统一交由授权机构去管理，即由资源的所有者来进行访问控制管理。与 PKI 信任相比，两者的区别主要在于 PKI 证明用户是谁，并将用户的身份信息保存在用户的公钥证书中；而 PMI 则证明这个用户有什么权限，什么属性，能干什么，并将用户的属性信息保存在属性证书（又称管理证书）中。

绝大多数的访问控制应用都能抽象成一般的权限管理模型，包括客体、权限声明者（Privilege Asserter）和权限验证者（Privilege Verifier）3 个实体。

（1）客体（或对象）：是被保护的资源，例如，在一个访问控制应用中，受保护资源就是客体。

（2）权限声明者：是访问者或主体，持有特定权限并声明权限内容的实体。

（3）权限验证者：对访问动作进行验证和决策，是制定决策的实体，决定被声明的权限对于使用内容来说是否充分。权限验证者根据 4 个条件决定访问通过/失败：

1）权限声明者的权限；

2）适当的权限策略模型；

3）当前环境变量；

4）权限策略对访问客体方法的限制。

图 4 - 6　PMI 模型

PMI 的一项重要贡献是规范了由权威机构生成，并进行数字签名的属性证书（Attribute Certificate）的概念，该属性证书可用来准确地表述权限声明者的权限，而且便于权限验证者进行验证。图 4 - 6PMI 模型说明验证者如何控制权限声明者对保护对象的访问，并表达了最基本的影响因素。

4.5.2　一般访问控制实现框架

前面介绍过几种访问控制，如 BLP 模型中的自主访问控制 DAC、强制访问控制 MAC 和基于角色的访问控制 RBAC。PMI 给出它们的访问控制授权实现框架，图 4 - 7 是该框架的基本要素。

（1）访问者提出对访问对象（资源）的访问请求；

（2）访问控制执行单元（AEF，Access Control Enforcement Function）截获访问请求，执行单元将请求信息和目标信息以决策请求的方式提交给访问控制决策单元（ADF，Access Control Decision Function）；

（3）决策单元根据相关信息返回决策结果；

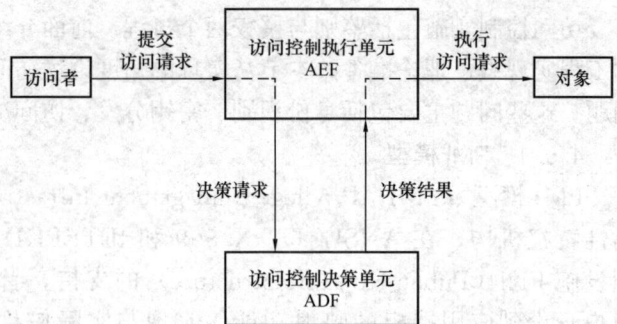

图 4 - 7　一般访问控制实现框架

（4）执行单元根据决策结果决定是否执行访问（其中执行单元和决策单元不必是分开的模块）。

4.5.3 基于 KDC 和 PMI 的访问控制框架

与访问控制紧密关联的是实体的身份识别和密钥分发服务，如果把能够实现身份识别和密钥分发的基础设施——密钥分发中心 KDC 考虑在内，细化上面提到的 PMI，下面给出访问控制实现的整体框架。

1. 框架说明

（1）KDC：密钥分发中心，应用网络中的两个分别与 KDC 共享对称密钥的通信方，通过 KDP（密钥分发协议）获得两者之间的通信共享密钥。

（2）身份识别服务器：用户通过安全的识别协议将用户标识和用户凭证提交到身份识别服务器，身份识别服务器完成识别，用户获得识别凭证，用于用户与应用服务器交互。如果用户事先未与 KDC 共享对称密钥，身份识别服务器还将和用户协商二者之间的共享对称密钥。应用 KDP 协议，通过身份识别协议，用户将获得与 KDC 共享的对称密钥，之后用户再与应用服务器交互。

（3）安全中间件：包括访问控制组件和密钥共享组件，部署在应用服务器之前，通过 KDC 实现应用服务器同用户的密钥共享，向 PMI 申请用户属性证书，并根据用户的属性来实现用户对服务的安全访问控制。

（4）PMI：通过属性证书的生成、分发、注销等整个生命周期的管理，实现用户权限的授予。

2. 功能介绍

如图 4-8 所示，基于 KDC 和 PMI 的安全框架从功能上分为身份识别与密钥分发、授权与访问控制两部分。

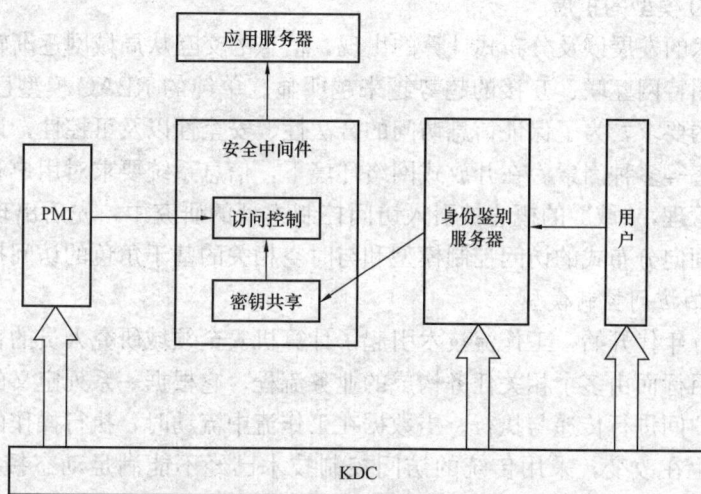

图 4-8 基于 KDC 和 PMI 的访问控制实现框架

身份识别与密钥分发由身份识别服务器与 KDC 两部分组成。在应用网络内身份识别服务器和应用服务器的数量相对用户的数量而言比较少，可以通过物理方式或其他安全的方式与 KDC 之间共享对称密钥。用户的数量则较多，通过手工配置实现用户与 KDC 的密钥共享会给管理上带来沉重的负担。

比较现实的方法有以下五种。

（1）用户与身份识别服务器通过安全协议，获取与身份识别服务器之间的共享密钥。对 KDC 和用户来说，身份识别服务器是可信第三方。用户与 KDC 可通过 KDP 密钥分发协议实现密钥共享，并通过 KDC 实现与安全中间件之间的密钥共享，以便实现保护用户和应用服务器之间授权信息和应用数据的传递。

（2）用户切换到不同的应用时，由于用户具有与 KDC 之间的密钥共享，可自动地获得与不同应用之间的密钥共享，从而实现用户的单点登录。

（3）根据安全的需求及应用的规模，用户到身份识别服务器之间认证的方式可以多种，基于口令认证及密钥分发协议的身份识别、基于公钥证书的相互认证等。密钥分发协议也可以随着安全技术的发展更换不同的协议。

（4）授权与访问控制，通过对用户属性证书的管理，实现对用户权限的管理。PMI 权限管理基础设施主要实现用户属性证书的生成、分发、注销等。属性证书具有包括分立的发行机构，独立于认证之外，将用户的标识与用户的权限属性绑定在一起；具有基于用户的各类属性，进行灵活的访问控制、短时效等特点；能被分发和存储或缓存在非安全的分布式环境中；属性证书不可伪造，可防篡改，从而较好地解决了权限的管理问题。

（5）用户通过与安全中间件之间的基于密钥共享的身份识别之后，访问控制根据用户的属性证书的属性及应用的策略规则决定是否允许用户对应用服务器资源的访问。

4.6 访问控制模型新进展及发展趋势

4.6.1 RBAC 模型的扩展

随着信息技术的发展以及分布式计算的出现，信息的交互从局域网逐渐转向广域网，各种信息系统通过因特网互联、互接的趋势越来越明显。单纯的 RBAC 模型已经不能适应这种新型网络环境的要求，为了保证信息访问的合法性、安全性以及可控性，访问控制模型需要考虑环境和时态等多种因素。在开放式网络环境下，信息系统要求对用户和信息资源进行分级访问控制和管理，"域"的概念被引入访问控制模型的研究中，先后出现了基于任务的访问控制模型、面向分布式的访问控制模型和与时空相关的基于角色的访问控制模型。

1. 基于任务的访问控制模型

从 20 世纪 90 年代开始，工作流技术引起了计算机安全领域研究人员的普遍关注。工作流是为完成某一目标而由多个相关任务构成的业务流程，它根据一系列定义的规则，使数据在不同的执行用户间进行传递与执行。当数据在工作流中流动时，执行操作的用户在不断改变，用户的权限也在改变，采用传统的访问控制技术已经不能满足动态授权的安全需求。2000 年 Knorr 在研究 Petri 网中工作流的动态访问控制的基础上，提出了利用工作流动态构建访问控制矩阵的方法。

1997 年 Thomas 等人采用"面向任务"的观点，提出了基于任务的访问控制模型（TBAC，Task-Based Access Control），从任务的角度建立安全模型和实现安全机制，在任务处理的过程中提供了动态实时的安全管理。该模型能够对不同工作流实行不同的访问控制策略，并且能够对同一工作流的不同任务实例实行不同的访问控制策略，适用于工作流、分布式、多点访问控制的信息处理以及安全工作流的管理。2003 年，为了满足大型企业对安全信息管理的需求，出现了将 TBAC 和 RBAC 融合的基于任务-角色的访问控制模型（TR-BAC，Task-Role Based Access Control）。

2. 面向分布式的访问控制模型

随着分布式技术的飞速发展和普遍应用，出现了多种不同形式的分布式系统，协同工作和跨域访问是分布式系统中的两大特点，为此出现了针对分布式系统的访问控制模型。

（1）分布式基于角色的访问控制模型。一个分布式管理系统有多个不同的管理域，每个域中包含客户、服务器、域安全管理器和外域安全管理器，目标导向类访问控制模型（OR-BAC，Object-oriented RBAC）建立在分布式管理系统的基础上，能够完整地实现原始的 RBAC 模型，并且实现了多域访问控制。分布式基于角色的访问控制模型（dRBAC，Distributed Role-Based Access Control）利用 PKI 识别信任敏感操作实体的身份和验证委托证书，在跨多个管理域的动态协作环境中实现了资源的访问控制，为域间协作提供了一种可扩展的分布式信任管理和访问控制机制。

（2）基于开放式系统的访问控制模型。基于开放式系统的访问控制模型（OASIS RBAC，Open Architecture for Securely Interworking Services RBAC）是一种在开放的分布式环境中用于实现安全互操作的访问控制模型。该模型旨在使自主管理域指定其自身的访问控制策略，为了支持优先级管理，该模型引入了委派的概念，具有特定角色的用户能够利用委派证书授权其他用户。

（3）基于域的访问控制模型。基于域的访问控制模型也是用于分布式系统间协同工作的模型，主要用于分散的多个管理者之间进行协同工作的多域应用环境。Shafiq 等人提出了基于域的访问控制模型，该模型是一种可以将多域间异构的 RBAC 策略统一应用于全局 RBAC 策略，并在不同的域之间实现资源安全共享的整合框架。该整合方法包括混合和消除冲突两个过程，首先将各个协作域的访问控制策略在全局系统中进行综合，之后以一种优化的方法在全局系统中对冲突的部分加以消除。

3. 与时空分布相关的基于角色的访问控制模型

传统的访问控制模型都是非上下文敏感的，需要复杂而静态的认证基础设施。此外，在某些应用中，与用户的标识相比，访问控制更加依赖于用户的上下文。上下文敏感的访问控制模型应运而生。

（1）上下文相关的访问控制模型。上下文相关的访问控制模型主要包含基于空间上下文的访问控制模型、Location-aware RBAC 模型和 GEORBAC 模型。在无线和移动网络中，有许多基于位置的服务和基于位置的移动应用程序，因而需要位置感知访问控制系统的支持。空间信息在这些模型中被看成是一个关键的上下文信息。Ardagna 提出的基于位置的访问控制模型（Location-Based Access Control）旨在将位置信息整合到普通的访问控制模型中，在进行访问授权时能够考虑用户的位置因素。在位置感知的应用程序中，用户经常被分为不同的类别，因此可以对 RBAC 模型加以改进和扩展。使其支持基于位置和空间的访问控制，Ray 等人提出了一种位置感知的 RBAC 模型，将 RBAC 中的组件和位置信息联系起来，并根据位置信息确定一个主体对客体是否具有访问权限。为了给实际的移动应用提供一种完整的可扩展的空间上下文访问控制模型框架。Bertino 等人对基于空间和位置的 RBAC 模型进行扩展，提出了 GEO-RBAC 访问控制模型，该模型具有两个显著特征：一是利用空间实体来描述客体、用户位置和基于地理位置的角色。角色通过用户的位置进行激活；二是支持物理位置和逻辑位置。

（2）基于时态的访问控制模型。以往的 RBAC 等访问控制模型对时间约束的支持功能相对简单，对时态对象的存取控制建模能力弱。在绝大多数信息系统中，时间因素无处不在，用户仅在特定的时间段具有特定的角色，因此迫切需要 RBAC 模型能够支持复杂的时间约束建模。

TRBAC 是一种基于时态特性的访问控制模型，将时态约束加入到 RBAC 中。进一步，把模型要素及其关系上的时态约束嵌入到 RBAC 模型中，通过定义新的时态继承机制实现动态基于角色的存取控制，该模型能够有效减少约束规则库中的规则数量，提高存取控制效率。Joshi 等人提出的通用基于时态的访问控制模型（GTRBAC，Generalized Temporal Role-Based Access Control）是对 TRBAC 的扩展。该模型提供了更加广泛的时态约束，并且支持细粒度的基于时态的访问控制策略。

4.6.2　使用控制模型

在研究访问控制的过程中，为适应不同的应用场合，人们提出了许多新的概念，如信任管理（Trust Management）、数字版权管理（Digital Rights Management）、义务（Obligations）、禁止（Prohibitions）等。为了统一这些概念，J. Park 和 R. Sandhu 提出了一种新的访问控制模型，称作使用控制（Usage Control），即 UCON 模型，也称 ABC 模型。UCON 模型的基本元素包括主体、客体、权限和另外三个与授权有关的元素：授权规则、条件、义务，如图 4-9 所示。

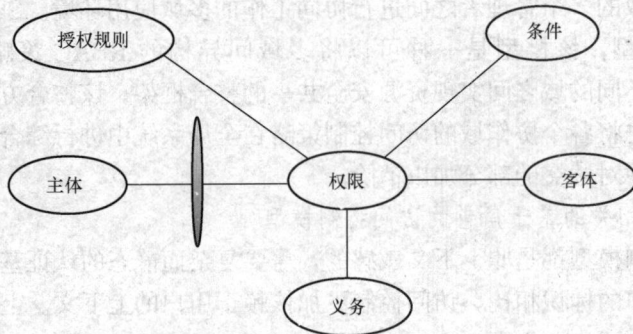

图 4-9　UCON 模型

UCON 模型中的主要元素如下：

（1）主体（Subjects）。它是具有某些属性和对客体操作权限的实体。主体的属性包括身份、角色、安全级别、成员资格等。这些属性用于授权过程。

（2）客体（Objects）。它是主体的操作对象，它也有属性，包括安全级别、所有者、等级等。这些属性也用于授权过程。

（3）权限（Rights）。它是主体拥有的对客体操作的一些特权。权限由一个主体对客体进行访问或使用的功能集组成。UCON 中的权限可分成许多功能类，如审计类、修改类等。

（4）授权规则（Authorization Rules）。它是允许主体对客体进行访问或使用前必须满足的一个需求集。授权规则是用来检查主体是否有资格访问客体的决策因素。

（5）条件（Conditions）。它是在使用授权规则进行授权过程中，允许主体对客体进行访问权限前必须检验的一个决策因素集。条件是环境的或面向系统的决策因素。条件可用来检查存在的限制，使用权限是否有效，哪些限制必须更新等。

（6）义务（Obligations）。它是一个主体在获得对客体的访问权限后必须履行的强制需求。分配了权限，就应有执行这些权限的义务责任。

在 UCON 模型中，授权规则、条件、义务与授权过程相关，它们是决定一个主体是否有某种权限能对客体进行访问的决策因素。基于这些元素，UCON 有四种可能的授权过程，并由此可以证明：UCON 模型不仅包含了 DAC、MAC、RBAC，而且还包含了数字版权管理（DRM）、信任管理等。UCON 模型涵盖了现代商务和信息系统需求中的安全和隐私这两个重要的问题。因此，UCON 模型为研究下一代访问控制提供了一种有希望的方法。

4.6.3　基于安全属性的访问控制模型

泛在计算、移动计算、云计算等新型计算模式的出现推动了互联网的进步，同时也为访问控制模型的研究带来了新的挑战。在具有异构性和多样性特征的网络环境下，访问控制技术向细粒度、分层次的方向发展，授权依据开始逐渐面向主、客体的安全属性，出现了基于信任、基于属性和基于行为等一系列基于安全属性的新型访问控制模型。

1. 基于信任的访问控制模型

Sudip Chakrabony 等提出了基于信任的访问控制（TrustBAC, Trust Based Access Control）模型。该模型首先为用户划分信任级，然后通过信任级别决定角色。进一步，时态的概念被引入 TrustBAC 模型中，为诸如在线应用等细粒度访问控制规则的制定提供了更为灵活的方法。

2. 基于属性的访问控制模型

基于属性的访问控制（ABAC, Attribute-Based Access Control）模型针对目前复杂信息系统中的细粒度访问控制和大规模用户动态扩展问题，将实体属性（组）的概念贯穿于访问控制策略、模型和实现机制三个层次，通过对主体、客体、限和环境属性统一建模，描述授权和访问控制约束，使其具有足够的灵活性和可扩展性。该机制广泛应用于大型分布式环境、Web 服务系统、网格计算以及消息共享和管理中。

3. 基于行为的访问控制模型

为了支持开放网络环境下的移动计算，综合角色、时态和环境因素等相关安全信息，提出了"行为"的概念，以此为基础，提出了基于行为的访问控制模型（ABAC, Action-Based Access Control）。该模型讨论了角色、时态状态和环境状态之间的相互关系，并且对行为状态管理函数进行了形式化描述。通过将角色、时间和环境综合考虑，可以使 ABAC 灵活地处理各种信息系统中的访问控制问题。

4.6.4　访问控制技术的发展趋势

经过了近五十年的发展，访问控制模型的研究取得了丰硕成果。结构化文档等新型网络信息表现方式的出现，加速了信息传播速度，也带来了对象化、细粒度的安全分级数据管理问题；泛在计算、移动计算、云计算满足了人们日益增长的开放互联的个性服务需求，也带来了新的访问控制问题。面向信息物理社会的泛在网络互联环境，基于分布式、不确定、动态交互的分布式计算、移动计算、云计算和泛在计算等计算模式的信息传播与访问方式，现有的访问控制模型不能解决结构化文档的实时动态重组、多级安全和细粒度控制而引起的策略可伸缩调整、策略冲突与消解、结构化文档内容变更轨迹的过程追踪与回溯等新的访问控制安全问题。现有的访问控制模型虽然已逐步考虑了与安全相关的时空因素和环境因素，但是仍然有许多尚待解决的问题。访问控制技术的发展将呈现以下趋势：

（1）如何面向信息物理社会的泛在网络互联环境中分布式计算、移动计算、云计算和泛在计算等计算模式的信息传播与多模式访问方式，研究细粒度多级安全的访问控制模型及其策略；针对用户移动办公时跨域、跨终端显现/处理设备等环境状态改变和时间状态变更时，研究访问权限的可伸缩性动态调整方法；研究区域网络边界内部策略和多级互联外部策略冲突与消解方法，研究多级安全策略冲突检测与消解模型；研究结构化文档内容变更轨迹或访问授权的过程追踪与回溯方法。

（2）对网络信息系统、无线网络（如 ad hoc、sensor network 和移动网络）及 P2P 系统、云计算环境下访问控制技术的研究，将成为重要的研究方向，需要灵活、易扩展、支持多种安全策略的访问控制技术的研究，而基于上下文、基于语义、基于位置等访问控制模型或者它们的相互结合，将会应用到更多的网络环境中。

（3）可信网络是计算机网络发展的一个必然趋势，对可信模型、可信评估及基于可信的访问控制研究将成为重要的研究方向。此外，可信网络的安全问题已经不局限于保密性和完整性的问题，单一的安全技术很难保证系统的真正安全，访问控制技术与其他安全技术的进一步结合将成为今后的研究热点，如访问控制与策略、域之间的隔离，密钥管理以及系统行为认证等技术相结合。

4.7 小 结

访问控制技术是信息安全领域的一种重要的安全机制，访问控制分为自主访问控制和强制访问控制两类。访问控制矩阵模型是访问控制最早的模型，BLP 模型是一种形式化的多级安全模型。RBAC 模型基于角色的概念，通过角色与用户关联，角色与权限关联实现了用户与权限的逻辑分离，具备灵活的特点，适应现代商业需求的发展。访问控制的实施通过 PMI 与访问控制框架结合进行。随着分布式计算、移动计算、云计算等新的计算模式以及新的网络环境、新的应用的需求，新的访问控制模型不断出现，也使访问控制技术产生了新的发展趋势。

思 考 题

1. 访问控制分哪两类？每类访问控制是如何实施的？
2. 简述 RBAC 模型框架的主要构件及其特点。
3. 对 BLP 模型与 RBAC 框架进行比较，列举各自的优点。
4. 给定密级集合 $L=\{绝密，机密，秘密，普通\}$（密级由高到低排列），范畴集合 $C=\{A,B,C\}$，访问属性集合为 $A=\{读，写，读写\}$，根据 BLP 模型的安全策略，判断以下访问能否实施？如果能够实施，允许何种访问？
   （1）张三具有安全级（绝密，$\{A,C\}$），想访问分类为（机密，$\{B,C\}$）的文件。
   （2）王二具有安全级（秘密，$\{C\}$），想访问分类为（秘密，$\{B\}$）的文件。
   （3）李四具有安全级（机密，$\{C\}$），想访问分类为（秘密，$\{C\}$）的文件。

（4）赵五具有安全级（绝密，$\{A, C\}$），想访问分类为（秘密，$\{A\}$）的文件。

5. 为保障一个购物网站的安全，如何设计角色？每个角色赋予什么样的访问权限？

6. 如何综合运用不同的访问控制机制，保障信息系统的安全。结合某一具体应用环境说明实现方案。

7. 查阅资料，深入了解新型访问控制模型及发展。

第5章 操作系统安全

信息安全基础设施的关键部分是安全的操作系统，操作系统的安全不能保证就不可能真正解决数据库安全、网络安全和其他应用系统的安全问题。因此，操作系统必须提供安全机制。Windows，Linux，Android操作系统是目前主流的操作系统，对这三个操作系统安全的学习有助于在实际应用中理解系统安全。本章介绍操作系统安全的基本概念，讲述操作系统面临的安全威胁、操作系统的安全机制以及主流操作系统 Windows、Linux 与 Android 的安全机制和系统安全的新进展——可信计算平台。

5.1 基 本 概 念

1972 年，作为承担美国空军的一项计算机安全规划研究任务的研究人员，J. P. Anderson 在研究报告 Computer Security Technology Planning Study 中提出了访问监视器（Reference Monitor）、引用验证机制（Reference Validation Mechanism）、安全核（Security Kernel）等重要思想。可信计算机系统评估准则（TCSEC）中的 B3 级规定，必须执行访问监控的概念。D. B. Baker 于 1996 年再次强调了它的重要性。访问监视器是一种特殊的监控器，负责控制对系统资源的访问。它是一种监督主体和客体之间授权访问关系的部件，如图 5-1 所示。访问监视器的关键是控制从主体到客体的每一次访问，并将重要的安全事件存入审计文件中。

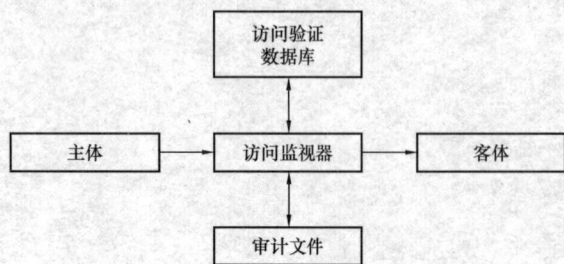

图 5-1 访问监视器

J. P. Anderson 把访问监控器的具体实现称为引用验证机制，它是实现访问监视器思想的硬件和软件的组合。访问验证机制需要同时满足以下三个原则。

（1）必须具有自我保护能力，保证访问验证机制即使受到攻击也能保持自身的完整性。

（2）必须总是处于活跃状态，保证主体对客体的所有访问都应得到访问验证机制的仲裁。

（3）必须设计得足够小，以利于分析和测试，保证访问验证机制实现的正确性是可验证的。

5.1.1 安全内核方法

可信计算基的设计通常采用基于安全内核（Security Kernel）方法。安全内核方法指的是通过控制对系统资源的访问来实现基本安全规程的计算机系统的中心部分，包括访问验证机制、访问控制机制、授权机制和授权管理机制等。安全内核为操作系统提供服务，同时也对操作系统施加限制，如图 5-2 所示。TCSEC 标准中给出了对安全内核的权威定义："安全内核是一个可信计算基中实现访问监视器思想的硬件、固件和软件成分；它必须仲裁所有访问，必须保护自身免受篡改，必须能被验证是正确的"。

安全周界（Security Perimeter）是指用半径来标识的空间。该空间包围着用于处理敏感信息的设备，并在有效的物理和技术控制之下，防止未授权的进入或敏感信息的泄露。安全内核作为可信计算基的设计和实现方式，同样必须遵从访问验证机制的三条基本原则。

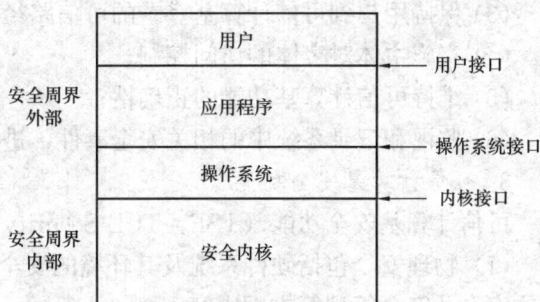

图 5-2　安全内核

（1）防篡改原则。安全内核必须具有防篡改能力，可以保护自己，防止偶然破坏和恶意攻击。

（2）完备性原则。主体访问客体必须通过安全内核进行验证，绝不能有任何绕过安全内核访问控制检查的访问行为存在。

（3）可验证性原则。安全内核方法以指导设计和开发的一系列严格的安全原则为基础，能够极大地提高用户对系统安全控制的信任度，是一种最常用的构建可信计算基的设计方法。

5.1.2　可信计算基

1. 可信计算基概念

可信计算基是"计算机系统内保护装置的总体，包括硬件、固件、软件和负责执行安全策略的组合体"。它建立了一个基本的保护环境，并提供一个可信计算系统所要求的附加用户服务"。通常所指的可信计算基是构成安全计算机信息系统的所有安全保护装置的组合体（通常称为安全子系统），以防止不可信主体的干扰和篡改。

1983 年美国国防部推出了可信计算机系统评估标准（TCSEC），亦称橘皮书，对可信计算基进行了定义。一个计算机系统中保护机制的全体共同负责实施一个安全策略，它们包括硬件、固件和软件；一个 TCB 由在一个产品或系统上共同实施一个统一的安全策略的一个或多个组件构成。概括起来，TCB 就像一条 Jordan 曲线，将系统的软硬件分为两部分，一部分在 TCB 内，一部分在 TCB 之外。而只有 TCB 内部的系统元素才是可信的，TCB 外部的元素是不可信的，它不对系统安全构成威胁。同时，一个系统的可信计算基也不是固定不变的，它应随着系统不同工作状态下安全策略及主客体集的改变而改变。

2. 可信计算基的组成

计算机实施安全策略的可信的软件、硬件、负责系统安全的管理人员一起组成了系统的可信计算基。

（1）操作系统的安全内核包括：①具有特权的程序和命令；②处理敏感信息的软件，如系统管理命令；③与 TCB 实施安全策略有关的文件。

（2）其他有关的固件、硬件和设备。

（3）负责系统管理的人员。

（4）保障固件和硬件正确的程序和诊断软件。

其中可信计算基的软件部分是可信计算基的核心内容，它主要完成下述工作。

（1）内核的良好定义和安全运行方式；

（2）标识系统中的每个用户；

（3）保持用户到可信计算基登录的可信路径；

（4）实施主体对客体的访问控制；

（5）维持可信计算基功能的正确性；

（6）监视和记录系统中的相关安全事件，进行安全审计。

3. 可信计算基安全功能

可信计算基安全功能（TSF，TCB Security Function）包括三个方面。

（1）物理安全包括硬件系统及其环境的安全，安全目标包括环境安全、设备安全、记录介质安全及安全管理等方面内容。

（2）运行安全包括系统层面、网络层面和应用层面所涉及的操作系统、数据库系统、网络系统和应用系统的运行安全。安全目标为身份识别、访问控制和可用性。

（3）数据安全包括系统层面、网络层面和应用层面所涉及的操作系统、数据库系统、网络系统和应用系统的数据安全。安全目标为数据的机密性和完整性。

4. 可信计算基安全保证

安全保证（SA，Security Assurance）是为确保安全功能达到要求的安全性目标所采取的方法和措施。主要包括可信计算基自身安全、可信计算基设计与实现和可信计算基安全管理三个方面。

根据可信计算机的防篡改原则，必须通过一些安全保证技术来对可信计算基自身安全进行安全保护，可用的机制包括物理保护、TSF 自检、TSF 数据的机密性和完整性、TSF 的有效性检测、恢复机制。

可信计算基的设计与实现则重点在可验证的安全模型和完备性的保证上。安全管理的重点在保证人对系统的合理使用与使用控制方面。

可信计算基的安全管理（TCB Security Management）指的是对可信计算基运行中的安全管理，包括对不同的管理角色和它们之间的相互作用（如权限分离）进行规定，对分散在多个物理上分离的部件有关敏感标记的传播，TSF 数据和功能配置等问题的处理，以及对 TCB 使用者安全属性的授予、撤销等内容。

5.2　操作系统面临的安全威胁

操作系统面临的安全威胁主要表现形式如图 5-3 所示。计算机病毒和黑客攻击是操作系统所受到的安全威胁中最为人们熟悉的两种形式。

计算机病毒本质上是一个程序或一段可执行代码，并具有自我复制能力及隐蔽性、传染性和潜伏性等特征，如 CIH 病毒。

黑客攻击表现为具备某些计算机专业知识和技术的人员通过分析挖掘系统漏洞和利用网络对特定系统进行破坏，使功能瘫痪、信息丢

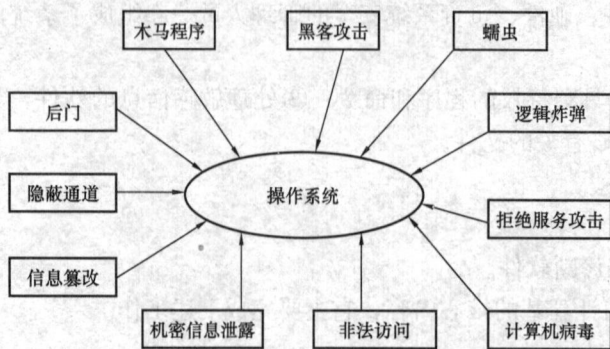

图 5-3　操作系统面临的安全威胁

失或变得乱七八糟等，常见的攻击方式有拒绝服务攻击，即通过消耗网络带宽或频发连接请求阻断系统对合法用户的正常服务。

在黑客攻击的过程中，有时需要在前期安装木马程序或在后期借助于隐蔽通道实现机密信息的窃取。木马程序或称特洛伊木马，伪装成友好程序或其一部分，因此具有更大的欺骗性，同时还因其能够继承用户特权和可在不违反系统安全规则的情况下进行非法操作而具更大的危害性。隐蔽通道则为本意不用于信息传输的信息通路；当其被用于信息传输时，可绕开系统安全存取控制策略的限制，进而使高安全级别机密信息传向敌对方（通常只能获得低安全级别授权）及其代理即低安全级别用户程序成为可能。

蠕虫类似于病毒，能侵入合法的数据处理程序并更改或破坏数据，但其不具备自身复制能力，故而清除要简单些。最具代表性的是 Ska 蠕虫，其被伪装成"Happy99.exe"电子邮件附件，首次运行时会显示焰火，之后任何本机发送的电子邮件和新闻组布告均会导致该蠕虫邮件的配送式发送；通常接收方会因邮件来自所认识的人而信任邮件附件并启动运行，于是由此可能引发的网络邮件泛滥规模庞大且非常严重。

逻辑炸弹则指附着在某些合法程序上的恶意代码，其通常处于潜伏状态，但在特定的逻辑条件满足的情况下会激活和执行，对系统功能造成严重破坏。

后门（或称天窗）也是构成操作系统威胁的重要形式之一。其本质上通常是为方便操作系统测试而在操作系统内部预留的特别命令入口，或者是专门在操作系统内部设置的可供渗透的缺陷或漏洞，一般不容易发现。但一经发现和非法利用，则会穿透整个系统安全机制并造成严重的后果。

归纳而言，上述操作系统面临的各种安全威胁导致的最终后果其实就是对一般信息系统或计算机系统应该拥有的保密性、完整性和可用性等三方面安全特性的破坏。

5.3 操作系统的安全机制

5.3.1 硬件安全机制

1. 存储保护

存储保护主要指保护用户在存储器中的数据，对于在内存中一次只能运行一个进程的操作系统，存储保护机制应能防止用户程序对操作系统的影响。而允许多个进程同时执行的多道操作系统还需要进一步要求存储保护机制对各个进程的存储空间进行相互隔离。

2. 运行保护

安全操作系统的一个重要设计原则是分层设计，如基于保护环的等级式结构。最内环是安全内核，具有最高的特权，外环则是不具有特权的用户程序。

运行保护包括等级域机制和进程隔离机制。等级域机制应该保护某一环不被其外环侵入，并且允许在某一环内的进程能够有效地控制和利用该环及该环以外的环。进程隔离机制则指当一个进程在某个环内运行时，应保证该进程免遭同一环内同时运行的其他进程的破坏，也就是说系统将隔离在同一环内同时运行的各个进程。

3. I/O 保护

绝大多数情况下，I/O 操作是仅由操作系统完成的一个特权操作，所有操作系统都对 I/O 操作提供一个相应的高层系统调用，在这些过程中，用户不需要控制 I/O 操作的细节。

5.3.2　标识与鉴别

在安全操作系统中，可信计算基（TCB）要求先进行用户识别，之后才开始执行要TCB调节的任何活动，TCB也要维持鉴别数据，包括确定各个用户的许可证和授权的信息，以及为验证各个用户标识所需的信息（如口令等）。这些数据为由TCB使用，对用户标识进行鉴别，并确保由代表用户的活动所创建的TCB之外的主体的安全级和授权是受该用户的许可证和授权支配的。TCB还必须保护鉴别数据，保证它不被任何非授权用户存取。

5.3.3　访问控制

访问控制是操作系统安全的核心内容和基本要求。当系统主体对客体进行访问时，应按照一定的机制判定访问请求和访问方式是否合法，进而决定是否支持访问请求和执行访问操作。通常包括自主访问控制和强制访问控制等两种方式，前者指主体（进程或用户）对客体（如文件、目录、特殊设备文件等）的访问权限只能由客体的属主或超级用户决定或更改；而后者则由专门的安全管理员按照一定的规则分别对系统中的主体和客体赋予相应的安全标记，且基于特定的强制访问规则来决定是否允许访问。

5.3.4　最小特权管理

特权是超越访问控制限制的能力，它和访问控制结合使用，提高了系统的灵活性。然而，简单的系统管理员或超级用户管理模式也带来了不安全的隐患，即一旦相应口令失窃，则后果不堪设想。因此，应引入最小特权管理机制，根据敏感操作类型进行特权细分及基于职责关联一组特权指令集，同时建立特权传递及计算机制，并保证任何企图超越强制访问控制和自主访问控制的特权任务，都必须通过特权机制的检查。一种典型的将超级用户的特权进行细分的方案如下。

（1）系统安全管理员。负责对系统资源和应用定义安全级别；为用户赋予安全级别；定义用户和自主访问控制的用户组；限制隐蔽通道活动的机制等。

（2）安全审计员。负责安全审计系统的控制，与系统安全管理员形成一个"检查平衡"，系统安全管理员负责实施安全策略，而安全审计员控制审计信息，审核安全策略是否被正确实施。

（3）操作员。完成常规的、非关键的安全操作，不能进行影响安全级的操作。

（4）网络管理员。负责所有网络服务及通信的管理。

5.3.5　可信通道

具体实施安全策略的软硬件构成安全内核，而用户是与安全周界外部的不可信的中间应用层及操作系统交互的，但用户登录、定义用户的安全属性、改变文件的安全级别等安全关键性操作，用户必须能够确认与安全内核进行交互，而不是与一个特洛伊木马程序打交道。这就需要提供一种安全机制，保障用户和安全内核之间的通信，而这种机制就是由可信通道提供的。可信通道（Trusted Path）机制即终端人员能借以直接与可信计算基通信的一种机制。该机制只能由有关终端操作人员或可信计算基启动，并且不能被不可信软件模拟。对用户建立可信通道的一种常见的方案是基于安全提示键（SAK, Security Attention Key）实现。Linux操作系统提供的安全提示键在X86平台下为组合键ALT＋SysRq＋k，Windows操作系统则为组合键CTRL＋ALT＋DEL。

5.3.6　安全审计

一个系统的安全审计就是对系统中有关安全的活动进行记录、检查或审核。安全审计方法用于监视与安全相关的活动。安全审计提供了相应的能力来检测和记录与安全有关的事件，或者想要创建、访问或删除系统资源的意图。登录标识符记录了所有用户的身份，从而使得跟踪一个未授权的动作比较容易。安全审计是一种事后追查的安全机制，其主要目标是检测和判定非法用户对系统的渗透或入侵，识别误操作并记录进程基于特定安全级活动的详细情况。

通常，安全审计机制应提供审计事件配置、审计记录分类及排序等附带功能。安全审计机制的实现一般是一个独立的过程，应与系统其他功能相隔离，同时要求操作系统必须能够生成、维护及保护审计过程，使其免遭修改、非法访问及毁坏。审计事件是安全审计机制最基本的单位。审计事件一般可分为注册事件、使用系统事件和利用隐蔽通道的事件 3 大类，亦即用户身份鉴别机制的使用、把客体引入到用户的地址空间或从地址空间删除客体、特权用户所发生的动作以及利用隐蔽通道的事件，安全审计结构如图 5 - 4 所示。

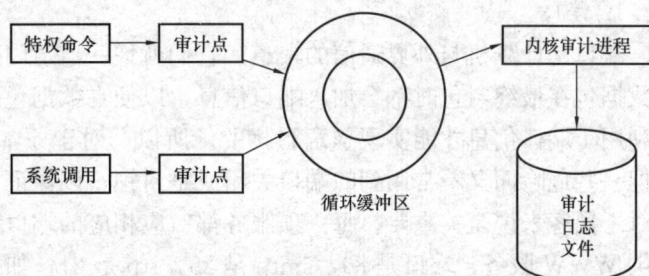

图 5 - 4　安全审计结构示意图

5.3.7　隐蔽通道

隐蔽通道是指允许进程间以危害系统安全策略的方式传输信息的通信信道。根据共享资源性质的不同，其具体可分为存储隐蔽通道和时间隐蔽通道。如果一个进程直接或间接地写一个存储单元，另一个进程直接或间接地读该存储单元，则称这种通道为存储隐蔽通道。如果一个进程通过调节它对系统资源的使用，影响另外一个进程观察到的真实响应时间，实现一个进程向另一个进程传递信息，则称这种通道为时间隐蔽通道。鉴于隐蔽通道可能造成严重的信息泄露，所以应当建立适当的隐蔽通道分析处理机制，以监测和识别可能的隐蔽通道，并予以消除、降低带宽或进行审计。

例如，磁盘移臂隐蔽通道可以看作是存储隐蔽通道，因为发送进程修改磁臂方向，接收程序能够观察到其修改的结果。打印机连接隐蔽通道也可以看做是存储隐蔽通道，发送进程使打印机处于"忙"或"空闲"状态可以让接收进程观察到。目录结构隐通道也可看作存储隐蔽通道，发送进程创建或删除目录，接收进程能间接观察到该目录是否存在。进程号隐蔽通道也可看做是存储隐蔽通道，发送进程是否占用了当前进程号，接收进程可间接观察到。又如关于 CPU 使用的隐蔽通道可以看做是一个时间隐蔽通道，因为发送进程对 CPU 的使用情况可以被观察到，并且可以利用时钟每隔一定的时间片进行测量。

5.3.8　对象重用保护

对象重用保护防止用户看到其他用户已经删除的数据，或者访问到其他用户原先使用过后来又释放了的内存。例如，在某些操作系统中，可能发生这样的情形，先创建一个特定长度的文件，然后检查该文件的内容，这样就可以看到磁盘上该文件所分配到的位置处原来的数据。这些数据可能是以前存储在另一用户的文件中但现在已删除的敏感信息。对象重用保护设施可以防止这种潜在的安全漏洞，其做法是在将对象（包括文件和内存）分配给一个用户以前，先对他们进行初始化。

5.4　主流操作系统安全

5.4.1　Windows 操作系统安全

Windows 仍然是应用范围最广的系统之一。面对如此庞大纷繁的操作系统，保护好其安全势在必行。本节对于目前关于 Windows 方面的安全技术和概念，将列举一些常见问题，以更好理解 Windows 安全机制。

1. 端口

端口是计算机与外界通信的渠道，它们就像一道道门一样控制着数据与指令的传输。各类数据包在最终封包时都会加入端口信息，以便在数据包接收后拆包识别。许多蠕虫病毒正是利用了端口信息才能实现恶意骚扰的。所以，对于原本脆弱的 Windows 系统来说，有必要把一些危险而又不常用到的端口关闭或是封锁，以保证信息安全。同样，在网络攻击中端口对于黑客来说至关重要。每一项服务都对应相应的端口，例如，浏览网页时，需要服务器提供 WWW 服务，端口是 80，smtp 是 25，ftp 是 21，如果企业中的服务器仅仅是文件服务或者做内网交换，关闭一部分端口未尝不可。因为在关闭端口后，可以进一步保障系统的安全。关闭端口的方法非常简单，在"控制面板"→"管理工具"→"服务"中即可配置。

2. 组策略部署

组策略和注册表是 Windows 系统中重要的两部控制台。对于系统中安全方面的部署，组策略又以其直观化的表现形式更受用户青睐。可以通过组策略禁止第三方非法更改地址，也可以禁止其他人随意修改防火墙配置参数，以及提高共享密码强度免遭其被破解。例如，在一个特定网络环境中，如果部分用户共同使用相同的一台工作站进行网络访问，安全隐患就显露出来，倘若没有划定安全的上网区域，则会造成工作站的权限紊乱，从而带来系统危机。轻者造成系统瘫痪，重者则可遭受远程入侵，损失宝贵资料。所以，为了保护本地网络以及本地工作站的安全，可以尝试在公共计算机系统中通过设置组策略的方法为普通用户界定安全上网区域，强制进入系统的用户只能在设定内的安全区域中上网冲浪。

由于组策略有着直观的名字和功能解释，因此应用上比较简单，对于管理员和终端用户都非常方便，但它的功能远非仅限于此，可以将它作为一种安全保护跟踪工具。例如，可以利用组策略寻找共享目录访问痕迹，这对于局域网内的用户监测来说非常重要。因为在网络内部，一旦出现非法用户，大多与共享入侵和访问共享资源有关，此时查询共享目录的访问信息就可以追踪求原，查到真凶。打开组策略后在左侧列表区域中的"本地计算机策略"→"计算机配置"→"Windows 设置"→"安全设置"→"本地策略"→"审核策略"选项，在"审核策略"中找到"审核对象访问"，选中属性界面中的"失败"、"成功"项，以后出现问题时就能有针对性地进入系统安全日志文件，来查看相关事件记录。

3. 加密文件系统

加密文件系统（EFS，Encryption File System）是 Windows 系统中的一项功能，针对 NTFS 分区中的文件和数据，用户都可以直接加密，从而达到快速提高数据安全性的目的。EFS 加密基于公钥策略。在使用 EFS 加密一个文件或文件夹时，系统首先会生成一个由伪随机数组成的 FEK，也就是文件加密钥匙，然后将利用 FEK 和数据扩展标准 X 算法创建加密后的文件，并进行存储，同时删除原始文件。之后系统会利用公钥加密 FEK，并把加密后的 FEK 存储在同一个加密文件中。而在访问被加密的文件时，系统首先利用当前用户的私钥解密 FEK，然后利用 FEK 解密出文件。尽管现在出现了一些威胁 EFS 加密的突破方式，但仍然有理由相信，依靠系统本身技术的安全保障可以做最快速的防护，即使是用来应急保护。

针对 Windows 系统的安全概念相当广泛，从数字证书到防火墙，从数据加密到密码验证。Windows 系统本身在安全点上的考虑还是非常全面的，针对系统级别的保护虽然会出现疏漏，但对于安全防护手段越来越丰富的今天来说，没有必要太过担心。这些内容在企业级的工作站保护中显得很重要。

5.4.2 Linux 操作系统安全机制

1. 系统认证 PAM 机制

Linux 系统目前采用一种全新的认证方式，即可插式认证模块（PAM，Pluggable Authentication Modules）。PAM 是由 Sun 提出的一种认证机制。它通过提供一些动态链接库和一套统一的 API，将系统提供的服务和该服务的认证方式分开，使得系统管理员可以灵活地根据需要给不同的服务配置不同的认证方式而无需更改服务程序，同时也便于向系统中添加新的认证手段。

系统管理员通过 PAM 配置文件来制定认证策略，即指定什么服务该采用什么样的认证方法；应用程序开发者通过在服务程序中使用 PAM API 而实现对认证方法的调用；而PAM 服务模块（Service Module）的开发者则利用 PAM SPI（Service Module API）来编写认证模块（主要是引出一些函数 pam_sm_xxxx 供 Libpam 调用），将不同的认证机制（如传统的 UNIX 认证方法、Kerberos 等）加入到系统中；PAM 核心库（libpam）则读取配置文件，以此为根据将服务程序和相应的认证方法联系起来。通过使用 PAM 这种认证方式，可以使整个系统的认证有更大的灵活性，系统管理员可以根据需要来调整认证模块，根据不同的安全级别来配置系统环境。

PAM 是一套共享库，其作用是提供一个框架和一套编程接口，将认证工作由程序员交给管理员，PAM 允许管理员在多种认证方法之间作出选择，它能够改变本地认证方法而不需要重新编译与认证相关的应用程序。

PAM 的功能包括：

（1）加密口令（包括 DES 以外的算法）；

（2）对用户进行资源限制，防止 DOS 攻击；

（3）允许随意 Shadow 口令；

（4）限制特定用户在指定时间从指定地点登录；

（5）引入概念"client plug-in agents"，使 PAM 支持 C/S 应用中的机器——机器认证成为可能。

PAM 为更有效的认证方法的开发提供了便利，在此基础上可以很容易地开发出替代常规的用户名加口令的认证方法，如智能卡、指纹识别等认证方法。

2. 安全 shell

在通常的系统管理中，系统管理员常常通过 Telnet 登录到系统，对系统进行配置管理。但这种方式下，系统的用户名和口令在整个网络中的传输是明文，很容易被窃取，SSH

(Secure Shell) 是一个客户—服务器应用，它通过加密，通过基于 RSA 机制的主机认证以及用户认证中的多种选项提供安全的通信。它提供 rlogin、rsh 和 rcp 的替代程序，也提供加密的 X 窗口系统连接和加密的 TCP 会话连接。通过使用 SSH 有效地保证了用户数据在整个通信过程中的安全，保证了内容的私密性。

3. 防火墙——用 ipchains 过滤数据包

在通常的系统安装中，系统对外开放所有服务端口，利用 ipchains 可以把系统配置成一个基于主机的防火墙，通过适当配置可以有效地限制、保护系统及控制局域网范围内的访问。防火墙是阻止非授权用户进入、离开、穿过网络的系统。Linux 的 ipchains 命令可以建立规则，为进入、离开、穿过系统的数据流提供可选的限制，从而提供比较安全的防火墙功能。Linux ipchains 实现包过滤防火墙功能，网络上的每一个包都根据规则过滤。使用 ipchains 的内核分析每一个包，查找指定的源、目标 IP 地址及端口，或指定的 ICMP 类型及代码。

4. 系统日志和安全审计

Linux 使用日志来记录用户的动作和系统的一些错误信息。Linux 下包括 syslog 和 klogd 两个重要的日志守护程序。syslog 是以守护进程运行，在启动时从 /etc/syslog.conf 文件中读取不同的选项，根据不同的应用程序把相关信息记录到相应的日志文件中。klogd 是一个内核日志记录程序，它记录内核出现的任何错误和异常。即使系统管理员采取了各种安全措施，但还会存在一些新漏洞。攻击者在漏洞被修补之前会迅速抓住机会攻破尽可能多的机器。虽然 Linux 不能预测何时主机会受到攻击，但是它可以记录攻击者的行踪。Linux 还可以进行检测、记录时间信息和网络连接情况。这些信息将被重定向到日志中备查。日志是 Linux 安全结构中的一个重要内容，它是提供攻击发生的唯一真实证据。现在的攻击方法多种多样，Linux 可提供网络、主机和用户级的日志信息。例如，Linux 可以记录以下内容。

（1）记录所有系统和内核信息；

（2）记录每一次网络连接和它们的源 IP 地址、长度，有时还包括攻击者的用户名和使用的操作系统；

（3）记录远程用户申请访问哪些文件；

（4）记录用户可以控制哪些进程；

（5）记录具体用户使用的每条命令。

（6）在调查网络入侵者的时候，日志信息是不可缺少的，即使这种调查是在实际攻击发生之后进行。

5. 加密文件系统

加密技术在现代计算机系统安全中扮演着越来越重要的角色。加密文件系统就是将加密服务引入文件系统，从而提高计算机系统的安全性。有太多的理由需要加密文件系统，例如防止硬盘被偷窃、防止未经授权的访问等。

目前 Linux 已有多种加密文件系统，如 CFS、TCFS、CRYPTFS 等，较有代表性的是 TCFS（Transparent Cryptographic File System）。它通过将加密服务和文件系统紧密集成，使用户感觉不到文件的加密过程。TCFS 不修改文件系统的数据结构，备份与修复以及用户访问保密文件的语义也不变。

TCFS 能够做到让保密文件对以下用户不可读。

（1）合法拥有者以外的用户；

（2）用户和远程文件系统通信线路上的偷听者；

（3）文件系统服务器的超级用户。

而对于合法用户，访问保密文件与访问普通文件几乎没有区别。

6．强制访问控制

传统的 MAC 实现都是基于 TCSEC 中定义的 MLS 策略，但因 MLS 本身存在着这样或那样的缺点（不灵活、兼容性差、难以管理等），研究人员已经提出了多种 MAC 策略，如 DTE、RBAC 等。由于 Linux 是一种自由操作系统，目前在其上实现强制访问控制的就有好几家，其中比较典型的包括 SElinux、RSBAC、MAC 等，采用的策略也各不相同。

5.4.3 Android 操作系统安全

2007 年 11 月，Google 发布了基于 Linux 内核的开源智能移动操作系统 Android，该系统拥有庞大的用户数量和应用市场。来自 Gartner 的统计数据显示，2013 年第 3 季度全球智能手机的销售量为 1.5 亿多台，其中 Android 系统占据了 81.9％；而截至 2014 年 1 月 8 日，仅 Android 官方应用市场 GooglePlay 上的应用数量就达到了 103 万。

尽管 Android 设备的用户数量庞大，但用户的安全意识却有待增强。来自美国《消费者报告》的年度《State of the Net》报告中则指出，在美国近 40％的手机用户没有采取适当的安全措施，2012 年有 560 万人遭遇过账户未经准许被擅自访问等问题。同时，虽然 Android 的应用数量巨大，但其应用安全性令人担忧。TrustGo 公司的分析应用报告显示，Google Paly 上 3.15％的应用可能泄露用户隐私或者存在恶意行为，而在国内知名的 91 应用市场上该比例为 19.7％。我国用户无法直接从 Google Play 上下载应用，导致了大量管理混乱的第三方应用市场存在，对 Android 设备的安全造成了严重的威胁。目前，越来越多的研究者开始关注 Android 上的安全问题和解决方案。

1．Android 与 Linux 的主要区别

从体系结构上看，Android 虽然运行在 Linux kernel 之上，但不同于 GNU/Linux，Android 以 Bionic 取代 Glibc；以 Skia 取代 Cairo；以 Opencore 取代 Ffmpeg，等等；Android 的 Linux kernel 实现了包括安全、存储器管理、程序管理、网络堆栈、驱动程序模型在内的模块。从进程间通信机制来看，Android 增加了一种进程间的通信机制，即 IPC Binder。在内核源代码中，驱动程序文件为 coredroid/include/linux/binder.h 和 coredroid/drivers/android/binder.c。Binder 通过守护进程 Service Manager 管理系统中的服务，负责进程间的数据交换。各进程通过 Binder 访问同一块共享内存，以实现数据通信。从应用层的角度看，进程通过访问数据守护进程获取用于数据交换的程序框架接口，调用并通过接口共享数据。其他进程要访问数据，只需与程序框架接口进行交互，方便了程序员开发需要交互数据的应用程序。从内存管理看，在内存管理模块中，Android 内核采用了一种不用于标准 Linux 内核的低内存管理策略。在标准 Linux 内核中，使用一种叫做 OOM（Out of Memory）的低内存管理策略，即当内存不足时，系统检查所有的进程，并对进程进行限制评分，获得最高分的进程将被关闭（内核进程除外）。Android 系统采用的则是一种叫做 LMK（Low Memory Killer）的机制，这种机制将进程按照重要性进行分级、分组。内存不足时，将处于最低级别组的进程关闭。例如，在移动设备当中，UI 界面处于最高级别，所以该进程永远不会

被中止。这样在终端用户看来系统是稳定运行的。与此同时，Android 新增加了一种内存共享的处理方式匿名共享内存（Ashmem，Anonymous Shared Memory）。通过 Ashmem，进程间可以匿名自由共享具名的内存块；这种共享方式在标准 Linux 中不被支持。

　　2. 针对 Android 平台特有的安全威胁

　　与众多的操作系统一样，Android 也面临着安全方面的诸多问题。这些问题包括：

　　（1）恶意代码植入。目前，针对 Android 平台的恶意软件采用服务提供者（SP，Service Provider）吸费的模式非法获利的情形屡见不鲜。被植入的扣费软件代码在安装后，或立即发作或定时发作，私自向 SP 号发送业务定制信息，屏蔽 10086 等扣费确认短信并自动回复，完成扣费后自动删除短信记录，整个过程完全暗箱操作，用户无法看出任何痕迹。

　　Android 平台的开源策略使得开发者能够自行制作并深度修改系统 ROM。木马作者正是利用了 Android 平台这一特性，一方面制作含有恶意程序的系统 ROM，通过一条灰色产业链，将这些 ROM 刷写进手机再卖给毫不知情消费者；另一方面，基于 Android 软件的封装形式，木马开发者可以比较容易地将大量时下流行的软件进行反编译，植入扣费代码再重新封装软件包，并散布在各大论坛和国内第三方 Android 市场。此方式成本极低，能够轻易地批量生产。木马作者因此疯狂修改知名软件，令广大用户和软件原作者深受其害。

　　（2）应用商店带来的威胁。由于目前国内众多 Android 应用商店缺乏软件上传安全审核以及监管等机制，应用商店已经成为 Android 安全隐患的高发区。

　　（3）针对权限许可和访问控制的安全威胁。由于 Android2.3 之前版本没有对系统属性空间的访问进行正确限制。本地应用程序可以利用该漏洞绕过应用程序沙箱并获取特权。

　　3. Android 安全机制

　　Android 是以 Linux 为内核实现的，保留了 Linux 中的一些安全机制，例如 Linux 中的自主访问控制机制。Android 应用以 Java 为主要开发语言，确保了类的安全，避免了 C 语言中可能出现的类型转换时没有进行类型检测、数组操作时没有进行边界检测等情况带来的安全隐患。

　　Android 还根据智能手机上隐私数据较多、运算能力有限等特点，设置了应用签名、权限审核和沙盒、访问限制 4 项重要的安全机制。这 4 项安全机制的设立实现了鉴别开发者、限制应用行为和保障应用独立运行的功能，分别保障了应用发布、安装和运行过程中的安全。

　　（1）签名机制。所有的 Android 应用程序（.apk 文件）必须通过一个证书的签名，此证书的私钥必须被开发者所掌握，这个证书的标识是应用程序的作者。这个证书不需要通过证书组织的签署，Android 应用程序对于使用自签署的证书是完全允许的。与通常在信息安全领域中使用数字证书的用途不同，Android 利用数字签名来标识应用的作者和应用间建立信任关系，而不是用来判定应用是否应该被安装。而且，这个数字证书并不需要权威的数字证书签名结构认证，而是由开发者来进行控制和使用，用来进行应用包的自我认证。

　　对 Android 应用签名可以采用调试模式和发布模式。使用 Android 开发工具（命令行和 Eclipse 等）开发的应用是用一个调试私有密钥自动签名的，这些应用只能用于开发者自行测试，不能够发布到 Google Play 官方应用市场上。当一个开发者需将自己的应用程序发布到 Google Play 上时，必须生成一个发布模式的版本，即用其私有密钥签署应用。应用签名在发布时进行，在应用安装时被验证，用以实现对应用来源的鉴定。

（2）权限审核机制。为了向用户通知应用使用各项关键功能的情况，Android 定义实现了权限机制。一个权限主要包括 3 个方面的信息：权限的名称、属于的权限组、保护级别。一个权限组是指把权限按照功能分成的不同的集合。每一个权限组包含若干具体权限，例如在 COST _ MONEY 组中包含 android. permission. SEND _ SMS，android. permission. CALL _ PHONE 等和费用相关的权限。每个权限通过 Protection Level 来标识保护级别：normal，dangerous，signature or system，不同的保护级别代表了程序要使用此权限时的认证方式。normal 的权限只要申请了就可以使用，dangerous 的权限在安装时需要用户确认才可以使用，signature 和 signature or system 的权限需要使用者的应用程序和系统使用同一个数字证书。Package 的权限信息主要在 AndroidManifest. xml 中通过一些标签来指定，如＜permission＞标签，＜permission-group＞标签＜permission-tree＞等标签。如果 Package 需要申请使用某个权限，则需要使用＜use-permission＞标签来指定。

Android 系统中定义了一个系统权限集，实现了针对诸如照相、录音、通话等关键功能的权限控制。系统上的而应用也可以自定义访问应用中某个功能组件的权限，从而在对外提供服务的同时确保组件安全。应用的开发过程中，开发者必须在 AndroidManifest. xml 文件中使用（user-permission）标签来声明所要使用的权限。这些申请的权限会在应用安装之前通知用户。只有在用户授权其使用这些权限的情况下才能允许其安装，并在运行过程中使用相关功能。权限机制被用来在应用安装时监督、限制应用行为。

（3）沙盒机制。为了保障某个应用在运行过程中不被其他应用影响，Android 系统为每个应用在运行过程中提供了一个沙盒。其具体实现是，安装在 Android 手机中的每个程序都会被分配给一个属于自己的统一的 Linux 用户 ID，并且为它创建一个 Sandbox，以防止影响其他程序。首先，在程序安装到手机中时被分配用户 ID，并且在这个设备中保持它的永久性。其次，Android 系统为每个应用提供一个 Dalvik 虚拟机实例，使其独立地运行于一个进程，并且为每一个应用创建一个对应于 Linux 底层的用户名，并设置用户 ID。利用这个用户 ID 可以保护应用的文件、数据和内存，也就是采用了进程隔离策略来保障应用软件及其数据文件的完整性和机密性。

如果希望两个应用共享权限、数据，可以通过设置 sharedUserID 来声明两个应用使用同一个用户 ID，运行于同一进程，并共享其资源和权限，但是声明使用 sharedUserID 的应用必须有相同的用户签名。这种机制不但可以在应用运行过程中保障其独立性，还可以提高系统的鲁棒性。当某个应用运行出现问题时，可以消除其虚拟机实例来保障整个系统的安全运行。

（4）访问限制机制。访问限制对于任何操作系统的安全性而言都是核心要素。在 Android 中，任何程序都没有权限来执行可能对操作系统有害的操作。这些操作包括读/写用户的隐私数据（例如联系方式或 E-mail）、读/写其他应用程序的文件等。该结构同样避免了可能会运行有害的或是影响到用户的程序，保证了用户一些"敏感"数据不被某些未经授权的程序所困扰。

5.5 计算机系统安全技术新发展——可信计算

5.5.1 可信计算是什么

"可信计算"并没有一个明确的定义，各厂商对"可信计算"的理解不尽相同。主要思路是在 PC 机硬件平台上引入安全芯片架构，通过提供的安全特性来提高终端系统的安全性。可信计算"可以从几个方面来理解。用户的身份认证，这是对使用者的信任；平台软硬件配置的正确性，这体现了使用者对平台运行环境的信任；应用程序的完整性和合法性，体现了应用程序运行的可信；平台之间的可验证性，指网络环境下平台之间的相互信任。

可信计算的基本思想是首先构建一个信任根，再建立一条信任链，从信任根开始到硬件平台，到操作系统，再到应用，一级认证一级，一级信任一级，把这种信任扩展到整个计算机系统，从而确保整个计算机系统的可信。

国际性的非营利机构可信计算工作组（TCG，Trusted Computing Group）对可信的定义：可信是一种期望，在这种期望下设备按照特定的目的以特定的方式运转。总体来看，可信计算平台就是在整个计算设施中建立起一个验证体系，通过确保每个终端的安全性来提升整个计算机系统的安全性。

TCG 认为，可信计算平台应具有数据完整性、数据安全存储和平台身份证明等方面的功能。一个可信计算平台必须具备安全输入/输出（Secure I/O）、存储器屏蔽（Memory Curtaining）、密封存储（Sealed Storage）和平台身份的远程证明（Remote Attestation）4 个基本技术特征。可信计算产品主要用于电子商务、安全风险管理、数字版权管理、安全监测与应急响应等领域。

在可信计算三十余年的研究过程中，可信计算的含义不断地被拓展，由侧重于硬件的可靠性、可用性到针对硬件平台、软件系统、服务的综合可信，适应了 Internet 上应用系统不断拓展的发展需要。

5.5.2 可信计算平台主要技术

可信计算平台基于可信赖平台模块（TPM），以密码技术为支持、安全操作系统为核心，如图 5-5 所示。安全操作系统是可信计算终端平台的核心和基础，没有安全的操作系统，就没有安全的应用。操作系统中任何微小的纰漏都会造成整个信息系统的灾难。

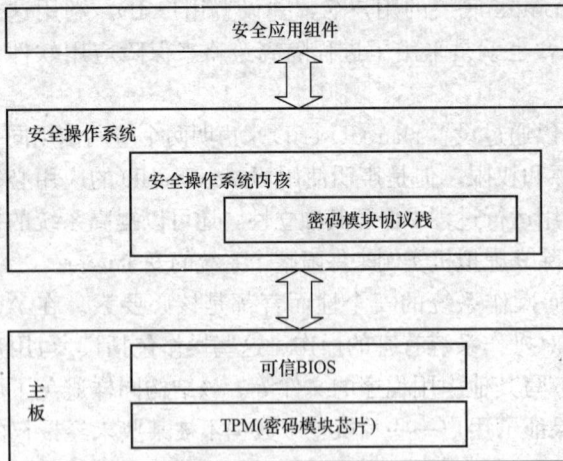

图 5-5 可信计算平台

1. 可信平台模块 TPM

可信平台模块 TPM 是一个可信硬件芯片，而且是一种 SoC（System on Chip）芯片，它是可信计算平台的信任根，如图 5-6 所示，它由 CPU、存储器、I/O、密码运算处理器、随机数产生器和嵌入式操作系统等部件组成。完成可信度量的存储、可信度量的报告、密钥产生、加密与签名以及数据安全存储等，主要完成系统启动、用户认证、系统监控、加密签名等安全信任功能，而且它应当是物理可信的。值得注意的是，TPM 是可信计算机的信任根，必须把中国可信计算机的信任根留在中国。也就是说，中国的可信计算机必须采用中国的根芯片，而且中国的根芯片必须采用中国的密码。

20 世纪 90 年代中期，因使用 ASIC 实现芯片组受到启发，研究者萌生应该将完整计算机所有不同的功能块一次直接集成于一颗硅片上的想法。这种芯片初始起名为 SoC，直译的中文名是系统级芯片。如何界定 SoC，认识并未统一，但可以归纳如下。

(1) SoC 应由可设计重用的 IP 核组成，IP 核是具有复杂系统功能的能够独立出售的 VLSI 块；

(2) IP 核应采用深亚微米以上工艺技术；

(3) SoC 中可以有多个 MPU、DSP、MCU 或其复合的 IP 核。

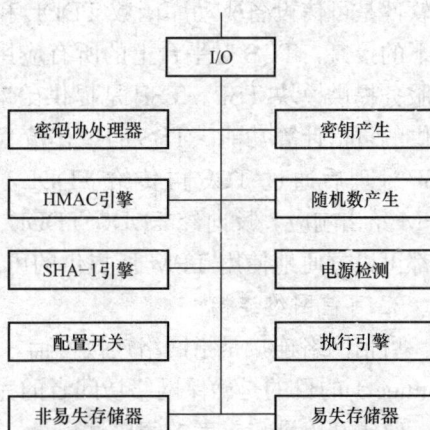

图 5-6 TCG 的 TPM 框图

TPM 是可信计算平台的核心，是一个含有密码运算部件和存储部件的小型 SoC 芯片系统，与平台主板相连。TPM 通过提供密钥管理和配置管理等特性，与配套的应用软件一起，主要用于完成计算平台的可靠性认证、用户身份认证和数字签名等功能。

TPM 由 I/O、密码协处理器、密钥生成器、存储器、HMAC 引擎、SHA-1 引擎等组件构成。I/O 部件负责管理通信总线，它的任务包括执行内部总线和外部总线之间进行转换的通信协议，将消息发送到合适的部件，执行对 TPM 进行操作的安全策略。

密码协处理器负责 RSA 运算的实现，它内含一个执行运算的 RSA 引擎，提供对内对外的数字签名功能，内部存储和传输数据的加密解密功能，以及密钥的产生、安全存储和使用等管理功能。密钥生成器负责生成对称密码的密钥和非对称密码运算的密钥对。

HMAC 引擎通过确认报文数据是否正确的方式为 TPM 提供信息，它可以发现数据或者命令发生错误或者被篡改的情况。随机发生器负责产生各种运算所需要的随机数。SHA-1 引擎则负责完成一种基本的 HASH 运算，其 HASH 接口对外暴露，可以被调用。TPM 的另一个重要组成部分是平台配置寄存器 (PCRs)，它是专用于保存可信计算平台量度记录的。TPM 对平台系统进行完整性测试，来采集软件和硬件的完整性相关数据，并将结果保存在 PCRs 中。在设计时要求 PCRs 必须能够抵御来自软件和硬件的攻击。

2. 支撑软件 TSS

在 TPM 平台上的支撑软件，主要作用是为其他软件提供方便和统一的使用 TPM 的接口。TSS 处于 TPM 与应用软件之间，被称为可信软件栈。TSS 是对可信计算平台提供支持的软件，它的设计目标是对使用 TPM 功能的应用程序提供一个唯一入口，并提供对 TPM 的同步访问。TSS 的作用主要是为应用软件提供兼容异构可信平台模块的开发环境，主要是为其他软件提供方便和统一使用 TPM 的接口。TSS 平台软件从结构上可以分为三层，自下至上分别为 TDDL、TCS 和 TSP，全部运行于用户模式。TSS 的结构可分为内核层、系统服务层和用户程序层，如图 5-7 所示。

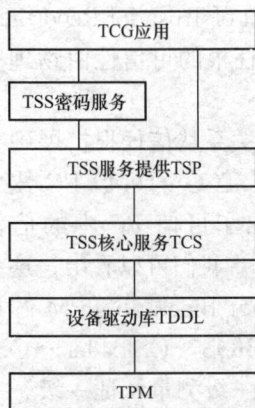

图 5-7 TSS 结构

内核层的核心软件是可信设备驱动 TDD 模块，它是直接驱动 TPM 的软件模块，由开发者和操作系统所确定。系统服务层的核心软件是可信设备驱动库函数 TDDL 和可信计算服务 TCS 模块。其中，TDDL 提供用户模式下的接口，TCS 对平台上的所有应用提供一组通用的服务。用户程序层的核心软件是可信服务提供模块 TSP。TSP 是提供给应用的最高层 API 函数，使应用程序可以运行 TPM 提供的可信计算功能。TSS 的工作流程为应用程序将数据和命令发给应用 API 函数 TSP，TSP 处理后通过 TCS 再传给 TDDL，TDDL 处理后传给 TDD，TDD 处理并驱动 TPM，TPM 给出响应，反向经 TDD、TDDL、TCS、TSP 传给应用。有了 TSS 的支持，不同的应用都可以方便地使用 TPM 所提供的可信计算功能。

3. 可信网络连接

可信网络连接是指网络连接可信，包括可信传输和可信接入。TNC（Trusted Network Connect）的目的是确保网络访问者的完整性，其结构如图 5-8 所示。TNC 通过网络访问请求，收集和验证请求者的完整性信息，依据一定的安全策略对这些信息进行评估，决定是否允许请求者与网络连接，从而确保网络连接的可信性。

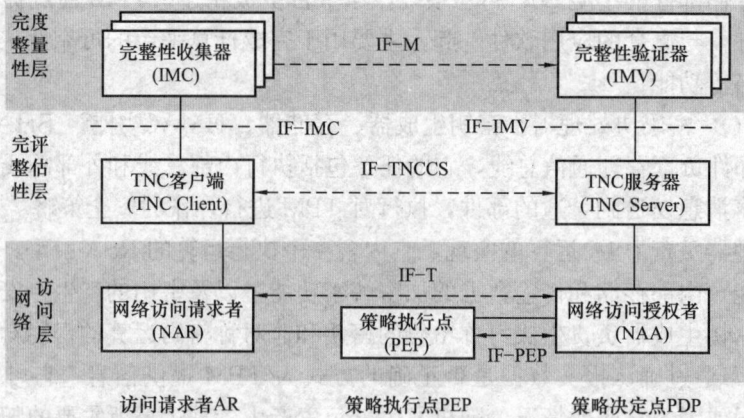

图 5-8　可信网络连接基础架构

4. 信任根和信任链

信任根和信任链是可信计算平台的最主要的关键技术之一。信任根是系统可信的基点。TCG 认为一个可信计算平台必须包含可信测量根（RTM，Root of Trust for Measurement）、可信存储根（RTS，Root of Trust for Storage）和可信报告根（RTR，Root of Trust for Reporting）3 个信任根。而信任根的可信性由物理安全和管理安全确保。

信任链把信任关系从信任根扩展到整个计算机系统。在 TCG 的可信 PC 技术规范中，具体给出了可信 PC 中的信任链，如图 5-9 所示。我们可以看出，这个信任链以 BIOS Boot Block 和 TPM 芯片为信任根，经过 BIOS→OSloader→OS。沿着这个信任链，一级测量认证一级，一级信任一级，以确保整个平台的系统资源的完整性。

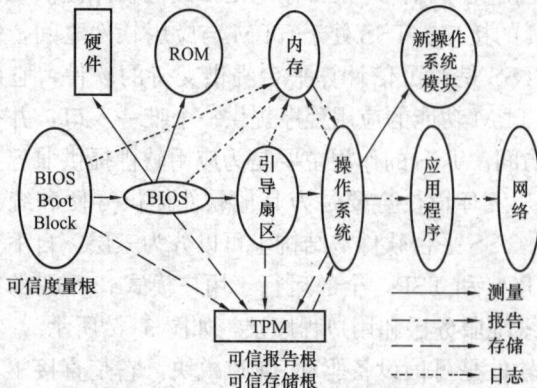

图 5-9　TCG 可信 PC 的信任链

5. 可信测量、存储、报告机制

可信测量、存储、报告机制是可信计算的另一个关键技术。可信计算平台对请求访问的实体进行可信测量，并存储测量结果。实体询问时平台提供报告。应当指出，根据图 5-9 所进行的可信测量只是系统开机时的系统资源静态完整性测量，因此只能确保系统开机时的系统资源静态完整性。这不是系统工作后的动态可信测量，因此尚不能确保系统工作后的动态可信性。然而，由于软件可信测量理论与技术的限制，目前，无论是国外还是国内的可信计算机都还未能够完全实现动态可信测量、存储、报告机制。

6. 密码技术

密码技术是可信计算的一项关键技术。在 TPM 中与密码相关的部件就有密码协处理器、密钥产生、HMAC 引擎、SHA-1 引擎及随机数产生等。TCG 强调公钥密码，而有意淡化对称密码。TCG 也采用公钥证书。中国的可信计算机应当同时采用公钥密码和对称密码，充分发挥它们各自的优势。我国政府已经公开了商用公钥密码和对称密码算法，这是我国密码管理政策更加科学化的标志。密码是中国人擅长的领域之一，中国人在密码理论与技术上做出了许多杰出的贡献。我国著名密码专家南相浩提出的 CPK 理论与技术，将在可信计算机中大有用武之地。正是 TPM 的密码技术对操作系统和应用中的安全功能提供了强有力的支持。

5.6 小　　结

操作系统安全是信息系统安全的基础。对操作系统安全的研究从引用监控器开始。可信计算基是计算机系统内保护装置的总体，包括硬件、固件、软件和负责执行安全策略的组合体。它建立了一个基本的保护环境，并提供一个可信计算系统所要求的附加用户服务。操作系统的安全机制包括硬件安全机制、标识与鉴别、访问控制、最小特权管理、可信通路、安全审计、隐通道以及对象重用保护。本章还讨论了主流操作系统 Windows、Linux 和 Android 的安全机制。可信计算技术是计算机系统安全的新发展。

思 考 题

1. 什么是访问监视器？它的实现原则是什么？
2. 可信计算机主要由哪些部分组成？
3. 可信计算机的安全功能包括哪些？
4. 操作系统面临的安全威胁有哪些？
5. 操作系统主要采用的安全机制包括哪些？
6. Linux 操作系统主要采用哪些安全机制？如何实现？
7. 什么是可信计算？
8. 可信计算平台的主要技术包括哪些？

第6章 数据库安全

以数据库为基础的信息管理系统正成为政府、军事和企事业单位的信息基础设施，数据库中存储的信息的价值也越来越高，数据库的安全问题显得更加重要。因此，研究数据库面临的安全威胁、分析数据库安全需求，对数据库实施安全机制，学习数据库安全的实现途径，对主流数据库系统的安全机制进行学习和分析是必需的。本章介绍数据库安全的概念，数据库的安全需求，数据库的安全机制及主流数据库系统 SQL Server 的安全策略，探讨数据库安全的发展趋势。

6.1 数据库安全概念

国内外对数据库安全有不同的定义。国外以 C. P. Pfleeger 在"Security in Computing - Database Security. PTR，1997"中对数据库安全的定义最具有代表性，这个定义被国外许多教材、论文和培训所广泛应用。他从以下方面对数据库安全进行了描述。

（1）物理数据库的完整性。数据库中的数据不被各种自然的或物理的问题而破坏，如电力问题或设备故障等。

（2）逻辑数据库的完整性。对数据库结构的保护，如对其中一个字段的修改不应该破坏其他字段。

（3）元素安全性。存储在数据库中的每个元素都是正确的。

（4）可审计性。可以追踪存取和修改数据库元素的用户。

（5）访问控制。确保只有授权的用户才能访问数据库，这样不同的用户被限制在不同的访问方式。

（6）身份验证。不管是审计追踪或者是对某一数据库的访问都要经过严格的身份验证。

（7）可用性。对授权的用户应该随时可进行应有的数据库访问。

我国 GB 17859—1999《计算机信息系统安全保护等级划分准则》中的《中华人民共和国公共安全行业标准 GA/T 389—2002 计算机信息系统安全等级保护——数据库管理系统技术要求》对数据库安全做了以下定义：数据库安全就是保证数据库信息的保密性、完整性、一致性和可用性。保密性指保护数据库中的数据不被泄露和未授权的获取；完整性指保护数据库中的数据不被破坏和删除；一致性指确保数据库中的数据满足实体完整性、参照完整性和用户定义完整性要求；可用性指确保数据库中的数据不因人为和自然的原因对授权用户不可用。

当数据库被使用时，应确保合法用户得到数据的正确性，同时要保护数据免受威胁，确保数据的完整性。数据库不仅存储数据，还要为使用者提供信息。应该确保合法用户在一定规则的控制和约束下使用数据库，同时应当防止入侵者或非授权者非法访问数据库。数据库安全主要由数据库管理系统（DBMS，Data Base Management System）来维护，但是操作系统、网络和应用程序与数据库安全的关系也是十分紧密的，因为用户要通过它们来访问数据库，况且和数据库安全密切相关的用户认证等其他技术也是通过它们来实现的。

6.2 数据库安全需求

1. 防止非法数据访问

防止非法数据访问是数据库安全最关键的需求之一。数据库管理系统必须根据用户或应用的授权来检查访问请求，以保证仅允许授权的用户访问数据库。数据库的访问控制要比操作系统中的文件访问控制复杂得多。首先，控制的对象有更细的粒度，如表、记录、属性等；其次，数据库中的数据是语义相关的，所以，用户可以不直接访问数据项而间接获取数据。

2. 防止推导

推导指的是用户通过授权访问的数据，经过推导得出机密信息，而按照安全策略用户是无权访问该机密信息的。在统计数据库中需要防止用户从统计聚合信息中推导得到原始个体信息，特别是统计数据库容易受到推导问题的影响。

3. 保证数据库的完整性

完整性需求指的是保护数据库不受非授权的修改，以及不会因为病毒、系统中的错误等导致的存储数据破坏。这种保护通过访问控制、备份/恢复以及一些专用的安全机制共同实现。

4. 保证数据的操作完整性

操作完整性需求定位于在并发事务中保证数据库中数据的逻辑一致性。一般而言，数据库管理系统中的并发管理器子系统负责这部分需求。

5. 数据的语义完整性

数据的语义完整性主要是指在修改数据时保证新值在一定范围内以确保逻辑上的完整性。对数据值的约束通过完整性约束来描述，可以针对数据库定义完整性约束（定义数据库处于正确状态的条件），也可以针对变化定义完整性约束（修改数据库时需要验证的条件）。

6. 审计和日志

为了保证数据库中数据的安全，一般要求数据库管理系统能够将所有的数据操作记录下来。这一功能要求系统保留日志文件，安全相关事件可以根据系统设置记录在日志文件中，以便事后调查和分析，追查入侵者或发现系统的安全弱点。与数据库的多种粒度的数据对应，审计和日志需要面对粒度问题。因为记录对一个细粒度对象（如一个记录的属性）的访问可能有用，但是考虑到时间和代价这样做可能非常不实用。

7. 标识和认证

与其他系统一样，标识和认证也是数据库的第一道安全防线。标识和认证是授权、审计等的前提条件。

8. 机密数据管理

数据库中的数据可能有部分是机密数据，也有可能全部是机密数据，而有些数据库中的数据全部是公开的数据。同时保存机密数据和公开数据的情况比较复杂。

对于同时保存机密数据和公开数据的数据库而言，访问控制主要保证机密数据保密性，仅允许授权用户的访问。这些用户被赋予对机密数据进行一系列操作的权限，并且禁止传播这些权限。此外，这些被授权访问机密数据的用户应该与普通用户一样可以访问公开数据，但是不能互相干扰。另一种情况是用户可以访问一组特定的机密数据，但是不能交叉访问，此外，还有一种情况是用户可以单独访问特定的机密数据集合，但是不能访问全部机密数据。

9. 多级保护

多级保护表示一个安全需求的集合。现实世界中很多应用需求将数据划分为不同保密级别。例如，军队需要将信息划分为多个保密级别，而不是仅仅划分为公开和保密两部分。同一记录中的不同字段可能划分为不同的保密级别，甚至于同一字段的不同值都会是不同的级别。在多级保护体系中，对不同数据项赋予不同的保密级别，然后根据数据项的密级给访问该数据项的操作赋予不同的级别。在多级保护体系中，进一步的要求是研究如何赋予多数据项组成的集合一个恰当的密级。数据的完整性和保密性是通过给予用户权限来实现的，用户只能访问它拥有的权限所对应级别的数据。

10. 限界

限界的意义在于防止程序之间出现非授权的信息传递。信息传递出现在"授权通道""存储通道"和"隐通道"中。授权通道通过授权的操作提供输出信息，如编辑或编译一个文件。存储通道是存储区，一个程序向其中存储数据，而其他程序可以读取。隐通道指的是使用系统中并非设计用来进行通信的资源在主体间通信的信道。例如，一个程序在处理关键数据时通过改变其编码速度来与另一个程序传递信息，而这个程序是通过检查上述变化得到信息的。

6.3 数据库安全机制

当前 DBMS 所采用的数据库安全技术主要有标志和鉴别、访问控制、信息流控制、推理控制、审计和加密等，目前应用最广也最为有效的是访问控制技术。

如图 6-1 所示是一种安全数据库的体系结构。数据库安全通常通过存取管理、安全管

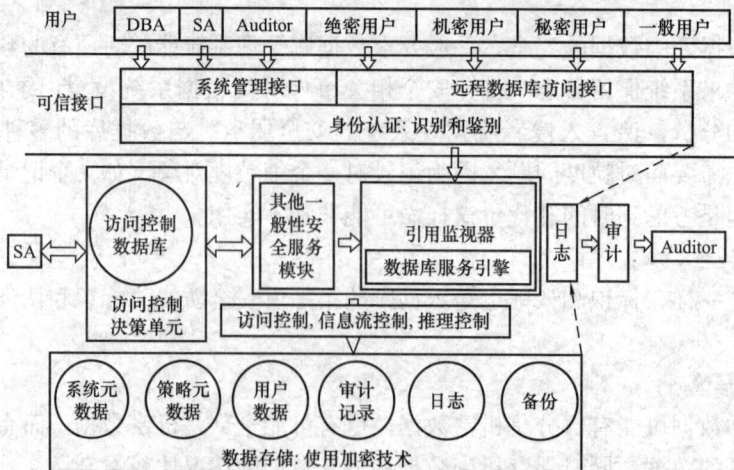

图 6-1 一种安全数据库的体系结构

理和数据库加密来实现。存取管理就是一套防止未授权用户使用和访问数据库的方法、机制和过程，通过正在运行的程序来控制数据的存取和防止非授权用户对共享数据库的访问。安全管理指采取何种安全管理机制实现数据库管理权限分配，一般分集中控制和分散控制两种方式。数据库加密主要包括库内加密（以一条记录或记录的一个属性值作为文件进行加密）、库外加密（整个数据库包括数据库结构和内容作为文件进行加密）、硬件加密等三大方面。

虽然数据库安全模型和安全体系结构及数据库安全机制对于数据库安全来说也非常重要，但是对其的研究和应用进展缓慢。迄今为止，在数据库安全模型上已做了很多工作，但仍然有许多难题。20 世纪 90 年代以来，数据库安全的主要工作围绕着关系数据库系统的存取管理技术的研究展开。

6.3.1　存取管理技术

存取管理技术包括用户身份认证技术和存取控制技术两方面。用户身份认证技术包括用户身份验证和用户身份识别技术。存取控制包括数据的浏览控制和修改控制。浏览控制是为了保护数据的保密性，而修改控制是为了保护数据的正确性和提高数据的可信性。在一个数据资源共享的环境中，存取控制就显得非常重要。

1. 用户身份认证技术

电子商务和网上银行的发展使人们感觉到在数据库中的数据是有价值的，同时也感到数据库系统可能是脆弱的，用户需要特别的认证。通过用户身份验证，可以阻止非授权用户的访问，而通过用户身份识别，可以防止用户的越权访问。

（1）用户身份验证。数据库安全性中最基本的概念之一就是验证，系统通过这个过程来证实用户身份，进而可以阻止非授权用户的访问。一般有以下几种验证方式。

1）操作系统验证。用户可以通过操作系统不需要用户名和密码而直接连接到某些数据库，在这种情况下，用户对数据库的连接要靠操作系统来验证。对 SQL Server 2000 来说，采用 Windows 认证更安全，因为 Windows/NT/2000 操作系统的安全性能达到美国国防部定义的 C2 级安全标准，它的认证具有安全确认、口令加密、审核、口令有效期保护、最短口令长度限制、非法登录时的账户锁定等功能。

2）DBMS 提供验证。当操作系统不能被用来进行用户认证时，用户可以通过提交正确的用户名、密码，由 DBMS 提供验证来访问数据库。采用难以记忆的、经常改变的密码，不管是在理论上还是在实践上都是一个很好的安全技术。对 SQL Server 2000 来说，它的认证管理较为简单，它允许应用程序的所有用户使用同一个登录标识。

3）网络安全系统的认证。已经有许多网络安全认证系统用来对数据库用户的认证。这要依赖于认证和密钥分配系统，用户可以通过提供身份证明或验证令牌来响应验证请求，包括采用智能卡、安全令牌、生物识别或其组合的 PKI 技术。本质上，认证和密钥分配系统提供的是一个应用编程界面（API），它可以用来为任何网络应用程序提供安全服务，如认证、数据机密性和完整性、访问控制及非否认服务。比较常用的系统有 DCE、Kerberos、SESAME 等。

（2）用户身份识别。用户身份识别以数据库授权为基础，只有经过数据库授权和验证的用户才是合法的用户。数据库授权技术包括授权用户表、用户授权表、系统的读出/写入规则和自动查询修改技术。

1）授权用户表。授权用户表包含授权用户的各项信息，只有与用户表内各项信息完全相符的用户才是授权用户。

2）授权用户权限表。每个用户有各自事先规定的权限，当授权用户进入时，通过授权用户权限表赋予用户相应权利。

3）使用系统的读出/写入规则。通过系统运行的读出/写入规则可以调用数据库的安全规则。

4）自动查询修改技术。DBMS 系统具有自动查询修改控制功能，来防止用户访问数据库中未授权的部分。

2. 存取控制技术

存取控制限制了访问者和执行程序可以进行的操作，通过存取控制可以防止安全漏洞隐患。DBMS 中对数据库的存取控制是建立在操作系统和网络的安全机制的基础之上的。一般来说，就存取控制而言，低安全等级的操作系统和网络之上很难建立高安全等级的数据库系统；而高安全等级的操作系统和网络之上建立的数据库也不一定就是高安全等级。

存取控制的模型有自主存取控制、强制存取控制和基于角色存取控制 RBAC。RBAC 被认为是一种更普遍适用的存取控制模型，可以有效表达和巩固特定事务的安全策略，有效缓解传统安全管理处理瓶颈问题。在某种程度上可以说 RBAC 是 DAC 和 MAC 在应用范围、有效性和灵活性上的扩展。利用 RBAC96 模型就可以实现多种 DAC 和 MAC。由于使用了角色继承、约束、角色管理、授权管理等机制，使得存取控制实现和管理更加灵活。目前对 RBAC 的支持主要在应用层，而对 RBAC 的研究已扩展到面向对象数据库、动态数据库和 XML 知识库领域。

3. 信息流控制技术

20 世纪 70 年代后期，Denning 提出了信息流控制的基本思路，用以对可访问的对象之间的信息流程加以监控和管理。信息流控制机制对系统的所有元素、组成成分等划分类别和级别。在对象 X 和对象 Y 之间的流程是指由对象 X 读取数据的值之后将该值写入对象 Y 的过程。信息流控制负责检查信息的流向，使高保护级别对象所含信息不会被传送到低保护级别的对象中去，而不论这个过程是显式的（如复制过程）或是隐式的（如隐秘通道），这可以避免某些怀有恶意的用户从较低保护级别的后一个对象中取得较为秘密的信息。

信息流控制技术分为静态信息流控制技术和动态信息流控制技术。目前信息流控制技术还不够成熟，难以彻底解决隐秘通道等问题，这是因为实际系统的复杂程度超过了形式化验证技术所能处理的复杂程度。

6.3.2 安全管理技术

安全管理指采取何种安全管理机制实现数据库管理权限分配，安全管理分集中控制和分散控制两种方式。集中控制由单个授权者来控制系统的整个安全维护；分散控制则采用可用的管理程序控制数据库的不同部分来实现系统的安全维护。集中控制的安全管理可以更有效、更方便地实现安全管理。安全管理机制可采用数据库管理员、数据库安全员、数据库审计员各负其责、相互制约的方式，通过自主存取控制、强制存取控制实现数据库的安全管理。数据管理员必须专门负责每个特定数据的存取，DBMS 必须强制执行这条原则，应避免多人或多个程序来建立新用户，应确保每个用户或程序有唯一的注册账户来使用数据库。安全管理员能从单一地点部署强大的控制、符合特定标准的评估，以及大量的用户账号、口令安全管理任务。数据库审计员根据日志审计跟踪用户的行为和导致数据的变化，监视数据访问和用户行为是最基本的管理手段，这样如果数据库服务出现问题，可以进行审计追查。

6.3.3 数据库加密

一般而言，数据库系统提供的安全控制措施能满足一般的数据库应用，但对于一些重要部门或敏感领域的应用，仅有这些是难以完全保证数据的安全性的。因此，有必要在存取管理、安全管理之上对数据库中存储的重要数据进行加密处理，以强化数据存储的安全保护。数据加密是防止数据库中数据泄露的有效手段，与传统的通信或网络加密技术相比，由于数据保存的时间要长得多，对加密强度的要求也更高。而且，由于数据库中数据是多用户共享，对加密和解密的时间要求也更高，所以不会明显降低系统性能的要求。

1. 数据库密码系统有其自身的要求和特点

传统的加密以报文为单位，加、解密都是从头至尾顺序进行。数据库数据的使用方法决定了它不可能以整个数据库文件为单位进行加密。当符合检索条件的记录被检索出来后，就必须对该记录迅速解密。然而该记录是数据库文件中随机的一段，无法从中间开始解密，除非从头到尾进行一次解密，然后再去查找相应的这个记录，显然这是不合适的。必须解决随机地从数据库文件中某一段数据开始解密的问题。传统的密码系统中，密钥是秘密的，知道的人越少越好。一旦获取了密钥和密码体制就能攻破密码，解开密文。而数据库数据是共享的，有权限的用户随时需要知道密钥来查询数据。因此，数据库密码系统宜采用公开密钥的加密方法。

2. 字段加密

在目前条件下，加/解密的粒度是每个记录的字段数据。如果以文件或列为单位进行加密，必然会造成密钥的反复使用，从而降低加密系统的可靠性或者因加/解密时间过长而无法使用。只有以记录的字段数据为单位进行加/解密，才能适应数据库操作，同时进行有效的密钥管理并完成"一次一密"的密码操作。

3. 多级密钥结构

数据库查询路径依次是库名、表名、记录名和字段名。数据库关系运算中参与运算的最小单位是字段，因此，字段是最小的加密单位。也就是说当查得一个数据后，该数据所在的库名、表名、记录名、字段名都应是知道的。对应的库名、表名、记录名、字段名都应该具有自己的子密钥，这些子密钥组成了一个能够随时加/解密的公开密钥。

4. 数据库加密的范围

一方面，数据加密通过对明文进行复杂的加密操作，以达到无法发现明文和密文之间、密文和密钥之间的内在关系，也就是说经过加密的数据经得起来自操作系统（OS）和DBMS 的攻击。另一方面，DBMS 要完成对数据库文件的管理和使用，必须具有能够识别部分数据的条件。因此，只能对数据库中数据进行部分加密。

5. 数据库加密的层次

可以在 3 个不同层次实现对数据库数据的加密，这 3 个层次分别是 OS、DBMS 内核层和 DBMS 外层。对于大型数据库来说，在 OS 层对数据库文件进行加密目前还难以实现。在DBMS 内核层实现加密，是指数据 QQAZ 在物理存取之前完成加/解密工作。这种方式势必造成 DBMS 和加密器（硬件或软件）之间的接口需要 DBMS 开发商的支持。这种加密方式的优点是加密功能强，并且加密功能几乎不会影响 DBMS 的功能。其缺点是在服务器端进行加/解密运算，加重了数据库服务器的负载。比较实际的做法是将数据库加密系统做成

DBMS 的一个外层工具。采用这种加密方式时，加/解密运算可以放在客户端进行，其优点是不会加重数据库服务器的负载并可实现网上传输加密，缺点是加密功能会受一些限制。

6.3.4　数据库审计

审计功能是 DBMS 安全性方面重要的一部分。由于任何系统的安全保护措施都不是无懈可击的，蓄意盗窃、破坏数据的人总是想方设法打破控制。通过审计，可以把用户对数据库的所有操作自动记录下来放入审计日志中，这样数据库系统可以利用审计跟踪的信息，重现导致数据库现有状况的一系列事件，找出非法存取数据的人、时间和内容等，以便于追查有关责任；同时审计也有助于发现系统安全方面的弱点和漏洞。按照 TDI/TCSEC 标准中安全策略的要求，审计功能也是 DBMS 达到 C2 以上安全级别必不可少的一项指标。

审计日志对于事后的检查十分有效，它有效地增强了数据的物理完整性。但是对于粒度过细（如每个记录值的改变）的审计，是很费时间和空间的，特别是在大型分布和数据复制环境下的大批量、短事务处理的应用系统中，实际上是很难实现的。因此，DBMS 往往将其作为可选特征，允许数据库系统根据应用对安全性的要求，灵活地打开或关闭审计功能。审计功能一般主要用于安全性要求较高的部门。

一个数据库审计系统的简单模型包括两个部分，审计数据采集器用于采集审计数据；审计数据分析器负责对审计数据采集器发送给它的数据进行分析，审计数据字典以数据库的形式存在，采集器采集的数据存储为日志。如图 6-2 所示为安全审计系统模型的框图。

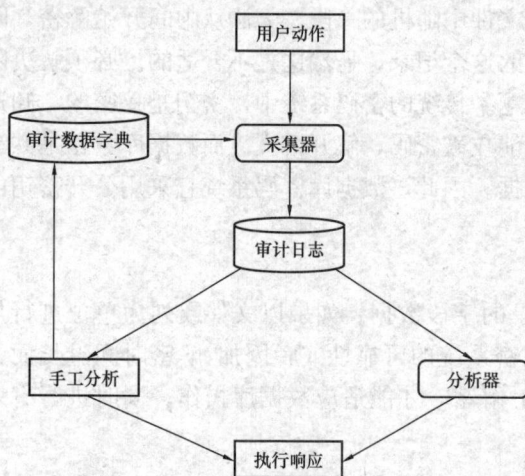

图 6-2　安全审计模型的框图

6.3.5　推理控制与隐私保护

推理是指用户通过间接的方式获取本不该获取的数据或信息。推理控制的目标就是防止用户通过间接的方式获取本不该获取的数据或信息。

1. 推理途径

设数据 X 与数据 Y 之间存在某种函数关系 $Y=f(X)$，而 X 是该用户的授权存取数据集合，则该用户就可以通过调用 $f(X)$ 而取得本无访问授权的数据集合 Y。由 X 到达 Y 的联通是一个推理途径。系统中的推理途径主要有间接存取访问和相关数据两种。

2. 统计推理

20 世纪 70 年代后期，Denning 就已经开始研究统计推理。典型的情况是在统计数据库中只允许用户查询聚集类型的信息（即统计数据），不允许查询单个记录的信息。但是其中可能存在隐蔽的信息通道，使得可以从合法的查询中推导出不合法的信息。统计推理就是通过合法而巧妙地使用统计函数来获得通过授权访问不能获得的保密数据。对付统计推理的技术主要有两种：①数据扰动，事先对需要进行统计的敏感数据进行加工；②查询控制，对统计查询的控制是比较成功的技术，目前已经实际应用到统计数据库中并有较多成功经验，该技术大部分是控制可以查询的记录数。

3. 隐私保护

简单地说,隐私就是个人、机构等实体不愿意被外部世界知晓的信息。在具体应用中,隐私即为数据所有者不愿意被披露的敏感信息,包括敏感数据以及数据所表征的特性。通常我们所说的隐私都指敏感数据,如个人的薪资、病人的患病记录、公司的财务信息等。但当针对不同的数据及数据所有者时,隐私的定义也会存在差别的。例如保守的病人会视疾病信息为隐私,而开放的病人却不视之为隐私。一般地,从隐私所有者的角度而言,隐私可以分为两类。

(1) 个人隐私(Individual Privacy)。任何可以确认特定个人或与可确认的个人相关,但个人不愿被暴露的信息,都叫做个人隐私,如身份证号、就诊记录等。

(2) 共同隐私(Corporate Privacy)。共同隐私不仅包含个人的隐私,还包含所有个人共同表现出来但不愿被暴露的信息,如公司员工的平均薪资、薪资分布等信息。

隐私保护技术是数据库系统用于保护用户隐私的各种安全策略的功能集合。除了数据库加密,目前常用的隐私保护技术包括用户认证、访问控制、推理控制等。图6-3为上述安全机制之间的关系图。

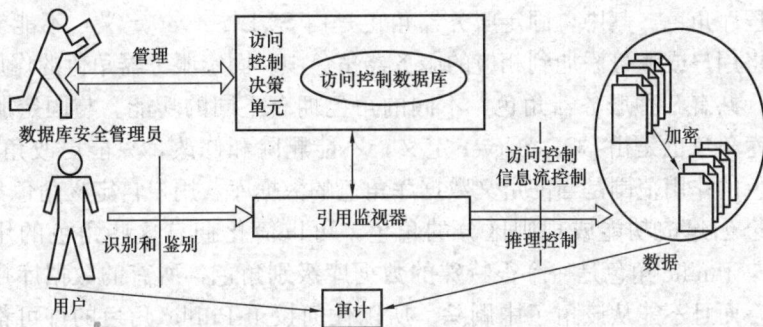

图6-3 识别与鉴别、访问控制、信息流控制、推理控制、审计、加密之间的关系图

6.4 SQL Server 数据库的安全策略

6.4.1 基本安全策略

1. SQL Server 的基本安全机制

SQL Server 典型的网络安全机制的三大支柱分别是身份验证、授权和审计。SQL Server 的基本安全机制如下:①SQL Server 的登录安全性;②数据库的使用安全性;③数据库对象的使用安全性。整个安全流程涉及登录模式、安全账户、角色、用户等不同各个概念。

2. 服务器级别的登录认证

用户登录认证是 SQL Server 安全环境中访问数据的第一步,是验证系统中请求服务的客户机身份的过程。没有第一步的身份验证,任何客户机或用户都无法连接到 SQL Server 服务器。SQL Server 提供了两种身份验证方式,分别是 Windows 身份验证模式和混合身份验证模式。其中,Windows 身份验证是由 Windows 操作系统来验证用户身份,混合模式则是由 SQL Server 自身来验证用户身份。

3. 权限验证

当用户通过身份验证登录到 SQL Server 服务器上后,还必须经过权限验证以决定他能访问的数据库及对访问的数据库所允许执行的操作。

为了对数据库中的对象设置安全权限，每个数据库都要求设置单独的用户账号。因此在 SQL Server 中账号有两种：登录账号和数据库用户账号。登录账号属于服务器层面的，其对应的数据库用户账号的数据库访问权限决定了用户在数据库中可以进行哪些操作。用户获得对数据库的访问权限以后，就可以存取数据库了。

4. 数据库级别的权限控制

在每个数据库中都有 sysusers 表，该表中存放着能访问该数据库的所有角色和账号列表。也可以在企业管理器每个数据库的用户和角色中查看到相应的角色和用户列表。

5. 角色管理

在 SQL Server 中，角色有些类似于 Windows 中的安全组，目的是集中式管理。通过给账号和用户添加角色，可以自动将该角色所拥有的权限和许可授予账号和用户。在 SQL Server 中，角色是在服务器或数据库级别上定义的。

有多种类型的角色，包括固定服务器角色、固定数据库角色、用户自定义角色、Public 角色以及应用程序角色。其中，固定服务器角色是由 SQL Server 定义，不能被添加、修改和删除，只能将用户或账号添加到相应的服务器角色中。固定服务器角色的作用范围是整个数据库服务器，共有 8 种服务器角色，不同的角色拥有不同的功能。与固定服务器角色一样，固定数据库角色也是由 SQL Server 定义，不能删除和修改，只能更改角色中的成员。固定数据库角色的作用范围是当前定义数据库角色的数据库。用户自定义角色只能在数据库级别定义，通过创建按功能或规则区分的角色，可以简化拥有这些角色的用户管理。在 SQL Server 中，Public 角色是一个很特殊的数据库级别角色，所有的数据库用户会自动成为该角色成员，而且不能从该角色中删除。所以任何授予 Public 角色的许可都自动授予给当前数据库的所有用户。

6. 用户管理

用户可以通过添加到具体的角色中而获得相应的访问权限，也可以直接对单个用户进行具体的权限分配。

7. 权限管理

权限管理包括 3 种类型：对象权限、语句权限和隐含权限。

（1）对象权限。对象权限是指用户对数据库中的表、视图、存储过程等对象的操作权限，如是否允许查询、添加、删除、修改数据、执行存储过程等。

（2）语句权限。创建数据库或数据库中的对象。语句权限是指用户是否具有执行某种语句的权力，这些语句主要包括一些数据定义语句，如创建数据库、表、存储过程等的语句。

（3）隐含权限。利用授予预定义的权限。隐含权限是指由 SQL Server 预定义的服务器角色、数据库所有者（dbo）和数据库对象所有者所拥有的权限，隐含权限相当于内置权限，并不需要明确地授予这些权限。例如，服务器角色 sysadmin 的成员可以在整个服务器范围内从事任何操作，数据库所有者（dbo）可以对本数据库进行任何操作。无论是哪一种权限，都可以使用 Grant，Revoke 和 Deny 命令进行管理。其中，Grant 用于显式给用户或角色授权许可；Deny 用于显式拒绝用户或角色使用某个许可。Revoke 执行与 Grant 或 Deny 相反的操作，可以理解为取消。

8. 审核访问

在 SQL Server 中，认证和授权等安全措施属于强制性的安全机制，目的是将用户对数据库的操作局限在其许可的范围内。SQL Server 中包含一个可选的 C2-level 审核系统，该审核系统允许 DBA 在每一个不同的层面上跟踪安全事件。

（1）启用服务器的审核功能。打开在企业管理器服务器属性"安全性"选项卡，在"安全性/审核级别"区域启动"服务器审核"。重新启动 SQL Server 服务器后，可以在事件查看器中的"应用程序日志"中查看相应的审核信息。

（2）利用"事件探查器"进行审核。利用"事件探查器"进行审核，最主要的操作是在"事件"选项卡中选择"安全审核"，设置完成运行审核。

6.4.2　SQL Server 2005 安全性方面的改进

SQL Server 2005 在数据库平台的安全模型上有了显著的增强，由于提供了更为精确和灵活的控制，数据安全更为严格，包括以下方面。

（1）在身份验证空间中，强制执行 SQL Server 登录密码的策略。

（2）在身份验证空间中，根据在不同范围上指定的权限来提供更细的粒度。

（3）在安全管理空间中，允许所有者和架构的分离。

1. 授权

SQL Server 2005 中新的安全模式允许管理员在某个粒度级别上和某个指定范围内管理权限，这样，管理权限更加容易并且权限最低原则得到遵循。SQL Server 2005 允许为一个模块中语句的执行指定上下文。这个功能同时也在细化权限管理时起了很重要的作用。

2. 身份验证

SQL Server 2005 集群支持针对 SQL Server 2005 虚拟服务器的 Kerberos 身份验证。管理员可以在标准登录上指定 Microsoft Windows 类型的策略，以便对域中的所有账户应用一致的策略。

3. 本机加密

SQL Server 2005 与密钥管理基础架构完全集成，支持在数据库自身内部的加密功能。默认情况下，客户端/服务器端通信是加密的。为确保集中安全，服务器端策略可定义为拒绝不加密的通信。

4. SQL Server 和可信计算

Microsoft 可信计算计划描述了一个框架，它定义支持更安全计算的必要步骤部署及维护更安全环境的措施。这些步骤能在软件生命周期的每一阶段——从设计、发布到维护，保护数据和系统的机密性、完整性和可用性。为支持可信计算计划的四个原则，Microsoft 和 SQL Server 团队采取以下步骤。

（1）设计安全。SQL Server 开发团队完成了多次安全审核，花了两个多月时间研究 SQL Server 各个组件及它们之间的交互性。对于每一个潜在的安全威胁，开发团队都做了威胁分析以评估该问题，并完成了附加设计和测试工作来完全消除潜在的安全问题。正是由于这样的工作，SQL Server 2005 包括了许多新的服务器安全功能。

（2）默认安全。在安装 SQL Server 2005 时，安装程序将为所有安装选项选择正确的配置设置，以确保在新系统安装结束时，系统默认处于安全状态。

（3）部署安全。Microsoft 已创建了帮助组织使用正确的安全凭据部署 SQL Server 的内容，帮助用户充分理解必需的步骤和权限。SQL Server 部署工具提供了部署期间需要做出决定的必要信息。可以容易地找到安全更新并进行安装，而且如果选择了该选项，安全更新功能将会自动安装。也可以使用帮助评估和管理组织安全风险的工具。

6.4.3 SQL Server 2008 的安全性

在 SQL Server 2005 和 SQL Server 2008 的基础之上，SQL Server 2008 R2 版本做了很多方面的改进来增强和扩展其安全性，提供了功能强大的透明加密和密钥管理功能、强身份验证和访问控制的安全性增强功能、有助于有效管理安全性功能配置策略，以及增强的安全审核，就 SQL Server 2008 R2 版本在这几方面对安全性的改进做简要介绍。

1. SQL Server 2008 R2 安全性

SQL Server 2008 R2 提供了许多旨在改进数据库总体安全性增强的新功能，增加了密钥加密和身份验证功能，并引入了新的审核系统，以帮助用户加强对策略的审核。在数据库存储安全方面有了比较大的变化，已不再提供 SQL Server 2005 外围应用配置器工具。

2. 增强的数据库加密

SQL Server 2008 在加密方面有两个问题要改进：①SQL Server 可以使用存储在外部第三方安全模块上的加密密钥；②对存储在 SQL Server 中的数据。

第一个改进是通过新的可扩展密钥管理（EKM）功能实现的，EKM 设备密钥结构如图 6-4 所示。

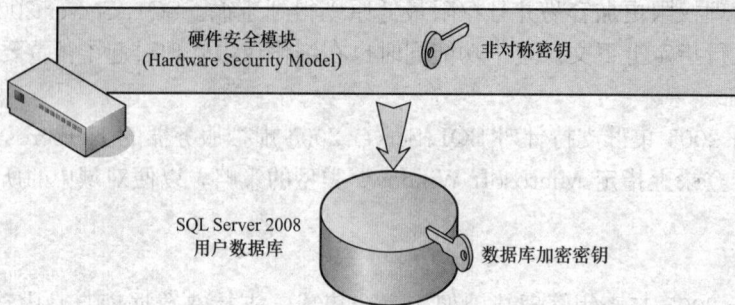

图 6-4　EKM 设备密钥结构

3. 透明数据加密

SQL Server 2008 的另一个新功能是透明加密，SQL Server 2008 R2 可以对整个数据库、数据文件和日志文件进行加密，而不需要改动应用程序。图 6-5 为透明数据加密的体系结构。

4. 代码模块签名

在 SQL Server 2008 R2 中提供加密的另外一个好处就是提供了证书可以对代码模块（函数、存储过程、事件通知和触发器）进行数字签名的能力，这样对于数据库表和其他对象访问的粒度控制就能做到更细。

5. 集成身份验证改进

在 SQL Server 2008 R2 中，Kerberos 身份验证已扩展到所有网络协议，包括 TCP、命名管道、共享内存和虚拟接口适配器（VIA）。默认情况下，客户端驱动程序会自动推断出所连接 SQL Server 实例的正确 SPN，不再需要在活动目录中注册 SPN 就可以支持 Ker-

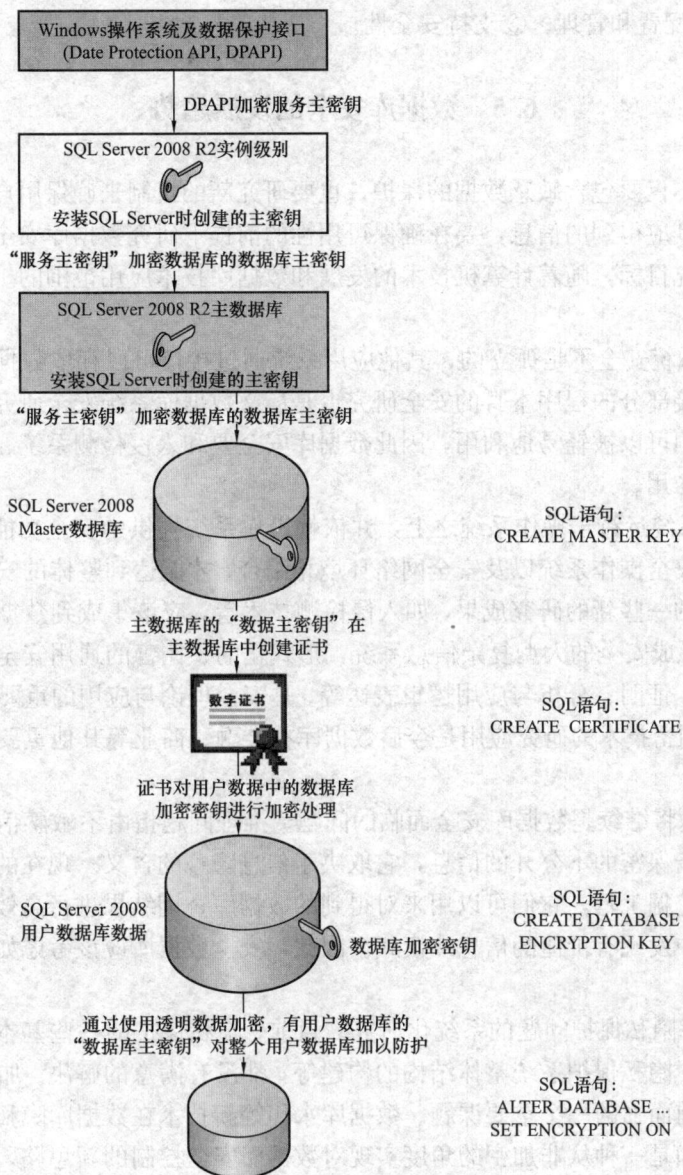

图 6-5   透明数据加密的体系结构

beros。还可在连接字符串参数中显式指定 SPN，以提供更好的安全性、控制和故障排除功能。

6. 基于策略的管理

SQL Server 2008 R2 增加了基于策略的管理方式，可以将策略应用于单个数据库、单个 SQL Server 实例或所管理的所有 SQL Server，通过基于策略的管理，可检测 SQL Server 配置选项和安全设置是否合法，对于某些安全设置还可创建策略来检测不合规则的数据库服务器，并采取措施使其合法有效。

7. 增强的审核

SQL Server 2008 新增了以下特性：①SQL Audit 审核作为直接的服务器对象；②有

DDL 支持审核的配置和管理；③支持安全性。

6.5　数据库安全的发展趋势

数据库安全不仅要包含敏感数据的保护，也要研究新的机制来确保用户在一个受约束的方式下可以找到其应得到的信息，要在确保可用性的前提下研究数据库安全。数据库安全仍是一个重要的研究目标，随着计算机技术的发展和数据库技术应用范围的扩大，将会有以下发展趋势：

（1）数据库系统安全不是孤立的，其他应用系统通过接口可以存取数据库，因此对应用系统和数据库连接部分的程序本身的安全研究也是广义数据库系统安全研究的范围；数据库系统的弱点和漏洞可以被轻易地利用，因此数据库安全要和入侵检测系统、防火墙等其他安全产品配套研究使用。

（2）数据库系统运行于操作系统之上，并依赖操作系统提供的安全功能和机制，因此安全数据库系统与安全操作系统以及安全网络环境相结合，才能达到整体的安全性。操作系统安全和网络安全的一些新的研究成果，如入侵检测技术等，应该集成到数据库系统的隐私保护机制中来，以形成安全的大型复杂信息系统，形式化的、完善的通用安全策略模型。形式化方法包括建模、证明、分析与应用逻辑表达等，是安全理论与应用的重要基础。

（3）数据库加密技术的研究应用是今后数据库在金融、商业等其他重要应用部门研究和推广的重点。

（4）推理问题将继续是数据库安全面临的问题。推理问题指由不敏感信息推导出敏感性信息。敏感信息指保密的不公开的信息，它取决于信息隐藏的含义。现在的数据库用户有了功能强大的数据挖掘工具，它们可以用来对得到的数据库查询结果进行高效、简洁、智能化的自动处理，从中发现有价值的信息或模式。因此，安全数据库应该考虑如何有效控制推理问题。

（5）对数据库隐私保护问题的系统化研究。目前，隐私保护的一些基本问题，如对隐私保护程度的度量、隐私保护系统整体结构的构建等，都没有满意的解决。加强对隐私保护的系统化研究是目前面临的一个重要课题。数据库水印等新技术在数据库隐私保护领域已有所应用。数据库水印是一种从非加密的角度实现对数据库安全控制的新思路，目前的研究主要集中于数据库版权保护。

6.6　大数据安全与隐私

大数据已成为学术界和产业界的研究热点，正影响着人们日常生活、工作习惯及思考方式。但是目前大数据在收集、存储和使用过程中面临着诸多安全风险，大数据所导致的隐私泄露给用户带来严重困扰，而虚假信息将导致错误或无效的分析结果。

6.6.1　大数据面临的安全挑战

大数据时代，随着数据的增多，数据面临更严峻的安全风险，传统的数据保护方法已经不适用于大数据，大数据面临以下安全挑战。

1. 大数据应用中的访问控制问题

访问控制是实现数据受控共享的有效手段，大数据在各行各业中都有巨大的潜在应用价值，其访问控制需求十分突出。常用的访问控制策略有三类：自主访问控制、强制访问控制和基于角色的访问控制。而针对大数据的大量化、快速化、多样化及数据价值密度低的特性，自主访问控制无法满足由于用户的多样性带来的权限多样性的要求，强制访问控制无法满足权限的动态性，基于角色的访问控制则无法有效地将角色和相应权限对应起来。因此，在大数据架构下引入访问控制机制还需要对新型的机制进行探索实验。

访问控制是实现数据受控共享的有效手段。由于大数据可能被用于多种不同场景，其访问控制需求十分突出。大数据访问控制的特点与难点在于：

（1）难以预设角色，实现角色划分。由于大数据应用范围广泛，它通常要为来自不同组织或部门、不同身份与目的的用户所访问，实施访问控制是基本需求。然而，在大数据的场景下，有大量的用户需要实施权限管理，且用户具体的权限要求未知。面对未知的大量数据和用户，预先设置角色十分困难。

（2）难以预知每个角色的实际权限。由于大数据场景中包含海量数据，安全管理员可能缺乏足够的专业知识，无法准确地为用户指定其所可以访问的数据范围。而且从效率角度讲，定义用户所有授权规则也不是理想的方式。以医疗领域应用为例，医生为了完成其工作可能需要访问大量信息，但对于数据能否访问应该由医生来决定，不应该需要管理员对每个医生做特别的配置。但同时又应该能够提供对医生访问行为的检测与控制，限制医生对病患数据的过度访问。

此外，不同类型的大数据中可能存在多样化的访问控制需求。例如，在Web2.0个人用户数据中，存在基于历史记录的访问控制；在地理地图数据中，存在基于尺度以及数据精度的访问控制需求；在流数据处理中，存在数据时间区间的访问控制需求，等等。如何统一地描述与表达访问控制需求也是一个挑战性问题。

2. 大数据中的隐私隐患

数据采集、数据共享发布、数据分析时都可能因为操作不当造成隐私泄露，例如，大数据存储所在公司的内部员工可以滥用他的访问级别来侵犯客户隐私；一个受信任的合作伙伴可以滥用他们对数据的访问权限来推断用户的私人信息；共享数据可以被重新识别，在数据分析过程中获得隐私信息同时，如果数据生命周期内保护措施不到位，隐私数据没有进行可信销毁均会泄露隐私。

大数据时代，数据的隐私问题包括两个方面：一方面是个人隐私的保护，随着数据采集技术的发展，在用户无法察觉，个人的兴趣、习惯、身体特征等隐私信息可以被更容易地获取；另一方面，即使得到用户的许可，个人隐私数据在存放、传输和使用的过程中，也有被泄露的风险。大数据的分析能力导致看似简单的信息可能会被挖掘出其中的隐私，因此，大数据时代的隐私保护将成为新的命题。

目前，用户数据的收集、存储、管理与使用等均缺乏规范，更缺乏监管，主要依靠企业的自律，用户无法确定自己隐私信息的用途。而在商业化场景中，用户应有权决定自己的信息如何被利用，实现用户可控的隐私保护。例如，用户可以决定自己的信息何时以何种形式披露，何时被销毁，包括：①数据采集时的隐私保护，如数据精度处理；②数据共享、发布时的隐私保护，如数据的匿名处理、人工加扰等；③数据分析时的隐私保护；④数据生命周期的隐私保护；⑤隐私数据可信销毁等。

3. 大数据的可信性

关于大数据的一个普遍的观点是，数据自己可以说明一切，数据自身就是事实。但实际情况是，如果不仔细甄别，数据也会欺骗，就像人们有时会被自己的双眼欺骗一样。

大数据可信性的威胁之一是伪造或刻意制造的数据，而错误的数据往往会导致错误的结论。若数据应用场景明确，就可能有人刻意制造数据、营造某种"假象"，诱导分析者得出对其有利的结论。由于虚假信息往往隐藏于大量信息中，使得人们无法鉴别真伪，从而做出错误判断。例如，一些点评网站上的虚假评论，混杂在真实评论中使得用户无法分辨，可能误导用户去选择某些劣质商品或服务。由于当前网络社区中虚假信息的产生和传播变得越来越容易，其所产生的影响不可低估。用信息安全技术手段鉴别所有来源的真实性是不可能的。

大数据可信性的威胁之二是数据在传播中的逐步失真。原因之一是人工干预的数据采集过程可能引入误差，由于失误导致数据失真与偏差，最终影响数据分析结果的准确性。此外，数据失真还有数据版本变更的因素。在传播过程中，现实情况发生了变化，早期采集的数据已经不能反映真实情况。因此，大数据的使用者应该有能力基于数据来源的真实性、数据传播途径、数据加工处理过程等，了解各项数据可信度，防止分析得出无意义或者错误的结果。

密码学中的数字签名、消息鉴别码等技术可以用于验证数据的完整性，但应用于大数据的真实性时面临很大困难，主要根源在于数据粒度的差异。例如，数据的发源方可以对整个信息签名，但是当信息分解成若干组成部分时，该签名无法验证每个部分的完整性。而数据的发源方无法预知哪些部分被利用、如何被利用，难以事先为其生成验证对象。

6.6.2 大数据安全保障技术

1. 数据私密性保护

大数据系统快速、高效处理数据的能力满足了同态加密所需的软硬件要求，因此同态加密成为数据私密性保护中的研究热点。同态加密是一种面向密文计算的模式，避免在不可信环境下进行加、解密，直接对密文进行操作。其等同于解密后对数据操作再加密的过程。然而，同态加密现在还处于探索阶段，算法不成熟、效率低，距离实际应用还有一定距离。

2. 数据完整性保护

传统的基于完整性保护和存在性的验证方法是通过可信第三方完成的，用户将加密数据存储在云端，可信第三方预先计算用于验证的散列值，使用挑战/应答方式验证云端存储数据的完整性和存在性，但是该方法适合于静态数据，对于动态变化的数据开销大。

3. 数据操作验证

数据操作验证模型主要包括可证明数据持有模型（PDP，Provable Data Possession Model）和可恢复性证明模型（POR，Proof of Retrievability）。

（1）可证明数据持有模型。可证明数据持有模型通过非对称 RSA 加密方式，与用户身份相结合，对用户文件 Hash 值进行校验来证明在远程服务器上完整存在着用户的大数据。既验证了数据的完整性，也证明数据的持有者。但此方法存在存储云欺骗攻击以及重放攻击的问题。

（2）可恢复性证明模型。可恢复证明模型利用纠错码技术和消息认证机制来保证远程数据文件的完整性和可恢复性。

4. 数据可用性

数据可用性的安全保障方案从文件备份方面来进行描述。传统的文件备份方法是将要存储的文件分别存在多个服务器上,但是这种方法是使用存储资源消耗换取数据可用性,同时提高了数据更新同步的难度。现有的大数据系统中,大多采用了数据块备份方案,将数据分块,然后分别备份存储到多个数据节点,即使某些数据节点失败,数据的可用性也能得到保证。Hadoop 系统实现了文件块的多副本备份,使得即使某机器被攻击时仍然可以从其他机器中的副本处读取文件,同样的,使用存储资源消耗换取数据可用性,控制节点是系统的瓶颈所在。

5. 隐私保护

大数据分析能够更加深入关联隐形隐私信息,从而更加容易泄露用户的身份信息、私密信息、轨迹/位置信息等。大数据系统中,隐私的泄露可能存在系统的各个环节,大数据源、数据处理、数据存储、数据发布和应用;同时用户的各种背景知识可以从用户参与的各个系统中获取,背景知识的大量积累严重威胁用户的隐私。保护用户的隐私不被恶意攻击者所发现,最基本的手段有:基于属性的控制,即用户自行设置哪些属性他人可见、不可见;匿名方法,即在数据发布时隐去表明用户身份的属性,如姓名、身份证号等。然而上述两种方法都基于同一个假设,即敌手无任何背景知识或其他数据来源。当攻击者具有一定量的背景知识时,匿名仍然是不安全的。为此,Sweeney 提出了 k 匿名隐私保护模型,Dwork 等人提出了差分隐私算法。

(1) 数据发布匿名保护技术。对于大数据中的结构化数据(或称关系数据)而言,数据发布匿名保护是实现其隐私保护的核心关键技术与基本手段,目前仍处于不断发展与完善阶段。

以典型的 k 匿名方案为例,早期的方案及其优化方案通过元组泛化、抑制等数据处理,将准标识符分组。每个分组中的准标识符相同且至少包含 k 个元组,因而,每个元组至少与 $k-1$ 个其他元组不可区分。由于 k 匿名模型是针对所有属性集合而言,对于具体的某个属性则未加定义,容易出现某个属性匿名处理不足的情况。若某等价类中某个敏感属性上取值一致,则攻击者可以有效地确定该属性值。

针对该问题研究者提出 l 多样化 (l-diversity) 匿名。其特点是在每一个匿名属性组里敏感数据的多样性满足要大于或等于 l。实现方法包括基于裁剪算法的方案以及基于数据置换的方案等。此外,还有一些介于 k 匿名与 l 多样化之间的方案。进一步的,由于 l-diversity 只是能够尽量使敏感数据出现的频率平均化。当同一等价类中数据范围很小时,求等价类中敏感数据的分布与整个数据表中数据的分布保持一致。其他工作包括 (k, e) 匿名模型、(X, Y) 匿名模型等。上述研究是针对静态、一次性发布情况,而现实中,数据发布常面临数据连续、多次发布的情况。需要防止攻击者对多次发布的数据联合进行分析,破坏数据原有的匿名特性。

在大数据场景中,数据发布匿名保护问题较之更为复杂:攻击者可以从多种渠道获得数据,而不仅仅是同一发布源。例如,在前所提及的 Netflix 应用中,人们发现攻击者可通过将数据与公开可获得的 imdb 相对比,从而识别出目标在 Netflix 的账号,并据此获取用户的政治倾向与宗教信仰等(通过用户的观看历史和对某些电影的评论和打分分析获得)。此类问题有待更深入的研究。

（2）社交网络匿名保护技术。社交网络产生的数据是大数据的重要来源之一，同时这些数据中包含大量用户隐私数据。截至 2012 年 10 月 Facebook 的用户成员就已达 10 亿。由于社交网络具有图结构特征，其匿名保护技术与结构化数据有很大不同。

社交网络中的典型匿名保护需求为用户标识匿名与属性匿名（又称点匿名），在数据发布时隐藏了用户的标识与属性信息；以及用户间关系匿名（又称边匿名），在数据发布时隐藏用户间的关系。而攻击者试图利用节点的各种属性（度数、标签、某些具体连接信息等），重新识别出图中节点的身份信息。目前的边匿名方案大多是基于边的增删，随机增删交换边的方法可以有效地实现边匿名。另一个重要思路是基于超级节点对图结构进行分割和集聚操作。如基于节点聚集的匿名方案、基于基因算法的实现方案、基于模拟退火算法的实现方案以及先填充再分割超级节点的方案。

社交网络匿名方案面临的重要问题是，攻击者可能通过其他公开的信息推测出匿名用户，尤其是用户之间是否存在连接关系。研究表明，社交网络的集聚特性对于关系预测方法的准确性具有重要影响，社交网络局部连接密度增长，集聚系数增大，则连接预测算法的准确性进一步增强。因此，未来的匿名保护技术应可以有效抵抗此类推测攻击。

（3）数字水印技术。数字水印是指将标识信息以难以察觉的方式嵌入在数据载体内部且不影响其使用的方法，多见于多媒体数据版权保护。也有部分针对数据库由数据的无序性、动态性等特点所决定以及文本文件的水印方案，在数据库、文档中添加水印的方法与多媒体载体上有很大不同。其基本前提是上述数据中存在冗余信息或可容忍一定精度误差。若在数据库表中嵌入脆弱性水印，可以帮助及时发现数据项的变化。

文本水印的生成方法种类很多，可大致分为基于文档结构微调的水印，依赖字符字距与行间距等格式上的微小差异；基于文本内容的水印，依赖于修改文档内容，如增加空格、修改标点等；以及基于自然语言的水印，通过理解语义实现变化，如同义词替换或句式变化等。上述水印方案中有些可用于部分数据的验证。

目前的水印方案在大数据应用场景下有广阔的发展前景，存在问题之一是当前的方案多基于静态数据集，针对大数据的高速产生与更新的特性考虑不足，这是未来亟待提高的方向。

（4）数据溯源技术。由于数据的来源多样化，因此有必要记录数据的来源及其传播、计算过程，为后期的挖掘与决策提供辅助支持。早在大数据概念出现之前，数据溯源（Data Provenance）技术就在数据库领域得到广泛研究。其基本出发点是帮助人们确定数据仓库中各项数据的来源，例如，了解它们是由哪些表中的哪些数据项运算而成，据此可以方便地验算结果的正确性，或者以极小的代价进行数据更新。数据溯源的基本方法是标记法，通过对数据进行标记来记录数据在数据仓库中的查询与传播历史。后来概念进一步细化为 why- 和 where- 两类，分别侧重数据的计算方法以及数据的出处。除数据库以外，它还包括 XML 数据、流数据与不确定数据的溯源技术。数据溯源技术也可用于文件的溯源与恢复。然而，数据溯源技术应用于大数据安全与隐私保护中还面临以下挑战：

1）数据溯源与隐私保护之间的平衡。一方面，基于数据溯源对大数据进行安全保护首先要通过分析技术获得大数据的来源，然后才能更好地支持安全策略和安全机制的工作；另一方面，数据来源往往本身就是隐私敏感数据，用户不希望这方面的数据被分析者获得。因此，如何平衡这两者的关系是值得研究的问题之一。

2）数据溯源技术自身的安全性保护。当前数据溯源技术并没有充分考虑安全问题，例如标记自身是否正确、标记信息与数据内容之间是否安全绑定等。而在大数据环境下，其大规模、高速性、多样性等特点使该问题更加突出。

（5）角色挖掘。基于角色的访问控制（RBAC）是当前广泛使用的一种访问控制模型。通过为用户指派角色、将角色关联至权限集合，实现用户授权、简化权限管理。早期的RBAC权限管理多采用"自顶向下"的模式：根据企业的职位设立角色分工。当其应用于大数据场景时，要面临需大量人工参与角色划分、授权的问题（又称为角色工程）。

后来研究者们开始关注"自底向上"模式，即根据现有"用户-对象"授权情况，设计算法自动实现角色的提取与优化，称为角色挖掘。简单来说，就是如何设置合理的角色。典型的工作包括：以可视化的形式，通过用户权限二维图排序归并的方式实现角色提取；通过子集枚举以及聚类的方法提取角色等非形式化方法；也有基于形式化语义分析、通过层次化挖掘来更准确提取角色的方法。

总体来说，挖掘生成最小角色集合的最优算法时间复杂度高，多属于 NP 完全问题。因而也有研究者关注在多项式时间内完成的启发式算法。在大数据场景下，采用角色挖掘技术可根据用户的访问记录自动生成角色，高效地为海量用户提供个性化数据服务，同时也可用于及时发现用户偏离日常行为所隐藏的潜在危险。但当前角色挖掘技术大都基于精确、封闭的数据集，在应用于大数据场景时还需要解决数据集动态变更以及质量不高等特殊问题。

（6）风险自适应的访问控制。在大数据场景中，安全管理员可能缺乏足够的专业知识，无法准确地为用户指定其可以访问的数据。风险自适应的访问控制是针对这种场景讨论较多的一种访问控制方法。Jason 的报告描述了风险量化和访问配额的概念。随后，Cheng 等人提出了一个基于多级别安全模型的风险自适应访问控制解决方案。Ni 等人提出了另一个基于模糊推理的解决方案，将信息的数目和用户以及信息的安全等级作为进行风险量化的主要参考参数。当用户访问的资源的风险数值高于某个预定的门限时，则限制用户继续访问。

6.7 小　　结

数据库安全指物理数据库的完整性、逻辑数据库的完整性、元素安全性、可审计性、访问控制、身份验证以及可用性等。数据库的安全机制主要包括存取管理技术，安全管理技术，数据库加密，数据库审计、推理控制与隐私保护等。SQL Server 典型的网络安全机制的三大支柱分别是身份验证、授权和审计。SQL Server 2005 在安全性上面的主要扩展是身份认证、授权、本机加密。SQL Server 2008 的安全性增强主要体现为透明数据加密等。数据库安全的发展需要考虑信息系统的整体安全性、加密技术以及推理问题和隐私保护。大数据安全与隐私是大数据环境对数据安全带来的新挑战，需要新的解决思路。

思 考 题

1. 简要介绍数据库安全的概念。
2. 数据库安全与操作系统安全的安全需求的区别是什么？

3. 数据库的安全机制包括哪些？

4. 如何实施数据库安全？

5. SQL Server 数据库的基本安全策略包括哪些？SQL Server 2005 和 SQL Server 2008 在安全方面增加的功能是什么？动手配置 SQL Server 的安全策略。

6. 查阅资料，了解大数据安全及其保障技术。

第7章 计算机网络安全

网络安全技术是用于保护网络环境下信息系统通信和数据处理安全的技术。本章将重点介绍建立于网络层的 IPSec 协议、建立于传输层的 SSL/TLS 协议及建立于应用层的安全电子交易（SET）标准。当前，这些协议和标准已经被广泛使用。

7.1 TCP/IP 模 型

尽管 OSI 参考模型得到了全世界的认同，但是 Internet 历史上和技术上的开发标准都是传输控制协议/网际协议（TCP/IP，Transmission Control Protocol/Internet Protocol）。

TCP/IP 的标准是在名为 Requests For Comments（RFC）的系列文档中发布的。RFC 描述 Internet 的内部运行。TCP/IP 标准总是以 RFC 的形式发布，但并非所有 RFC 都是标准。一些 RFC 只提供情报信息、实验信息或历史信息。RFC 最初以 Internet 草案的形式拟定，它们通常由 IETF 职能小组中的一个或多个创作者开发。IETF 职能小组是由一些在 TCP/IP 套件的某一技术领域中具有特定职责的个人所组成的团队。IETF 将以 RFC 的形式发布 Internet 草案的最终版本，并为其分配一个 RFC 编号。

1. TCP/IP 模型的四个层次

从协议分层模型方面来讲，TCP/IP 并不完全符合 OSI 的 7 层参考模型。TCP/IP 由网络接口层、网际互联层、传输层、应用层四个层次组成。每一层都呼叫它的下一层所提供的服务来完成自己的需求。图 7-1 给出了 OSI 模型与 TCP/IP 模型的对照关系。

（1）应用层。应用层对应于 OSI 参考模型的高层，为用户提供所需要的各种服务，如 FTP、Telnet、DNS、SMTP、POP3 等。

（2）传输层。传输层对应于 OSI 参考模型的传输层，为应用层实体提供端到端的通信功能。其功能包括：①格式化信息流；②提供可靠传输。为实现后者，传输层协议规定接收端必须发回确认，并且如果分组丢失，则必须重

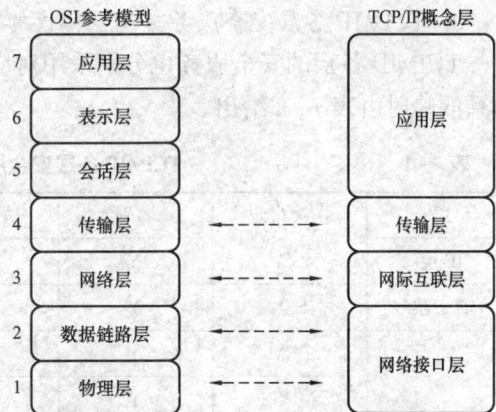

图 7-1 OSI 模型和 TCP/IP 参考模型的对照关系

新发送。该层定义了两个主要的协议，传输控制协议（TCP）和用户数据报协议（UDP）。TCP 提供的是一种可靠的、面向连接的数据传输服务；而 UDP 提供的是不可靠的、无连接的数据传输服务。

（3）网际互联。网际互联层对应于 OSI 参考模型的网络层，主要解决主机到主机的通信问题，负责相邻计算机之间的通信。其功能包括三方面：①处理来自传输层的分组发送请求，收到请求后，将分组装入 IP 数据报，填充报头，选择去往信宿机的路径，然后将数据

报发往适当的网络接口；②处理输入数据报，首先检查其合法性，然后进行寻径——假如该数据报已到达信宿机，则去掉报头，将剩下部分交给适当的传输协议，如果该数据报尚未到达信宿，则转发该数据报；③处理路径、流控、拥塞等问题。

网际互联协议层包括 IP（Internet Protocol）、ICMP（Internet Control Message Protocol）、控制报文协议、ARP（Address Resolution Protocol）地址转换协议、RARP（Reverse ARP）反向地址转换协议。IP 是网络层的核心，通过路由选择将 IP 封装后交给接口层。IP 数据报是无连接服务。ICMP 是网络层的补充，可以回送报文，用来检测网络是否通畅。ARP 是正向地址解析协议，通过已知的 IP，寻找对应主机的 MAC 地址。RARP 是反向地址解析协议，通过 MAC 地址确定 IP 地址，如无盘工作站和 DHCP 服务。

（4）网络接口层。网络接口层与 OSI 参考模型中的物理层和数据链路层相对应。物理层是定义物理介质的各种特性：①机械特性；②电子特性；③功能特性；④规程特性。数据链路层是负责接收 IP 数据报并通过网络发送，或者从网络上接收物理帧，抽出 IP 数据报，交给 IP 层。

常见的网络接口层协议有 Ethernet 802.3、Token Ring 802.5、X.25、Frame Relay、HDLC、PPP ATM 等。

2. OSI 参考模型和 TCP/IP 参考模型的比较

共同点：①OSI 参考模型和 TCP/IP 参考模型都采用了层次结构的概念；②都能够提供面向连接和无连接两种通信服务机制。

不同点：①前者是 7 层模型，后者是 4 层结构；②对可靠性要求不同（后者更高）；③实际市场应用不同（OSI 模型只是理论上的模型，并没有成熟的产品，而 TCP/IP 已经成为"实际上的国际标准"）。

3. TCP/IP 各层安全服务与安全协议的对应

TCP/IP 各层的安全服务也分别采用对应的协议，如表 7-1 所示。OSI 到 TCP/IP 安全体系的映射由表 7-2 给出。

表 7-1　　　　　　　　　　　　TCP/IP 各层安全服务与安全协议的对应

层	安全协议	鉴别	访问控制	保密性	完整性	抗否认
IP 层	IPSec	Y		Y	Y	
TCP 层	SSL	Y		Y	Y	
应用层	PEM	Y		Y	Y	Y
	MOSS	Y		Y	Y	Y
	S/MIME	Y		Y	Y	Y
	PGP	Y		Y	Y	Y
	SHTTP	Y		Y	Y	Y
	SNMP	Y		Y	Y	
	SSH	Y		Y	Y	
	Kerberos	Y	Y	Y	Y	

注　"Y"表示安全服务适合相应的安全协议层次。

| 表 7 - 2 | OSI 安全体系到 TCP/IP 安全体系的映射 | | | |

服　　务	TCP/IP 协议层			
	网络接口层	IP 层	传输层	应用层
对等实体鉴别		Y	Y	Y
数据原发鉴别		Y	Y	Y
访问控制服务		Y	Y	Y
连接机密性	Y	Y	Y	Y
无连接机密性	Y	Y	Y	Y
选择字段机密性				Y
通信业务流机密性	Y	Y		Y
带恢复的连接完整性			Y	Y
不带恢复的连接完整性		Y	Y	Y
选择字段连接完整性				Y
无连接完整性		Y	Y	Y
选择字段无连接完整性				Y
抗否认、带数据原发证据				Y
抗否认、带交付证据				Y

注　"Y" 表示 OSI 安全服务适合相应的 TCP/IP 协议层。

7.2　网络安全协议

　　前述网络的 OSI 模型是一种抽象的概念模型，而 TCP/IP 是目前网络的主流，TCP/IP 四层结构模型（应用层、传输层、网际互联层和网络接口层）是网络安全的主要研究参考对象。

　　计算机网络设计之初主要是为了方便资源的共享等应用，没有考虑网络的安全性问题，在 TCP/IP 中有许多的安全问题，主要包括以下几个方面。

　　（1）TCP/IP 不能提供可靠的身份识别。在协议中使用 IP 地址作为网络结点的唯一标识，而 IP 地址很容易被伪造和篡改，因此通信双方只能采用另外的技术手段来确认对方真实身份。

　　（2）TCP/IP 对数据没有加密，一个数据包在传输过程中会经过很多路由器和网段，在其中的任何一个环节都可能被窃听。更严重的是，现有大部分协议都是明文在网络上传输的，攻击者只需简单安装一个网络嗅探器，就可以得到通过本结点的所有网络数据包。

　　（3）TCP/IP 中缺乏可靠的信息完整性验证手段。在 IP 中仅对 IP 头实现校验和保护。在 UDP 中，对整个报文的校验和检查是可选的。因为攻击者可以对报文内容进行修改后，重新计算校验和。另外，TCP 的序列号也可以被随意修改，从而可以在源数据流中添加和删除数据。

　　（4）TCP/IP 设计的一个基本原则是自觉原则，协议中没有提供任何机制来控制资源分配，因此，攻击者可以通过发送大量的垃圾数据包来阻塞网络，也可以发送大量的连接请求对服务器造成拒绝服务攻击。

（5）TCP/IP 中缺乏对路由协议的鉴别，可以利用修改数据包中的路由信息来误导网络数据的传输。

（6）在实现 TCP、UDP 时还存在许多安全隐患。例如，TCP 的三次握手过程可能导致系统受到 SYN Flood 攻击，UDP 是面向无连接的协议，攻击者极易利用 UDP 发起 IP 源路由和拒绝服务攻击。

（7）TCP/IP 设计问题导致其上层的应用协议存在许多安全问题。通过修改网络数据包影响信息的完整性；通过窃听网络数据影响信息的机密性；通过 IP 欺骗、TCP 会话劫持影响信息的真实性；另外还可以对网络服务及网络传输进行阻塞，造成拒绝服务。

因此，为了保障网络系统的安全，采取的主要措施有以下几种。

（1）协议安全。针对 TCP/IP 中存在的许多安全缺陷，必须使用加密技术、鉴别技术等来实现必要的安全协议。安全协议可以放置在 TCP/IP 协议栈的各层中，如图 7 - 2 所示。如 IPSec 位于 IP 层，SSL 协议位于 TCP 与应用层之间，而在应用层针对不同的应用有一系列的安全协议，如 PGP、SET 等。

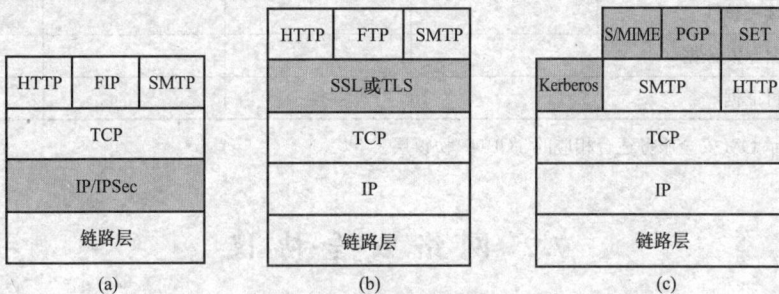

图 7 - 2　一些典型的安全通信协议所处的位置
（a）网络层；（b）传输层；（c）应用层

（2）访问控制。网络的主要功能是资源共享，但共享是在一定范围、一定权限内的共享，因此需要严格控制非法的访问，保护资源的合法使用。一般通过定义有效的安全策略，控制网络内部资源的合法使用和实施网络边界安全设施来实现。

（3）系统安全。软件系统包括操作系统、应用系统。软件系统存在着一些有意或无意的缺陷，因此既要在设计阶段引入安全概念，也要在具体实现时减少缺陷，编写安全的代码，才能有效提高系统的安全性。

（4）其他安全技术。上述三类安全措施，并不能完全保障网络系统的安全，还需要有针对网络系统安全威胁的检测和恢复技术，如入侵检测、防病毒等安全专项技术。

7.2.1　IPSEC 协议

为实现 IP 层安全，IETF 于 1994 年启动了 IPSec（Internet Protocol Security）协议的标准化活动，为此专门成立了"IP 安全协议组"来推动这项工作。1995 年 8 月，IETF 公布了一系列的有关 IPSec 的 RFC 建议标准，标志着 IPSec 协议的产生。

IPSec 是一个开放式的 IP 网络安全标准，工作在 TCP/IP 协议栈的网络层，可为上层协议无缝地提供安全保障，各种应用程序可以享用 IP 层提供的安全服务和密钥管理，而不必设计自己的安全机制。它是 IETF 为在 IP 层提供安全服务而定义的一种安全协议的集合，将密码技术应用在网络层，提供发送、接收端的身份识别、数据完整性、访问控制以及机密性等安全服务。

它有以下特点：①对 IP 层的所有信息进行过滤处理工作；②有比较好的兼容性，比高层的安全协议更灵活，比底层协议更能够适应通信介质的多样性；③透明性好，IP 层以上的所有应用都不需要经过修改，即可获得安全性的保障，同时终端用户不需要了解相关安全机制就可使用；④可以轻松实现 VPN，可以保护、确认路由信息，使路由器不会受欺骗而阻断通信等。目前 IPSec 已经被广泛接受和应用。

1. IPSec 体系结构

IPSec 提供三种不同的形式来保护 IP 网络的数据。

（1）原发方鉴别：可以确定声称的发送者是真实的发送者，而不是伪装的。

（2）数据完整：可以确定所接收的数据与所发送的数据是一致的，保证数据从原发地到目的地的传送过程中没有任何不可检测的数据丢失与改变。

（3）机密性：使相应的接收者能获取发送的真正内容，而非授权的接收者无法获知数据的真正内容。

IPSec 通过三个基本的协议来实现上述三种保护，它们是鉴别报头（AH）协议、载荷安全封装（ESP）协议和密钥管理与交换（IKE）协议。AH 协议和 ESP 协议可以通过分开或组合使用来达到所希望的保护等级。此外还涉及鉴别算法、加密算法和安全关联（SA）等。它们之间的关系如图 7-3 所示。

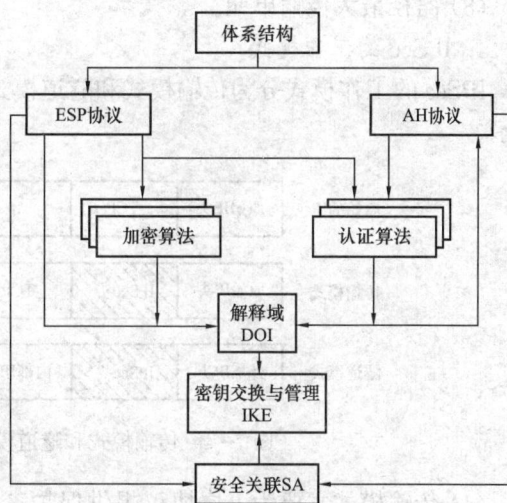

图 7-3　IPSec 协议关系图

2. IPSec 提供的安全服务

IPSec 提供访问控制、无连接完整性、数据原发方鉴别、反重放、机密性和有限的数据流量机密性等服务，见表 7-3。

表 7-3　IPSec 提供的安全服务

协议 安全服务	AH	ESP（只加密）	ESP（加密和鉴别）
访问控制	√	√	√
无连接完整性	√		√
数据原发方鉴别	√		√
反重放	√	√	√
机密性		√	√
有限的数据流量机密性		√	√

3. 安全关联

安全关联（SA，Security Association）是安全策略（Security Policy）的一种具体实现，它指定了对 IP 数据报提供何种保护，并以何种方式实施保护。它是发送方和接收方之间的一个单向逻辑连接，决定保护什么、如何保护以及谁来保护通信数据。如果需要双向的安全服务，则要建立起两条（或更多条）安全连接，安全关联通过指定 AH 或 ESP 协议来实现。安全关联的参数包括以下内容。

（1）序列号计数器：一个用来产生 AH 协议或 ESP 协议头中序列号的 32 位增量计数器。

（2）序列号计数器溢出标志：标志序列号计数器是否溢出，生成审核数据，溢出时阻止安全连接上剩余报文继续传输。

（3）反重放窗口：一个确定内部 AH 报文或 ESP 报文是否为重放报文的 32 位计数器。

（4）AH 信息：鉴别算法、密钥、密钥的生存期和 AH 的相关参数。

（5）ESP 信息：加密和鉴别算法、密钥、初始值、密钥生存期和 ESP 的相关参数。

（6）安全关联的生存期：用一个特定的时间间隔或字节计数，超过后，必须终止或由一个新的安全关联替代。

（7）IPSec 协议模式：分为传输模式和隧道模式。

（8）路径最大传输单元。

4. IPSec 的工作模式

IPSec 的工作模式分为传输模式和隧道模式，AH 和 ESP 均支持这两种模式，如图 7 - 4 所示。

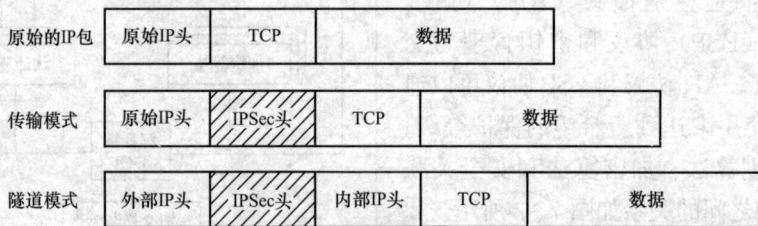

图 7 - 4　传输模式和隧道模式下受 IPSec 保护的 IP 包

（1）传输模式主要为上层协议提供保护，同时增加了对 IP 包载荷的保护。传输模式用于两台主机之间，实现端到端的安全。当数据包从传输层传递给网络层时，AH 和 ESP 协议会进行拦截，在 IP 头上与上层协议之间插入一个 IPSec 头（AH 头或 ESP 头）。在 IPv4 中，传输模式的安全协议头位于 IP 报头和可选部分之后，上层协议（如 TCP 或 UDP）之前。在 IPv6 中，安全协议头出现在基本报头和扩展报头之后，目的端可选报头之前或之后，上层协议之前。对于 ESP，传输模式的安全连接仅为上层协议提供安全服务，不为 IP 的基本报头和扩展报头提供安全服务。对于 AH，这种保护也提供给部分被选择的基本报头、扩展报头和可选报头（包括 IPv4 报头、IPv6 端对端扩展报头、IPv6 目的端扩展报头）。当同时应用 AH 和 ESP 传输模式时，首先应用 ESP，再用 AH，这样数据完整性可应用到 ESP 载荷。

（2）隧道模式的安全连接实质上是一种应用在 IP 隧道上的安全连接。在隧道模式中，所选择的协议（AH 协议或 ESP 协议）将原始数据报（包括报头）封装成一个新的数据报，并将它作为有效载荷来对待。隧道模式对整个原始数据提供了所需的服务，常用于主机与路由器或两台路由器之间。

在隧道模式的安全连接中，有一个外层 IP 报头指定 IPSec 处理的目的端。内层 IP 报头指定 IP 包的最终目的端。安全协议头位于外层 IP 报头之后，内层 IP 报头之前。如果在隧道模式中使用 AH 协议，部分外层 IP 报头和所有的隧道 IP 包（包括内层 IP 报头和上层协议）均受到保护；如果使用 ESP 协议，只有隧道 IP 包受到保护。

IPSec 支持隧道的嵌套，即对已隧道化的数据再进行隧道化处理。AH 和 ESP 均支持这两种模式。

5. 鉴别报头协议

鉴别报头协议（AH，Authentication Header）可以保证 IP 分组的原发方真实性和数据完整性。原理是将 IP 分组头、上层数据和公共密钥通过嵌入哈希算法（MD5 或 SHA-1）的 Hmac 计算出 AH 报头鉴别数据，将 AH 报头数据加入 IP 分组，接收方将收到的 IP 分组运行同样的计算，并与接收到的 AH 报头比较进行鉴别。

数据完整性可以对传输过程中的非授权修改进行检测；鉴别服务可使末端系统或网络设备鉴别用户或通信数据，根据需要过滤通信量，验证服务还可防止地址欺骗攻击及重放攻击。IPSec AH 报头结构如图 7-5 所示。

AH 各字段含义如下。

（1）下一报头（8 位）：表示紧跟验证头的下一个头的类型。

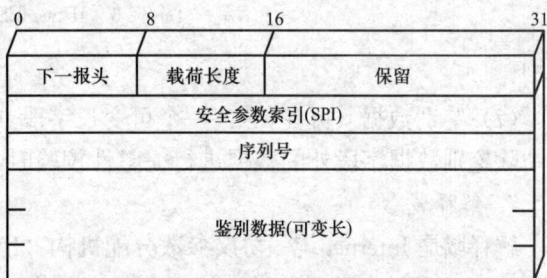

图 7-5 IPSec AH 报头结构

（2）载荷长度（8 位）：以 32 位字节为单位的鉴别头长度再减去 2，默认值为 4。

（3）保留（16 位）：留作将来使用。

（4）安全参数索引（SPI，Secure Parameter Index）（32 位）：用来标识一个安全关联。

（5）序列号（32 位）：增量计数器的值，与 ESP 中的功能相同。

（6）鉴别数据（可变长）：一个可变长字段（必须是 32 位的整数倍），用来填入对 AH 包中除鉴别数据字段外的数据进行完整性校验时的校验值。默认长度是 96 位。

AH 协议可以使用传输和隧道两种模式。

6. 封装安全载荷协议

封装安全载荷（ESP，Encapsulating Security Payload）协议利用加密机制为通过不可信网络传输的 IP 数据提供机密性服务，同时也可以提供鉴别服务。ESP 协议兼容多种加密算法，系统必须支持密码分组链接模式和 DES 算法，同时也定义了使用的其他加密算法，如三重 DES、RC5、IDEA 和 CAST 等算法。鉴别服务要求必须支持 NULL 算法，也定义了其他算法，如 MD5 算法和 SHA-1 算法。通过这些加密和鉴别机制为 IP 数据报提供原发方鉴别、数据完整性、反重放和机密性安全服务，可在传输模式和隧道模式下使用，其结构如图 7-6 所示。

ESP 各字段含义如下。

（1）安全参数索引 SPI（32 位）：标识一个安全关联（SA）。

（2）序列号（32 位）：增量计数器的值，用来提供反重放与完整性服务。

（3）载荷数据（长度可变）：通过加密进行保护的数据。

（4）填充（0~255 字节）：主要用来实现某些加密算法对明文分组字节数的要求。

（5）填充长度（8 位）：表示填充字段的字节数。

（6）下一报头（8 位）：标识有效载荷第一个报头说明有效载荷数据字段中包含的数据

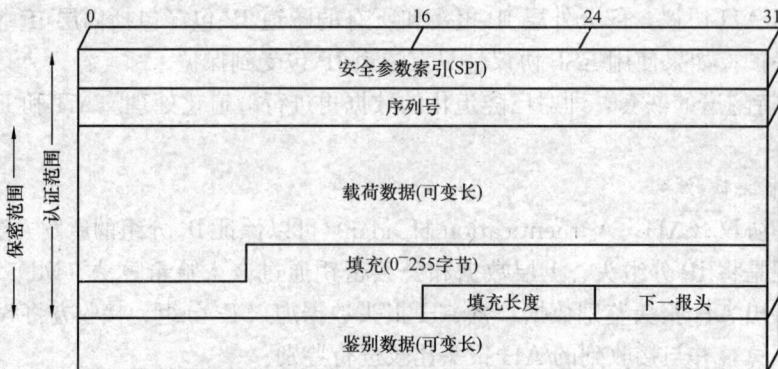

图 7-6　IPSec ESP 报头结构

类型。

（7）鉴别数据（可变长）：一个可变长字段（必须是 32 位的整数倍），用来填入对 ESP 包中除鉴别数据字段外的数据进行完整性校验时的校验值。该字段的默认长度是 96 位。

7. 解释域

解释域是 Internet 统一协议参数分配机构（IANA）中数字分配机制的一部分，它将所有 IPSec 协议捆绑在一起，如被认可的加密、鉴别算法标识和密钥生存周期等 IPSec 安全参数。

8. 密钥管理

IETF IPSec 工作组指定所有满足 IPSec 协议标准的系统都应该同时支持手工和自动的 SA 和密钥管理。采用手工方式产生 SA 并生成、管理所需的密钥可以降低 IPSec 系统的复杂性，但是，这显然只适合小型应用。为在大型应用中方便地进行 SA 和密钥的管理，需要自动化程度高的方法。IPSec 工作为此制定了 IKE 协议，它采用了 Internet 安全关联和密钥管理协议（ISAKMP，Internet Security Association and Key Management Protocol）定义的框架，同时借鉴了 Oakley 密钥确定协议（Oakley Key Detemination Protocol）的一部分。

综合起来看，IKE 用两个阶段的交互产生并配置一个 IPSec 的 SA。在第一阶段，两个 IKE 协议下的对等实体将通过交互启用一个 IKE 下的 SA，为第二阶段在它们之间通过协商建立一个 IPSec 的 SA 生成一个隧道。IPSec SA 的创建发起者可以选用主模式或野蛮模式建立这个 IKE SA，其中，主模式需要 3 次交互共 6 次通信，而野蛮模式仅仅需要 3 次通信，后者虽然效率较高，但安全性相对较低。需要指出，在第一阶段的交互中，交互双方也可以验证对方的公钥证书。在第二阶段，两个 IKE 协议下的对等实体在前面协商的 IKE SA 的保护下，进行所谓的快速模式交换，协商建立用于 IPSec 协议的 SA。在交换结束时，IPSec SA 包含了运行 AH 协议和 ESP 协议的全部算法标识、参数和密钥。

7.2.2　SSL/TLS 协议

为了保护 Web 通信协议 HTTP 的安全，Netscape 公司于 1994 年研发了安全套接字层（SSL，Secure Socket Layer）协议，它建立在 TCP 的传输层（见图 7-7），用于保护面向连接的 TCP 通信，应用层协议可以在其上透明地使用 SSL 提供的功能。SSL v2.0 随后被集成到 Netscape 公司开发的浏览器和 Web 服务器产品中。1996 年，SSL v3.0 修改了以前版本存在的漏洞，增加了对 RSA 算法以外其他公钥算法的支持及一些新的安全特性，技术上变得更加成熟和稳定，很快成为事实上的工业标准，得到了多数浏览器和 Web 服务器的支持。1997 年，Internet 工程任务组（IETF，Internet Engineering Task Force）基于 SSL v3.0 发布了传输层安全（TLS，Transport Layer Security）v1.0，它实际就是 SSL v3.1，因此 TLS 与 SSL v3.0 基本类似，文献中常用 SSL/TLS 统称它们，以下仅用 TLS 代表它们。

TLS 协议在结构上分为两层，上层包括：①TLS 握手协议，建立客户与服务器之间的安

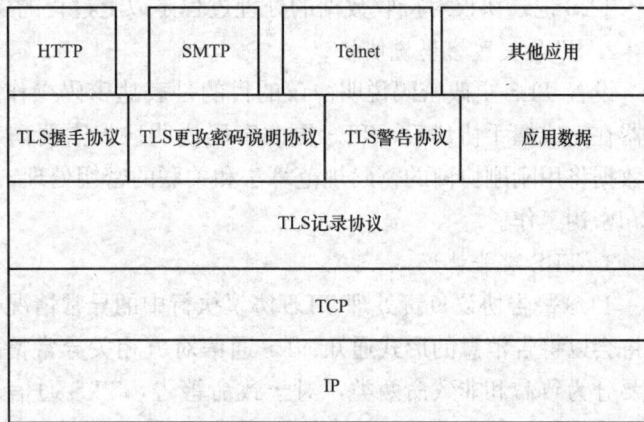

HTTP	SMTP	Telnet	其他应用
TLS握手协议	TLS更改密码说明协议	TLS警告协议	应用数据
TLS记录协议			
TCP			
IP			

图 7-7　TLS 在 TCP/IP 中的位置

全通道，该协议包括双方的相互认证，交换密钥参数；②更改密码说明协议改变密码参数；③警告协议向对端指示其安全错误。下层为 TLS 记录协议，封装以上三种协议或应用层数据（记录类型 20＝改变密码规格，21＝警告，22＝握手，23＝应用层数据）。TLS 协议主要完成客户对服务器的身份认证和服务器对客户的身份认证，以及建立服务器与客户之间安全的数据通道。为减轻协议交换负担，TLS 协议运行一个会话包括多个连接，这些连接复用了建立会话时确立的安全和通信参数。TLS 协议在设计上遵照 X.509 协议，以 CA 和公钥证书的形式为获得安全性的基础。

1. TLS 记录协议

TLS 记录协议用于对传输、接收的数据或消息进行处理，包括构造或拆解 SSL 数据包、加/解密、压缩/解压缩、数据的分段和组合。图 7-8 描述了 TLS 记录协议处理发送数据的基本过程，它包括以下 5 个步骤：①TLS 记录协议将收到的上层数据分块，这些块也被称为目录；②协议可以有选择地根据握手过程协商的结果压缩分块数据；③计算每个分块的杂凑值或 MAC 值并将它附在分块后，若计算 MAC 值，其共享密钥由握手过程协商；④用对称加密方法加密数据分块和 MAC 值，加密算法也由握手过程协商确定；⑤为以上加密数据添加 TLS 协议头，它记录了数据内容类型、协议版本和数据长度等信息。

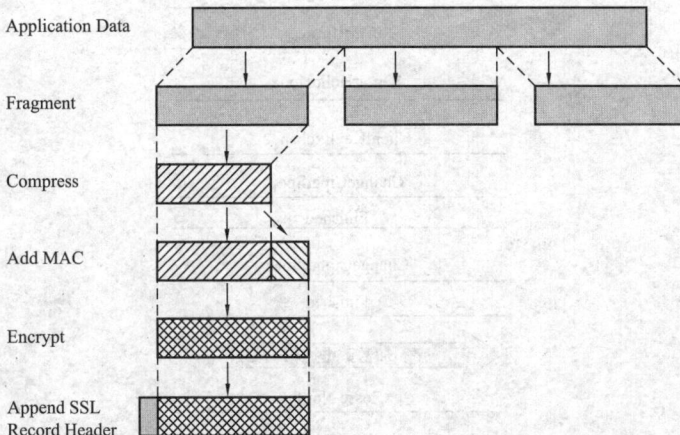

Application Data

Fragment

Compress

Add MAC

Encrypt

Append SSL Record Header

图 7-8　TLS 记录协议处理发送数据的基本过程

TLS 记录协议对接收数据的处理过程是以上过程的逆向过程，这里不再赘述。

2．TLS 更改密码说明协议

设置 TLS 更改密码说明协议的目的是表达密码操作配置相关情况的变化。客户端和服务器在完成握手协议后，TLS 更改密码说明协议需要向对方发送相关消息，通知对方随后的数据将用刚刚协商的密码规范算法和关联的密钥处理，并负责协调本方模块按照协商的算法和密钥工作。

3．TLS 警告协议

TLS 警告协议负责处理 TLS 协议执行中的异常情况。当程序出现异常后，TLS 警告协议将会以警告消息的形式通知 TLS 通信对方相关异常情况及其严重程度。警告的严重程度主要分为致命和非致命两类：对于致命警告，TLS 通信双方将立即关闭连接，在内存中销毁与连接相关的参数，包括连接标识符、密钥和共享的秘密参数等；对于非致命警告，双方可以继续使用这个连接及其相关的参数。致命警告主要包括意外消息、错误记录（如 MAC 不能得到验证）、解密失败、解压缩失败、握手失败（如双发不能达成算法和参数的一致）、非法参数、未知 CA、协议版本不符等；非致命警告主要包括证书错误（如无法验证证书签名）、不支持证书、证书已吊销、证书过期、关闭通知（表示发送者不再发送数据）、用户终止等。

4．TLS 握手协议

TLS 握手协议负责在客户端和服务器之间建立安全会话，协商有关密码算法的使用和密钥等参数的情况。在不同配置和需求下该协议有多种执行步骤，但一般的执行步骤包括以下内容：①收发双方通过交换消息申明本方推荐或可以接受的密码算法，据此协商一个算法和参数集；②交换必要的秘密值，并基于它生成密钥等参数；③交换或发送公钥证书，用于收发双方验证对方身份或仅仅由一方验证另一方身份；④采用必要的措施验证握手过程的完整性和可靠性。以下为 TLS 常用的两个"握手"过程。

（1）采用单向认证的握手。基于单向认证的握手一般仅包含客户端对服务器身份的验证，采用单向认证的 TLS 握手协议过程如图 7-9 所示，这类过程在基于 Web 的应用中得到了大量使用。

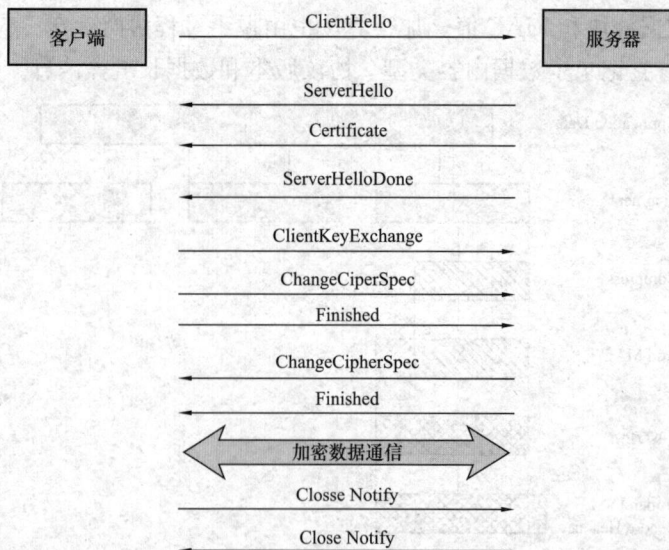

图 7-9　采用单向认证的 TLS 握手协议过程

1）客户端向服务器发送 ClientHello 消息，它包括客户端推荐的密码算法标识、参数与一个在密钥协商中协议需要的一个随机数；

2）服务器以 3 条消息响应，首先发送 ServerHello 消息，它包括服务器向客户端发送的一个随机数，然后发送 Certificate 消息，它包含服务器的公钥证书，再发送 ServerHello Done 消息，表示响应完毕；

3）客户端在收到响应后，对服务器的公钥证书进行验证，通过后，向服务器发送以下 3 条消息完成握手过程，ClientKeyExchange 包含用服务器公钥加密的一个密钥，它的生成参照了双方互发的随机值等信息，用于建立加密数据连接，ChangeCipherSpec 表示客户端已经按照商定的算法更改了加密策略，以后发送的数据都将用商定的算法、参数和密钥加密，Finished 表示完成握手过程；

4）随后服务器也向客户端发送 ChangeCipherSpec 和 Finished 表示确认。在以上过程结束后，双方进行加密数据传输连接，数据发送完毕后，双方通过发送 Close_Notify 消息结束本次 TLS 连接。

很多基于 Web 的应用需要输入口令、银行账户或信用卡号等信息，为了确保这些数据不以明文的形式在网上传输，一般采用以上单向认证的 TLS 协议。在需要输入口令等信息时，浏览器开始采用基于 SSL/TLS 的 HTTPS 协议，就是基于以上考虑进行的。

（2）采用双向认证的握手。采用双向认证的 TLS 握手协议过程与采用单向认证的 TLS 握手协议类似，如图 7-10 所示。所不同的是，服务器通过发送 Certifiate Request 消息向用户索取公钥证书，用户通过发送 Certifiate 消息向服务器传送公钥证书，并通过发送 Certificate Verify 消息向服务器证明这个消息的发送端是先前与服务器交互的一方，这是因为在 Certificate Verify 消息中包含以前双方所发送随机数等数据的数字签名。由此可见，双向认证适用于对安全性能要求较高的场合。

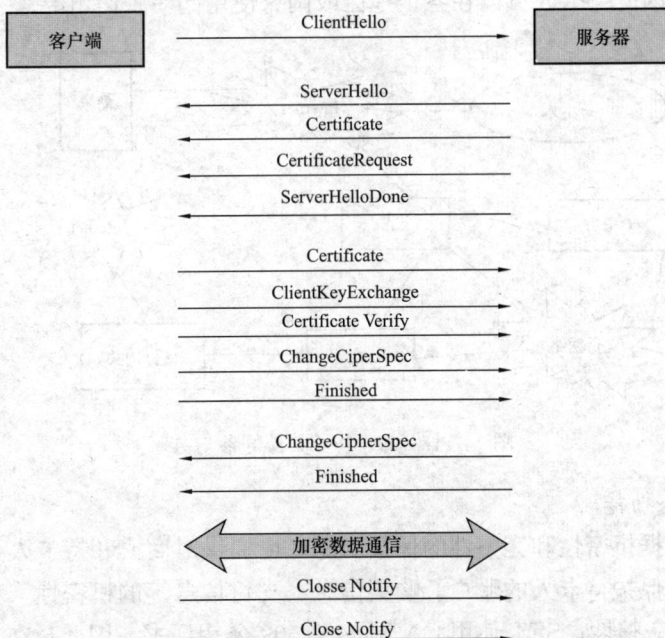

图 7-10 采用双向认证的 TLS 握手协议过程

7.2.3 电子商务安全与 SET 协议

构建应用层安全的典型实例是电子商务系统。电子商务是指利用简单、快捷、低成本的电子或网络通信方式进行各种商贸活动，在这类活动中，购买者不用去商家所在地现场购物，买卖双方不见面。开展电子商务需要解决的核心问题是信息安全问题，在电子商务中，不但买家的账户和购买信息是需要保护的，买卖双方也需要相互确认对方的身份，卖家和负责支付的电子金融机构之间也存在交互安全问题，因此，当前解决电子商务安全的主要途径是借助密码技术实现对信息完整性、机密性和真实性等的保护和验证。以下通过介绍安全电子交易（SET，Secure Electronic Transaction）标准来阐述电子商务的基本原理。

SET 标准于 1996 年颁布，它的主要目的是保护互联网上的信用卡交易的安全。MasterCard 和 Visa 等主要信用卡企业及 IBM、微软、Netscape、RSA、Terisa 和 Verisign 等信息技术企业都参与了 SET 的制定，当前，SET 已经成为解决信用卡电子交易安全问题的重要行业标准，相关产品在全世界范围应用。

1. SET 的参与方

基于 SET 的电子交易涉及持卡人、商家、发卡方、支付方、支付网关、CA 等（见图 7-11）。其中，持卡人是信用卡的持有者或组织；商家是将货物或服务出售给持卡人的个人或组织，虽然商家利用电子方式进行结算，但商家的供货方式可能多种多样。例如，可能是先在网上获得购买信息，再供货并结算，也可能是买方已经按照普通方式获得了商品或服务（如在商场购物或者宾馆住宿），最后进行结算。发卡方是指颁布信用卡的金融组织，它负责对信用卡申请的审核，实际担负了一部分 CA 的职责；支付方是指帮助商家将购物款转到商家账户的金融组织；支付网关位于商家和支付方的内部系统之间，商家与支付网关之间交换 SET 消息，支付网关与支付方的内部系统交互，实现支付。CA 是为持卡人、商家和支付网关发行 X.509 公钥证书的可信实体，一般存在一个根 CA，其他 CA 按照层次结构的信任模型组织，因此持卡人可以在各个地区或国家使用同一张信用卡。

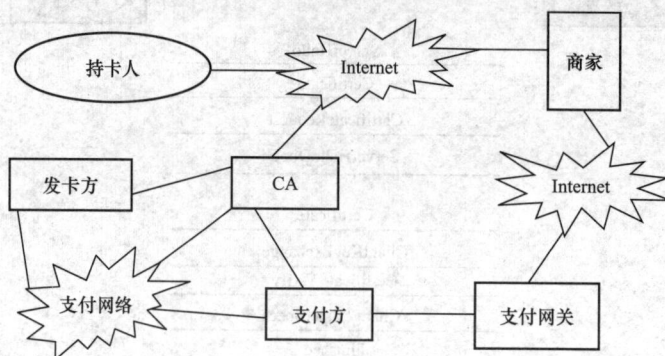

图 7-11 SET 电子交易的参与方

2. SET 的安全功能

SET 提供对数据机密性和完整性的保护功能，也提供对商家和持卡人身份的验证功能。SET 使用对称密码保护持卡人的账户、购买信息、支付信息等的机密性，利用 RSA 数字签名方法保护数据的完整性；SET 使用 CA 颁布 X.509 公钥证书，因此，在支持 SET 的系统上，可以基于该证书在一定交互协议下验证持卡人、商家及支付网关的身份。

由于 SET 所涉及的数据不但具有独特的结构，数据成分之间还存在一些专门联系，因此 SET 在应用层提供这些安全性。

3. SET 的交易过程

进行一次 SET 交易的基本过程如下。

（1）消费者开户。客户向支持 SET 电子交易的银行提出信用卡申请，后者审核客户的基本情况，在审核通过的情况下为客户开具银行账号并颁发信用卡。客户还将接收由银行 CA 签发的 X.509 公钥证书和签名私钥，为了方便交易，这些数据可以放在由芯片制成的信用卡中。

（2）商家开户。商家向支持 SET 电子交易的银行提出信用卡支付服务申请，后者审核商家的基本情况，在审核通过的情况下为商家开具银行 CA 签发的 X.509 公钥证书和签名私钥。

（3）客户订购。客户通过电子方式获得商品或服务信息，如网上购物或预订房间等，将这些信息发给商户，商户发回确认信息和公钥证书；客户根据公钥证书验证商家的身份信息，若验证通过，客户向商家发送订单、自己的支付信息及公钥证书，其中通过加密和数字签名对订单和支付信息进行保密和完整性保护。

（4）商家请求支付认可。商家在验明客户身份后，将支付信息发送给支付网关，支付网关查验该信用卡是否可以支付本次购物，若可以，则通知商家，随后商家向客户发送确认。

（5）商家提供商品或服务。

（6）商家请求支付。商家请求支付网关按照支付信息进行结算，支付网关根据商家发来的 SET 消息，利用与银行相连的支付网络将客户款项转移到商家账户中。

7.3　VPN

7.3.1　VPN 概述

信息数字化、网络化应用的发展，内部局域网 Intranet 依托 Internet 进行通信，出差人员需要随时随地访问单位的 Intranet 获得信息；分布在各地的下属分支机构需要与总部的 Intranet 连接，互通信息；合作伙伴、产品供应商等需要与企业的 Intranet 连接，互通信息。

早期只能通过租用专线、建立拨号服务等方式解决上述需求，费用昂贵，而且扩展性不好，不能很好地满足机构规模扩大等的需要。现在使用的虚拟专用网（VPN，Virtual Private Network）指通过在一个公用网络（如 Internet 等）中建立一条安全、专用的虚拟通道，连接异地的两个网络，构成逻辑上的虚拟子网。通过 VPN 从异地连接到机构的 Intranet，就像在本地 Intranet 上一样。其中，V（Virtual）是相对于传统的物理专线而言，VPN 是通过公用网络建立一个逻辑上的、虚拟的专线，实现物理专线所具有的功效。P（Private)是指私有专用的特性，一方面是只有经过授权的用户才能够建立或使用 VPN 通道；另一方面是通道内的数据进行了加密，不会被第三者获取利用。N（Network）表明这是一种组网技术，也就是说为了应用 VPN，需要有相应的设备、软件来支撑。

VPN 因其安全可靠、容易部署、价格低廉等优点，已经被越来越广泛地应用。

（1）安全可靠。VPN 对通信数据进行了加密认证，有效地保证了数据通过公用网络传输时的安全性，保证数据不会被未授权的人员篡改。

（2）容易部署。VPN 只是在结点部署 VPN 设备，然后通过公用网络建立起犹如置身于内部网络的安全连接。如果要与新的网络建立 VPN 通信，只需增加 VPN 设备，改变相关配置即可。与专线连接相比较，特别是在需要安全连接的网络越来越多时，VPN 的实施就要简单很多，费用也可以节约很多。

（3）价格低廉。如果通过专线进行网络间的安全连接，租金昂贵。而 VPN 通过公共网络建立安全连接，只需一次性投入 VPN 设备，价格也比较便宜，大大节约了通信成本。

7.3.2 VPN 技术原理

VPN 是通过公用网络来传输企业内部数据，因此需要确保传输的数据不会被窃取、篡改，其安全性的保证主要通过密码技术、身份鉴别技术、隧道技术和密钥管理技术。在此主要介绍 VPN 的基本技术——隧道技术。

1. 隧道概念

所谓隧道，类似于点到点连接技术，在源结点对数据进行加密封装，然后通过在一个公用网络（如 Internet）中建立一条数据通道——隧道，将数据传送到目标结点，目标结点对数据包进行反解，得到原始数据包。

隧道由隧道协议形成，主要有在链路层进行隧道处理的第二层隧道协议，以及在网络层进行隧道处理的第三层隧道协议。

第二层隧道协议是先把需要传输的协议包封装到 PPP 中，再把新生成的 PPP 包封装到隧道协议包中，然后通过第二层协议进行传输。第二层隧道协议有 L2F、PPTP、L2TP 等，其中 L2TP 是目前的 IETF 标准。第三层隧道协议是把需要传输的协议包直接封装到隧道协议包中，新生成的数据包通过第三层协议进行传输。第三层隧道协议有 IPSec。

第二层隧道协议一般包括创建、维护和终止三个过程，它们的报文相应有控制报文与数据报文两种。而第三层隧道协议则不对隧道进行维护。

隧道建立以后，就可以通过隧道，利用隧道数据传输协议传输数据。例如，当隧道客户端向服务器端发送数据时，客户端首先对数据包进行封装，加上一个隧道数据传送协议包报头，然后把封装的数据通过公共网络发送到隧道的服务器端。隧道服务器端收到数据包之后，去掉隧道数据传输协议包报头，然后将数据包转发到目标网络。

2. 隧道类型

根据隧道端点是客户端计算机还是接入服务器的不同，隧道有自愿隧道（Voluntary Tunnel）和强制隧道（Compulsory Tunnel）两种。

（1）自愿隧道。由客户端计算机或路由器，使用隧道客户软件创建到目标隧道服务器的虚拟连接时建立的隧道，属于自愿隧道。自愿隧道是目前使用最普遍的隧道类型。自愿隧道的创建需要满足条件：客户端计算机或路由器上必须安装隧道客户软件；客户端计算机与目标隧道服务器之间要有一条 IP 连接（通过局域网或拨号网络）。VPN 只要求有 IP 网络的支持，使用拨号方式时，客户端必须在建立隧道之前创建与互联网的拨号连接，这是为创建隧道做准备，并不属于隧道协议。隧道处理与是否为拨号连接是无关的。

（2）强制隧道。由支持 VPN 的拨号接入服务器创建的隧道，属于强制隧道。强制隧道与自愿隧道的区别在于隧道的端点是拨号接入服务器，而不是客户端计算机。可用来创建强制隧道的设备有支持 PPTP 的前端处理器（FEP）、支持 L2TP 的 L2TP 接入集线器

（LAC）、支持 IPSec 的安全 IP 网关等。因为客户端计算机只能使用由这些设备创建的隧道，所以称之为强制隧道。

自愿隧道技术为每个客户创建独立的隧道。强制隧道可以配置为所有的客户共用一条隧道，也可以配置为不同的用户创建不同的隧道。强制隧道在最后一个隧道用户断开连接之后才终止隧道。

3. 隧道协议

（1）L2F。第二层转发协议 L2F（Layer Two Forwarding Protocol）是 1996 年由 Cisco 公司开发的协议。远程用户首先通过 PPP 或 SLIP 协议等方式拨号到本地 ISP，然后通过 L2F 隧道协议连接到企业网络。L2F 隧道协议可以支持 IP、ATM、帧中继等多种传输协议。

（2）PPTP。端到端隧道协议 PPTP（Point-to-Point Tunneling Protocol）是 PPP（Point-to-Point Protocol）和 TCP/IP 的结合，将 PPP 数据包封装在 IP 数据包内，然后通过 IP 网络进行传输。PPTP 使用一个 TCP 连接对隧道进行维护，使用通用路由封装（GRE）技术把数据封装成 PPP 数据包通过隧道传送。PPTP 的报文有两种，一种是控制报文，用于 PPTP 隧道的建立、维护和断开，PPTP 客户端与 PPTP 服务器端首先建立控制连接，控制连接包括 PPTP 呼叫控制和管理信息的建立，用来建立、维护数据隧道，如周期性发送和回送应答报文，检测客户端与服务器端的连接状况；另一种是数据报文，用于传输数据，数据隧道建立后，用户数据经加密处理，然后依次经过 PPP、GRE、IP 的封装，最终成为一个 IP 数据包，通过数据隧道进行传输。

PPTP 一般用拨号方式来连接远程网络，其使用的通信数据加密算法是 Microsoft 的点对点加密算法（MPPE，Microsoft Point-to-Point Encryption）。但因其控制报文没有加密，容易受到攻击。

（3）L2TP。第二层隧道协议 L2TP，结合了 L2F、PPTP 的优点，由 Cisco、Ascend、Microsoft 等公司于 1999 年在 L2F 和 PPTP 的基础上联合制定，并已经成为第二层隧道协议的工业标准。L2TP 使用 IPSec 对通信数据进行加密和鉴别。其报文也分为控制报文和数据报文，分别用于隧道的建立、维护和断开以及用于传输数据。

L2TP 的控制报文与 PPTP 的控制报文一样，用于隧道的建立与维护，它们的区别是 PPTP 通过 TCP 进行隧道的维护，而 L2TP 则是采用 UDP。另外，PPTP 的控制报文没有经过加密，而 L2TP 的控制报文应用 IPSec ESP 进行了加密，具有较高的安全性。L2TP 控制报文如图 7-12 所示。L2TP 的传输数据也经过了 IPSec、IP 等的多层封装，其封装后的数据包格式如图 7-13 所示。

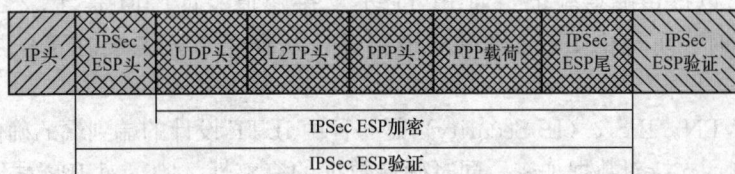

图 7-12　L2TP 控制报文

L2TP 的数据封装过程如下。

图 7-13　L2TP 封装后控制报文

1）初始数据包为 PPP 封装的 IP、IPX 或 NetBEUI 数据包，首先进行 L2TP 封装。

2）经过 L2TP 封装的数据包进一步添加 UDP 报头进行 UDP 封装，并将 UDP 源端和目的端的端口号设置为 1701。

3）对上述过程得到的 UDP 包进行基于 IPSec 的加密封装，添加 IPSec 的 ESP 报头、报尾，以及 IPSec 认证报尾。

4）进行 IP 封装和数据链路层的封装。数据链路层的封装根据不同的物理网络添加相应的报头和报尾。

PPTP 和 L2TP 的 VPN 示意图如图 7-14 所示。客户端首先通过拨号至本地 ISP，通过 ISP 访问 Internet。然后 ISP 的 PPP 服务器通过 Internet 与企业的 VPN 服务器建立 VPN 隧道，传输数据。

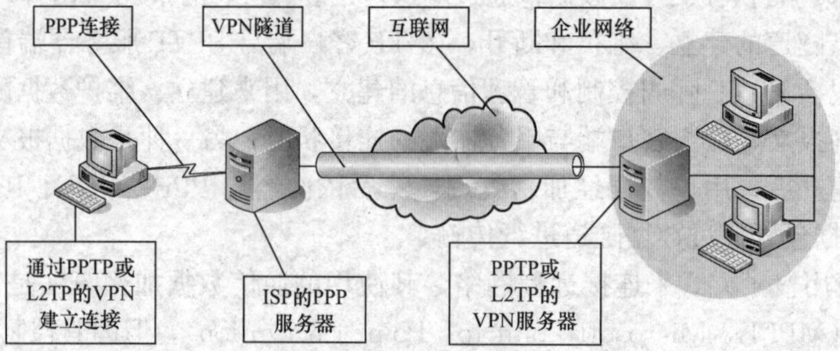

图 7-14　PPTP 与 L2TP 的 VPN 示意图

PPTP 和 L2TP 都使用 PPP 对数据进行封装，然后添加附加报头用于数据在互联网络上的传输，两个协议非常相似，但是仍存在以下一些不同。

1）PPTP 只能在 IP 网络上使用，而 L2TP 只要求隧道媒介提供面向数据包的点对点的连接，可以在 IP（使用 UDP）、帧中继或 ATM 网络上使用。

2）PPTP 只能在两个端点间建立单一隧道，而 L2TP 可以在两端点间建立多隧道，使用户可以针对不同的服务质量要求创建不同的隧道。

3）L2TP 可以对报头进行压缩。压缩报头后，系统开销只占用 4 字节，而 PPTP 则要占用 6 字节。

4）L2TP 可以提供隧道验证，而 PPTP 不支持隧道验证。但是当 L2TP 或 PPTP 与 IPSec 共同使用时，可以由 IPSec 进行隧道验证，从而可以不需要在第二层协议上进行验证。

（4）IPSec VPN。IPSec（IP Security）是一种由 IETF 设计的端到端的确保基于 IP 通信的数据安全机制，支持对数据加密，同时确保数据的完整性。除了对 IP 数据流的加密机制外，IPSec 还制定了 IPoverIP 隧道模式的数据包格式，一般被称作 IPSec 隧道模式。一个 IPSec 隧道由一个隧道客户和隧道服务器组成，两端都配置使用 IPSec 隧道技术，采用协商加密机制。

为实现在专用或公共 IP 网络上的安全传输，以加密为例，IPSec 隧道模式使用安全方式封装整个 IP 包，然后对加密的负载再次封装在明文 IP 包内，通过网络发送到隧道服务器端。隧道服务器对接收到的数据包进行处理，在去除明文 IP 报头，对内容进行解密之后，获得最初的负载 IP 包。负载 IP 包在经过正常处理之后被路由到位于目标网络的目的地。

7.3.3 VPN 的应用

VPN 在实际应用中，主要有三种应用模式，分别是企业内部型 VPN（Intranet VPN）、企业扩展型 VPN（Extranet VPN）和远程访问型（Access VPN）。

（1）Intranet VPN。Intranet VPN 应用于企业内部两个或多个异地网络的互联，实施一样的安全策略。两个异地网络通过 VPN 安全隧道进行通信，在一个局域网中访问异地的另一个局域网时，如同在本地网络一样，如图 7-15 所示。

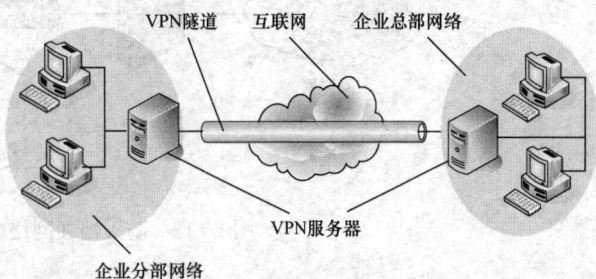

图 7-15 Intranet VPN

（2）Extranet VPN。Extranet VPN 应用于企业网络与合作者、客户等网络的互联，与 Intranet VPN 不同的是，它要与不同单位的内部网络建立连接，需要应用不同的协议，对不同的网络要有不同的安全策略，如图 7-16 所示。

（3）Access VPN。Access VPN 应用于远程办公，是个人通过互联网与企业网络的互联。如员工出差外地，或在客户工作环境，或在家里时，首先通过拨号、ISDN、ADSL 等方式连接互联网，然后再通过 VPN 连接企业网络，如同工作在企业内部网络中，实现远程办公，如图 7-17 所示。

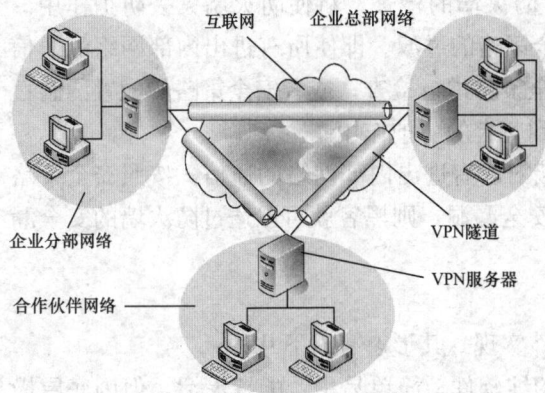

图 7-16 Extranet VPN

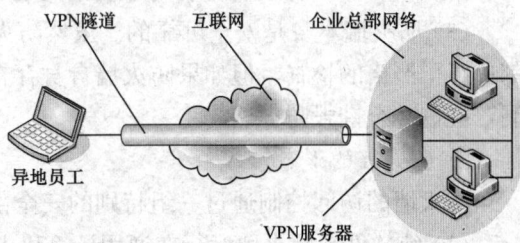

图 7-17 Access VPN

7.4 防 火 墙

7.4.1 概述

随着计算机的应用由单机发展到网络，计算机面临大量的安全威胁，安全问题日益严重。计算机单机防护的方式已经不能适应计算机网络发展的需要，计算机系统的信息安全防护由单机防护向网络防护发展。防火墙是计算机网络中的边境检查站，如图 7-18 所示，受防火墙保护的是内部网络。即防火墙是部署在两个网络之间的一个或一组部件，要求所有进出内部网络的数据流都通过它，并根据安全策略进行检查，只有符合安全策略、被授权的数据流才可通过，由此保护内部网络安全。它是一种按照预先制定的安全策略来进行访问控制的软件或设备，主要是用来阻止外部网络对内部网络的侵扰，是一种逻辑隔离部件，而不是物理隔离部件。

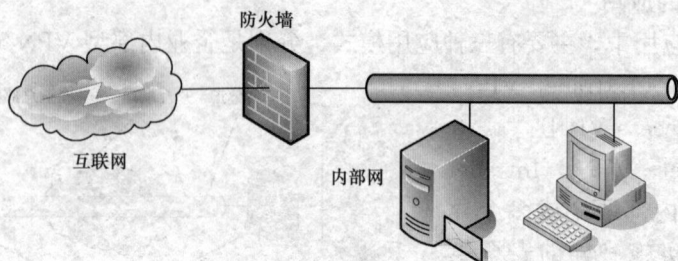

图 7-18　防火墙在网络中的位置

1. 防火墙的防护机制

防火墙作为计算机网络中的边境检查站，被部署在网络的边界，在内部网络与外部网络之间形成隔离，防范外部网络对内部网络的威胁，起到一种边界保护的机制。但内部网络的相互访问，因没有穿越防火墙，所以防火墙是无法进行控制的。防火墙要起到边界保护的作用，要求做到以下几点。

（1）所有进出内部网络的通信都必须经过防火墙。防火墙作为网络边界的安全防护设备，其发挥作用的前提是能够对进出内部网络的所有通信进行检查、控制，如果在受保护的网络内可以通过拨号上网，该通信绕过了防火墙的检查，将使防火墙失去防护作用。

（2）所有通过防火墙的通信都必须经过安全策略的过滤。即使所有进出内部网络的通信都经过了防火墙，但如果对这些通信不按照安全策略进行检查，或者安全策略的配置漏洞百出、自相矛盾，则防火墙将形同虚设，无法起到应有的防护作用。

（3）防火墙本身是安全可靠的。虽然防火墙对所有进出内部网络的通信，按照安全策略都进行了严格的检查，但如果防火墙自身存在安全漏洞，则黑客就可以通过防火墙的安全漏洞，控制甚至摧毁防火墙。

2. 防火墙的形态

防火墙的访问控制通过一组特别的安全部件实现，其形态有以下几种。

（1）纯软件。防火墙运行在通用计算机上的纯软件，简单易用，配置灵活，但因底层操作系统是一个通用型的系统，其数据处理能力、安全性能水平都比较低。

（2）纯硬件。为解决纯软件防火墙的不足，设计人员将防火墙软件固化在专门设计的硬件上，数据处理能力与安全性能水平都得到很大的提高。但因来自网络的威胁不断变化，防火墙的安全策略、配置等也需要经常进行调整，而纯硬件防火墙的调整非常困难。

（3）软硬件结合。结合上述两种防火墙的优点，针对防火墙的特殊要求，对硬件、操作系统进行裁减，设计、开发出防火墙专用的硬件、安全操作系统平台，然后在此平台上运行防火墙软件。

在实际应用中，上述三种形态的防火墙可以根据各自的特点应用于不同安全要求的情形，如纯软件防火墙可以应用于个人主机上，纯硬件防火墙可以应用于数据处理性能要求高、安全策略比较稳定的情况。

3. 防火墙的功能

防火墙是一种网络边界保护型的安全设备，为了达到安全保护内部网络的目的，一般具有以下一些功能。

（1）访问控制。这是防火墙最基本最重要的功能。防火墙通过身份识别，辨别请求访问内部网络者的身份，然后根据该用户所获得的授权，控制其访问授权范围的内容，保护网络的内部信息。防火墙还可以对所提供的网络服务进行控制，通过限制一些不安全的服务，减少威胁，提高网络安全的保护程度。

（2）内容控制。防火墙可以对穿越防火墙的数据内容进行控制，阻止不安全的数据内容进入内部网络，影响内部网络的安全。病毒、木马等经常隐藏在可执行文件或 ActiveX 控件中，通过限制内部人员从外网下载，就可减少威胁。

（3）安全日志。因所有进出内部网络的通信，都必须经过防火墙，故防火墙可以完整地记录网络通信情况。通过分析、审计日志文件，可以发现潜在的威胁，并及时调整安全策略进行防范；还可以在发生网络破坏事件时，发现破坏者。

（4）集中管理。防火墙需要针对不同的网络情况与安全需求，制定不同的安全策略，并且还要根据情况的变化改进安全策略。在一个网络的安全防护体系中，会有多台防火墙分布式部署，便于进行集中管理，实施统一的安全策略，避免出现安全漏洞。

（5）其他附加功能。此外防火墙还有其他一些附加功能，如支持 VPN、NAT 等。

1）虚拟专用网。因防火墙所处的位置是网络的出入口，它是支持 VPN 连接的理想结点。目前许多防火墙都提供 VPN 连接功能。

2）网络地址转换（NAT，Network Address Translation）。将内部网络的 IP 地址转换为外部网络 IP 地址的技术。此技术主要是为了解决 IPv4 的 IP 地址即将耗尽的问题，通过 NAT 可大大节约对外部网络 IP 地址的使用，减缓耗尽 IP 地址的速度。NAT 相当于网络级的代理，将内部网络计算机的 IP 地址转换成防火墙的 IP 地址，代表内部网络的计算机与外部网络通信，从而使黑客无法获取内部网络计算机的 IP 地址，也就无法有针对性地实施攻击。

7.4.2　防火墙的技术原理

Digital 公司 1986 年在 Internet 上安装了全球第一个商用防火墙系统后，相关技术与应用得到了快速的发展，经历包过滤技术、状态检测技术、代理服务技术等历程。

1. 包过滤技术

如图 7-19 所示，包过滤（Packet Filtering）是指防火墙在网络层中，通过检查网络数据流中数据包的报头（如源、目的地址、协议类型、端口等），将报头信息与事先设定的过滤规则相比较，据此决

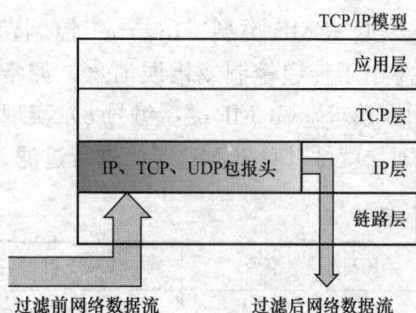

图 7-19　包过滤技术示意图

定是否允许该数据包通过，其关键是过滤规则的设计。包过滤技术是最早应用于防火墙的技

术，也是最简单、某些情形下最有效的防火墙技术。包过滤技术检查的数据包报头信息如下。

（1）IP 数据包的源 IP 地址、目的 IP 地址、协议类型、选项字段等。根据 IP 数据包报头信息进行过滤，建立按 IP 地址进行访问控制的安全策略。通过建立基于源 IP 地址的过滤规则，可只允许外部特定 IP 地址主机与内部网络连接，拒绝所有其他主机的连接。而建立基于目的 IP 地址的过滤规则，则可以建立外部主机只能访问内部指定公共服务器的安全策略。但这种策略对服务器的访问控制太弱，通过增加对协议类型（TCP、UDP、ICMP等）、端口的过滤规则，可以进一步加强对该公共服务器的访问控制。

（2）TCP 数据包的源端口、目标端口、标志段等。TCP 端口号 1024 以下被用于一些标准的通信服务，见表 7-4。

表 7-4   一些常用的 TCP 端口

端 口	协 议	用 途
21	FTP	文件传输
23	Telnet	远程登录
25	SMTP	电子邮件
69	TFTP	简单文件传输协议（Trivial FTP）
79	Finger	查询有关一个用户的信息
80	HTTP	WWW 服务
110	POP-3	远程电子邮件
119	NNTP	USENET 新闻

如只允许 HTTP 通信，而不允许 Telnet 通信，则通过设定允许 TCP 端口 80 的通信、禁止 TCP 端口 23 的通信，即可简单方便地对这两项服务进行过滤。

（3）UDP 数据包的源端口、目标端口。UDP 的应用有域名系统（DNS，Domain Name System）、远程调用（RPC，Remote Procedure Call）、实时传输协议（RTP，Real-time Transport Protocol）等，同样通过设定基于 UDP 端口的过滤规则，可以方便地对各项服务进行过滤。

（4）ICMP 类型。Internet 控制消息协议（ICMP，Intenet Control Message Protocol）主要用于传递控制或错误消息，如常用的端到端故障查找工具 Ping 就是利用 ICMP 中的"回应请求"（ICMP 类型编号 8）实现的。因此，通过设定 ICMP 关键字或类型编号的过滤规则，就可以对 ICMP 通信进行过滤，见表 7-5。

表 7-5   一些常见的 ICMP 类型

ICMP 类型编号	ICMP 类型名称	可能的控制原因
0	回应答复	对 ping 的响应
3	无法到达目的地	无法到达目标地址
4	源端抑制	路由器接收通信量太大

续表

ICMP 类型编号	ICMP 类型名称	可能的控制原因
8	回应请求	常规的 ping 请求
11	超时	到目的地时间超时

基于包过滤技术的防火墙具有简单、有效、不需内部网络用户做任何配置，且对用户来说是完全透明的优点。其缺点如下。

1）只能检查数据包的报头信息，无法检查数据包的内容，不能进行数据内容级别的访问控制。

2）没有考虑数据包的上下文关系，每一个数据包都要与设定的规则匹配，影响数据包的通过速率，无法满足一些访问控制的要求。

3）过滤规则的制定很复杂，容易产生冲突或漏洞，出现因配置不当带来的安全问题。

2. 状态检测技术

一个正常网络连接中的源和目的地址、协议类型、协议信息（如 TCP/UDP 端口、ICMP 类型）、标志（如 TCP 连接状态标志）等构成该连接的状态表，将数据包报头的相关信息与状态表进行对比，就可以知道该数据包是一个新的网络连接还是某个已有连接中的数据包。状态检测技术也称动态包过滤技术，是包过滤技术的延伸。基于状态检测（Stateful Inspection）在包过滤技术防火墙的基础上，增加了对状态的检测，其工作原理如图 7 - 20 所示。状态检查流程如下。

（1）检测数据包是否是状态表中已有连接的数据包，如果是已有连接的数据包而且状态正确，则允许通过。

（2）如果不是已有连接的数据包，则进行包过滤技术的检查。

（3）包过滤允许通过，则在状态表中添加其所在的连接。

（4）某个连接结束或超时，则在状态表中删除该连接信息。

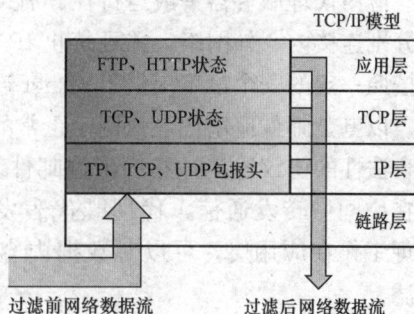

图 7 - 20 状态检测技术示意图

状态检测防火墙的数据包过滤规则是预先设定的，但状态表是动态建立的，可以实现对一些复杂协议建立的临时端口进行有效的管理。如 FTP 只是通过 21 端口进行控制连接，其数据传送是通过动态端口建立的另一个子连接进行传送。如果边界部署的是一个基于包过滤技术的防火墙，就需要将所有端口打开，将会带来很大的安全隐患。但对于基于状态检测技术的防火墙则能够通过跟踪、分析控制连接中的信息，得知控制连接所协商的数据传送子连接端口，在防火墙上将该端口动态开启，并在连接结束后关闭，保证内部网络的安全。

状态检测技术是为每一个会话连接建立、维护其状态信息，并利用这些状态信息对数据包进行过滤。如状态检测可以很容易实现只允许一个方向通信的"单向通信规则"，在允许通信方向上的一个通信请求被防火墙允许后，将建立该通信的状态表，该连接在另一个方向的回应通信属于同一个连接，因此将被允许通过。这样就不必在过滤规则中为回应通信制定规则，可以大大减少过滤规则的数量和降低复杂性，而且也不需对同一个连接的数据包进行检查，就可提高过滤效率和通信速度。

动态状态表是状态检测防火墙的核心，利用其可以实现比包过滤防火墙更强的控制访问能力。但其缺点是也没有对数据包的内容进行检查，不能进行数据内容级别的控制，而且也允许外部主机与内部主机的直接连接，容易遭受黑客的攻击。

3. 代理服务

代理服务（Proxy Server）是代表内部网络与外部网络进行通信的服务器，通信发起方首先与代理服务建立连接，然后代理服务再另外建立到目标主机的连接，通信双方通过代理进行间接连接、通信，不允许端到端的直接连接。各种网络应用服务也是通过代理提供，由此达到访问控制的目的。

（1）应用级代理。应用级代理也被称为应用级网关（Application Gateway），工作在应用层，是一组特殊的应用服务程序，其工作原理如下。

1）当接收到客户方发出的连接请求后，应用代理检查客户的源和目的 IP 地址，并依据事先设定的过滤规则决定是否允许该连接请求。

2）如果允许该连接请求，则进行客户身份识别，否则阻断该连接请求。

3）通过身份识别后，应用代理建立该连接请求的连接，并根据过滤规则传递和过滤该连接之间的通信数据。

4）当一方关闭连接后，应用代理关闭对应的另一方连接，并将这次的连接记录在日志内。

应用代理服务器一般运行在具有两个网络接口的双重宿主主机的防火墙上，两个网络接口分别连接内、外网络，并且禁止 IP 转发，切断内外网络之间直接的 IP 通信，由代理服务器按照一定的安全策略提供 Internet 连接和服务。

以电子邮件应用代理为例，正常的电子邮件传输是发起方与接收方首先通过建立邮件传输合法性的协议连接，然后传输邮件。加入电子邮件应用代理后，发起方与接收方通过代理在中间做转发通信，代理既代表发起方与接受方通信，也代表接受方与发起方通信。代理工作在应用层，可以对数据内容进行审查，对垃圾邮件等含有不良信息的邮件进行过滤。

代理服务器技术的优点如下。

1）内部网络的拓扑、IP 地址等被代理防火墙屏蔽，能有效实现内外网络的隔离。

2）具有强鉴别和日志能力，支持用户身份识别，实现用户级的安全。

3）能进行数据内容的检查，实现基于内容的过滤，对通信进行严密的监控。

4）过滤规则比数据包过滤规则简单。

其缺点如下。

1）代理服务的额外处理请求降低了过滤性能，其过滤速度比包过滤器速度慢。

2）需要为每一种应用服务编写代理软件模块，提供的服务数目有限。

3）对操作系统的依赖程度高，容易因操作系统和应用软件的缺陷而受到攻击。

（2）电路级代理。电路级代理也被称为电路级网关，是一个通用代理服务器，工作在传输层（TCP 层），可以认为是包过滤技术的延伸，但它不像包过滤技术那样只是基于 IP 地址、端口号等报头信息进行过滤，它还能进行用户身份鉴别，而且对于已经建立连接的网络数据包，电路级代理不再对其进行过滤。

与应用级代理相比较，电路级代理不用为不同的应用开发不同的代理模块，具有较好的通用性。但因也对网络数据包进行了复制、转发，因此同样具有占用资源大、速度慢的缺点，而且包过滤技术的缺点在这里也同样存在。

4．安全策略与规则

在上述防火墙技术的叙述中，无论是包过滤技术，还是状态检测技术或代理服务技术，都是以安全策略及其展开的过滤规则为基础，实现防火墙的访问控制目的。

访问的畅通与控制是网络边界安全策略的一对矛盾，组建网络的目的就是提供方便的访问功能和多种服务，保证网络传输的性能；而控制则是要检查、拒绝未授权的访问或服务，保护内部网络的安全。防火墙的基本控制策略有两类。

(1) 没有被明确允许的，就是禁止的。这是一种以控制为中心的控制策略。

(2) 没有被明确禁止的，就是允许的。这是一种以畅通访问为中心的控制策略。

制定一个网络安全策略，有以下一些基本步骤。

(1) 确定内部网络访问控制的策略，是以控制为中心，还是以畅通访问为中心，并结合具体情况进行修订；

(2) 明确网络内需要保护的资产（服务器、路由器、软件、数据等）情况，分析潜在的风险；

(3) 明确安全审计内容，以便将这些内容记录在日志文件中；

(4) 定义可执行、可接受的安全策略；

(5) 验证策略的一致性；

(6) 注意安全策略的使用范围、时间；

(7) 安全事件的响应。

7.4.3　防火墙的应用

在介绍防火墙的体系结构之前，先介绍堡垒主机的概念。堡垒主机就是位于内部网络的最外层，像堡垒一样防护内部网络的设备。堡垒主机是防火墙体系结构中暴露在 Internet 上、最容易遭受攻击的设备，因此对其安全性要给予特别的关注。在实际应用中，防火墙技术的应用都不是单一的，而是结合多种技术构筑防火墙的体系结构，实现一个实用、有效的防火墙系统。

1．防火墙体系结构

(1) 屏蔽路由器结构。这是一种最简单的体系结构，屏蔽路由器（或主机）作为内外连接的唯一通道，对进出网络的数据进行包过滤，其结构如图 7-21 所示。

(2) 双重宿主主机结构。双重宿主主机是至少有两个网络接口的主机，一个网络接口连接内部网络，另一个网络接口连接外部网络，因此主机可以充当内外网的路由器，并能从一个网络向另一个网络直接发送 IP 数据包，其结构如图 7-22 所示。

内部网络与外部网络通过双重宿主主机的过滤、转接方式进行通信，而不是直接的 IP 通信，双重宿主主机为不同的服务提供代理。双重宿主主机充当了堡垒主机的角色，其缺点就在于主机的脆弱性，一旦入侵者攻破堡垒主机，使其仅仅成为一个路由器，则外部网络的用户就可以直接访问内部网络。

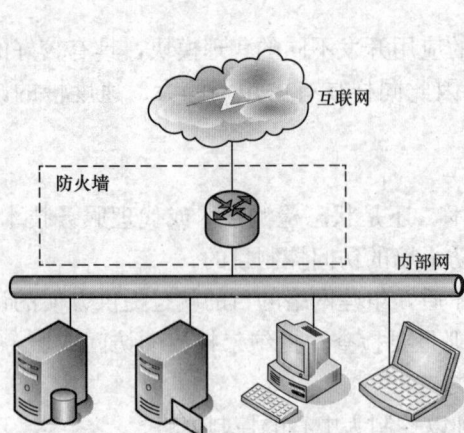

图 7-21 屏蔽路由器结构

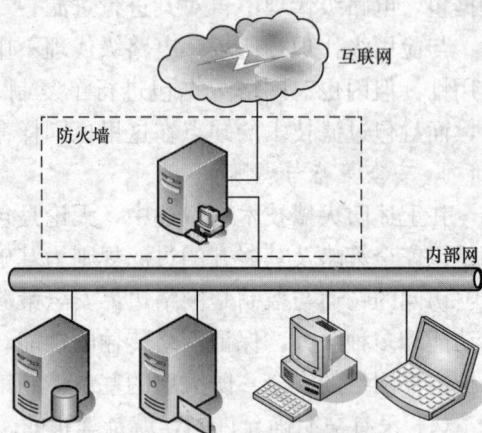

图 7-22 双重宿主主机结构

（3）屏蔽主机结构。屏蔽主机结构的防火墙使用一个路由器隔离内部网络和外部网络，代理服务器堡垒主机部署在内部网络上，并在路由器上设置数据包过滤规则，使堡垒主机成为外部网络唯一可以访问的主机，通过路由器的包过滤技术和堡垒主机的代理服务器技术防护内部网络的安全，如图 7-23 所示。屏蔽主机的防火墙体系结构易于实现，而且比双重宿主主机结构的安全性高，应用比较广泛。

（4）屏蔽子网结构。屏蔽子网结构的防火墙通过建立一个周边网络来分隔内部网络和外部网络，进一步提高防火墙的安全性，其结构如图 7-24 所示。

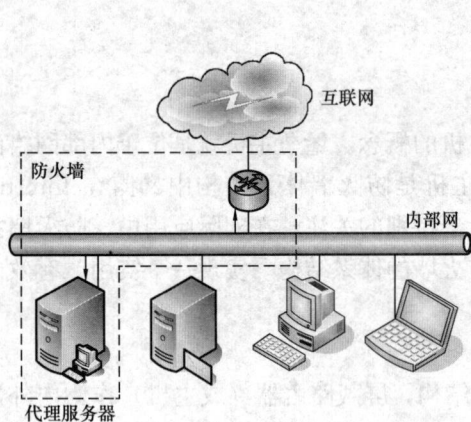

图 7-23 屏蔽主机结构

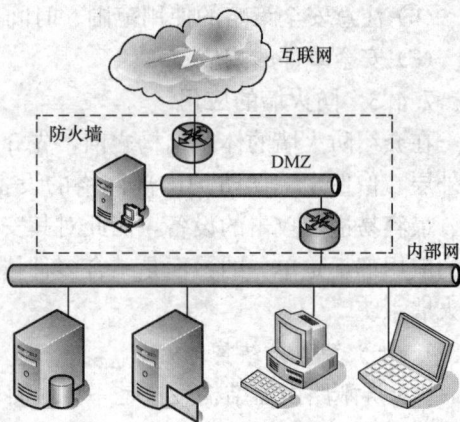

图 7-24 屏蔽子网结构

周边网络是一个被隔离的子网，在内、外之间形成一个"非军事化区"（DMZ，DeMilitarized Zone）的隔离带。这种结构的防火墙最简单的形式是用两个屏蔽路由器把周边网络分别与内部网络、外部网络分开，一个路由器控制外部网络数据流，另一个路由器控制内部网络数据流，内部网络和外部网络均可访问周边网络，但不允许穿过周边网络进行通信。在屏蔽子网结构中还可以根据需要在屏蔽子网中安装堡垒主机，为内部网络与外部网络之间的通信提供代理服务，但对堡垒主机的访问都必须通过两个屏蔽路由器。

如果攻击者试图完全破坏屏蔽子网结构的防火墙，就需要重新配置连接外部网络、周边网络、内部网络的路由器，这大大增加了攻击的难度。如果进一步禁止访问路由器或者只允许内部网络中的特定主机才可以访问，则攻击会变得更加困难。屏蔽子网结构的防火墙具有很高的安全性，但所需设备较多，费用较高，而且实施和管理比较复杂。

2. 防火墙的局限性

如上所述，防火墙虽然能在网络边界对受保护网络进行很好的保护，但并不能解决所有的安全问题。首先，防火墙只是一种边界安全保护系统，要保证边界的所有出口都有防火墙的保护，才能形成对网络边界内环境的防护。其次，防火墙只能保护边界内的环境，通信数据在穿越边界出去后，将失去防火墙的防护。而内部人员发起的攻击，因没有经过防火墙，所以防火墙也无法提供防护。最后，防火墙的配置是基于已知攻击知识制定的，因此无法对新的攻击进行防护，还需要经常更新配置。防火墙对通信内容的控制很弱，因此其对病毒、蠕虫、木马等恶意代码的防护能力很弱。

因此，不能认为安装了防火墙，内部网络的安全问题就可以彻底解决了，还需要结合其他安全技术，构建不同层次、不同深度的防御体系。

7.4.4 防火墙的发展趋势

防火墙是信息安全领域最成熟、应用最广的产品之一，但随着相关技术的发展，防火墙技术也在不断发展，以适应新的安全需求。

1. 分布式防火墙

防火墙一般部署在网络的边界，无法对网络内部计算机之间的访问进行监测、控制，为了解决这一问题，提出了分布式防火墙的概念。分布式防火墙是一种新的防火墙体系结构，在内外网络边界、内部网各子网之间、关键主机等不同结点分布式部署防火墙，通过管理中心进行统一监测、控制。

2. 网络安全技术的集成与融合

传统包过滤技术仅检查 TCP/IP 数据包的报头信息，不能检查隐藏在数据包内容里的恶意行为，如垃圾邮件、不良信息、病毒、木马程序等，无法适应安全需求的发展，在此背景下产生了全面的数据包检查技术。除检查报头信息外，还引入模式识别、人工智能等技术，对数据包内容进行辨识，判别其是否携带不良信息和恶意代码，从而阻止这些数据包通过防火墙。

另外，新的网络协议、服务的出现，也促使防火墙技术要发展相应的处理机制来适应。如 IPv6 的迅速发展使网络边界更加复杂，基于 IPv4 的防火墙技术肯定无法满足需求。攻击技术不断变化，新的病毒、蠕虫、木马程序等恶意代码层出不穷，仅靠防火墙单一技术已经不能满足网络安全的需求，因此防火墙技术正逐渐与入侵检测技术、防病毒技术、抗攻击技术（如抗 DDOS 攻击等）、VPN、PKI 等集成、融合，成为一个更加全面、完善的网络安全防御体系，以更加有效地保护内部网络的安全。

3. 高性能的硬件平台技术

防火墙的访问与控制的矛盾还体现在安全性与效率上，一般来说，安全性越高，效率就越低。而网络传输速度越来越高、应用越来越丰富，防火墙作为网络边界的访问控制设备，成为性能的瓶颈。可以通过采用一些高性能、多处理器、并行处理硬件平台，将不同的处理任务分配给不同的处理器并行处理，可以有效地提高防火墙的处理性能，或者可以通过设计新的防火墙专用硬件平台、技术架构，解决日益严重的安全与效率矛盾。

7.5 入 侵 检 测

如果攻击者成功地绕过防御措施，渗透到网络中，如何检测出攻击行为呢？以上所介绍的防御措施对于内部人员所发送的攻击是无济于事的，而有研究显示，绝大部分的安全事件是由内部人员引起的。入侵检测系统（IDS，Intrusion Detection System）通过监视受保护系统或网络的状态和活动，发现正在进行或已发生的攻击，起到信息保障体系结构中检测的作用。

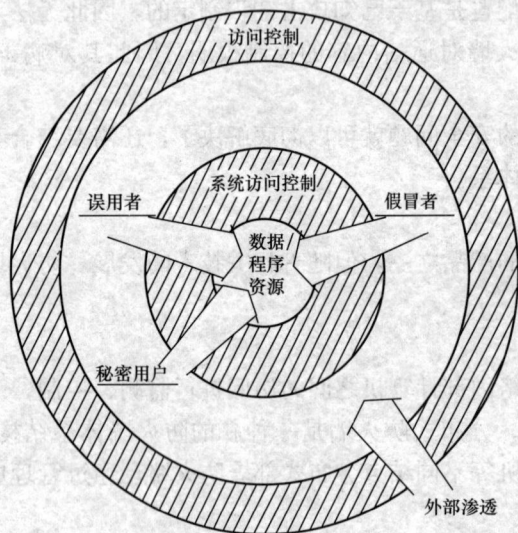

图 7-25 入侵威胁分类图

7.5.1 入侵检测的基本原理

1980 年，J. Anderson 在文章《Computer Security Threat Monitoring and Surveillance》中首次提出了创建安全审计纪录和在此基础上的计算机威胁监控系统的基本构想。他定义成功的攻击为渗透，为了创建安全审计记录，他对入侵威胁进行了分类，如图 7-25 所示，指出来自内部的渗透者是系统安全的主要隐患。按照检测难度递增，把攻击分为假冒者（假冒他人的内部用户）、误用者（合法用户误用了对系统或数据的访问）和秘密用户（获取了对系统的管理控制）。至于来自外部的渗透者，当他们成功地突破了目标系统的访问控制后，相应的威胁就转变为内部的威胁。

1. 三类内部渗透者与入侵检测的分析模型

（1）假冒者盗用他人账户信息。假冒者对系统的访问可以看成是对系统的"额外"使用，直觉上，他对系统的访问行为轮廓应该和他所冒充的用户有所不同，因此一个自然的检测方法是在审计记录中为系统的每个合法用户建立一个正常行为轮廓，当检测系统发现当前用户的行为和他的正常行为轮廓有较大偏差时，就应该及时提醒系统安全管理员。这样的检测方法称为异常检测。

（2）误用者是合法用户对系统或数据的越权访问。与授权用户的行为相比，这些越权举动可能在统计上没有显著的区别，因此通过比较当前行为和正常行为轮廓以发现可能的入侵行为的做法，要比假冒者情景困难。然而，如果这些越权举动构成明显的入侵行为，则可以通过事先刻画已知攻击的特征，将越权举动和这些特征相匹配，从而检测出攻击。这种方法称为误用检测。

（3）秘密用户拥有对系统的管理控制权。秘密用户可以利用他的权限来躲避审计记录，因此是很难通过安全审计记录来检测出所发生的攻击，除非他的秘密行动显示出上述两类攻击者的特征。

综上所述，异常检测和误用检测是入侵检测的两种主要分析模型，其中用户正常行为轮廓的建立主要是基于统计的方法，而攻击特征的刻画主要是基于规则。对于假冒者偏向于采用异常检测的方法，对于有不当行为的合法用户偏向于采用误用检测的方法，但在实践中往往将两种方法的混合使用。

2. 入侵检测的数据源

入侵检测的数据源是反映受保护系统运行状态的记录和动态数据。最初主要是基于主机的，但从 20 世纪 90 年代开始，网络数据逐渐成为商用入侵检测系统最为通用的数据源，相应的两类入侵检测系统分别称为基于主机和基于网络的入侵检测系统。

基于主机的数据源主要包括两种：①操作系统审计记录——由专门的操作系统机制产生的系统事件的记录；②系统日志——由系统程序产生的用于记录系统或应用程序事件的文件。

操作系统的审计记录是系统活动的信息集合，它按照时间顺序组成数个审计文件，每个文件由审计记录组成，每条记录描述了一次单独的系统事件，由若干个域（又称审计标记）组成。当系统中的用户采取动作或调用进程时，引起的系统调用或命令执行，此时审计系统就会产生对应的审计记录。大多数商用操作系统的审计记录是按照可信产品评估程序的标准设计和开发的，具有低层次和细节化的特征，因此成为基于主机的入侵检测系统首选数据源。

系统日志是反映系统事件和设置的文件。例如，UNIX 提供通用的服务 syslog（用于支持产生和更新事件日志）；Sun Solaris 中的 lastlog（记录用户最近的登录成功或不成功）、pacct（记录用户执行的命令和资源使用的情况）。和操作系统的审计记录相比，系统日志存在以下的安全隐患：产生系统日志的软件通常作为应用程序而不是操作系统的子程序运行，易于遭到恶意的破坏和修改；系统日志通常存储在系统未经保护的目录中，而且以文本的形式存储，而审计记录则经过加密和校验处理，为防止篡改提供了保护机制。

但另一方面，系统日志和审计记录相比，具有较强的可读性；而在某些特殊的环境下，可能无法获得操作系统的审计记录或不能对审计记录进行正确的解释，此时系统日志就成为系统安全管理必不可少的信息来源。

网络数据是当前商用入侵检测系统最为通用的数据来源。当网络数据流在检测系统所保护的网段中传播时，采用特殊的数据提取技术，收集网段中传播的数据，作为检测系统的数据来源。和基于主机的数据源相比，它具有以下突出的优势：网络数据是通过网络监听的方式获得的，由于网络嗅探器所做的工作仅仅是从网络中读取传输的数据包，因此对被保护系统的性能影响很小，而且无须改变原有的系统和网络结构；网络监视器与受保护主机的操作系统无关。相比之下，基于主机的入侵检测系统必须针对不同的操作系统开发相应的版本。

3. 入侵检测系统的一般框架

入侵检测系统的一般框架如图 7-26 所示，其中各部分功能介绍如下。

（1）审计数据收集。数据源主要是基于主机和基于网络两个来源。

（2）数据处理（检测）。主要的检测模型是前文所介绍的误用检测和异常检测，它们所采用的主要分析方法分别是基于规则和基于统计。在应用这些方法之前，常常对审计数据进行预处理。

（3）参考数据。主要包括已知攻击的特征和用户正常行为的轮廓，而检测引擎会不断地更新这些数据。

（4）报警。处理由整个系统产生的所有输出，结果可以是对怀疑行动的自动响应，但最

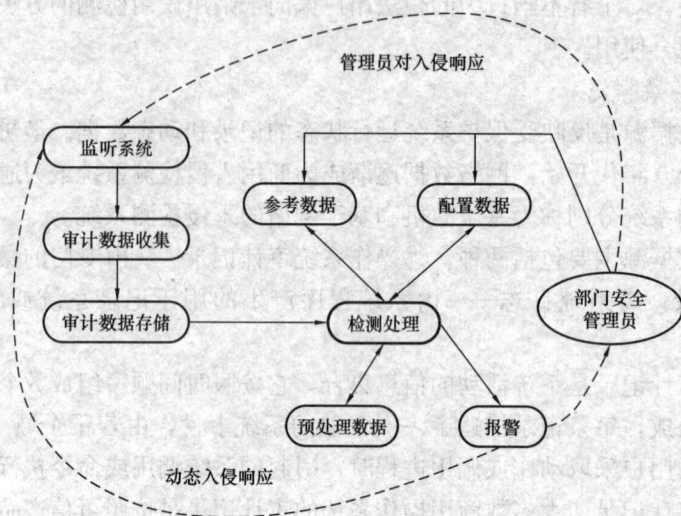

图 7-26　入侵检测系统参考图

为普遍的是通知系统安全管理员。

（5）配置数据。主要指影响检测系统操作的状态，例如审计数据的来源和收集方法，如何响应入侵等。系统安全管理员是通过配置数据来控制入侵检测系统的运行。

（6）审计数据存储与预处理。为后期数据处理提供方便的数据检索和状态保存而设置的，可以看成数据处理的一部分。

7.5.2　入侵检测的主要分析模型和方法

1. 异常检测

异常检测最初是基于这样的假设——不同用户之间的正常行为轮廓是可以区分开来的，如用户的计算机登录事件、使用频率等。后来这种假设又推广到特权程序（如 UNIX 中的 setuid 根程序）的预期行为，但无论是用户还是特权程序的行为，异常检测主要由两个步骤组成：①建立正常行为轮廓；②比较当前行为和正常行为轮廓，从而估计当前行为偏离正常行为的程度。异常检测所使用的分析方法也由最初的统计方法拓展到后来的机器学习方法。下面将介绍这些建模和分析方法。

刻画用户的正常行为轮廓是建立在 Denning 的工作基础上的。Denning 首次提出一个实时入侵检测专家系统的模型，并根据该模型开发出世界上第一个入侵检测系统原型（IDES，Intrusion Detection Expert System）。该模型由六个部分组成。

（1）主体。行为的发起者，通常为终端用户。

（2）客体。包括系统管理的资源，如文件、命令、装置等。

（3）审计记录。目标系统生成的，对主体在客体上执行或尝试的动作的反应，这些动作包括用户登录、命令执行、文件访问等。

（4）行为轮廓。刻画主体对客体行为的结构，这些结构由观察到的行为的统计度量和模型所描述。

（5）异常记录。观察到异常行为时产生。

（6）动作规则。当某些条件满足时采取的动作，包括更新轮廓、检测异常行为、把异常和怀疑的入侵相关联，以及生成报告。

这六个部分构成了一个入侵检测系统，如图 7-27 所示。

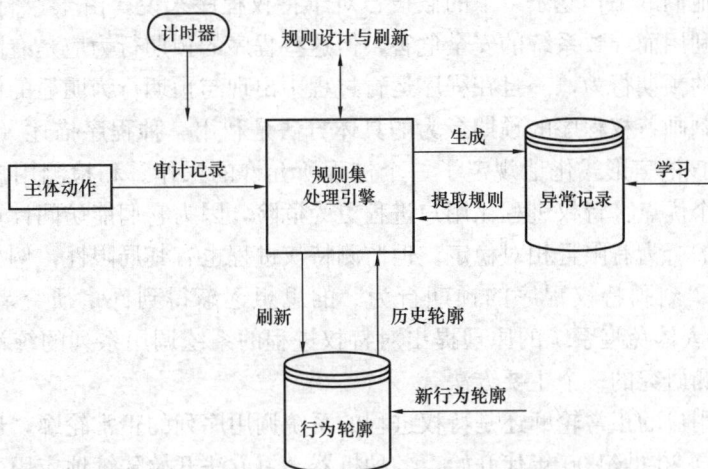

图 7-27 实时入侵检测系统

整个模型可以看成是一个基于规则的模式匹配系统。每当新生成一个审计记录时，它就和轮廓进行匹配，相匹配轮廓的类型信息决定了应用哪些规则来更新轮廓、检查异常行为和报告所检测到的异常行为。安全管理员帮助建立所要监测的活动的轮廓模板，但规则和轮廓的结构在很大程度上是与系统无关的。

在轮廓部分 Denning 使用事件计数器、区间计数器（指两个相关事件之间的时间）和资源测度（即在一段时间内某个动作消耗的资源量，如程序所占用的 CPU 时间）3 种统计度量，并为这些度量（看成是随机变量）引进了以下五种可能的统计模型。

（1）操作模型。在检测时把（随机变量的）一个观察值和预先确定的门限值相比较，以确定是否异常，例如，在短时间内口令错误的次数。

（2）均值和标准差模型。对于上述介绍的随机变量，如果在检测时发现它们的观察值落在由均值和标准差决定的置信区间之外，则认为它们是异常的。

（3）多变量模型。它是基于对两个或多个随机变量的相关分析，例如考虑它们的协方差矩阵。对于多个随机变量，如果实验表明将它们结合在一起考虑，会比把它们一一分别考虑获得更强的判别能力，则该模型就是恰当的。例如一个程序所占用的 CPU 时间和 I/O 数据量。

（4）马尔可夫过程模型。该模型只适用于事件计数器——将每种不同的事件看成是一个状态变量，利用状态转换矩阵来刻画状态之间的转移概率。当一个命令序列，而不是单独一个命令作为检测的对象时，该模型可被用来描述某些命令之间的转换。

（5）时间序列模型。模型考虑一系列观察发生的顺序、到达时间和取值。它的优点在于能够测量行为的趋势和检测行为的逐渐但显著的转变。

不难看到，在特定场合下，模型（3）～（5）都比均值和标准差模型精确，但所付出的计算代价都大。Denning 的这些模型对之后的异常检测中正常轮廓的刻画起了重要的指导作用。

建立用户正常行为轮廓的最大挑战是由于用户的行为是动态的，如何相应地调整用户的行为轮廓。Ko 等为特权程序的预期行为建模，提供了一种调整特权用户的行为轮廓新的解决问题的思路。他们的工作基于以下的假设：对于特权程序来说，由于它们所具有的特权，它们可被攻击者利用而导致系统的安全危害，但这些程序的预期行为应是有限和良性的；事先指定特权程序的预期行为，一旦在程序运行过程中出现与预期行为明显的偏差，则认为可能发生了攻击。刻画特权程序的预期行为的具体方法是利用一种程序描述（Program Specification）语言，该语言形式化地规定了一个进程所允许的操作。和检测用户轮廓相比，监测特权进程有几个优点：特权进程比用户进程更为危险，因为它们能访问计算机系统的更多部分；特权进程的行为有限且相对稳定。但监测特权进程也有其局限性，例如，它很难检测到假冒者。这种"刻画特权程序的预期行为"的思想逐渐得到许多研究者的赞同，之后 Forrest 等人借鉴人体免疫系统的原理提出对特权进程的系统调用系列的统计分析思路，已成为当今异常检测研究的一个主要方法。

无论是刻画用户的正常轮廓还是特权进程的系统调用序列的正常轮廓，最初主要使用的方法是统计，但自 20 世纪 90 年代开始，各种机器学习方法开始陆续地应用于正常轮廓的学习和正常、异常的区分。比较有代表性的工作有神经网络、决策树、马尔可夫链和 RIPPER（数据挖掘中的一种规则学习算法）等应用于基于用户正常轮廓的异常检测，隐马尔可夫模型、有限状态分析等用于基于特权进程的系统调用序列的正常轮廓的异常检测。

异常检测的优点是不需要事先具有攻击或系统安全漏洞的知识，而且有可能发现未知的渗透，它的研究还对信息的智能处理提出了许多富有挑战的课题，成为当今入侵检测研究的一大热点。然而，目前它的主要问题是误报率很高，因为偏离正常的行为和攻击之间还有相当的距离，在实践中异常检测还只能作为误用检测的补充。

2. 误用检测

误用检测基于这样的假设，合法用户的越权访问举动，可以通过事先刻画已知攻击的特征进行判定。误用检测的主要分析方法是利用专家系统技术建立专家特征库，比较当前行为和已知渗透行为特征，从而估计当前行为接近特定攻击行为的程度。通常这些规则和系统的配置有关，如主机的操作系统、所在的网络的配置等。不同于异常检测，误用检测规则不是由分析审计记录产生，而是由安全专家制定。例如，端口扫描的一种典型特征是在短时间内目标主机收到发往不同端口的 TCP SYN 包，如果涉及不开放的端口，则攻击的可能性就更大了。

基于特征的误用检测模型的一个主要问题是特征选择上的局限性。首先，该技术不能检测出未知的攻击；其次，攻击者将想方设法修改攻击实现手段以绕过检测器的特征库，例如，将指令行中"空格"符号改成它的等价表示"％20"。这两个问题导致了基于特征的误用检测模型的高漏报率。对一个攻击的理想刻画应该是从一个标准形式出发，覆盖它的所有细微变形（Subtle Variation），而又不提高误报率，但目前还远远达不到该目标。

目前基于特征的误用检测模型主要是从单一事件中提取已知的攻击特征，如开源网络入侵检测系统 Snort 和目前大部分商业入侵检测产品，均以此为最重要的检测方法。但这种方法产生的报警是建立在观察到由渗透者的一个攻击步骤所导致的现象的基础上的，因此又被称为"第一级"安全报警，这就导致报警的弱语义和误报的发生。为了提高对包含多个攻击步骤的复杂攻击特征描述的准确性，降低检测的误报率，人们在多事件复杂特征检测领域进行了大量的研究工作，代表性的研究成果包括应用于 SRI International 的 EMERALD 系统的 P‑BEST 特征描述语言、美国 UCSB 开发的 STAT 系列原型系统、Purdue 大学 COAST 实验室的 IDIOT 项目等。

7.5.3　入侵检测系统的体系结构

入侵检测系统的体系结构可以分为主机型、网络型和分布式 3 种，其中主机型和网络型都属于集中式系统。

1. 主机型入侵检测系统

主机型入侵检测系统位于受保护的计算机中，监控该机的运行，主要的监控源包括操作系统审计记录和系统日志。许多情况下，入侵检测系统只提供一些泛泛的报警。系统管理员可以配置入侵检测系统使得它将下列类型的变化作为可报道的安全事件：与安全相关的应用有变化，如 UNIX 操作系统中文件系统完整性检查软件工具 Tripwire；存放关键数据的文件夹发生变化等。一旦配置得当，主机型入侵检测系统能够比较可靠地工作。

2. 网络型入侵检测系统

网络型入侵检测系统的任务是在网络数据中发现攻击的特征或异常行为。局域网普遍采用的是基于广播机制的以太网协议，该协议保证传输的数据包能被同一冲突域内的所有主机接收，基于网络的入侵检测正是利用了以太网的这一特性。详细地说，以太网卡通常有正常模式和杂收模式两种。在正常模式下主机仅处理以本机为目标的数据包，而在杂收模式下网卡可以接受所处网段内传输的所有数据包，而不论这些数据包的目的地址是否为本机。基于网络的入侵检测系统必须利用以太网卡的杂收模式，通过抓包工具，获得经过所处网段的所有数据信息，从而实现获得网络数据的功能。

网络型入侵检测系统监控整个网段的网络数据流，因此与主机型入侵检测系统相比需要复杂的配置和维护，同时，网络型入侵检测系统也比主机型入侵检测系统更容易产生误报，但网络型入侵检测系统擅长应对基于网络协议的攻击。

3. 分布式入侵检测系统

主机型和网络型入侵检测系统在检测攻击方面各有千秋，网络型入侵检测系统擅长应对基于网络协议的攻击，如 SYN Flood，Ping of Death 等，而如果要精确地检测出一些常见的攻击，如缓冲区溢出，则离不开主机上的审计记录，因此对一个网段的保护需要两种入侵检测系统的合作。同时，对于大型或复杂的网络，或协作的攻击，如分布式拒绝服务攻击，需要多个检测器之间的协作，这些因素导致了分布式入侵检测系统的诞生和发展。

美国加州大学戴维斯分校研制的 DIDS（Distributed Intrusion Detection Prototype）是最早开发的分布式入侵检测系统，图 7‑28 所示为它的整体结构，主要有 3 个部分。

（1）主机代理模块。收集有关主机安全事件的数据，并将数据传递给中心管理员。

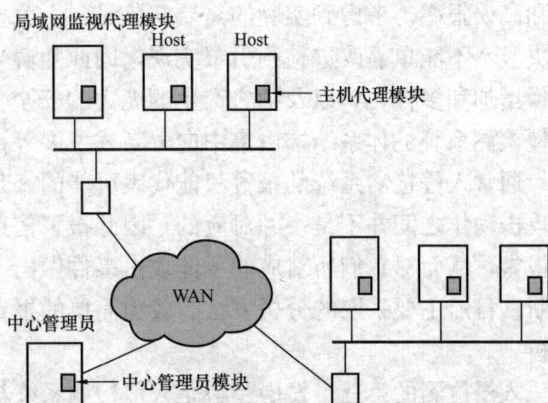

图 7‑28　分布式入侵检测系统整体结构图

（2）局域网监视代理模块。运作方式和主机相同，但它分析局域网的流量，然后将结果报告给中心管理员。

（3）中心管理员模块。接收上述两个模块送来的报告，对它们进行综合处理，以判断是否存在入侵。

上述结构与操作系统和审计系统的具体实现无关。代理截获由原审计收集系统产生的每个审计记录，通过过滤处理，只保留与安全性有关的记录。这些记录按主机审计记录（HAR）格式重新组装，然后代理分 3 层分析可疑活动的记录。在最底层，代理扫描出与以前事件截然不同的事件，如失败的文件访问或改变文件访问控制等；再上一层，代理查找事件序列，如已知攻击模式；最后，代理根据用户正常轮廓查找每个用户的异常行为，如程序执行次数或文件访问次数等。当检测到可疑行动时，就向中心管理员发出警报，然后中心管理员使用专家系统进行推导。中心管理员也会要求单个主机提供 HAR 副本，与其他代理进行关联。局域网监视代理也向中心管理员提供信息。该模块审计主机之间的连接、采用的服务和网络流量，以搜索重大的事件，如网络负载突然变化，使用与安全性相关的服务等。

可以看出 DIDS 的结构非常通用和灵活，可以将检测系统从单机推广到一个可以协作的系统，从而对许多站点和网络的活动进行综合处理，对抗如分布式拒绝服务攻击等。

7.5.4　入侵检测的发展趋势

入侵检测的第一个发展趋势是高性能网络入侵检测技术。随着网络宽带的快速增长及多媒体应用的日益普及，网络入侵检测系统面临着巨大的"千兆线速"性能压力。虽然网络入侵检测系统通常以并联方式接入网络，但是如果其处理速度跟不上网络数据的传输速度，则由于大量丢包而导致的攻击漏报将严重影响系统的准确性和有效性。

目前对网络入侵检测系统性能方面的考虑主要有四个方面：①避开某些性能瓶颈，如开发"零拷贝"网卡抓包驱动程序以尽量减少内存复制次数，避免内存复制性能瓶颈；②依赖有状态的协议分析尽量缩小特征字符串匹配的范围；③通过优化算法提高处理性能，如使用并行模式匹配算法提高特征检测的性能；④通过引入计算集群和负载均衡算法，使用更多的计算资源来提升整体性能适应千兆位高速网络。

入侵检测的第二个发展趋势是入侵检测系统报警信息后处理开始成为一个研究热点。入侵检测系统发出的一个报警是建立在观察到由入侵者的一个攻击步骤所导致的现象的基础上，因此被称为"第一级"安全报警。目前，这些报警存在的主要问题是弱语义以及高漏报率和高误报率。考虑到实际的需要应该是一个关于系统安全状况的全局图景，但这些问题的解决显然不能单靠改进检测引擎实现，因此随着当前网络系统的复杂化和大型化、检测器的数量增加和多样化，以及随之产生的庞大的安全信息、利用网络发起协调攻击的日益盛行、入侵检测系统的体系结构由集中向分布式发展等，改善报警存在的问题显得更加重要。

通常入侵检测系统的报警只能代表可能的（几个）攻击事件，换句话说，报警和其背后的攻击动作之间并不是一一对应的，因此报警信息后处理的主要任务之一是通过综合分析多个报警，从而对它们所对应的可能攻击事件做出（相对于单个孤立的报警而言）更为精确的判断。目前主要采取的分析方法有较为简单的报警聚类和需要机器学习或知识库支持的关联分析。

入侵检测的第三个发展趋势是入侵检测系统与其他安全工具联动，例如，入侵检测系统在检测到攻击时可以通过联动协议修改防火墙的规则以阻断连接。

7.6　典型攻击与防范技术简介

目前，常用的网络攻击手段有社会工程学攻击、物理攻击、暴力攻击、利用 Unicode 漏洞攻击和利用缓冲区溢出漏洞进行攻击等技术。

7.6.1　社会工程学攻击

社会工程是使用计谋和假情报去获得密码和其他敏感信息的科学，研究一个站点的策略之一就是尽可能多地了解这个组织的个体，因此黑客不断试图寻找更加精妙的方法从他们希望渗透的组织那里获得信息。

例如，一组高中学生曾经想要进入一个当地公司的计算机网络，他们拟定了一个表格，调查看上去显得无害的个人信息，如所有秘书和行政人员和他们的配偶、孩子的名字，这些从学生转变成的黑客说这种简单的调查是他们社会研究工作的一部分。利用这份表格这些学生能够快速地进入系统，因为网络上的大多数人是使用宠物和他们配偶名字作为密码。

目前社会工程学攻击主要包括打电话请求密码和伪造 E‑mail 两种方式。

1. 打电话请求密码

尽管不像前面讨论的策略那样聪明，打电话询问密码也经常奏效。在社会工程中那些黑客冒充失去密码的合法雇员，经常通过这种简单的方法重新获得密码。

2. 伪造 E‑mail

使用 Telnet，一个黑客可以截取任何一个身份发送 E‑mail 的全部信息，这样的 E‑mail 消息是真的，因为它发自于一个合法的用户，在这种情形下这些信息显得是绝对真实的，黑客可以伪造这些。一个冒充系统管理员或经理的黑客就能较为轻松地获得大量的信息，从而实施他们的恶意阴谋。

7.6.2　物理攻击与防范

物理安全是保护一些比较重要的设备不被接触。物理安全比较难防，因为攻击往往来自能够接触到物理设备的用户。

1. 获取管理员密码

系统管理员登录系统以后，离开计算机时没有锁定计算机，或者直接以自己的账号登录，然后让别人使用，这是非常危险的，因为这样可以轻易获取管理员密码，例如，获取管理员密码。用户登录以后，所有的用户信息都存储在系统进程 winlogon. exe 中，可以利用程序将当前登录用户的密码解码出来。例如，可使用 FindPass 等工具对该进程进行解码，然后将当前用户的密码显示出来。所以，只要可以侵入某个系统，获取管理员或者超级用户的密码就是可能的。

2. 权限提升

有时管理员为了安全，给其他用户建立一个普通用户账号，认为这样就安全了。其实不然，用普通用户账号登录后，可以利用工具 GetAdmin. exe 将自己加到管理员组或者新建一个具有管理员权限的用户。

例如，普通用户建立管理员账号。建立一个账号 Hacker，该用户为普通用户。用 Hacker 账户登录系统，在系统中执行程序 GetAdmin. exe，程序自动读取所有用户列表，新建一个管理员组的用户名"IAMHacker"。注销当前用户，使用"IAMHacker"登录，密码为空，登录以后可看到所在用户组就是 Administrators 组。这样一个普通用户就成功新建了一个管理员账号。所以只要物理上接触了某计算机系统，就可以马上获得该系统超级用户的权限。

7.6.3　暴力攻击

暴力攻击的一个具体例子是，一个黑客试图使用计算机和信息去破解一个密码。黑客需要破解一段单一的用非对称密钥加密的信息，为了破解这种算法，需要求助于非常精密复杂的方法——使用 120 个工作站，两个超级计算机利用从三个主要的研究中心获得的信息，用至少八天的时间去破解加密算法。实际上破解加密过程八天已是非常短暂的时间了。

针对一个安全系统进行暴力攻击需要大量的时间，然而，由于不适宜的安全设置和策略，一些系统非常易于暴露在这种攻击之下。但是暴力攻击经常容易被侦测到，因为攻击时经常需要重复连接。

字典攻击是最常见的一种暴力攻击。如果黑客试图通过使用传统的暴力攻击方法去获得密码，则将不得不尝试每种可能的字符，包括大小写、数字和通配符等。字典攻击通过仅仅使用某种具体的密码来缩小尝试的范围，大多数的用户使用标准单词作为一个密码，一个字典攻击试图通过利用包含单词列表的文件去破解密码。强壮的密码则通过结合大小写字母、数字和通配符来击败字典攻击。一次字典攻击能否成功，很大程度上取决于字典文件。一个好的字典文件可以高效快速地得到系统的密码。攻击不同的公司、不同地域的计算机，可以根据公司管理员的姓氏以及家人的生日，可以作为字典文件的一部分，公司以及部门的简称一般也可以作为字典文件的一部分，这样可以大大地提高破解效率。一个字典文件本身就是一个标准的文本文件，其中的每一行就代表一个可能的密码。目前有很多工具软件专门来创建字典文件，也有各种不同的专门软件，暴力破解操作系统密码、邮箱密码或者 Office、Winzip、Winrar 等文档密码。

7.6.4　缓冲区溢出攻击

目前最流行的一种攻击技术就是缓冲区溢出攻击。当目标操作系统收到超过它的最大能接收的信息量时，将发生缓冲区溢出。这些多余的数据将使程序的缓冲区溢出，然后覆盖了实际的程序数据，缓冲区溢出使目标系统的程序被修改，经过这种修改的结果便在系统上产生一个后门。这项攻击对技术要求比较高，但是攻击的过程却非常简单。缓冲区溢出原理很简单，如程序：

```
void function(char* szPara1)
{
    char buff[16];
    strcpy(buffer,szPara1);
}
```

程序中利用 strcpy 函数将 szPara1 中的内容拷贝到 buff 中，只要 szPara1 的长度大于16，就会造成缓冲区溢出。存在 strcpy 函数这样问题的 C 语言函数还有 strcat（）、gets（）、scanf（）等。当然，随意往缓冲区填写数据使它溢出一般只会出现"分段错误"，而不能达到攻击的目的。最常见的手段是通过制造缓冲区溢出使程序运行一个用户 shell，再通过shell 执行其他命令，如果该 shell 有管理员权限，就可以对系统进行任意操作。

1. RPC 漏洞溢出

远程过程调用 RPC (Remote Procedure Call) 是操作系统的一种消息传递功能，允许应用程序呼叫网络上的计算机。当系统启动时，自动加载 RPC 服务，可以在服务列表中看到系统的 RPC 服务。

例如，利用 RPC 漏洞建立超级用户。RPC 溢出漏洞，对 Windows 2000 SP4 也适用，必须打专用补丁。利用工具 scanms.exe 文件检测 RPC 漏洞，该工具是 ISS 安全公司 2003 年 7 月 30 日发布的，运行在命令行下用来检测指定 IP 地址范围内机器是否已经安装了 "DCOM RPC 接口远程缓冲区溢出漏洞（823980 - MS03 - 026）" 补丁程序。如果没有安装补丁程序，该 IP 地址就会显示出 "［VULN］"。首先复制该文件到 C 盘根目录，执行命令 "scanms.exe　172.18.25.109　-　172.18.25.110" 检 查 地 址 段　172.18.25.109　到 172.18.25.110 的主机，如图 7 - 29 所示。

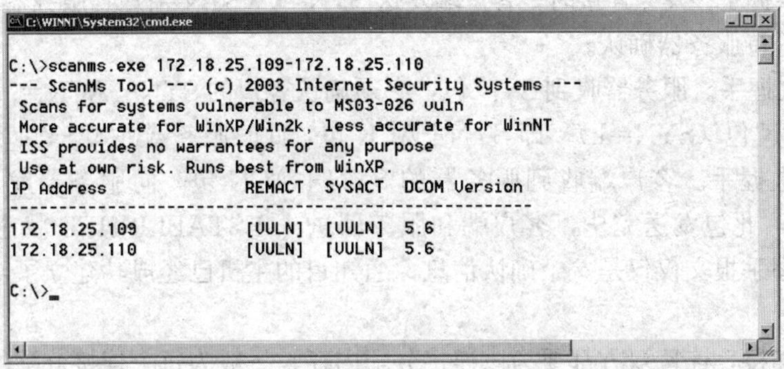

图 7 - 29　检查 RPC 漏洞

可以看出 172.18.25.109 和 172.18.25.110 这两台计算机都有 RPC 漏洞。利用工具软件 attack.exe 对 172.18.25.109 进行攻击。攻击的结果是在对方计算机上建立一个具有管理员权限的用户，并终止对方的 RPC 服务。

新建用户名和密码都是 truemark，这样就可以登录对方计算机了，RPC 服务停止操作系统将有许多功能不能使用，非常容易被管理员发现，使用工具软件 OpenRpcSs.exe 重启对方 RPC 服务。利用 net use 连接上目标计算机以后就可以操纵对方的任何资源，著名的 "冲击波" 病毒就利用了该漏洞。

2. 利用 IIS 溢出进行攻击

IIS 除存在漏洞外，还可能溢出。利用 IIS 溢出在对方的计算机开放一个端口，再利用工具软件连接到该端口，就可以入侵对方计算机。

7.6.5　拒绝服务攻击 (DoS)

拒绝服务攻击（DoS，Denial of Service）是指造成目标计算机拒绝提供服务的攻击，其目的是使目标计算机或网络无法提供正常的服务。最常见的 DoS 攻击是计算机网络带宽攻击和连通性攻击。带宽攻击是以极大的通信量冲击网络，使网络所有可用的带宽都被消耗掉，最后导致合法用户的请求无法通过。连通性攻击指用大量的连接请求冲击计算机，最终导致计算机无法再处理合法用户的请求。

比较著名的拒绝服务攻击包括 SYN 风暴、Smurf 攻击和利用处理程序错误进行攻击。

1. SYN 风暴

1996 年 9 月以来，许多 Internet 站点遭受了一种称为 SYN 风暴（SYN Flooding）的拒绝服务攻击。它是通过创建大量"半连接"来进行攻击，任何连接到 Internet 上并提供基于 TCP 的网络服务（如 WWW 服务、FTP 服务，邮件服务等）的主机都可能遭受这种攻击。针对不同的服务，攻击的结果可能不同，但是攻击的根本都是利用这些系统中的 TCP/IP 协议族的设计弱点和缺陷。只有对现有 TCP/IP 协议族进行重大改变才能修正这些缺陷。

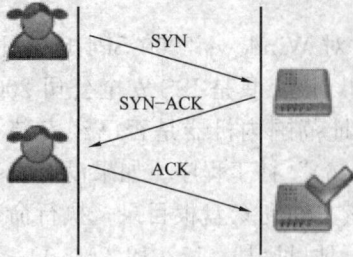

图 7-30　正常三次握手

在 TCP/IP 协议中，TCP 协议提供可靠的连接服务，采用三次握手（TCP Three-way Handshake）建立一个连接，如图 7-30 所示。三次握手过程如下。

（1）第一次握手。建立连接时，客户端发送 SYN 包（SYN=j）到服务器，并进入 SYN_SEND 状态，等待服务器确认。

（2）第二次握手。服务器收到 SYN 包，必须确认客户的 SYN（ACK=j+1），同时自己也发送一个 SYN 包（SYN=k），即 SYN+ACK 包，此时服务器进入 SYN_RECV 状态。

（3）第三次握手。客户端收到服务器的 SYN+ACK 包，向服务器发送确认包 ACK（ACK=k+1），此包发送完毕，客户端和服务器进入 ESTABLISHED 状态，完成三次握手。最后一个握手报文仅仅是一个确认信息，通知目的主机已经成功建立了双方所同意的这个连接。

针对每个连接，连接双方都要为该连接分配内存，一般为每个连接分配的内存单元的大小都会超过 280 字节。完成三次握手，客户端与服务器开始传送数据，在上述过程中，还有一些重要的概念。

（1）未连接队列：在三次握手协议中，服务器维护一个未连接队列，该队列为每个客户端的 SYN 包（SYN=j）开设一个条目，该条目表明服务器已收到 SYN 包，并向客户发出确认，正在等待客户的确认包。这些条目所标识的连接在服务器处于 SYN_RECV 状态，当服务器收到客户的确认包，删除该条目，服务器进入 ESTABLISHED 状态。

（2）Backlog 参数：表示未连接队列的最大容纳数目。

（3）SYN-ACK 重传次数。服务器发送完 SYN-ACK 包，如果未收到客户确认包，服务器进行首次重传，等待一段时间仍未收到客户确认包，进行第二次重传，如果重传次数超过系统规定的最大重传次数，系统将该连接信息从半连接队列中删除。注意，每次重传等待的时间不一定相同。

（4）半连接存活时间。是指半连接队列的条目存活的最长时间，也即服务器从收到 SYN 包到确认这个报文无效的最长时间，该时间值是所有重传请求包的最长等待时间总和。有时也称半连接存活时间为 Timeout 时间、SYN_RECV 存活时间。

当接收端收到连接请求的 SYN 包时，就会为该连接分配一个特定的数据结构，因此只能有有限个连接处于半连接状态（称为 SYN_RECVD 状态），否则黑客很容易利用该特点，同时发送大量 TCP 连接请求，系统会为过多的半连接而耗尽内存资源，进而拒绝为合法用户提供服务。当半连接数达到最大值时，TCP 会丢弃所有后续的连接请求，此时用户的合法连接请求也会被拒绝。但是受害主机的所有外出连接请求和所有已建立好的连接将不会受

到影响。这种状况会持续到半连接超时，或某些连接被重
置或释放。攻击过程如图 7 - 31 所示。

　　从图 7 - 31 可看到，服务器接收到连接请求（SYN=
j），将此信息加入未连接队列，并发送请求包给客户
（SYN＝k，ACK＝j+1），此时进入 SYN_RECV 状态。
当服务器未收到客户端的确认包时，重发请求包，一直到
超时，才将此条目从未连接队列删除。配合 IP 欺骗，
SYN 攻击能达到很好的效果，通常客户端在短时间内伪
造大量不存在的 IP 地址，向服务器不断地发送 SYN 包，
服务器回复确认包，并等待客户的确认，由于源地址是不
存在的，服务器需要不断的重发直至超时，这些伪造的
SYN 包将长 时间占用未连接队列，正常的 SYN 请求被丢
弃，目标系统运行缓慢，严重者引起网络堵塞甚至系统瘫
痪，所以称为"SYN 风暴"。

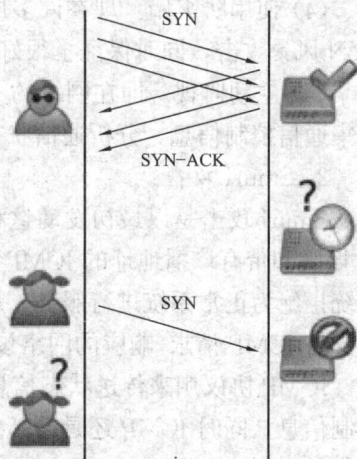

图 7 - 31　SYN 攻击原理

　　发现 SYN 攻击的最简单的方法，是使用 netstat 命令查看是否有很多 TCP 连接的状态
为 SYN_RECV，即可发现 SYN 攻击。如图 7 - 32 所示可判定该服务器正在受到 SYN 攻击。

```
# netstat -n -t
tcp  0   0 10.11.11.11:23   124.173.152.8:25882    SYN_RECV  -
tcp  0   0 10.11.11.11:23   236.15.133.204:2577    SYN_RECV  -
tcp  0   0 10.11.11.11:23   127.160.6.129:51748    SYN_RECV  -
tcp  0   0 10.11.11.11:23   222.220.13.25:47393    SYN_RECV  -
tcp  0   0 10.11.11.11:23   212.200.204.182:60427  SYN_RECV  -
tcp  0   0 10.11.11.11:23   232.115.18.38:278      SYN_RECV  -
tcp  0   0 10.11.11.11:23   239.116.95.96:5122     SYN_RECV  -
tcp  0   0 10.11.11.11:23   236.219.139.207:49162  SYN_RECV  -
...
```

图 7 - 32　SYN 攻击

　　基于上述 SYN 风暴攻击的特点，可以在多个层次上展开对抗，常用的防范方法包括 5
个方面。

　　（1）优化系统配置。缩短超时时间，使得无效的半连接能够尽快释放，但是可能会导致
超过该阈值的合法连接失败；增加半连接队列的长度，使得系统能够同时处理更多的半连
接；关闭不重要的服务，减少被攻击的可能。

　　（2）优化路由器配置。配置路由器的外网卡，丢弃那些来自外部网而源 IP 地址具有内
部网络地址的包；配置路由器的内网卡，丢弃那些即将发到外部网而源 IP 地址不具有内部
网络地址的包。这种方法不能完全杜绝 SYN 风暴攻击，但是能够有效地减少攻击的可能，
特别是当全球的 ISP 都正确合理地配置他们的路由器时。特别需要强调的是，优化路由器配
置对几乎所有伪造源地址的拒绝服务攻击都能进行有效的限制，减小攻击的可能。

　　（3）完善基础设施。现有的网络体系结构没有对源 IP 地址进行检查的机制，同时也不
具备追踪网络包的物理传输路径的机制，使得发现并惩治作恶者很困难。而且很多攻击手段
都是利用现有网络协议的缺陷，因此，对整个网络体系结构的再改造十分重要。

（4）使用防火墙。现在许多厂商的防火墙产品实现了半透明网关技术，能够有效地防范 SYN 风暴攻击，同时保证了很好的性能。

（5）主动监视。即在网络的关键点上安装监视软件，这些软件持续监视 TCP/IP 流量，收集通信控制信息，分析通信状态，辨别攻击行为，并及时做出反应。

2. Smurf 攻击

Smurf 攻击是以最初发动这种攻击的程序 Smurf 来命名的。这种攻击方法结合使用了 IP 欺骗和带有广播地址的 ICMP 请求-响应方法，使大量网络传输充斥目标系统，引起目标系统拒绝为正常系统进行服务，属于间接、借力攻击方式。任何连接到互联网上的主机或其他支持 ICMP 请求-响应的网络设备都可能成为这种攻击的目标。

ICMP 协议用来传送状态信息和错误信息（如网络拥塞指示等网络传输问题），并交换控制信息。同时 ICMP 还是诊断主机或网络问题的有用工具。可以使用 ICMP 协议判断某台主机是否可达，通常以"ping"命令实现，许多操作系统和网络软件包都包含了该命令。即向目标主机 D 发送 ICMP echo 请求包，如果 D 收到该请求包，会发送 echo 响应包作为回答。

Smurf 攻击行为的完成涉及攻击者（Attacker）、中间脆弱网络（Intermediary）和目标受害者（Victim）三个元素。攻击者伪造一个 ICMP echo 请求包发送到中间脆弱网络；中间脆弱网络中的主机收到这个 ICMP echo 请求包时，会以 echo 响应包作为回答，而这些包最终被发送到目标受害者。这样，大量同时返回的 echo 响应数据包将造成目标网络严重拥塞、丢包，甚至完全不可用等现象，过程如图 7-33 所示。

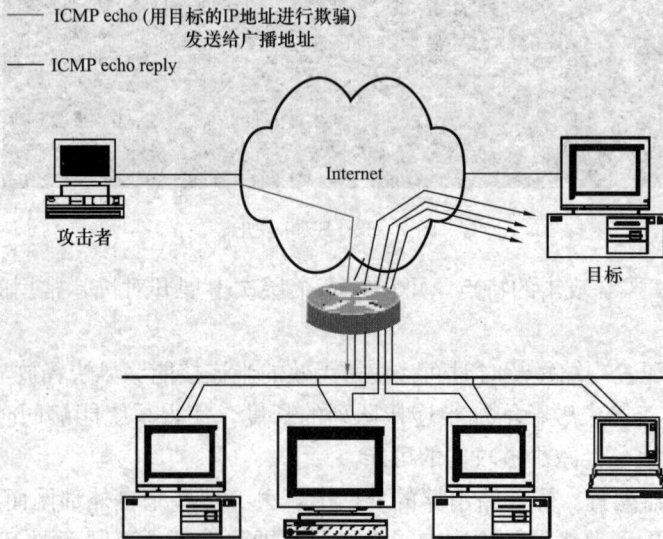

图 7-33　Smurf 攻击过程

尽管中间脆弱网络（又称反弹站点，Bounce-Sites）没有被称为受害者，但实际上中间网络同样为受害方，其性能也遭受严重影响。黑客通常首先在全网范围内搜索不过滤广播包的路由器和规模较大的网络，再利用自动工具同时向多个中间网络发送伪造的 ICMP echo 请求包以急剧放大网络流量。Smurf 攻击的一个直接变种称为 Fraggle，两者的不同点在于后者使用的是 UDP echo 包，而不是 ICMP echo 包。

假设攻击者位于带宽为 T1 的网中，使用一半的带宽（768 Kb/s）发送伪造的 echo 请求包到带宽为 T3 的中间网络 B1 和 B2；假设 B2 中有 80 台主机，B2 中有 100 台主机，那么 B1 将会产生 384Kb/s×80＝30Mb/s 的外出流量，B1 将会产生 384Kb/s×100＝37.5Mb/s 的外出流量；此时目标受害者将承受 30Mb/s＋37.5Mb/s＝67.5Mb/s 的攻击。可见中间网络起到一个放大器的作用。攻击发生时，无论是子网内部还是面向 Internet 的连接，中间网络和目标受害者主机所在的网络性能都会急剧下降，直到网络不可用。这种攻击与 ping flooding 和 UDP flooding 的原理相似，正是这种流量放大功能，使得它具有更强的攻击力。同样，对抗这类攻击应该从以下三个方面入手。

（1）针对中间网络。在路由器的每个端口关闭 IP 广播包的转发设置；可能的情况下，在网络边界处使用访问控制列表（ACL，Access Control List），过滤掉所有目标地址为本网络广播地址的包；对于不提供穿透服务的网络，可以在出口路由器上过滤掉所有源地址不是本网地址的数据包；配置主机的操作系统，使其不响应带有广播地址的 ICMP 包。

（2）针对目标受害者。没有什么简单的解决方法能够帮助受害主机，当攻击发生时，应尽快重新配置其所在网络的路由器，以阻塞这些 ICMP 响应包。但是受害主机的路由器和受害主机 ISP 之间的拥塞不可避免。同时，也可以通知中间网络的管理者协同解决攻击事件。

（3）针对发起攻击的主机及其网络。Smurf 攻击通常会使用欺骗性源地址发送 echo 请求，因此在路由器上配置其过滤规则，丢弃那些即将发到外部网而源 IP 地址不具有内部网络地址的包。这种方法尽管不能消灭 IP 欺骗的包，却能有效降低攻击发生的可能性。

3. 利用处理程序错误进行攻击

SYN 风暴和 Smurf 攻击利用 TCP/IP 协议中的设计弱点，通过强行引入大量的网络包来占用带宽，迫使目标受害主机拒绝对正常的服务请求进行响应。利用 TCP/IP 协议实现中的处理程序错误进行攻击，即故意错误地设定数据包头的一些重要字段，将这些错误的 IP 数据包发送出去。

在接收数据端，服务程序通常都存在一些问题，因而在将接收到的数据包组装成一个完整的数据包的过程中，就会使系统当机、挂起或崩溃，从而无法继续提供服务。这些攻击包括广为人知的 Ping of Death，十分流行的 Teardrop 攻击和 Land 攻击、Bonk 攻击、Boink 攻击及 OOB 攻击等。

（1）Ping of Death 攻击。攻击者故意创造一个长度大于 65535 字节（IP 协议中规定最大的 IP 包长为 65535 字节）ping 包，并将该包发送到目标受害主机，由于目标主机的服务程序无法处理过大的包，而引起系统崩溃、挂起或重启。

从早先版本的 Windows 上就可以运行 Ping of Death。在命令行下只需键入“ping-165550 攻击目标”即可。Windows 还有一个漏洞，就是它不但在收到这种无效数据时会崩溃，而且还可以在偶然的情况下生成这种数据。这种攻击已经不再适用，目前所有的操作系统都对此进行了修补或升级。

（2）Teardrop 攻击。一个 IP 分组在网络中传播时，由于沿途各个链路的最大传输单元不同，路由器常常会对 IP 包进行分组，即将一个包分成一些片断，使每段都足够小，以便通过这个狭窄的链路。每个片段将具有自己完整的 IP 包头，其大部分内容和最初的包头相同，一个很典型的不同在于包头中还包含偏移量字段。随后各片段将沿各自的路径独立的转发到目的地，在目的地最终将各个片段进行重组。这就是所谓的 IP 包的分段重组技术。

Teardrop 攻击就是利用 IP 包的分段重组技术在系统实现中的一个错误。

（3）Land 攻击。Land 也是一个十分有效的攻击工具，它对当前流行的大部分操作系统及一部分路由器都有相当的攻击能力。攻击者利用目标受害系统的自身资源实现攻击意图。由于目标受害系统具有漏洞和通信协议的弱点，这就给攻击者提供了攻击的机会。

这种类型的攻击利用 TCP/IP 协议实现中的处理程序错误进行攻击，因此最有效最直接的防御方法是尽早发现潜在的错误并及时修正这些错误。在当前的软件行业里，太多的程序存在安全问题。从长远的角度考虑，在编制软件的时候应更多地考虑安全问题，程序员应使用安全编程技巧，全面分析预测程序运行时可能出现的情况。同时测试也不能只局限在功能测试，应更多地考虑安全问题。换句话说，应该在软件开发的各个环节都灌输安全意识和法则，提高代码质量，减少安全漏洞。

7.6.6　分布式拒绝服务攻击

分布式拒绝服务（DDoS，Distributed Denial of Service）攻击，是对拒绝服务攻击的发展，攻击者控制大量的攻击源，然后同时向攻击目标发起的一种拒绝服务攻击。海量的信息会使得攻击目标带宽迅速消失殆尽。分布式拒绝服务攻击技术发展十分迅速，由于其具有隐蔽性和分布性，很难被识别和防御，响应和取证更加困难。

攻击过程主要有攻占代理主机和向目标发起攻击两个步骤。具体说来可分为以下几个步骤：①探测扫描大量主机以寻找可入侵主机；②入侵有安全漏洞的主机并获取控制权；③在每台被入侵主机中安装攻击所用的客户进程或守护进程；④向安装有客户进程的主控端主机发出命令，由它们来控制代理主机上的守护进程进行协同入侵，如图 7-34 所示。

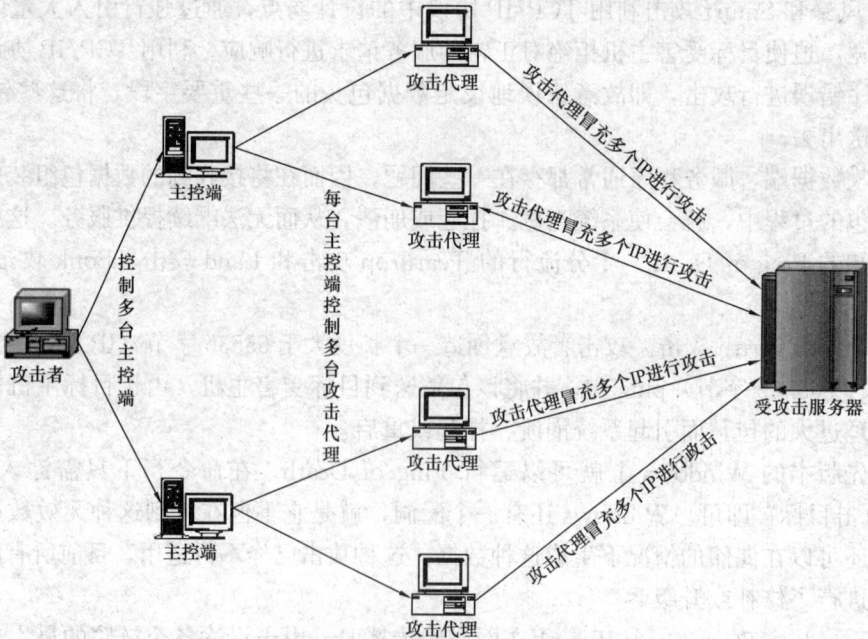

图 7-34　DDoS 攻击示意图

攻击者所用的计算机是攻击主控台，可以是网络上的任何一台主机，甚至可以是一个活动的便携机。攻击者操纵整个攻击过程，它向主控端发送攻击命令。主控端是攻击者非法侵入并控制的一些主机，这些主机还分别控制大量的客户主机。主控端主机的上面安装了特定的程序，因此它们可以接受攻击者发来的特殊指令，并且可以把这些命令发送到代理主机上。代理端同样也是攻击者侵入并控制的一批主机，它们上面运行攻击器程序，接受和运行主控端发来的命令。代理端主机是攻击的执行者，真正向受害者主机发送攻击。

相对于一般的拒绝服务攻击，分布式拒绝服务攻击有以下两个特点：①由于集中了成百上千台机器同时进行攻击，其攻击力是十分巨大的，即使像 Yahoo、Sina 等应用了可以将负荷分摊到每个服务器的集群服务器（Cluster Server）技术，也难以抵挡这种攻击；②多层攻击网络结构使被攻击主机很难发现攻击者，而且大部分装有主控进程和守护进程的机器的合法用户并不知道自己是整个拒绝服务攻击网络中的一部分，即使被攻击主机监测到也无济于事。

DDoS 主要利用以下协议漏洞。

（1）利用 IP 源路由信息的攻击。因为 TCP/ IP 体系中对 IP 数据包的源地址不进行验证，所以攻击者可以控制其众多代理端用捏造的 IP 地址发出攻击报文，并指明到达目标站点的传送路由，产生数据包溢出。

（2）利用 RIP 协议的攻击。RIP 是应用最广泛的路由协议，采用 RIP 的路由器会定时广播本地路由表到邻接的路由器，以刷新路由信息。通常站点接收到新路由时直接采纳，这使攻击者有机可乘。

（3）利用 ICMP 的攻击。绝大多数监视工具不显示 ICMP 包的数据部分，或不解析 ICMP 类型字段，所以 ICMP 数据包往往能直接通过防火墙。例如，从攻击软件 TFN（Tribe Flood Network）客户端到守护程序端的通信可直接通过 ICMP - ECHOREPLY（Type0）数据包完成。可直接用于发起攻击的 ICMP 报文还有 ICMP 重定向报文（Type5）、ICMP 目的站点不可达报文（Type3）、数据包超时报文（Type11）。

攻击者最常使用的分布式拒绝服务攻击程序主要有 Trinoo、TFN、TFN2K、Stacheldraht 和 SHAFT。

（1）Trinoo 攻击。Trinoo 是一种用 UDP 包进行攻击的工具软件。与针对某特定端口的一般 UDP Flood 攻击相比，Trinoo 攻击随机指向目标端的各个 UDP 端口，产生大量 ICMP 不可到达报文，严重增加目标主机负担并占用带宽，使对目标主机的正常访问无法进行。

（2）TFN 攻击。TFN 是第一个公开的 Unix DDoS 工具，由主控端程序和代理端程序两部分组成，其利用 ICMP 给主控端或代理端下命令，其来源可以做假。它可以发动 SYN-flood、UDP flood、ICMP flood 及 Smurf 等攻击。

（3）TFN2K 攻击。TFN2K 是 TFN 的增强版，它增加了许多新功能，单向的对主控端的控制通道，主控端无法发现代理端地址；针对脆弱路由器的攻击手段；更强的加密功能，基于 Base64 编码，AES 加密随机选择目的端口。

（4）Stacheldraht 攻击。Stacheldraht 结合了 Trinoo 和 TFN 的特点，并且它将代理端和主控端间的通信加密，增加了主控端的自动更新功能，即能够自动更新 daemon 主机列表。

（5）SHAFT 是一种独立发展起来的 DDoS 攻击方法，独特之处如下：首先，在攻击过程中，受控主机之间可以交换对代理端的控制和端口，这使得入侵检测工具难以奏效；其次，SHAFT 采用了"ticket"机制进行攻击，使其攻击命令有一定秘密性；最后，SHAFT 采用了独特的包统计方法使其攻击得以顺利完成。

7.6.7 分布式反弹拒绝服务攻击（DRDoS）

反弹技术就是利用反弹服务器实现攻击的技术。所谓反弹服务器（Reflector）是指当收到一个请求数据报后就会产生一个回应数据报的主机。例如，所有的 Web 服务器、DNS 服务器和路由服务器都是反弹服务器。攻击者可以利用这些回应的数据报对目标机器发动 DDoS 攻击。

反弹服务器攻击过程和传统的 DDoS 攻击过程相似，如图 7-35 所示，如前面所述的DDoS 4 个步骤中，只是第（4）步改为攻击者锁定大量的可以作为反弹服务器的服务器群，攻击命令发出后，代理守护进程向已锁定的反弹服务器群发送大量的欺骗请求数据包，其源地址为受害服务器或目标服务器。

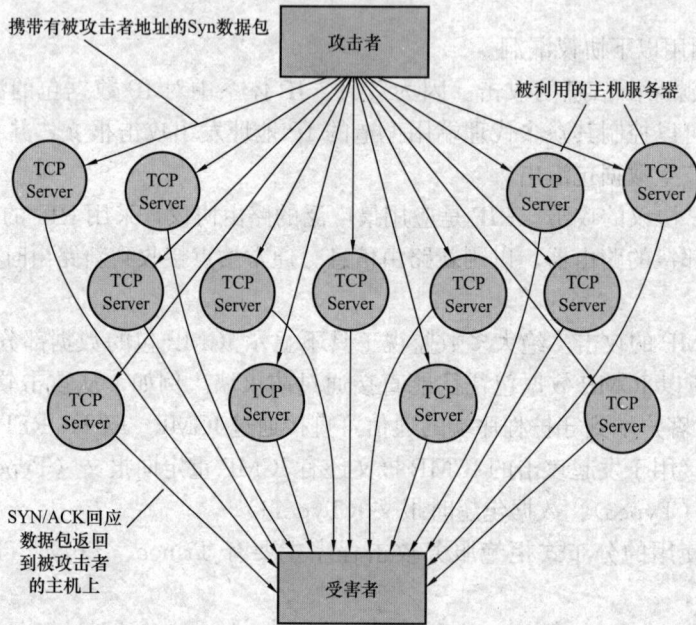

图 7-35 DRDoS 攻击示意图

与传统 DDoS 攻击相比，它有以下特点。

（1）DRDoS 攻击更加难以抵御。实际上它的攻击网络结构和传统的相比多了第四层——被锁定的反弹服务器层。反弹服务器的数量可以远比驻有守护进程的代理服务器多，故反弹技术可以使攻击时的洪水流量变弱，最终才在目标机汇合为大量的洪水，其攻击规模也比传统 DDoS 攻击大得多。

（2）目标机更难追查到攻击来源。目标机接收到的攻击数据报的源 IP 是真实的，反弹服务器追查到的数据报源 IP 是假的。又由于反弹服务器上收发数据报的流量较小（远小于代理服务器发送的数量），因此，服务器根据网络流量来自动检测是否为 DDoS 攻击源的这种机制将不起作用。

7.6.8 拒绝服务攻击的防范

拒绝服务攻击会造成时间和经济上的重大损失，但因为 Internet 上绝大多数网络都不限制源地址，伪造源地址非常容易；通过攻击代理的攻击，只能找到攻击代理的位置；各种反弹式攻击，无法定位源攻击者。所以完全阻止拒绝服务攻击是不可能的，但是防范工作可以减少被攻击的机会。

（1）有效完善的设计网络。分散服务器的位置，避免被攻击时的瘫痪；设置负载均衡、反向代理、L4/L7 交换机的，加强对外提供服务的能力；有些 L4/L7 交换机本身具备一定的防范拒绝服务攻击能力。

（2）带宽限制。限制特定协议占用的带宽，但这并不是完善的方法。

（3）及时安装厂商补丁，减少被攻击的机会。

（4）运行尽可能少的服务。

（5）只允许必要的通信，设置严格的防火墙策略，封锁所有无用的数据；封锁敌意 IP 地址。

（6）不要让自己的网络系统成为攻击者的帮凶。

（7）保持网络安全。让攻击者无法非法获得对主机系统的访问。

（8）安装入侵检测系统，尽早检测到攻击。使用漏洞扫描工具，及早发现系统的弱点、漏洞并修补。

（9）网络出口过滤。在路由器上进行过滤，入口过滤：所有源地址是保留地址的数据包全部丢弃；所有源地址是本地网络地址的数据包全部丢弃。出口过滤：所有源地址不是本地网络的数据包全部丢弃。

（10）防止本地网络用户伪造 IP 地址攻击别人。

7.6.9　APT 攻击

高级持续性威胁（APT，Advanced Persistent Threat）攻击是近几年来出现的一种高级攻击，具有难检测、持续时间长和攻击目标明确等特征。以下是近年来比较典型的几个 APT 攻击案例。

1. APT 攻击案例

（1）Google 极光攻击。2010 年的 Google 极光攻击是一个十分著名的 APT 攻击。Google 的一名雇员点击即时消息中的一条恶意链接，引发了一系列事件导致这个搜索引擎巨人的网络被渗入数月，并且造成各种系统的数据被窃取。这次攻击以 Google 和其他大约 20 家公司为目标，是由一个有组织的网络犯罪团体精心策划的，目的是长时间地渗入这些企业的网络并窃取数据。该攻击过程大致如下：

1）对 Google 的 APT 行动开始于刺探工作，特定的 Google 员工成为攻击者的目标。攻击者尽可能地收集信息，搜集该员工在 Facebook、Twitter、LinkedIn 和其他社交网站上发布的信息。

2）攻击者利用一个动态 DNS 供应商建立一个托管伪造照片网站的 Web 服务器。该 Google 员工收到来自信任的人发来的网络链接并且点击它，进入恶意网站。该恶意网站页面载入含有 shellcode 的 JavaScript 程序造成 IE 浏览器溢出，进而执行 FTP 下载程序，并从远端进一步抓了更多新的程序来执行〔由于其中部分程序的编译环境路径名称带有 Aurora（极光）字样，该攻击故此得名〕。

3）攻击者通过 SSL 安全隧道与受害人机器建立了连接，持续监听并最终获得该雇员访问 Google 服务器的账号密码等信息。

4）攻击者就使用该雇员的凭证成功渗透进入 Google 的邮件服务器，进而不断地获取特定 Gmail 账户的邮件内容信息。

（2）超级工厂病毒攻击（Stuxnet 震网攻击）。著名的超级工厂病毒攻击为人所知主要源于 2010 年伊朗布什尔核电站遭到 Stuxnet 蠕虫攻击事件曝光。遭遇超级工厂病毒攻击的核电站计算机系统实际上是与外界物理隔离的，理论上不会遭遇外界攻击。坚固的堡垒只有从内部才能被攻破，超级工厂病毒充分地利用了这一点。超级工厂病毒的攻击者并没有广泛地去传播病毒，而是针对核电站相关工作人员的家用电脑、个人电脑等能够接触到互联网的计算机发起感染攻击，以此为第一道攻击跳板，进一步感染相关人员的移动设备，病毒以移动设备为桥梁进入"堡垒"内部，随即潜伏下来。病毒逐步扩散，一点一点地进行破坏。这是一次十分成功的 APT 攻击，而其最为恐怖的地方就在于极为巧妙地控制了攻击范围，攻击十分精准。

2011 年，一种基于 Stuxnet 代码的新型蠕虫 Duqu 又出现在欧洲，号称"震网二代"。Duqu 主要收集工业控制系统的情报数据和资产信息，为攻击者提供下一步攻击必要信息。攻击者通过僵尸网络对其内置的 RAT 进行远程控制，并且采用私有协议与 CC 端进行通信，传出的数据被包装成 jpg 文件和加密文件。

（3）夜龙攻击。夜龙攻击是 McAfee 在 2011 年 2 月份发现并命名的针对全球主要能源公司的攻击行为。该攻击的攻击过程是：

1）外网主机如 Web 服务器遭攻击成功，多半是被 SQL 注入攻击；

2）被黑的 Web 服务器被作为跳板，对内网的其他服务器或 PC 进行扫描；

3）内网机器如 AD 服务器或开发人员电脑遭攻击成功，多半是被密码暴力破解；

4）被黑机器被植入恶意代码，多半被安装远端控制工具（RAT），传回大量机敏文件（WORD、PPT、PDF 等），包括所有会议记录与组织人事架构图；

5）更多内网机器遭入侵成功，多半为高阶主管点击了看似正常的邮件附件，却不知其中含有恶意代码。

（4）RSA SecurID 窃取攻击。2011 年 3 月，EMC 公司下属的 RSA 公司遭受入侵，部分 SecurID 技术及客户资料被窃取。其后果导致很多使用 SecurID 作为认证凭据建立 VPN 网络的公司——包括洛克希德马丁公司、诺斯罗普公司等美国国防外包商——受到攻击，重要资料被窃取。在 RSA SecurID 攻击事件中，攻击方没有使用大规模 SQL 注入，也没有使用网站挂马或钓鱼网站，而是以最原始的网络通信方式，直接寄送电子邮件给特定人士，并附带防毒软件无法识别的恶意文件附件。其攻击过程大体如下：

1）RSA 有两组同仁在两天之中分别收到标题为"2011 Recruitment Plan"的恶意邮件，附件是名为"2011 Recruitment plan. xls"的电子表格；

2）其中一位同仁对此邮件感兴趣，并将其从垃圾邮件中取出来阅读，此电子表格其实含有当时最新的 Adobe Flash 的 0day 漏洞（CVE-2011-0609）；

3）该主机被植入臭名昭著的 Poison Ivy 远端控制工具，并开始自 C&C 中继站下载指令进行任务；

4）首批受害的使用者并非"位高权重"人物，紧接着相关联的人士包括 IT 与非 IT 等服务器管理员相继被黑；

5）RSA 发现开发用服务器（Staging Server）遭入侵，攻击方随即进行撤离，加密并压缩所有资料（都是 rar 格式），并以 FTP 传送至远端主机，又迅速再次搬离该主机，清除任何踪迹。

（5）暗鼠攻击。2011 年 8 月份，McAfee/Symantec 发现并报告了该攻击。该攻击在长达数年的持续攻击过程中，渗透并攻击了全球多达 70 个公司和组织的网络，包括美国政府、联合国、红十字会、武器制造商、能源公司、金融公司，等等。其攻击过程如下：

1）攻击者通过社会工程学的方法收集被攻击目标的信息。

2）攻击者给目标公司的某个特定人发送一些极具诱惑性的、带有附件的邮件，例如邀请他参见某个他所在行业的会议，以他同事或者 HR 部门的名义告知他更新通讯录，请他审阅某个真实存在的项目的预算，等等。

3）当受害人打开这些邮件，查看附件（大部分形如：Participant _ Contacts. xls、2011 project budget. xls、Contact List-Update. xls、The budget justification. xls），受害人的 EX-CEL 程序的 FEATHEADER 远程代码执行漏洞（Bloodhound. Exploit. 306）被利用，从而被植入木马。实际上，该漏洞不是 0day 漏洞，但是受害人没有及时打补丁，并且，该漏洞只针对某些版本的 EXCEL 有效，可见被害人所使用的 EXCEL 版本信息也已经为攻击者所悉知。

4）木马开始与远程的服务器进行连接，并下载恶意代码。而这些恶意代码被精心伪装（例如被伪装为图片或者 HTML 文件），不为安全设备所识别。

5）借助恶意代码，受害人机器与远程计算机建立了远程 Shell 连接，从而使攻击者可以任意控制受害人的机器。

(6) Lurid 攻击。2011 年 9 月 22 日，TrendMicro 的研究人员公布了一起针对前独联体国家以及印度、越南和中国等国家的政府部门、外交部门、航天部门，以及科研机构 APT 攻击——Lurid 攻击。攻击者主要是利用了 CVE-2009-4324 和 CVE-2010-2883 这两个已知的 Adobe Reader 漏洞，以及被压缩成 RAR 文件的带有恶意代码的屏幕保护程序。用户一旦阅读了恶意 PDF 文件或者打开了恶意屏幕保护程序，就会被植入木马。木马程序会变换多种花样驻留在受害人电脑中，并与 C&C 服务器进行通信，收集的信息通常通过 HTTP POST 上传给 C&C 服务器。攻击者借助 C&C 服务器对木马下达各种指令，不断收集受害企业的敏感信息。

(7) Nitro 攻击。2011 年 10 月底，Symantec 发布的一份报告公开了主要针对全球化工企业的进行信息窃取的 Nitro 攻击。该攻击的过程也十分典型：

1）受害企业的部分雇员收到带有欺骗性的邮件。

2）当受害人阅读邮件时，往往会看到一个通过文件名和图标伪装成一个类似文本文件的附件，而实际上是一个可执行程序；或者看到一个有密码保护的压缩文件附件，密码在邮件中注明，并且如果解压会产生一个可执行程序。

3）只要受害人执行了附件中的可执行程序，就会被植入 Poison Ivy 后门程序。

4）Poison Ivy 会通过 TCP 80 端口与 C&C 服务器进行加密通信，将受害人的电脑上的信息上传，主要是与账号相关的文件信息。

5）攻击者在获取了加密的账号信息后通过解密工具找到账号的密码，然后借助事先植入的木马在受害企业的网络寻找目标，伺机行动，不断收集企业的敏感信息。

6）所有的敏感信息会加密存储在网络中的一台临时服务器上，并最终上传到公司外部的某个服务器上，从而完成攻击。

综合分析以上典型的 APT 攻击，可以发现：作为一种有目标、有组织的攻击方式，APT 在流程上同普通攻击行为并无明显区别，但在具体攻击步骤上，APT 体现出以下特点，使其具备更强的破坏性。

1）攻击行为特征难以提取。APT 普遍采用 0day 漏洞获取权限，通过未知木马进行远程控制，而传统基于特征匹配的检测设备总是要先捕获恶意代码样本，才能提取特征并基于特征进行攻击识别，这就存在先天的滞后性。

2）单点隐蔽能力强。为了躲避传统检测设备，APT 更加注重动态行为和静态文件的隐蔽性。例如，通过隐蔽通道、加密通道避免网络行为被检测，或者通过伪造合法签名的方式避免恶意代码文件本身被识别，这就给传统基于签名的检测带来很大困难。

3）攻击渠道多样化。目前被曝光的知名 APT 事件中，社交攻击、0day 漏洞利用、物理摆渡等方式层出不穷，而传统的检测往往只注重边界防御，系统边界一旦被绕过，后续的攻击步骤实施的难度将大大降低。

4）攻击持续时间长。APT 攻击分为多个步骤，从最初的信息搜集，到信息窃取并外传往往要经历几个月甚至更长的时间。而传统的检测方式是基于单个时间点的实时检测，难以对跨度如此长的攻击进行有效跟踪。

正是 APT 攻击所体现出的上述特点，使得传统以实时检测、实时阻断为主体的防御方式难以有效发挥作用。在同 APT 的对抗中，我们也必须转换思路，采取新的检测方式，以应对新挑战。

2. APT 检测与防御策略

由于 APT 攻击具有手段多样、攻击行为特征难以提取、潜伏周期长、隐蔽性强等特点，传统的安全策略无法应对 APT 攻击，需要综合应用多层网络检测与防御技术来有效降低 APT 攻击的发生。

（1）主机应用控制漏洞防护。随着企业信息化发展，网络安全的边界已经从传统的网关、终端延续到任何应用及业务可能到达的每一个节点，无论攻击者通过何种渠道执行攻击文件，都必须在终端上执行。控制用户终端使用习惯，提升安全操作意识，确保终端安全，建立基于生产环境的安全基线，可以有效防止 APT。采用漏洞防护技术，通过控制个人主机上应用程序的合法加载与执行，防止恶意代码在终端上执行，部署漏洞更新系统；当企业内网络终端发生异常时，快速恢复系统初始状态，提供系统快速更新；同时针对利用邮件的定向攻击，检测是否有遭到窜改和注入恶意代码的电子邮件附件，侦测针对主机漏洞的攻击并加以拦截，防止已知和 0day 漏洞攻击。

（2）恶意代码的检测。从攻击样本中提取攻击特征与功能特性，对样本进行逆向分析，形成多层次、实时防御不断发展的新病毒、间谍软件和其他类型的网页、电子邮件、文件传输流量中的恶意攻击特征库，采用双引擎病毒扫描，通过特征匹配的方式定位已知病毒木马。

在办公网络部署一个流量检测系统，有助于审计网络中应用程序的带宽占用情况和网络进、出口流量，通过对流量变化的行为特征分析，发现网络中的异常流量，从而发现恶意攻击。建立一些可掌握恶意软件与幕后操纵服务器通信的网络安全控管措施，有助于企业发现遭到入侵的主机，并且切断这类通信。

拓宽被检测域，模拟用户环境，执行 APT 代码，捕获并记录 APT 的所有攻击行为，对全流量数据并进行存储分析，建立基于历史时间窗的异步检测，回溯与攻击行为相关的历史流量数据并进行关联分析，能够进行有效识别隐藏的攻击意图；通过多维数据可视化分析，定位可疑会话，再进一步对流量数据进行细粒度协议解析和应用还原，识别异常行为和伪装成正常业务的攻击行为。

（3）网络入侵实时检测。在全网部署入侵检测系统（IDS）来检测 APT 攻击的命令和控制通道，对网络系统的运行状况进行监视，尽可能发现各种攻击企图、攻击行为或攻击结果，以保证网络系统资源的机密性、完整性和可用性。在网络边界点部署入侵防护系统（IPS），根据预先设定的安全策略，对流经的每个报文进行深度检测（协议分析跟踪、特征匹配、流量统计分析、时间关联分析等），一旦发现隐藏的 APT 攻击，可根据威胁级别立即采取抵御措施。通过在客户端上部署安全套件，实现网络接入层的安全控制，监控系统内存与 CPU 中资源的异常调用，检测关键位置的代码注入，检测邮件、域、IP 地址、URL 中可疑的字符串等。分析文件中的对象和异常结构，模拟系统环境安装各类执行文件体，并做出相应的安全评估，进行动态的安全分析。

（4）网络取证。针对 APT 攻击的整个过程，全面收集重要网络终端和服务器上的文件信息，然后进行集中的海量数据存储和深入分析，搭建企业内部的可信文件知识库。一旦发现 APT 攻击的蛛丝马迹后，通过全面分析海量数据，还原整个 APT 攻击场景，杜绝 APT 攻击的发生。

由于 APT 攻击行为将长期存在于我们的工作、生活和学习过程中，如何有效地检测与防御，直接影响客户信息的安全，因此需要多方面协同，在信息安全领域建立有效地安全威胁共享机制，加强信息系统整体的防护，实施多层隔离和保护，才能有效地防止 APT 攻击。

7.7 无线网络安全技术

无线网络技术使用无线射频传输（Radio Frequency Transmissions）作为传送数据的手段，其既包括复杂系统，如无线局域网（WLAN）、蜂窝电话等，也涵盖简单系统，如无线耳机等，还包括红外设备，如无绳计算机键盘和鼠标等。无线网络种类繁多，但一般可分为三种类型：WWAN（Wireless Wide Area Network）、WLAN（Wireless Local Area Network）、WPN（Wireless Personal Network）。WWAN 包括 GSM、CDMA 等；WLAN 包括 IEEE 802.11、HiperLAN 等；WPAN 包括蓝牙和红外线等。

7.7.1 无线网络安全现状

安全问题是无线网络的核心问题，也是由它的固有属性决定的。其中一些安全威胁与有线网络相同，另一些则是无线网络特有的。最重要的安全威胁来自于底层的通信媒介——电磁波，因为无线传输中的信号是没有明确的边界的，对于入侵者来说它是开放的，这为入侵者嗅探信号带来方便。

无线网络典型的安全威胁包括泄密、破坏数据的完整性和拒绝服务攻击等。非授权的用户若获得了对系统的访问，可能破坏系统数据，消耗网络带宽，降低网络的性能，发起阻止授权用户访问网络的攻击，或利用代理去攻击别的网络。无线网络典型脆弱性和安全威胁包括：

（1）传统有线网络存在的脆弱性和安全威胁在无线网路中都存在。

（2）恶意的实体通过无线网络绕过防火墙的保护而获得对内部网络的非授权访问。

（3）无线网络传输的信息没有加密或者加密很弱，易被窃取、窜改和插入。

（4）无线连接的设备可能遭到 DOS 攻击。

（5）恶意的用户偷窃合法用户的身份信息，然后在内部网络或外部网络中伪装成合法用户。

（6）恶意的用户可能会破坏合法用户的隐私，并且跟踪他们的活动。

（7）恶意的用户利用非授权的设备（如 AP 等）秘密地获取敏感信息。

（8）手持设备容易被盗窃，从而暴露敏感信息。

（9）病毒或其他恶意的代码可能会损害数据和无线连接，它们甚至会传播到有线网络中去。

（10）恶意的用户为了发起攻击或隐藏他们自己的行动而通过无线连接接入其他网络中。

（11）内部或外部的入侵者可能获得对网络管理的控制，从而破坏对网络的管理。

（12）恶意的用户可能使用第三方、非信任的无线网络获得使用代理或其他组织的网络资源。

（13）通过 ad hoc 传输内部攻击成为可能。

无线局域网络的快速发展刺激了对无线局域网络安全性的研究。无线局域网的安全性标准 IEEE 802.11i 于 2004 年 6 月发布。IEEE 802.11i 标准包括了 WPA 和 RSN（Robust Security Network）两个部分，它加强了无线局域网络的安全性，同时兼容先前的无线网络安全技术。

蓝牙技术由于在商业的应用上不是很成功，它的脆弱性还没有完全展开。在蓝牙标准中，蓝牙安全分类为无安全模式、服务层加强安全模式和链路层加强安全模式三种模式。

对蜂窝网络的安全研究没有对其他无线网络的安全研究那么热门。原因在于一般不用蜂窝网络传送关键敏感信息。GSM、GPRS 利用 A3、A5 和 A8 算法来对用户和基站进行认证以及对声音和数据加密。CDMA 系统由于它的编码的特性，数据被进一步加密，比 GSM 和 GPRS 更加安全。

7.7.2 无线局域网安全性

无线局域网是计算机网络技术和无线通信相结合的产物。设备通过无线信道来接入网络，取代常规的用双绞线构成的局域网络。在无线局域网络中，用户需要在一定的范围内自由移动，而不会受制于传统的网络线缆。1997 年 IEEE 802.11b 标准的制定是无线局域网发展的里程碑，它促使各厂商的产品可以兼容，从而无线局域网进入了一个飞速发展的阶段。无线局域网的 MAC 层和物理层规范主要有 IEEE 802.11b、a 和 g。无线局域网设备有无线网卡、无线网桥、接入点（AP，Access Point）、无线路由器等。无线局域网的体系结构主要有两种，一种是有基站的结构，另一种是没有基站的结构。

无线局域网拓展了网络用户的自由，但这种自由带来了新的挑战，其中最重要的挑战就是安全性。安全性包括连个方面，一个是访问控制，另一个是保密性。无线局域网制订了一系列的安全措施，其中主要的有服务集标识（Service Set ID，SSID）、MAC 地址过滤、WEP 协议、端口访问控制技术（802.1x）以及 2004 年 6 月发布的 IEEE 802.11i 标准规范。服务集标识是对不同的 AP 配置不同的 SSID，要求无线工作站必须出示正确的 SSID 才能访问网络，这相当于一个口令字。因为每个无线工作站都有唯一的 MAC 地址，通过在 AP 中手工维护一个 MAC 地址表可以实现物理地址过滤。802.1x 是一种基于端口的访问控制技术，无线工作站能否访问网络取决于认证的结果。其中 WEP 协议和 IEEE 802.11i 标准是无线局域网发展过程中最重要的安全技术，它们是标准安全规范。

1. WEP 协议

WEP 协议是 IEEE 802.11 可选加密标准，它实现在 MAC 层。绝大多数无线网卡和 AP 供应商支持 WEP 协议。它是无线局域网最基本的安全协议，部署无线局域网时必须理解 WEP 协议带来的安全性。

如果用户激活 WEP，网卡或 AP 将使用流密钥（Stream Cipher）加密 IEEE 802.11 帧中的负荷（Payload）部分，然后再发送数据，接收端的无线网卡或 AP 将解密到达的帧。WEP 协议只在无线发送端和无线接收端有效，一旦数据进入常规有线网络，数据不再被加密。

WEP 协议的加密过程：外部密钥管理服务把密钥分发给接收方和发送方，WEP 是对称加密算法，在接收方和发送方有相同的加密和解密密钥。密钥和 IV（Initialization Vector）并置而生成 WEP 伪随机数的种子（Seed），WEP 伪随机数生成器产生伪随机 8 位组的密钥序列。明文 MPDU 应用 CRC-32 算法进行完整性校验。这会生成一个完整性检验值 ICV，然后 MPDU 和 ICV 并置。由伪随机数生成器生成的流密钥序列的长度应同 MPDU 和 ICV 并置的长度相同。密钥流随即与"数据＋CRC 值"异或运算，最终生成密文。加密好数据后，可以通过电磁波发送出去，同时把 IV 传送给对方作为解密使用。IV 是以明文的形式传送的。

WEP 解密过程是加密过程的逆转：当消息到达时开始解密，从发送方接收到的 IV 被用做生成用于解密的密钥流。组合密文和密钥流生成原始的明文和 ICV。完整性检测将验证恢复的明文是否正确。方法是恢复后的明文运用 CRC-32 算法生成新的 ICV，然后用它与传送过来的 ICV 比较，如果相同则认为正确，否则认为出错。

WEP 协议不是一个安全强度很高的协议，可以从开放源码中获得攻击 WEP 的方法。具体地来说，WEP 有以下缺陷：

（1）WEP 协议没有指定密钥分发的机制，因为 WEP 协议采用的是共享密钥，所以密钥分发过程中可能存在安全隐患。

（2）WEP 协议采用 RC4 算法，RC4 算法本身有缺陷。

（3）WEP 标准允许 IV 重复使用（平均大约每 5 小时重复一次）。这一特性会使得攻击 WEP 变得更加容易。

（4）WEP 标准不提供自动修改密钥的方法。因此，只能手动对访问点（AP）及其移动工作站重新设置密钥。因此，在实际情况中，没人会去修改密钥，这样就会将他们的无线局域网暴露给收集流量去破解密钥的第三方。

最早的一些开发商的 WEP 实施只提供 40 位加密——非常短密钥长度。更现代的系统提供 128 位的 WEP；.128 位的密钥长度减去 24 位的 IV 后，实际有效的密钥长度为 104 位，这在一定程度上加强了 WEP 协议。

从以上内容可以知道，WEP 协议不是一种很强的加密协议，在一般场合，如果信息不是非常的敏感，WEP 协议足够。但要注意 WEP 并不是无懈可击，使用 WEP 协议时，最好使用 128 位密钥；另外，IV 应该经常变更，最好是每个数据包使用一个新的 IV。这样，可以使入侵者破解密钥更加困难。

2. IEEE 802.11i

在无线局域网早期发展阶段，MAC 地址过滤和 SSID 匹配是两项主要的安全技术。为弥补 WEP 的缺陷，端口访问控制技术（IEEE 802.1x）和可扩展认证协议（EAP，Extensible Authentication Protocol）被提出了。IEEE 802.1x 可以提供身份验证的网络访问。Wi-Fi 保护接入（WPA，Wi-Fi Protected Access）是作为通向 IEEE 802.11i 道路中不可缺少的一环而出现的，现在大多数无线局域网产品都遵循这个标准。WPA 的核心是临时密钥完整协议（TKIP，Temporal Key Protocol），TKIP 极大地提高了安全强度，但它没有从根本上解决问题。

2004 年 6 月，IEEE 802.11i 工作组正式发布了 IEEE 802.11i，以加强无线局域网络的安全性，且兼容先前的无线网络安全技术。IEEE 802.11i 标准包括了 WPA 和 RSN（Robust Security Network）两个部分。RSN 是接入点（AP）与移动设备之间的动态协商认证和加密算法。认证方案基于 IEEE 802.1x 和 EAP，加密算法定义了 TKIP（Temporal Key Integrity Protocol）、CCMP（Counter-Mode/CBC-MAC Protocol）和 WRAP（Wireless Robust Authenticated Protocol）三种加密机制。CCMP 机制基于 AES（Advanced Encryption Standard）加密算法和 CCM（Counter-Mode/CBC-MAC）认证方式，是实现 RSN 的强制性要求。

（1）TKIP。TKIP 和 WEP 一样是基于 RC4 算法，但 WEP 密钥的长度由 40 位增加到 128 位，初始化向量的长度由 24 位增加到 48 位，并对 WEP 协议进行了改造：每发一个包重新生成一个新的密钥；消息完整性检查（MIC）；具有序列功能的初始向量；密钥生成和定期更新功能。

（2）CCMP。CCMP 是一个基于 AES（Advanced Encryption Standard）算法的数据加密模式。CCMP 也采用了 48 位具有序列功能的初始化向量 IV，完整性检测算法采用 CCM 算法。AES 是一种对称的块加密技术，使用 128 位分组加密数据，加密密钥长度也为 128 位。

（3）IEEE 802.1x 和 EAP。IEEE 802.1x 是一种基于端口的网络访问控制技术，它提供了一个用户认证和密钥分发的框架，用户只有在通过认证之后才能访问网络。IEEE 802.1x 必须和 EAP 配合才能实现用户认证和密钥分发，它本身并不提供实际的认证机制。EAP 对原有的机制进行了改进：双向认证机制，消除了中间人攻击；集中化认证管理和动态分配密钥机制，解决了密钥管理上的困难；集中策略控制，当连接会话超时，它将激活重新认证和生成新的密钥。

IEEE 802.1x 体系结构有申请者、认证者和认证服务器三个实体。在无线局域网络中，认证者一般为 AP，它有受控端口和非受控端口两个端口。非受控端口只允许 EAP 帧通过。认证过程中，申请者通过非受控端口和 AP 交换信息，若申请者通过认证，AP 为申请者打开受控端口，申请者就可以通过受控端口访问网络了。IEEE 802.1x 认证过程如下：

（1）申请者向 AP 发起认证请求；

（2）AP 向认证服务器转发申请者的认证请求；

（3）认证服务器进行认证；

（4）认证服务器发送同意或拒绝信息给 AP；

（5）AP 发送成功信息包或失败数据包给申请者；

（6）如果成功，申请者则可以访问网络。

IEEE 802.11i 标准中的认证方案基于 IEEE 802.1x 和 EAP，加密算法为 AES。动态协商认证和加密算法使 RSN 可以不断发展，与最新的安全水平保持同步，添加新的算法应对新的威胁。由于采用动态协商、IEEE 802.1x、EAP 和 AES，故 RSN 比 WEP 和 WPA 可靠得多。缺点是 RSN 与以前的安全体系不兼容，不能在老的设备上运行，只有最新的遵循了 IEEE 802.11i 标准的设备才拥有实现加密算法所需的能力。

7.7.3 蓝牙安全性

蓝牙技术是提供短距离对等通信的技术。它是一种无线数据与语音通信的开放性全球规范，以低成本的近距离无线连接为基础，为固定与移动设备通信环境建立一个特别的连接。它的目的是取代现有的 PC 机、打印机、传真机和移动电话等设备上的有线接口。蓝牙技术还为已存在的数字网络和外设提供通用接口，以组建个人区域网。作为一种无线网络技术，其他无线网络的安全威胁在蓝牙网络也存在。蓝牙系统在应用层和链路层提供安全措施。

蓝牙有三种不同的安全模式，每一个蓝牙设备在特定的时候只能工作在某一种安全模式下。

（1）无安全模式：设备不初始化任何安全过程。在这种工作模式下，蓝牙设备工作在杂凑模式下，允许其他任何设备连接它。这种模式应用于不需要任何安全措施的场合。

（2）服务层加强安全模式：在逻辑链路控制和适配协议层 [Logical Link Control and Adaptation Protocol (L2CAP) Level] 信道建立后，安全过程被初始化。这种模式下，一个安全管理器（Security Management）控制对服务和设备的访问。这个安全管理器负责维护访问控制策略以及同别的协议和设备用户的接口。随着应用需求的变化，各种安全策略及受限访问的信任级别被定义。因此，它意味着一些服务可以被访问而另一些服务不能被访问，并由此引入了授权的概念。

（3）链路层加强安全模式：在信道建立之前，链路层加强安全模式被初始化。它是一种内建的安全机制，支持认证和加密。这种机制基于成对设备秘密链路密钥的基础上。为生成这个密钥，当两个设备第一次通信时，引入了一个匹配过程。

蓝牙的安全性是相对的，在蓝牙安全体系结构中有许多的弱点可以被利用。

（1）密钥问题。

1）密钥长度是可协商的，蓝牙需要一个更为强壮的密钥生成过程。

2）主密钥是共享的，蓝牙需要一个更好的密钥广播方案。

3）单元密钥是可重用的。单元密钥是蓝牙设备单元生成的链路密钥，单元密钥在互相信任的利用同一单元密钥匹配的设备间使用是安全的。但如果存在这样一种情况，A 设备和 B 设备通信使用 A 的单元密钥；过一段时间，A 和 C 通信，也同样使用 A 的单元密钥，而 B 保存了 A 的单元密钥；这样 B 就可以使用 A 的单元密钥解密 A 和 C 的数据流或者冒充 C。所以具有相同单元密钥的设备可以模仿其他任何和它匹配的设备。

4）E0 流密钥算法不够强壮。

（2）PIN 码。

1）PIN 的位数可以很少，用于生成链路密钥的 PIN 太短，容易被第三方猜到。增加 PIN 的长度可以增加安全的强度，但人们喜欢使用短的 PIN。

2）不存在生成分布式系统的 PIN 的方法。在具有很多用户的蓝牙网络建立 PIN 非常困难，规模性问题会产生安全问题。

（3）认证问题。

1）挑战-响应机制的伪随机数生成器的强度没有指出，伪随机可能会产生一个静态的或循环产生的伪随机数，这将会降低认证方案的有效性。

2）不存在用户认证。蓝牙只存在设备认证，可以使用应用层安全和用户认证。

3）设备认证方案仅仅是单向的，可能会遭到中间人攻击，因此，双向认证机制应该被采纳。

（4）其他安全问题。

1）蓝牙设备应开发限定非限制的用户请求连接的功能，如超时功能。

2）隐私安全，如果一个特定用户的蓝牙设备被捕获，则这个用户的活动就可以被跟踪。

3）不存在端到端的安全。被加密的信息仅在两个蓝牙设备中间被加密。审计等安全服务不存在，可以在蓝牙网络中的特定点利用这些安全服务。

7.7.4 移动通信网的安全性

1. GSM 系统安全性

从本质上说，无线传输比有线传输更易于被偷听和欺骗。如果没有提供特定的保护机制，假冒一个注册用户也非常容易。GSM 系统提供了安全解决方案：用户认证、用户身份加密及语音和数据加密。GSM 系统的安全相关的功能指向两个目标：防止非授权访问网络、保护用户的隐私。防止未授权访问通过认证的方式而获得；保护用户的隐私则通过不同的方法而获得。用户数据和信令在被传输前可以被加密以防止第三方偷听。用户的标识被一个临时的别名置换是另一种机制，这种机制确保侦听无线信道的第三方无法跟踪 GSM 用户。

（1）认证。GSM 使用的认证方法简单的说就是一方向另一方询问一个问题，只有正确的对方才能回答这个问题。方法的关键在于存在许许多多这样的问题，同样的问题使用两次几乎是不可能的。详细地说，这个问题就是使用个人密钥 Ki 和一个随机数 RAND 作用于 A3 算法，它的值是 SRES（Signed Result）。密钥 Ki 是关键的因素，所有的安全机制都依赖于它。在规范中，算法被称为 A3，事实上，基于 GSM 的设计选择，A3 算法没有明确指定，它是服务商的网络操作员指定的。这种算法通常保持秘密，为了保证得到相当的安全水平，这种算法被安全专家称为是单向的（one-way）。从 Ki 和 RAND 而获得 SRES 相当简单，而如果已知 RAND 和 SRES，要获得 Ki 几乎是不可能的。认证的双方使用同样的方法，最后比较双方的结果 SRES，如果相等，则认证通过；否则，认证失败。

（2）加密。无论是用户数据、用户相关的信令，还是系统信令，GSM 系统都可以对它加密。加密和解密的过程都使用了异或操作，在 114 位数据和密钥流之间进行异或。密钥流由称之为 A5 算法生成。A5 有两个输入，一个是帧号，另一个是称之为 Kc 的密钥。上行链路和下行链路使用两个不同的序列，一个用于在 MS 方加密，BTS 方解密；另一个用于在 BTS 方加密，MS 方解密。对于所有类型无限信道，帧号随每次信号发射而改变。在规范中介绍了几种满足 A5 算法要求的方法，目前，有一种方法全球通用，但是 ETSI 规范中没有指明算法规范，它属于保密的范围。我们可以把它看作是一个黑盒，输入一个 22 位和一个 64 位的参数，而产生一个 114 位的结果。

（3）用户身份保护。用 Kc 进行加密的前提只有网络知道用户的身份之后才有效。当 MS 分配一条专用信道时，有一个启动的过程，在这个过程中网络不知道用户的身份。用户必须把自己的身份以明文的形式告诉网络。第三方可以在这时侦听而获得用户的身份信息，这将破坏用户的隐私。可以通过使用一个别名而保护用户的隐私，这个别名称为 TMSI（Temporary Mobile Subscriber Identity）。它取代了用户身份标识 IMSI（International Mobile Subscriber Identity）。别名 TMSI 是双方事先商量好的，所以第三方只能跟踪到别名，而无法明白用户的真实身份。

GSM 系统提供了一些安全措施，但仍然面临一些威胁。例如，只在无线接口部分提供了安全措施，网络部分没有提供安全措施；A3 和 A8 也可能受到攻击；Kc 可能被截取。

2. CDMA 系统安全性

CDMA 是第三代（3G）无线网络代表最新的技术。它不仅为用户提供了更宽的传输带宽，而且允许人们以安全的方式传输音频和视频信息。UMTS（Universal Mobile Telecommunications System）是最重要的 3G 标准，这个安全方案的安全功能包括双向认证、密钥协商、块加密、完整性算法和加密算法。

UMTS 的安全功能可以分为五类，每一类面对特定的安全威胁并且达到某一安全目标。这五类安全功能是网络接入安全、网络域安全、用户域安全、应用域安全和安全的可视性及可配置性。网络接入安全功能提供安全的访问 3G 服务并且防止对无线链路的攻击。网络域安全保证服务商网络中的结点安全地交换信令并且防止对有线网络的攻击。用户域安全的功能是安全的访问移动站（Mobile Station）。应用域安全是使在用户方和服务提供方的应用程序安全的交换消息。安全的可见性及可配置性是使用户明白提供了哪些安全措施以及这些安全服务的提供是否依赖于安全功能的激活。

（1）网络接入安全：网络接入安全可以进一步分为实体认证、数据加密和数据完整性三类。

1）实体认证：用户认证，用户认证是服务的网络去证实用户的身份；网络认证，用户去证实他所连接的网络是用户归属网络授权的服务网络。

2）数据加密：加密算法，移动设备和服务网络能够安全地协商加密算法；加密密钥，移动设备用户和服务网络保持密钥一致；用户数据的保密性，第三方不能通过无线接口偷听用户数据；信令数据的保密性，第三方不能通过无线接口偷听信令数据。

3）数据完整性：完整性算法，移动设备和服务网络能够安全的协商完整性算法；完整性密钥，移动设备用户和服务网络保持完整性密钥一致；数据和信令的完整性，这个属性能够验证接收方接收到的数据是来自发送方，数据并没有在发送过程中被第三方修改，接收到的信令也是原始的信令。

（2）网络域安全。

1）网络设备认证：服务商的一个网络设备和另一个网络设备相互认证，网络设备在交换数据时能相互识别。

2）数据安全：服务商设备在交换数据时不能被第三方偷听，数据必须加密。密钥通过密钥协商机制而获得。

3）数据完整性和数据源认证：接收方可以验证接收到的数据是来自于发送方，在数据传送过程中没有被修改。完整性密钥通过协商而获得。

（3）用户域安全。

1）USIM 识别用户：UMTS SIM 对用户进行认证后，用户才能无限制的访问 UMTS

SIM，否则，用户对 UMTS SIM 的访问受到限制。

2）终端设备识别 USIM：终端设备对 UMTS SIM 的访问是受限的，终端设备对 UMTS SIM 进行认证后才能无限制地访问 USTM SIM。

（4）应用域安全。确保服务方和终端应用间传送的数据是安全的，网络服务方可以选定安全级别。服务方和终端应用间传送的数据要通过应用安全通道，所以，数据在整个传输过程中（包括无线连接部分和有线连接部分）不能被偷听。

（5）安全的可视性及可配置性。

1）可视性：安全措施是否对用户透明，安全事件通知用户。无线连接部分的安全性，通知用户在无线接入时，数据是否加密；有线连接部分的安全性，通知用户数据在有线网络传输时是否被加密；安全等级，通知用户服务商所能提供的安全等级。

2）可配置性：用户和其手持设备可配置是否使用或提供某项服务。启用/禁止用户 USIM 认证；接受/拒绝非加密呼入；是否建立非加密呼叫；接受/拒绝某些非加密算法。

7.7.5　其他新型无线网络的安全研究

1. 移动自组网安全性

移动自组网（Ad Hoc）是一种新型无线网络。它是一个对等网络，具有网络自主性、动态拓扑、带宽限制和变化的链路容量、能量限制节点、多跳通信、分布式控制、有限的安全性等特征。它同一般的无线网络不同，不依赖于固定的基础设施。它由具有无线收发能力的节点组成，各节点互相连接而形成移动自组网络。移动自组网络主要应用在军事以及其他对安全敏感的环境。构架移动自组网络最大的挑战是它对安全攻击的脆弱性。移动自组网络的安全目标有：

（1）可用性。可用性是指当受到攻击时，网络仍然存活的能力。拒绝服务攻击可能在任何移动自组网络的任何一层发生。在物理层和 MAC 层，敌对方可能在物理信道发射较强的信号来阻塞通信；在网络层，敌对方可能破坏网络协议；在高层，可能破坏高层服务，例如密钥管理服务。

（2）机密性。机密性是确保信息对于未授权的第三方是保密的。敏感信息的传送需要对其保密，这种信息如果被泄露，可能带来毁灭性的结果。路由信息也需要保密，例如，在战争环境中，路由信息的泄露可能为敌方指明攻击的目标。

（3）完整性。完整性是指信息在传送过程中没有被破坏。无线信道的干扰以及恶意的攻击都可能破坏信息的完整性。

（4）可认证性。可认证性是指通信的双方确认和它通信的对等节点的身份。如果没有认证，敌方可能伪装成合法的用户，从而获得对网络的访问。

（5）抗抵赖性。抗抵赖性是指消息发送者不能否认它所发送过的消息。它对被占领结点特别有用，当从被占领节点收到错误信息时，抗抵赖性可以确保利用该消息通知其他节点该节点已被对方占领。

Ad Hoc 具有的特征使得要实现安全目标就要面临诸多挑战。首先，无线信道使得 Ad Hoc 网络对于偷听、伪装、消息重放、消息修改等攻击非常敏感。偷听可能使敌方获得秘密信息，破坏机密性。主动攻击可能使敌方删除消息、插入错误消息、修改消息，甚至伪装成一个合法的节点，这样破坏了网络的可用性、数据的完整性、可认证性以及抗抵赖性。其次，节点可能部署在敌对环境中，因此，很可能被对方占领。不仅要考虑到从外部网络发生的恶意的攻击，而且应该考虑从这些被占领的节点上发生的攻击。因此，为取得较高的存活性能，Ad Hoc 应该有分布式的体系结构。再次，因为 Ad Hoc 的拓扑结构和成员是动态变化的，节点之间的信任关系也动态变化。所以，只具有静态配置的安全解决方案是不够的，它的安全机制应该适应它的动态变化，最后，Ad Hoc 可能包括成百上千个节点，因此，安全机制应该适应大规模网络。

对 Ad Hoc 的安全研究目前主要集中于安全路由、密钥管理、被俘结点探测和入侵检测等方面。

针对 Ad Hoc 网络的路由研究很多，主要可以分为三类：①先应式（Proactive），它是一种表驱动式（Table Driven）路由，这一类中平路由方案（Flat Routing）有 DSDV、WRP、FSR 等，分级路由方案（Hierarchical Routing）有 Bergano 等；②反应式（Reactive），它是一种随选式（On-Demand）路由，主要有 LMR、AODV、DSR 等；③混合式（Hybrid），即区域路由（Zone）。路由研究的目的主要是在部分节点被占领或路由协议受到攻击时它仍然具有存活的能力。

身份安全认证和密钥管理策略，可以用来对付网络外部的攻击者。节点的认证是排除外部攻击节点的有效手段。针对 Ad Hoc 中密钥分配及安全认证的特殊性，一些解决方案被提出来了，如自组织的公共密钥机制、基于 PKI 的局部化认证机制、异步分布式密钥管理策略等。

因为加密和鉴权不能解决被占领节点发动的袭击，所以需要 IDS。Ad Hoc 网络的 IDS 和传统 IDS 不同。传统 IDS 能通过交换机或者网关收到所有数据进行判断，它是集中式的；Ad Hoc IDS 只能收集局部不完整信息综合判断，它是分布式的。目前，对 Ad Hoc IDS 的研究还不很充分，主要体现在这几个方面：数据不充分，容易漏报；由于经常需要全局联合分析，对性能影响大；无法区分 DOS 服务还是结点移动到服务区外；无法解决假报情况。

2. 无线传感器网络的安全性

微电机系统（MEMS，Micro Electro Mechanical System）和无线网络的发展为计算机网络开辟了一个新的领域——无线传感器网络。无线传感器网络具有许多其他网络不具备的特征：

（1）传感器网络包含许多微小的、低价的、低能耗的节点。
（2）传感器节点可能被密集地部署在观察目标附近。
（3）自组处理能力——传感器节点可以动态地增加和删减。
（4）节点的核心是微小的、低价的、低能耗的计算机。
（5）计算机可以控制一个或多个传感器，并且利用无线连接接入外部网络。
（6）无线通信的范围典型的只有几十米。
（7）典型的能耗在运行时只有 10 毫安，在睡眠时 10 微安。
（8）计算机、传感器、天线和电池组封装在一个微小的容器中。

由于无线传感器网络具有这些特征，无线传感器网络比传统网络更加脆弱。传统网络的安全机制不能直接应用于传感器网络。这是因为：①传感器设备在计算能力、能耗、通信能力等方面受到限制；②传感器网络部署在可以访问的区域，它容易受到物理上的攻击；③传感器网络和它的物理环境紧密交互，这也带来了安全问题。这些安全问题也带来了对安全研究的挑战。对传感器网络的安全研究可以分类为密钥建立、加密和认证、隐蔽性（Privacy）、反抗拒绝服务攻击、安全路由、节点捕获。

（1）密钥建立。建立传感器网络时，首先应该建立加密密钥。由于传感器设备可利用的资源的限制，许多已有的协议不能应用于传感器网络。如公钥机制不能直接应用传感器网络，因为它需要很强的计算能力，这对于数以百计的传感器节点来说是不可行的。此外，传感器网络的通信模式和传统网络也不一样，传感器节点需要和它的邻居节点以及信息汇聚节点建立密钥。

第一种方法也是最简单的方式，全网范围内建立共享密钥，但这带来安全隐患，任何一个节点泄密将导致全网不安全。一个替代方法是利用这个共享密钥去建立链路密钥，一对通信设备建立链路密钥后删除共享密钥。这种方法不利于节点的动态增加和删减。第二种方法是利用公共密钥加密（Diffie-Hellman 密钥建立）机制建立密钥。它的优点是一个节点可以和另一个节点建立安全密钥。第三种方法是在每一对通信设备之间预先配置对称密钥，但它扩展性不好。还有一种方法是利用一个大家都信任的基站在节点启动时分发密钥给节点。这种机制对基站的健壮性要求很高。

近来的研究使用随机密钥预发布协议。每一个传感器节点从一个大的系统随机密钥池中随机地获得一个密钥子集，两个需要通信设备各自搜索它们的密钥集，检验是否有共享的对称密钥。这个方案避免密钥的分发需要一个中心节点，但也带来了一些问题，攻击者只要获得足够多节点的密钥，就能重构密钥池。

未来的研究方向是希望获得包括更好随机密钥和公共密钥等方案，目的是建立强壮的密钥分发机制。

（2）加密和认证。和传统网络一样，传感器网络中数据包在传递过程中可能被偷听甚至修改，加密是标准的解决方案。当数据被加密时，需要在开销和安全水平这两方面平衡。对于点对点的通信，端到端的加密能够获得比较高的安全水平，这需要在全网络范围内建立密钥以及确保它们相互兼容。共享密钥简化了这种工作，但中间节点可以偷听数据流。最早期的传感器网路使用链路层加密，因为它容易付诸实施。近来多使用一些高级的加密方案。

加密通常会增加计算量和数据包的长度，一些硬件方案被提出来了，但硬件会增加网络的费用。同时，硬件也只会对减少计算量有作用，它不会缩短数据包的长度。近来的研究表明，纯软件加密对当今的传感器网络已足用。加利福尼亚大学的 TinySec 系统是一个纯软件解决方案，它仅仅增加了 5%～10%的开销。这个实验一些有趣的现象是，加密仅仅增加数据包的长度，对于吞吐量和延迟几乎没有影响，所以硬件的作用是有限的。

（3）隐私性。传感器网络使隐私问题被提到了最前沿。恶意的用户可能使用传感器网络去窥探别人的隐私。监控技术的越来越便宜和有效，意味着它越来越被滥用到窥探隐私方面。技术上的原因使得这个问题越来越严重。设备越小巧意味着越容易隐藏，越便宜意味着传感器网络越容易部署。起初，传感器网络被用于合法的目的，但非法利用它的人越来越多。传感器网络的天然属性使人们面临全新的问题。它能够收集数据，协同分析，自动事件关联。仅仅在技术上不能解决这个问题，还需要相关法律法规的响应。

（4）反抗拒绝服务攻击。拒绝服务攻击可能使传感器网络瘫痪。最简单的拒绝服务攻击就是不断地广播高能信号，整个传感器网络可能被阻塞。高级一点的攻击是破坏 MAC 层协议，当邻居在发送信息时攻击者也发送信息或者不断地发送请求连接信号。反抗阻塞通常的方法是利用扩频技术，但这种技术还很不够。当阻塞仅仅影响一部分网络的时候，可以利用高级的方法，使数据流绕过被阻塞的网络部分。当然，更加高级的安全方法有待研究。

（5）安全路由。路由和数据转发是传感器网络必有的服务。但是，当前的路由协议有许多安全缺陷。例如，攻击者可以利用 DOS 攻击而阻塞路由，插入错误的路由信息包导致路由的不一致性。简单的认证可以防止插入攻击（Injection），但攻击者可以利用重放攻击。路由协议特别容易受到节点捕获攻击，攻击者通过对路由协议的分析，捕获一个节点，从而控制整个网络。对于传感器网络来说，设计更高级的安全路由协议是非常必要。

（6）节点捕获。在传统网络中，物理上的安全是可以得到保证的，可以防止攻击者访问物理网络。传感器网络节点通常置放于攻击者能够接近的地方，从而使得攻击者可以捕获传感器节点，修改程序，设置置换他们的恶意程序。一些研究者设计一种路由协议以反抗这种攻击，在发送每一个路由信息包的同时发送一些无关的路由信息包，以进行一致性验证。

7.8 小 结

网络协议是计算机网络和分布系统中互相通信的对等实体间交换信息时所必须遵守的规则的集合。TCP/IP 模型是 Internet 历史上和技术上的开发标准。IPSEC 是 IP 层的安全协议，SSL 是传输层的安全协议，SET 协议是应用层的安全协议。VPN 是通过公用网络来传输企业内部数据，其安全性的保证主要通过密码技术、身份鉴别技术、隧道技术和密钥管理技术。防火墙是部署在网络边界的一个或一组部件。入侵检测系统通过监视受保护系统或网络的状态和活动，发现正在进行或已发生的攻击，起到信息保障体系结构中检测的作用。

思 考 题

1. 请分析 SSL/TLS 单向和双向认证分别适合哪些应用场景。
2. 请比较在 IP Sec 协议和在 SSL/TLS 协议下建立的安全连接有什么相同和不同之处。
3. IP Sec 主要有哪两种使用方式？每种方式的使用环境如何？
4. 请描述 IP Sec 协议能提供的安全服务，并简要说明 IP Sec 的工作原理。
5. ESP 和 AH 分别是如何进行完整性校验处理？哪一个更方便？为什么？
6. 防火墙的技术有哪些？试描述各种技术的特点并给出适用的场景。
7. 描述 VPN 的技术特点。
8. 假设有个攻击者具有一种技术，可以通过外部的防火墙传递数据包到 DMZ，而且不受到检查。（攻击者不知道 DMZ 主机的内部地址）使用这种技术，攻击者如何能传送数据包到 DMZ 的 WWW 服务器而不受到防火墙检查？
9. 请说明防火墙在网络安全中的局限性。

第8章　计算机病毒原理与防范

随着计算机及网络的发展，伴随而来的计算机病毒与恶意代码的传播问题越来越引起人们的关注，尤其随着 Internet 的发展，计算机病毒借助网络爆发流行，给广大计算机用户带来了极大的损失，同时也给网络安全带来严峻的挑战。因此，加强对计算机病毒与恶意代码的了解和认识就显得尤为重要。本章讨论计算机病毒的概念、工作机制、检测技术以及新型计算机病毒。

8.1　恶　意　代　码

8.1.1　恶意代码的概念

1. 恶意代码

恶意代码（Unwanted Code）是指没有作用却会带来危险的代码。一个最安全的定义是把所有不必要的代码都看作是恶意的，不必要代码比恶意代码具有更宽泛的含义，包括所有可能与某个组织安全策略相冲突的软件。

2. 恶意代码的特征

恶意代码（Malicious Code）或者恶意软件 Malware（Malicious Software）具有如下共同特征。

（1）恶意是目的。

（2）本身是程序。

（3）通过执行发生作用。

有些恶作剧程序或者游戏程序不能看作是恶意代码。对滤过性病毒的特征进行讨论的文献很多，但是机理比较近似，在防病毒程序的防护范围之内，更值得注意的是非滤过性病毒。

8.1.2　恶意代码的分类

恶意代码可以按照两种标准、从两个角度进行分类。一种分类标准是，恶意代码是否需要宿主，即特定的应用程序、工具程序或系统程序。需要宿主的恶意代码具有依附性，不能脱离宿主而独立运行；不需要宿主的恶意代码具有独立性，可不依赖宿主而独立运行。另一种分类标准是，恶意代码是否能够自我复制。不能自我复制的恶意代码是不感染的，能够自我复制的恶意代码是可感染的。由此，可以得出以下四大类恶意代码。

1. 不感染的依附性恶意代码

（1）特洛伊木马。在计算机领域，特洛伊木马是一段吸引人而不为人警惕的程序，但它们可以执行某些秘密的任务。大多数安全专家统一认可的定义是特洛伊木马是一段能实现有用或必需的功能的程序，但是同时还完成一些不为人知的功能，而这些额外的功能往往是有害的。

特洛伊木马一般没有自我复制的机制，所以不会自动复制本身。电子新闻组和电子邮件是特洛伊木马的主要传播途径。特洛伊木马的欺骗性是其得以传播的根本原因。特洛伊木马经常伪装成游戏软件、搞笑程序、屏保、非法软件等，上传到电子新闻组或通过电子邮件直接传播，很容易被不知情的用户接收和继续传播。

（2）逻辑炸弹。它是一段具有破坏性的代码，事先预置于较大的程序中，等待某扳机时间发生触发其破坏行为。扳机事件可以是特殊日期，也可以是指定事件。逻辑炸弹往往被怀有报复心理的人使用，通过启动逻辑炸弹来损伤对方利益。一旦逻辑炸弹被触发，就会造成数据或文件的改变或删除、计算机死机等事件。

（3）后门或陷门。它是进入系统或程序的一个秘密入口，它能够通过识别某种特定的输入序列或特定账户，使访问者绕过安全检查，直接获得访问权利，并且通常高于普通用户的特权。程序员为了调试和测试程序一直合法地使用后门，但当程序员或他所在的公司另有企图时，后门就变成一种威胁。

2. 不感染的独立型恶意代码

（1）点滴器。点滴器是为传送和安装其他恶意代码而设计的程序，它本身不具有直接的感染性和破坏性。点滴器专门对抗反病毒检测，使用了加密手段，以阻止反病毒程序发现它们。当特定事件出现时它便启动，将自身包含的恶意代码释放出来。

（2）繁殖器。繁殖器是为制造恶意代码而设计的程序，通过这个程序，只要简单地从菜单中选择想要的功能，就可以制造恶意代码，不需要任何程序设计能力。事实上，它只是把某些已经设计好的恶意代码模块按照使用者的选择组合起来而已，没有任何创造新代码的能力。因此，检测由繁殖器产生的任何病毒都比较容易，只要通过搜索一个字符串，每种组合都可以发现。

（3）恶作剧。恶作剧是为欺骗使用者而设计的程序，它侮辱使用者或让其作出不明智的举动。恶作剧通过"心理破坏"达到"现实破坏"。一般只是娱乐而已。严重的问题是有些恶作剧会让受骗者相信他的数据正在丢失或系统已经损坏需要重新安装，导致用户去进行系统重装等不明智举动而产生损失。

3. 可感染的依附性恶意代码

计算机病毒是一段附着在其他程序上的可以进行自我繁殖的代码。由此可见，计算机病毒既具有依附性，又具有感染性。

4. 可感染的独立性恶意代码

（1）计算机蠕虫。计算机蠕虫是一种通过计算机网络能够自我复制和扩散的程序。蠕虫与病毒的区别在于"附着"。蠕虫不需要宿主，不会与其他特定程序混合。

（2）计算机细菌。计算机细菌是一种在计算机系统中不断复制自己的程序，一个典型的细菌是在多任务系统中生成它的两个副本，然后同时执行这两个副本，这一过程递归循环，最终会占用全部的处理器时间和内存或磁盘空间，从而导致计算机资源耗尽，无法为用户服务。

8.2　计算机病毒

8.2.1　计算机病毒定义

20 世纪 60 年代初，美国贝尔实验室的三位程序员编写了一个名为"磁芯大战"的游戏，游戏中通过复制自身来摆脱对方的控制，这就是所谓"病毒"的第一个雏形。20世纪70年代，美国作家雷恩在其出版的《P1的青春》一书中构思了一种能够自我复制的计算机程序，并第一次称之为"计算机病毒"。1983年11月，在国际计算机安全学术研讨会上，美国计算机专家首次将病毒程序在VAX/750计算机上进行了实验，世界上第一个计算机病毒就这样出生在实验室中。20世纪80年代后期，巴基斯坦有两个以编程为生的兄弟，他们为了打击那些盗版软件的使用者，设计出了一个名为"巴基斯坦智囊"的病毒，这就是世界上流行的第一个真正的病毒。1994年2月18日，我国正式颁布实施了《中华人民共和国计算机信息系统安全保护条例》。在该条例的第二十八条中明确指出，"计算机病毒，是指编制或者在计算机程序中插入的破坏计算机功能或者毁坏数据，影响计算机使用，并能自我复制的一组计算机指令或者程序代码。"这个定义具有法律性、权威性。根据这个定义，计算机病毒是一种计算机程序，它不仅能破坏计算机系统，而且还能够传染到其他系统。计算机病毒通常隐藏在其他正常程序中，能生成自身的复制并将其插入其他的程序中，对计算机系统进行恶意的破坏。

计算机病毒不是天然存在的，是某些人利用计算机软、硬件所固有的脆弱性，编制的具有破坏功能的程序。计算机病毒能通过某种途径潜伏在计算机存储介质（或程序）里，当达到某种条件时即被激活，它用修改其他程序的方法将自己的精确拷贝或者可能演化的形式放入其他程序中，从而感染它们，对计算机资源进行破坏。

8.2.2　计算机病毒的特点

计算机病毒具有以下几个特点。

1. 寄生性

计算机病毒寄生在其他程序之中，当执行这个程序时，病毒就起破坏作用，而在未启动这个程序之前，它是不易被人发觉的。

2. 传染性

传染性是病毒的基本特征。计算机病毒会通过各种渠道从已被感染的计算机扩散到未被感染的计算机，在某些情况下造成被感染的计算机工作失常甚至瘫痪。计算机病毒代码一旦进入计算机并得以执行，就会搜寻其他符合其传染条件的程序或存储介质，确定目标后再将自身代码插入其中，达到自我繁殖的目的。只要一台计算机染毒，如不及时处理，则病毒会在这台机子上迅速扩散，其中的大量文件（一般是可执行文件）会被感染。而被感染的文件又成了新的传染源，再与其他机器进行数据交换或通过网络接触，病毒会继续进行传染。

3. 潜伏性

有些病毒像定时炸弹一样，它什么时间发作是预先设计好的。例如黑色星期五病毒，不到预定时间根本觉察不出来，等到条件具备时则爆炸开来，对系统进行破坏。潜伏性的第一种表现是指病毒程序不用专用检测程序是检查不出来的。因此病毒可以静静地躲在磁盘或磁带里待上几天甚至几年，一旦时机成熟，得到运行机会，就又要四处繁殖、扩散，继续危害。潜伏性的第二种表现是指计算机病毒的内部往往有一种触发机制，不满足触发条件时，计算机病毒除传染外不做什么破坏。触发条件一旦得到满足，有的在屏幕上显示信息、图形或特殊标识，有的则执行破坏系统的操作，如格式化磁盘、删除磁盘文件、对数据文件做加密、封锁键盘以及使系统死锁等。

4. 隐蔽性

计算机病毒具有很强的隐蔽性，有的可以通过病毒软件检查出来，有的根本就查不出来，有的时隐时现、变化无常，这类病毒处理起来通常很困难。

5. 破坏性

计算机中毒后，可能会导致正常的程序无法运行，把计算机内的文件删除或使文件受到不同程度的损坏，通常表现为增、删、改、移。

6. 可触发性

病毒因某个事件或数值的出现，诱使病毒实施感染或进行攻击的特性称为可触发性。为了隐蔽自己，病毒必须潜伏，少做动作。如果完全不动一直潜伏，则病毒既不能感染也不能进行破坏，便失去了杀伤力。病毒既要隐蔽又要维持杀伤力，它必须具有可触发性。病毒的触发机制就是用来控制感染和破坏动作的频率的。病毒具有预定的触发条件，这些条件可能是时间、日期、文件类型或某些特定数据等。病毒运行时，触发机制检查预定条件是否满足，如果满足，启动感染或破坏动作，使病毒进行感染或攻击；如果不满足，则病毒继续潜伏。

8.2.3　计算机病毒分类

根据多年对计算机病毒的研究，按照科学的、系统的、严密的方法，计算机病毒可以根据下面的属性进行分类。

1. 按病毒存在的媒体

根据病毒存在的媒体，病毒可以划分为网络病毒、文件病毒、引导型病毒。网络病毒通过计算机网络传播感染网络中的可执行文件，文件病毒感染计算机中的文件（如 COM、EXE、DOC 等），引导型病毒感染启动扇区（Boot）和硬盘的系统引导扇区（MBR），还有这三种情况的混合型，例如，多型病毒（文件和引导型）感染文件和引导扇区两种目标，这样的病毒通常都具有复杂的算法，它们使用非常规的办法侵入系统，同时使用了加密和变形算法。

2. 按病毒传染的方法

根据病毒传染的方法可分为驻留型病毒和非驻留型病毒，驻留型病毒感染计算机后，把自身的内存驻留部分放在内存（RAM）中，这一部分程序挂接系统调用并合并到操作系统中去，处于激活状态，一直到关机或重新启动。非驻留型病毒在得到机会激活时并不感染计算机内存，一些病毒在内存中留有小部分，但是并不通过这一部分进行传染，这类病毒也被划分为非驻留型病毒。

3. 按病毒破坏的能力

（1）无害型。除了传染时减少磁盘的可用空间外，对系统没有其他影响。

（2）无危险型。这类病毒仅仅是减少内存、显示图像、发出声音及同类音响。

（3）危险型。这类病毒在计算机系统操作中造成严重的错误。

（4）非常危险型。这类病毒删除程序、破坏数据、清除系统内存区和操作系统中重要的信息。这些病毒对系统造成的危害，并不是本身的算法中存在危险的调用，而是当它们传染时会引起无法预料和灾难性的破坏。由病毒引起其他的程序产生的错误也会破坏文件和扇区，这些病毒也按照它们引起的破坏能力划分。一些现在的无害型病毒也可能会对新版的DOS、Windows 和其他操作系统造成破坏。例如，在早期的病毒中，有一个"Denzuk"病毒在 360K 磁盘上很好的工作，不会造成任何破坏，但是在后来的高密度软盘上却能引起大量的数据丢失。

4. 按病毒的算法

（1）伴随型病毒。这一类病毒并不改变文件本身，它们根据算法产生 EXE 文件的伴随体，具有同样的名字和不同的扩展名（COM），例如 XCOPY.EXE 的伴随体是 XCOPY.COM。病毒把自身写入 COM 文件并不改变 EXE 文件，当 DOS 加载文件时，伴随体优先被执行，再由伴随体加载执行原来的 EXE 文件。

（2）"蠕虫"型病毒。通过计算机网络传播，不改变文件和资料信息，利用网络从一台机器的内存传播到其他机器的内存，计算网络地址，将自身的病毒通过网络发送。有时它们在系统内存在，一般除内存外不占用其他资源。

（3）寄生型病毒。除了伴随和"蠕虫"型，其他病毒均可称为寄生型病毒，它们依附在系统的引导扇区或文件中，通过系统的功能进行传播，按其算法不同可分为：

1）练习型病毒，病毒自身包含错误，不能进行很好的传播，例如一些病毒在调试阶段。

2）诡秘型病毒。它们一般不直接修改 DOS 中断和扇区数据，而是通过设备技术和文件缓冲区等 DOS 内部修改，不易看到资源，使用比较高级的技术，利用 DOS 空闲的数据区进行工作。

3）变型病毒（又称幽灵病毒）。这一类病毒使用一个复杂算法，使自己传播的每一份病毒都具有不同的内容和长度。它们一般的做法是由一段混有无关指令的解码算法和变化过的病毒体组成。

8.2.4　计算机病毒的危害

计算机资源的损失和破坏，不但会造成资源和财富的巨大浪费，而且有可能造成社会性的灾难，随着信息化社会的发展，计算机病毒的威胁日益严重，反病毒的任务也更加艰巨了。1988 年 11 月 2 日下午 5 时 1 分 59 秒，美国康奈尔大学的计算机科学系研究生，23 岁的莫里斯（Morris）将其编写的蠕虫程序输入计算机网络，致使这个拥有数万台计算机的网络被堵塞。这件事就像是计算机界的一次大地震，引起了巨大反响，震惊全世界，引起了人们对计算机病毒的恐慌，也使更多的计算机专家重视和致力于计算机病毒研究。1988 年下半年，我国在统计局系统首次发现了"小球"病毒，它对统计系统影响极大，此后由计算机病毒发作而引起的"病毒事件"接连不断，例如 CIH、美丽莎等病毒更是给社会造成了很大损失。

8.2.5　计算机病毒传播途径

计算机病毒之所以称之为病毒是因为其具有传染性的本质。传染渠道通常有以下几种。

1. 通过硬盘

通过硬盘传染也是重要的渠道，由于带有病毒的机器移到其他地方使用、维修等，将干净的软盘传染并再扩散。

2. 通过光盘

因为光盘容量大，存储了海量的可执行文件，大量的病毒就有可能藏身于光盘，对只读式光盘，不能进行写操作，因此光盘上的病毒不能清除。以谋利为目的非法盗版软件的制作过程中，不可能为病毒防护担负专门责任，也绝不会有真正可靠可行的技术保障避免病毒的传入、传染、流行和扩散。当前，盗版光盘的泛滥给病毒的传播带来了很大的便利。

3. 通过网络

这种传染扩散极快，能在很短时间内传遍网络上的机器。随着 Internet 的风靡，给病毒的传播又增加了新的途径，它的发展使病毒可能成为灾难，病毒的传播更迅速，反病毒的任务更加艰巨。Internet 带来两种不同的安全威胁，一种威胁来自文件下载，这些被浏览的或是被下载的文件可能存在病毒。另一种威胁来自电子邮件，大多数 Internet 邮件系统提供了在网络间传送附带格式化文档邮件的功能，因此，遭受病毒的文档或文件就可能通过网关和邮件服务器涌入企业网络。网络使用的简易性和开放性使得这种威胁越来越严重。

8.3　计算机病毒的工作机制

8.3.1　计算机病毒的生命周期

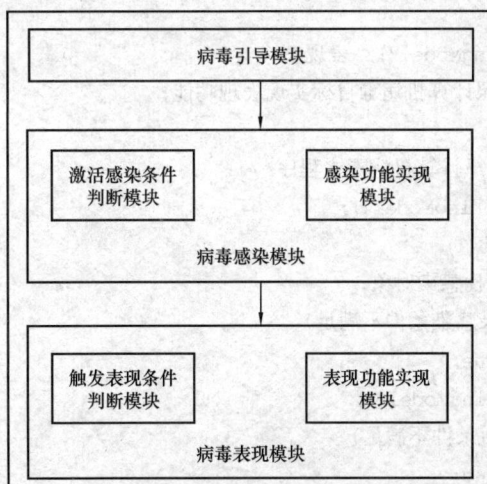

从本质上来看，病毒程序可以执行其他程序所能执行的一切功能。但是，与普通程序不同的是病毒必须将自身附着在其他程序上。病毒程序所依附的其他程序称为宿主程序。当用户运行宿主程序时，病毒程序被激活，并开始执行。一旦病毒程序被执行，它就能执行一切意想不到的功能（如感染其他程序、删除文件等）。从病毒程序的生命周期来看，它一般会经历潜伏阶段、传染阶段、触发阶段和发作阶段四个阶段，该过程如图 8-1 所示。在潜伏阶段，病毒程序处于休眠状态，用户根本感觉不到病毒的存在，但并非所有病毒均会经历潜伏阶段。如果某些事件发生（如特定的日期、某个特定的程序被执行等），病毒就会被激活，并从而进入传染阶段。处于传染阶段的病毒，将感染其他程序——将自身程序复制到其他程序或者磁盘的某个区域上。经过传染阶段，病毒程序已经具备运行的条件，一旦病毒被激活，则进入触发阶段。

8.3.2　计算机病毒结构

如图 8-2 所示，典型的计算机病毒程序由病毒引导模块、病毒感染模块和病毒表现模块三部分组成，其中病毒感染模块包括激活感染条件判断模块和感染功能实现模块，病毒表现模块包括触发表现条件判断模块和表现功能实现模块。

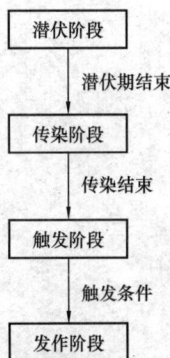

图 8-1　病毒程序的生命周期　　　图 8-2　病毒程序的典型组成示意图

1. 计算机病毒的引导模块

计算机病毒引导模块主要实现将计算机病毒程序引入计算机内存，并使得传染和表现模块处于活动状态。引导模块需要提供自保护功能，从而避免在内存中的自身代码不被覆盖或清除。一旦引导模块将计算机病毒程序引入内存后，它还将为传染模块和表现模块设置相应的启动条件，以便在适当的时间或者合适的条件下激活传染模块或者触发表现模块。

2. 计算机病毒的感染模块

计算机病毒的感染模块有两个功能：其一是依据引导模块设置的条件，判断当前系统环境是否满足感染条件；其二是如果感染条件满足，则启动感染功能，将计算机病毒程序附加到其他宿主程序上。相应地，感染模块也分为感染条件判断子模块和感染功能实现子模块两个部分。

3. 计算机病毒的表现模块

计算机病毒的表现模块也包括两个部分，其一是根据引导模块设置的触发条件，判断当前系统环境是否满足所需要的触发条件；其二是一旦触发条件满足，则启动计算机病毒程序，按照预定的计划执行（如删除程序、盗取数据等）。计算机病毒程序的典型组成用伪代码描述如下。

```
BootingModel()/*引导模块*/
{将计算机病毒程序寄生于宿主程序中;
  启动自保护功能;
  设置传染条件;
  设置激活条件;
  加载计算机程序;
  计算机病毒程序随宿主程序的运行进入系统;
}
  InfectingModel()/*传染模块*/
  {按照计算机病毒目标实现传染功能;
  }
BehavingModel()/*表现模块*/
  {按照计算机病毒目标实现表现功能;
  }
main()/*计算机病毒主程序*/
  { BootingModel();
  while(1)
    {寻找感染对象;
if(如果感染条件不满足)
continue;
InfectingModel();
if(激活条件不满足)
continue;
behavingModel();
运行宿主程序;
if(计算机病毒程序需要退出)
exit();
```

```
    }
    }
```

8.3.3 计算机病毒的引导机制

1. 计算机病毒的寄生对象

计算机病毒实际上是一种特殊的程序,是一种程序必然要存储在磁盘上,但是病毒程序为了进行自身的主动传播,必须使自身寄生在可以获取执行权的寄生对象上。就目前出现的各种计算机病毒来看,其寄生对象有两种,一种是寄生在磁盘引导扇区;另一种是寄生在可执行文件(.EXE 或 .COM)中。这是由于无论是磁盘引导扇区还是可执行文件,它们都有获取执行权的可能,这样病毒程序寄生在它们的上面,就可以在一定条件下获得执行权,从而使病毒得以进入计算机系统,并处于激活状态,然后进行病毒的动态传播和破坏活动。

2. 计算机病毒的寄生方式

计算机病毒的寄生方式有两种,一种是采用替代法,另一种是采用链接法。所谓替代法是指病毒程序用自己的部分或全部指令代码,替代磁盘引导扇区或文件中的全部或部分内容。所谓链接法则是指病毒程序将自身代码作为正常程序的一部分与原有正常程序链接在一起,病毒链接的位置可能在正常程序的首部、尾部或中间,寄生在磁盘引导扇区的病毒一般采取替代法,而寄生在可执行文件中的病毒一般采用链接法。两种寄生方式分别如图 8-3 和图 8-4 所示。

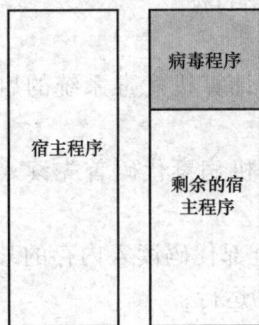

图 8-3 替代法

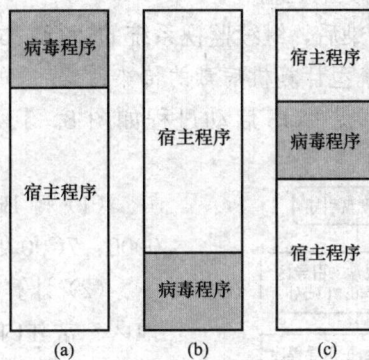

图 8-4 链接法

(a) 链接在头部;(b) 链接在尾部;(c) 链接在中间

3. 计算机病毒的引导过程

计算机病毒的引导过程一般包括以下三方面。

(1)驻留内存。病毒若要发挥其破坏作用,一般要驻留内存。为此就必须开辟所用内存空间或覆盖系统占用的部分内存空间。有的病毒不驻留内存。

(2)窃取系统控制权。在病毒程序驻留内存后,必须使有关部分取代或扩充系统的原有功能,并窃取系统的控制权。此后病毒程序依据其设计思想,隐蔽自己,等待时机,在条件成熟时,再进行传染和破坏。

(3)恢复系统功能。病毒为隐蔽自己,驻留内存后还要恢复系统,使系统不会死机,只有这样才能达到等待时机成熟后,进行感染和破坏的目的。有的病毒在加载之前进行动态反跟踪和病毒体解密。对于寄生在磁盘引导扇区的病毒来说，病毒引导程序占有了原系统引导程序的位置，并把原系统引导程序搬移到一个特定的地方。这样系统一启动，病毒引导模块就会自动地装入内存并获得执行权，然后该引导程序负责将病毒程序的传染模块和发作模块装入内存的适当位置，并采取常驻内存技术以保证这两个模块不会被覆盖，接着对这两个模块设定某种激活方式，使之在适当的时候获得执行权。处理完这些工作后，病毒引导模块将系统引导模块装入内存，使系统在带毒状态下运行。对于寄生在可执行文件中的病毒来说，病毒程序一般通过修改原有可执行文件，使该文件的执行首先转入病毒程序引导模块，该引导模块也完成把病毒程序的其他两个模块驻留内存及初始化的工作，然后把执行权交给执行文件，使系统及执行文件在带毒的状态下运行。

8.3.4 计算机病毒的传染过程

对于计算机病毒的被动传染而言，其传染过程是随着复制磁盘或文件工作的进行而进行的。而对于计算机病毒的主动传染而言，其传染过程是在系统运行时，计算机病毒通过计算机病毒载体即系统的外存储器进入系统的内存储器、常驻内存，并在系统内存中监视系统的运行。

1. 发现被传染的目标

（1）首先对运行的可执行文件特定地址的标识位信息进行判断是否已感染了计算机病毒。

（2）当条件满足时，利用 INT 13H 将计算机病毒链接到可执行文件的首部、尾部或中间，并存入空间大的磁盘中。

（3）完成传染后，继续监视系统的运行，试图寻找新的攻击目标。

2. 操作系统型计算机病毒的传染过程

正常的计算机 DOS 启动过程如图 8-5 所示。已感染了计算机病毒系统的启动过程如下。

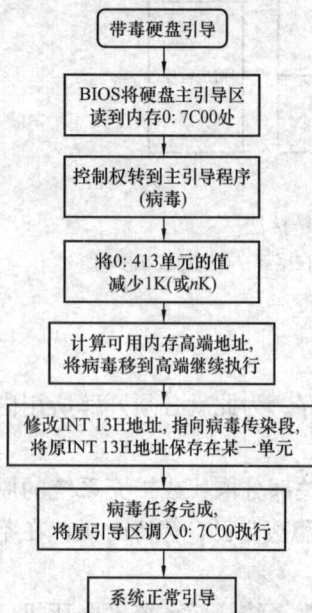

图 8-5　DOS 启动过程

（1）将 Boot 区中的计算机病毒代码首先读入内存的 0000：7C00 处。

（2）计算机病毒将自身全部代码读入内存的某一安全地区、常驻内存，监视系统的运行。

（3）修改 INT 13H 中断服务处理程序的入口地址，使之指向计算机病毒控制模块并执行之。因为任何一种计算机病毒要感染软盘或者硬盘，都离不开对磁盘的读写操作，修改 INT 13H 中断服务程序的入口地址是一项必不可少的操作。

（4）计算机病毒程序全部被读入内存后才读入正常的 Boot 内容到内存的 0000：7C00 处，进行正常的启动过程。

（5）计算机病毒程序伺机等待，随时准备感染新的系统盘或非系统盘。如果发现有可攻击的对象，计算机病毒还要进行下列的工作。

1）将目标盘的引导扇区读入内存，对该盘进行判别是否传染了计算机病毒。

2）当满足传染条件时，则将计算机病毒的全部或者一部分写入 Boot 区，把正常的磁盘引导区程序写入磁盘特定位置。

3）返回正常的 INT 13H 中断服务处理程序，完成对目标盘的传染。

3. 引导型病毒工作原理

引导型病毒是一种在 ROM BIOS 之后，系统引导时出现的病毒，它先于操作系统，依托的环境是 BIOS 中断服务程序。引导型病毒是利用操作系统的引导模块放在某个固定的位置，并且控制权的转交方式是以物理位置为依据，而不是以操作系统引导区的内容为依据，因而病毒占据该物理位置即可获得控制权，而将真正的引导区内容搬家转移或替换。待病毒程序执行后，将控制权交给真正的引导区内容，使得这个带病毒的系统看似正常运转，而病毒已隐藏在系统中并伺机传染、发作。

引导型病毒按其寄生对象的不同又可分为两类，即 MBR（主引导区）病毒、BR（引导区）病毒。MBR 病毒也称为分区病毒，将病毒寄生在硬盘分区主引导程序所占据的硬盘 0 头 0 柱面第 1 个扇区中。典型的 MBR 病毒有大麻（Stoned）、2708、INT 60 病毒等。BR 病毒是将病毒寄生在硬盘逻辑 0 扇或软盘逻辑 0 扇（即 0 面 0 道第 1 个扇区）。典型的 BR 病毒有 Brain、小球病毒等。

引导型病毒是在安装操作系统之前进入内存的，寄生对象又相对固定，因此，该类型病毒基本不得不采用减少操作系统所掌管的内存容量方法来驻留内存高端。而正常的系统引导过程一般是不减少系统内存的。

引导型病毒需要把病毒传染给软盘，一般是通过修改 INT 13H 的中断向量，而新 INT 13H 中断向量段地址必定指向内存高端的病毒程序。引导型病毒感染硬盘时，必定驻留硬盘的主引导扇区或引导扇区，并且只驻留一次，因此引导型病毒一般都是在软盘启动过程中把病毒传染给硬盘。而正常的引导过程一般不对硬盘主引导区或引导区进行写盘操作。引导型病毒的寄生对象相对固定，把当前的系统主引导扇区和引导扇区与干净的主引导扇区和引导扇区进行比较，如果内容不一致，则可认定系统引导区异常。

将引导型病毒注入系统前后的开机程序作横向比较，就能清楚的获知何谓引导型病毒。

软盘中毒前的正常开机程序为：开机→执行 BIOS→自我测试 POST→填入中断向量表→启动扇区（Boot Sector）→IO. SYS→MSDOS. SYS→COMMAND. COM。

软盘中毒之后的开机程序为：开机→执行 BIOS→自我测试 POST→填入中断向量表→开机型病毒→启动扇区（Boot Sector）→IO. SYS→MSDOS. SYS→COMMAND. COM。

硬盘中毒前的正常开机程序为：开机→执行 BIOS→自我测试 POST→填入中断向量表→硬盘分区表（Partition Table）→启动扇区（Boot Sector）→IO. SYS→MSDOS. SYS→COMMAND. COM。

硬盘中毒之后的开机程序为：开机→执行 BIOS→自我测试 POST→填入中断向量表→硬盘分割表（Partition Table）→开机型病毒→启动扇区（Boot Sector）→IO. SYS→MSDOS. SYS→COMMAND. COM。

4. 系统型计算机病毒传染机理

系统型计算机病毒利用在开机引导时窃获的 INT 13H 控制权，在整个计算机运行过程中随时监视软盘操作情况，趁读写软盘的时机读出软盘引导区，判断软盘是否染毒，如未感染则按计算机病毒的寄生方式把原引导区写到软盘另一位置，把计算机病毒写入软盘第一个扇区，从而完成对软盘的传染。染毒的软盘在软件交流中又会传染其他计算机。

5. 文件型计算机病毒传染机理

无论是.COM 文件还是.EXE 文件，或是操作系统的可执行文件（包括.SYS、.OVL、.PRG、.DLL 文件），当启动已感染文件型病毒的程序（HOST 程序）时，暂时中断该程序，病毒完成陷阱（激活条件）的布置、感染工作后，再继续执行 HOST 程序，使计算机使用者初期觉得可正常执行。而实际上在执行期间，病毒已暗自做传染的工作，时机成熟时，病毒发作。文件型病毒寄生在文件中，这是文件型病毒与引导型病毒的差别所在。如图 8-6 所示为文件型病毒的感染机理。

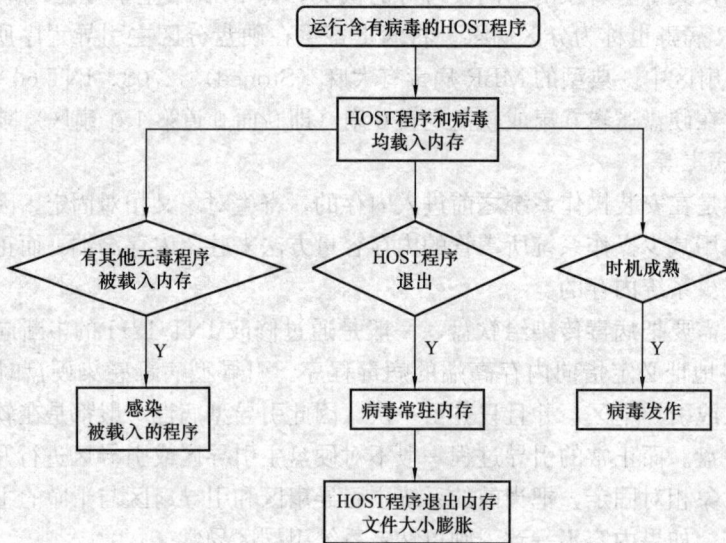

图 8-6　文件型病毒的感染机理

当执行被传染的.COM 或.EXE 可执行文件时，病毒驻入内存。一旦病毒驻入内存，便开始监视系统的运行。当它发现被传染的目标时，进行以下操作。

（1）首先对运行的可执行文件特定地址的标识位信息进行判断是否已感染了病毒。

（2）当条件满足时，利用 INT 13H 将病毒链接到可执行文件的首部或尾部或中间，并存入磁盘中。

（3）完成传染后，继续监视系统的运行，试图寻找新的攻击目标。

文件型病毒通过与磁盘文件有关的操作进行传染，主要传染途径有以下三种。

（1）加载执行文件。文件型病毒驻内存后，通过其所截获的 INT 21H 中断检查每一个加载运行的可执行文件进行传染。加载传染方式每次传染一个文件，即用户准备运行的那个文件，传染不到那些用户没有使用的文件。

（2）列目录过程。一些病毒编制者可能感到加载传染方式每次传染一个文件速度较慢，于是后来造出通过列目录传染的病毒。在用户列硬盘目录时，病毒检查每一个文件的扩展名，如果是可执行文件就调用病毒的传染模块进行传染。这样病毒可以一次传染硬盘一个子目录下的全部可执行文件。DIR 是最常用的 DOS 命令，每次传染的文件又多，所以病毒的扩散速度很快，往往在短时间内传遍整个硬盘。

对于软盘而言，由于读/写速度比硬盘慢得多，如果一次传染多个文件所费时间较长，容易被用户发现，所以病毒"忍痛"放弃了一些传染机会，采用列一次目录只传染一个文件的方式。

（3）创建文件过程。创建文件是 DOS 内部的一项操作，功能是在磁盘上建立一个新文件。已经发现利用创建文件过程把病毒附加到新文件上去的病毒，这种传染方式更为隐蔽狡猾，如图 8-7 所示。因为加载传染和列目录传染都是病毒感染磁盘上原有的文件，细心的用户往往会发现文件染毒前后长度的变化，从而发现病毒的踪迹。而创建文件的传染手段却造成了新文件生来带毒的奇观。好在一般用户很少去创建一个可执行文件，但经常使用各种编译、连接工具的计算机专业工作者应该注意文件型病毒发展的这一动向，特别在商品软件最后生成阶段，应严防此类病毒。

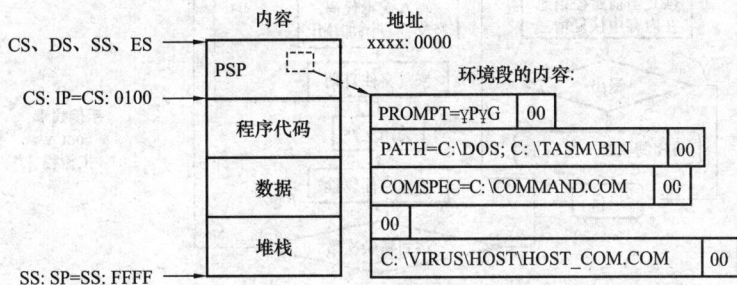

图 8-7　计算机病毒创建文件过程

病毒感染 .COM 文件一般有两种方法，一种是将病毒加在 .COM 前部，另一种是加在文件尾部。图 8-8 为病毒感染 .COM 文件的示意图，图 8-9 为示例病毒 COM_V 主流程。图 8-10 为病毒感染 .EXE 文件的示意图。

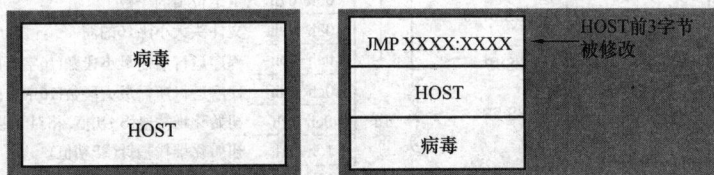

图 8-8　病毒感染 .COM 文件

6. 混合型计算机病毒传染机理

混合型病毒有时也称多型病毒，是结合了引导型和文件型两种病毒而互为感染的病毒，感染文件和引导扇区两种目标。这样的病毒通常都具有复杂的算法，它们使用非常规的方法侵入系统，同时使用了加密和变形算法。

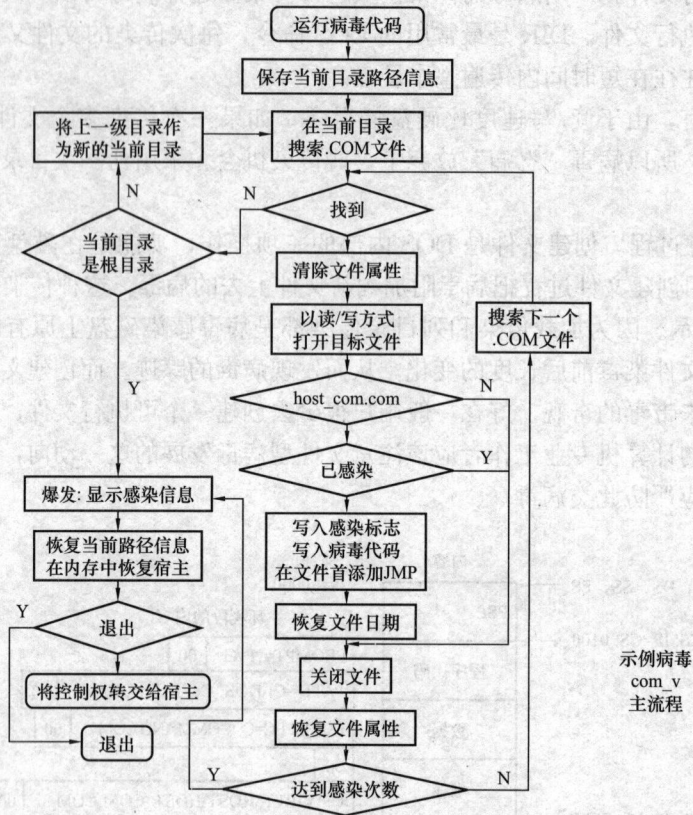

图 8-9　示例病毒 COM_V 主流程

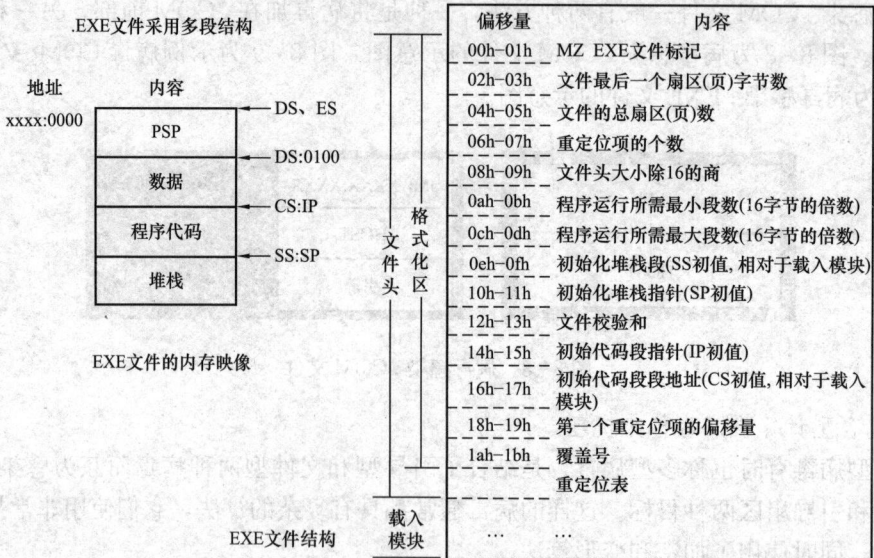

图 8-10　病毒感染 .EXE 文件

8.4 典型计算机病毒的检测技术

在与病毒的对抗中，及早发现病毒很重要。早发现、早处置可以减少损失。检测病毒的方法包括特征代码法、校验和法、行为监测法、软件模拟法，这些方法依据的原理不同，实现时所需开销不同、检测范围不同，各有所长。

8.4.1 计算机病毒比较法诊断的原理

比较法是用原始备份与被检测的引导扇区或被检测的文件进行比较。比较时可以靠打印的代码清单（比如 DEBUG 的 D 命令输出格式）进行比较，或用程序来进行比较（如 DOS 的 DISKCOMP、FC 或 PCTOOLS 等其他软件）。这种比较法不需要专用的查计算机病毒程序，只要用常规 DOS 软件和 PCTOOLS 等工具软件就可以进行，而且用这种比较法还可以发现那些尚不能被现有的查计算机病毒程序发现的计算机病毒。

1. 长度比较法及内容比较法

病毒感染系统或文件，必然引起系统或文件的变化，既包括长度的变化，又包括内容的变化。因此，将无毒的系统或文件与被检测的系统或文件的长度和内容进行比较，即可发现病毒。长度比较法和内容比较法就是从长度和内容两方面进行比较而得名。以长度或内容是否变化作为检测病毒的依据，在许多场合是有效的。但是，长度比较法和内容比较法有其局限性，只检查可疑系统或文件的长度和内容是不充分的，原因如下：①长度和内容的变化可能是合法的，有些普通的命令可以引起长度和内容变化；②某些病毒感染文件时，宿主文件长度可保持不变。

在上述情况下，长度比较法和内容比较法不能区别程序的正常变化和病毒攻击引起的变化，不能识别保持宿主程序长度不变的病毒，无法判定为何种病毒。实践表明，将长度比较法、内容比较法作为检测病毒的手段之一，与其他方法配合使用，效果更好。

2. 内存比较法

这是一种对内存驻留病毒进行检测的方法。由于病毒驻留于内存，必须在内存中申请一定的空间，并对该空间进行占用、保护。因此，通过对内存的检测，观察其空间变化，与正常系统内存的占用和空间进行比较，可以判定是否有病毒驻留其间。但无法判定为何种病毒。此法对于隐蔽型病毒无效。

3. 中断比较法

病毒为实现其隐蔽和传染破坏的目的，常采用"截留盗用"技术，更改、接管中断向量，让系统中断向量转向执行病毒控制部分。因此，将正常系统的中断向量与有毒系统的中断向量进行比较，可以发现是否有病毒修改和盗用中断向量。

由于高版本的 DOS 系统在 DOS 引导之后重新管理一部分 BIOS 中断服务程序，即将原中断向量保存起来，这时引导型病毒所修改的中断向量也同时被保存起来，因而从中断向量中可能观察不到引导型病毒对中断向量的修改。与 PCTOOLS 一同提供的 MI 是一个非常有用的检测工具，它不仅能够显示系统内存大小、内存分配状况，而且能够显示出哪个驻留程序占用哪些内存空间、接管哪些中断向量。用 MI 软件可检测出文件型病毒常驻内存及更改部分中断向量的信息。

8.4.2 计算机病毒校验和法诊断的原理

将正常文件的内容，计算其校验和，将该校验和写入文件中或其他文件中保存。在文件使用过程中，定期或每次使用文件前，检查文件现在内容算出的校验和与原来保存的校验和是否一致，因而可以发现文件是否感染。这种方法称校验和法，它既可发现已知病毒又可发现未知病毒。在 SCAN 和 CPAV 工具的后期版本中除病毒特征代码法之外，还纳入校验和法，以提高其检测能力。

这种方法既能发现已知病毒，也能发现未知病毒，但是，它不能识别病毒类，不能报出病毒名称。由于病毒感染并非文件内容改变的唯一的非他性原因，文件内容的改变有可能是正常程序引起的，所以校验和法常常误报警，而且此种方法也会影响文件的运行速度。

校验和法的优点是方法简单，能发现未知病毒，被查文件的细微变化也能发现。其缺点是病毒感染的确会引起文件内容变化，但是校验和法对文件内容的变化太敏感，又不能区分正常程序引起的变动，而频繁报警。用监视文件的校验和来检测病毒，不是最好的方法。这种方法当遇到软件版本更新、变更口令以及修改运行参数时都会误报警。校验和法对隐蔽性病毒无效。隐蔽性病毒进驻内存后，会自动剥去染毒程序中的病毒代码，使校验和法受骗，对一个有毒文件算出正常校验和。

8.4.3　计算机病毒扫描法诊断的原理

扫描法是用每一种病毒体含有的特定字符串对被检测的对象进行扫描。如果在被检测对象内部发现了某一种特定字符串，就表明发现了该字符串所代表的病毒。国外把这种按搜索法工作的病毒扫描软件称 SCANNER。扫描法包括特征代码扫描法、特征字扫描法。

1. 特征代码扫描法

病毒扫描软件由两部分组成：一部分是病毒代码库，含有经过特别选定的各种计算机病毒的代码串；另一部分是利用该代码库进行扫描的扫描程序。病毒扫描程序能识别的计算机病毒的数目完全取决于病毒代码库内所含病毒的种类有多少。显而易见，库中病毒代码种类越多，扫描程序能认出的病毒就越多。病毒代码串的选择是非常重要的，以下是选择代码串的规则。

（1）短小的病毒只有一百多个字节，病毒代码长的有达到 10K 字节的。如果随意从病毒体内选一段作为代表该病毒的特征代码串，可能在不同的环境中，该特征串并不真正具有代表性，不能用于将该串所对应的病毒检查出来。选这种串作为病毒代码库的特征串就是不合适的。

（2）代码串不应含有病毒的数据区，数据区是会经常变化的。

（3）在保持唯一性的前提下，应尽量使特征代码长度短些，以减少时间和空间开销。

（4）一定要在仔细分析了程序之后才能选出最具代表性的代码串，且足以将该病毒区别于其他病毒和该病毒的其他变种的代码串。

（5）特征串必须能将病毒与正常的非病毒程序区分开。

2. 特征字扫描法

计算机病毒特征字扫描法是基于特征串扫描法发展起来的一种新方法。它工作起来速度更快、误报警更少。特征字扫描只需从病毒体内抽取很少几个关键的特征字，组成特征字库。由于需要处理的字节很少，而又不必进行串匹配，大大加快了识别速度，当被处理的程序很大时表现更突出。类似于检测生物病毒的生物活性，特征字识别法更注意计算机病毒的"程序活性"，减少了错报的可能性。

8.4.4 计算机病毒行为监测法诊断的原理

利用病毒的特有行为特征来监测病毒的方法，称为行为监测法。通过对病毒多年的观察、研究，有一些行为是病毒的共同行为，而且比较特殊，在正常程序中，这些行为比较罕见。当程序运行时，监视其行为，如果发现了病毒行为，则立即报警。作为监测病毒的行为特征可列举如下。

（1）占用 INT 13H。所有的引导型病毒都攻击 BOOT 扇区或主引导扇区。系统启动时，当 BOOT 扇区或主引导扇区获得执行权时，系统就开始工作。一般引导型病毒都会占用 INT 13H 功能，因为其他系统功能还未设置好，无法利用。引导型病毒占据 INT 13H 功能，在其中放置病毒所需的代码。

（2）修改 DOS 系统数据区的内存总量。病毒常驻内存后，为了防止 DOS 系统将其覆盖，必须修改内存总量。

（3）对 COM 和 EXE 文件做写入动作。病毒要感染，必须写 COM 和 EXE 文件。

（4）病毒程序与宿主程序的切换。染毒程序运行时，先运行病毒，而后执行宿主程序。在两者切换时，有许多特征行为。

行为监测法的优势在于不仅可以发现已知病毒，而且可以相当准确地预报未知的多数病毒。但行为监测法也有其短处，即可能误报警和不能识别病毒名称，而且实现起来有一定难度。

8.4.5 计算机病毒行为感染实验法诊断的原理

感染实验是一种简单实用的检测病毒方法。这种方法的原理是利用了病毒最重要的基本特征：感染特性。所有的病毒都会进行感染，如果不会感染，就不称其为病毒。如果系统中有异常行为，最新版的检测工具也查不出病毒时，就可以做感染实验，运行可疑系统中的程序后，再运行一些确切知道不带毒的正常程序，然后观察这些正常程序的长度和校验和，如果发现有的程序增长或者校验和变化，则可断言系统中有病毒。

1. 检测未知引导型病毒的感染实验法

（1）先用一张软盘，做一个清洁无毒的系统盘，用 DEBUG 程序读该盘的 BOOT 扇区进入内存，计算其校验和，并记住此值，同时把正常的 BOOT 扇区保存到一个文件中。上述操作必须保证系统环境是清洁无毒的。

（2）在这张实验盘上复制一些无毒的系统应用程序。

（3）启动可疑系统，将实验盘插入可疑系统，运行实验盘上的程序，重复一定次数。

（4）再在干净无毒机器上，检查实验盘的 BOOT 扇区，可与原 BOOT 扇区内容比较，如果实验盘 BOOT 扇区内容已改变，可以断定可疑系统中有引导型病毒。

随后，步骤在（3）中，不可执行有可能重写 BOOT 扇区的程序，如 SYS.COM、FORMAT.COM 等。

2. 检测未知文件型病毒的感染实验法

（1）在干净系统中制作一张实验盘，上面存放一些应用程序，这些程序应保证无毒，应选择长度不同、类型不同的文件（既有 COM 型又有 EXE 型）。记住这些文件正常状态的长度和校验和。

（2）在实验盘上制作一个批处理文件，使盘中程序在循环中轮流被执行数次。

（3）将实验盘插入可疑系统，执行批处理文件，多次执行盘中程序。

（4）将实验盘放入干净系统，检查盘中文件的长度和校验和，如果文件长度增加或者校验和变化（在零长度感染和破坏性感染场合下，长度一般不会变，但校验和会变），则可断定可疑系统中有病毒。

8.4.6　计算机病毒行为软件模拟法诊断的原理

多态性病毒每次感染都修改其病毒密码，对付这种病毒，特征代码法失效。因为多态性病毒代码实施密码化，而且每次所用密钥不同，把染毒文件中的病毒代码相互比较，也无法找出相同的可能作为特征的稳定代码。为了检测多态性病毒，现已研制了新的检测法—软件模拟法。它是一种软件分析器，用软件方法来模拟和分析程序的运行。

8.4.7　计算机病毒分析法诊断的原理

一般使用分析法的人不是普通用户，而是反病毒技术人员。使用分析法的目的如下。

（1）确认被观察的磁盘引导区和程序中是否含有病毒。

（2）确认病毒的类型和种类，判定其是否是一种新病毒。

（3）搞清楚病毒体的大致结构，提取特征识别用的字符串或特征字，用于增添到病毒代码库供病毒扫描和识别程序用。

（4）详细分析病毒代码，为制定相应的反病毒措施制定方案。

上述四个目的按顺序排列起来，正好大致是使用分析法的工作顺序。使用分析法要求具有比较全面的有关 PC 机、DOS 结构和功能调用以及关于病毒方面的各种知识，还需要 DEBUG、PROVIEW 等分析用工具程序和专用的试验用计算机。

8.5　计算机病毒的预防和清除

8.5.1　计算机病毒的预防措施

1. 树立良好的安全习惯

例如，对一些来历不明的邮件及附件不要打开，不要上一些不太了解的网站，不要执行从 Internet 下载后未经杀毒处理的软件等，这些必要的习惯会使计算机更安全。

2. 关闭或删除系统中不需要的服务

默认情况下，许多操作系统会安装一些辅助服务，如 FTP 客户端、Telnet 和 Web 服务器。这些服务为攻击者提供了方便，而又对用户没有太大用处，如果删除它们，就能大大减少被攻击的可能性。

3. 经常升级安全补丁

据统计，有 80% 的网络病毒是通过系统安全漏洞进行传播的，像蠕虫王、冲击波、震荡波等，所以应该定期到微软网站去下载最新的安全补丁，以防患于未然。

4. 使用复杂的密码

有许多网络病毒就是通过猜测简单密码的方式攻击系统的，因此使用复杂的密码，将会大大提高计算机的安全系数。

5. 迅速隔离受感染的计算机

当计算机发现病毒或异常时应立刻断网，以防止计算机受到更多的感染，或者成为传播源，再次感染其他计算机。

6. 了解一些病毒知识

了解一些病毒知识可以及时发现新病毒并采取相应措施，在关键时刻使自己的计算机免受病毒破坏。如果能了解一些注册表知识，则可以定期查看注册表的自启动项是否有可疑键值；如果了解一些内存知识，则可以经常查看内存中是否有可疑程序。

7. 最好安装专业的杀毒软件进行全面监控

在病毒日益增多的今天，使用杀毒软件进行防毒是越来越经济的选择，不过用户在安装了反病毒软件之后，应该经常进行升级，将一些主要监控经常打开（如邮件监控）、内存监控等，遇到问题要上报，这样才能真正保障计算机的安全。

8. 安装个人防火墙软件进行防黑

由于网络的发展，用户计算机面临的黑客攻击问题也越来越严重，许多网络病毒都采用了黑客的方法来攻击用户计算机，因此，用户还应该安装个人防火墙软件，将安全级别设为中、高，这样才能有效地防止网络上的黑客攻击。

8.5.2 常见计算机病毒的消除技术

1. 消除引导型病毒

消除这类计算机病毒的基本思路是用原来正常的分区表信息或引导扇区信息，覆盖掉计算机病毒程序。

对于那些对分区表和引导扇区内容进行搬移的计算机病毒，则要分析这段计算机病毒程序，找到被搬移的正常引导扇区内容的存放地址，将它们读到内存中，写回到被计算机病毒程序侵占的扇区；如果对于那些不对分区表进行搬移的计算机病毒，则只有从一个与该计算机硬盘相近的机器中提取出正常的分区记录的信息，将其读入内存，再将被计算机病毒覆盖的分区记录也读到内存中，取其尾部 64 字节分区信息内容，放到读入的正常分区记录内容的相应部分，最后再将其内容写回硬盘。

应该指出的是，以上的解毒过程应是在系统无毒的状态下进行。当然，最简单、安全的清除方式还是使用专业的杀毒软件来消除这类计算机病毒。

2. 消除文件型病毒

文件型病毒的消除可以分为以下步骤来进行。

（1）确定计算机病毒程序的位置，是驻留在文件的尾部还是在文件的首部。

（2）找到计算机病毒程序的首部位置（对应于在文件尾部驻留方式），或者尾部位置（对应于在文件首部驻留方式）。

（3）恢复原文件头部的参数。修改文件的长度，将原文件写回。恢复染毒文件的头部参数是解毒操作过程中的重要步骤之一。

（4）对于 .COM 型文件，因为此时只有头部 3 字节的参数被搬移，所以仔细跟踪分析计算机病毒程序，找到原文件头部的这 3 字节的内容，恢复它们就可以。

（5）对于 .EXE 型文件，因其头部参数较复杂且较多，恢复时一定要细心，仔细查找原文件头参数的地址。另外，由于除去计算机病毒程序后，原文件长度将减少，这样标志文件长度的参数要做相应的修改。

3. 消除宏病毒

（1）保证 Word（以 Word 97 为例）本身是没有感染宏病毒的，也就是 Word 安装目录 Startup 目录下的文件和 Normal.dot 文件没有被宏病毒感染。

（2）打开 Word，在"常规"选项卡中选择"宏病毒防护"，在"保存"中不选"快速保存"，单击"确定"按钮。打开文档，此时系统应该提示是否启用"宏"，选择"否"。

（3）再选择"工具"菜单"宏"子菜单的"宏"命令，将可疑的宏全部删除，然后保存文档。

（4）首先保证 Word 不受宏病毒的感染，只打开 Word 并新建一个空文档。然后在"工具"菜单中选择"选项"命令，在"常规"选项卡中选择"宏病毒防护"，在"保存"中选择"提示保存 Normal 模板"，单击"确定"按钮。

（5）接着再启动一个 Word 应用程序，然后用新启动的这个 Word 打开感染宏病毒的文档，应当也会出现是否启用宏的提示，选择"否"，然后选择"编辑"菜单中的"全选"命令和"复制"命令，切换到先前的 Word 中，选择"编辑"菜单中的"粘贴"命令，可以发现原来的文档被粘贴到先前 Word 新建的文档里。

（6）切换到打开带宏病毒文档的 Word 中，选择"文件"菜单中的"退出"命令，退出 Word。如果提示是否保存 Normal. dot 模板，应选择"否"。由于宏病毒不会随剪贴板功能被复制，所以这种办法也能起到杀灭宏病毒的作用。

8.6 新型计算机病毒

智能化、人性化、隐蔽化、多样化也在逐渐成为新世纪计算机病毒的发展趋势。随着软硬件技术的进步以及 Internet 的发展和普及，在网络环境下新病毒不断出现。

8.6.1 震网病毒——Stuxnet 病毒

Stuxnet 病毒于 2010 年 6 月首次被检测出来，是第一个专门攻击真实世界中基础设施的"蠕虫"病毒，比如发电站和水厂。它利用了微软操作系统中至少 4 个漏洞，其中有 3 个全新的零日漏洞；伪造驱动程序的数字签名；通过一套完整的入侵和传播流程，突破工业专用局域网的物理限制；利用 WinCC 系统的 2 个漏洞，对其开展破坏性攻击。它是第一个直接破坏现实世界中工业基础设施的恶意代码。据赛门铁克公司的统计，目前全球已有约 45000 个网络被该蠕虫感染，其中 60% 的受害主机位于伊朗境内。伊朗政府已经确认该国的布什尔核电站遭到 Stuxnet 蠕虫的攻击。

1. Stuxnet 的感染方式

由于 Stuxnet 针对某个特定的工业生产控制系统进行攻击，而这些行为不会在测试环境中出现，因此在测试环境下观察到的病毒行为不全面，很可能产生误导。事实上，运行后，Stuxnet 会立即尝试进入一个可编程逻辑控制器（PLC，Programable Logical Control）的数据块——DB890。这个数据块其实是 Stuxnet 自己加的，并不属于目标系统本身。Stuxnet 会监测并向这个模块里写入数据，以根据情况和需求实时改变 PLC 的流程。

Stuxnet 的目的是通过修改 PLC 来改变工业生产控制系统的行为，包括拦截发送给 PLC 的读/写请求，以此判断系统是否为潜在的攻击目标；修改现有的 PLC 代码块，并往 PLC 中写入新的代码块；利用 Rootkit 功能隐藏 PLC 感染，躲避 PLC 管理员或程序员的检测。这些任务之间差别很大，例如，在被感染的 Windows 机器中隐藏感染代码使用的是标准的 C/C++ 代码，而 Stuxnet 试图在工业生产控制系统及 PLC 中执行的恶意代码则是用 MC7 字节码写的。MC7 是 PLC 环境中运行的一种汇编语言，并常用 STL 进行编写。

（1）PLC 的访问和编写。要进入 PLC，首先需要安装特殊的软件。如图 8-11 所示，Stuxnet 会专门针对编写 PLC 某些模块的 WinCC/Step7 软件进行攻击。安装这些软件后，程序员可以通过数据线连接 PLC，以访问其中的内容，重新配置 PLC，下载程序至 PLC，或调试之前加载的代码。一旦 PLC 被配置和编译后，Windows 机器就可以断开和 PLC 的联系了，PLC 会自行运行。其中，编写 Stuxnet 功能代码块的 MC7 代码的开始部分是可视的。Step7 软件使用库文件 s7otbxdx.dll 来和 PLC 通信。当 Step7 程序准备进入 PLC 时，它会调用该 DLL 文件中

图 8-11　PLC 访问

不同的例程。例如，如果一个代码块需要用 Step7 从 PLC 中读出，则例程 s7blk_read 就会被调用到。s7otbxdx.dll 中的代码会进入 PLC，读出其中的代码，并把它传回 Step7 程序。

（2）Stuxnet 进入 PLC。为了更好地了解 Stuxnet 如何进入和感染 PLC，先来看看各种类型的数据。PLC 会处理由管理员加载到 PLC 的代码和数据。数据模块（DB）包含了程序相关的数据，比如数字、结构等。系统数据模块（SDB）包含了 PLC 的配置信息，它们是根据连接到 PLC 的硬件模块的数量、种类设立的。组织模块（OB）是程序的入口，由 CPU 循环执行。针对 Stuxnet，有两个特别需要的 OB：OB1 是 PLC 程序的入口，它没有特别的时间要求，总是循环执行。OB35 是一个标准的"看门狗"模块，系统会每 100ms 执行一次。这个功能可能包含了所有用于监控紧要输入的逻辑，以达到立即响应，执行功能的目的。功能模块（FC）都是标准的代码块。它们包含了会被 PLC 执行的代码。一般说来，OB1 模块会引用至少一个 FC 模块。

如图 8-12 所示，运行后，Stuxnet 会将原始的 s7otbxdx.dll 文件重命名为 s7otbxsx.dll。然后，用自身取代原始的 DLL 文件，Stuxnet 就可以拦截任何来自其他软件的访问 PLC 的命令。

被 Stuxnet 修改后的 s7otbxdx.dll 文件保留了原来的导出表，导出函数为 109 个，这就令 Stuxnet 可以应付所有相同的请求。大部分导出命令会转发给真正的 DLL，即重命名后的 s7otbxsx.dll，并不会出现难以应对的状况；事实上，109 种导出形式中的 93 种都会照这种方式处理。然而，真正的"诡计"使用在剩下的 16 种导出命令中。这 16 种导出不会被简单地转发，而是被改动后的 DLL 拦截了。被拦截的导出命令为在 PLC 中读、写、定位代码块的例程。通过拦截这些请求，Stuxnet 可以在 PLC 管理员没有察觉的情况下，修改发送至 PLC 或从 PLC 返回的数据。同时，通过利用这些例程，Stuxnet 可以将恶意代码隐藏在 PLC 中。

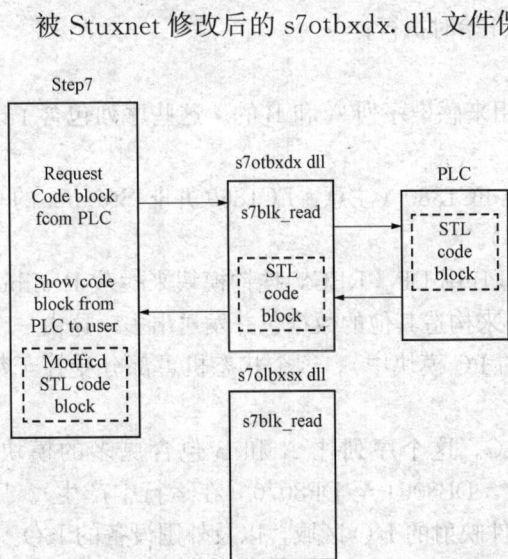

图 8-12　Stuxnet 进入 PLC

（3）如何选择 PLC。Stuxnet 会根据目标

系统的特点，使用不同的代码来感染 PLC。一个感染的序列包括了许多 PLC 模块（代码模块和数据模块），用以注入 PLC 来改变目标 PLC 的行为。这个威胁包括了三个感染序列。其中两个非常相似，功能也相同，将其命名为序列 A 和 B。第三个序列命名为序列 C。Stuxnet 通过验证"指纹"判断系统是否为计划攻击的目标。它会检查以下内容：

PLC 种类/家族：只有 CPU6ES7-417 和 6ES7-315-2 会被感染。系统数据模块：SDB 会被解析；根据它们包含的数据，感染进程会选择 A、B 或其他感染方式开始行动。当解析 SDB 时，代码会搜索这两个值是否存在-050hand9500h；然后根据这两个数值的出现次数，选择序列 A 或 B 中的一种来感染 PLC。代码还会在 SDB 模块的 50h 子集中搜索字节序 2CCB0001，这个字节序反映了通信处理器 CP342-5（用作 Profibus-DP）是否存在，而选择序列 C 进行感染的条件则由其他因素构成。

（4）感染方法。Stuxnet 使用"代码插入"的感染方式。如图 8-13 所示，当 Stuxnet 感染 OB1 时，它会执行以下行为：增加原始模块的大小；在模块开头写入恶意代码；在恶意代码后插入原始的 OB1 代码。

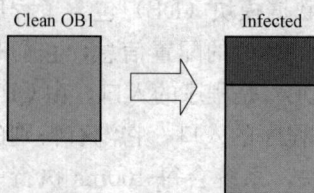

图 8-13　代码插入

Stuxnet 也会用类似于感染 OB1 的方式感染 OB35。它会用自身来取代标准的协同处理器 DP_RECV 代码块，然后在 Profibus（一个标准的用作分布式 I/O 的工业网络总线）中挂钩网络通信。利用 A/B 方法的感染步骤如下：

1）检查 PLC 类型；

2）该类型必须为 S7/315-2；

3）检查 SDB 模块，判断应该写入序列 A 或 B 中的哪一个；

4）找到 DP_RECV，将其复制到 FC1869，并用 Stuxnet 嵌入的一个恶意拷贝将其取代；

5）在序列中写入恶意模块（总共 20 个），由 Stuxnet 嵌入；

6）感染 OB1，令恶意代码可以在新的周期开始时执行；

7）感染 OB35，它将扮演"看门狗"的角色。

（5）感染代码。被注入 OB1 功能的代码是用来感染序列 A 和 B 的。这些序列包含了以下模块：

1）代码块：FC1865 至 FC1874，FC1876 至 FC1880（注意：FC1869 并非 Stuxnet 的一部分，而是 PLC 的 DP_RECV 模块的一个拷贝）。

2）数据模块：DB888 至 DB891。序列 A 和 B 用 DP_RECV 挂钩模块来拦截 Profibus 中的数据包，并根据在这些模块中找到的数值，来构造其他的数据包并发送出去。这由一个复杂的状态机控制（状态机被建立在上面提到的 FC 模块中）。这个状态机可部分受控于数据块 DB890 中的 DLL。

在某些条件下，序列 C 会被写入一个 PLC。这个序列比 A 和 B 包含更多的模块：FC6055 至 FC6084；DB8062，DB8063；DB8061，DB8064 至 DB8070（在运行中产生）。序列 C 主要为了将 I/O 信息读写入 PLC 的内存文件映射的 I/O 区域，以及外围设备的 I/O。

3）Rootkit。StuxnetPLCrootkit 代码全部藏身于假冒的 s7otbxdx.dll 中。为了不被 PLC 所检测到，它至少需要应付以下情况：对自己的恶意数据模块的读请求；对受感染模块（OB1，OB35，DP_RECV）的读请求；可能覆盖 Stuxnet 自身代码的写请求。Stuxnet 包含了监测和拦截这些请求的代码，它会修改这些请求以保证 Stuxnet 的 PLC 代码不会被发现或被破坏。

2. Stuxnet 病毒的防护

由于 Stuxnet 蠕虫病毒是首个针对工业控制系统编写的破坏性病毒，对大型工业、企业用户存在一定的风险，因此，病毒防护专家给企业用户提出以下安全防护建议，以提高企业抵御未知安全风险的能力：

（1）在终端设备上开启防火墙功能。

（2）为终端设备上所有的应用系统安装最新的补丁程序。

（3）在终端上安装防病毒系统，设置为实时更新病毒库，并将病毒库升级到最新版本。

（4）在终端上的用户设置最小用户权限。

（5）在打开附件或通过网络接收文件时，弹出安全警告或提示。

（6）在打开网络链接时，发出安全警告或提示。

（7）尽量避免下载未知的软件或程序。

（8）使用强口令，以保护系统免受攻击。

8.6.2　手机病毒

手机病毒是一种以手机为攻击目标的计算机病毒形式，它能够以手机网络和计算机网络为平台，通过手机通信途径，对手机及短信息网关等网络设备进行攻击，造成手机异常和病毒扩散。

1. 手机病毒的概念和危害

手机病毒是以智能手机为感染对象，以手机网络和计算机网络为传播平台，利用发送短信、彩信、电子邮件、浏览网站、下载铃声、蓝牙等方式传播，导致用户手机死机、关机、个人资料被删、向外发送垃圾邮件、泄露个人信息、自动拨打电话或发短（彩）信等恶意行为，甚至会损毁 SIM 卡、芯片等硬件，导致使用者无法正常使用手机，从而造成手机或手机网络异常的一种新型病毒。

2. 手机病毒发展趋势

手机发展迅速，手机功能越全面，能够支持的游戏或者应用程序越复杂，就意味着它同时也能运行更复杂的病毒程序，所产生的后果也就越严重：

（1）K-Java 语言大量运用于手机，为手机病毒的编写提供了有利条件，一个普通的 Java 程序员就可以编写出能传播的病毒程序。

（2）基于 Symbian、Pocket PC 和 Smart Phone 操作系统的手机不断增多，同时手机使用的芯片如 Intel StrongARM 等硬件也不断固定下来，使手机有了比较标准的操作系统，而且这些手机操作系统厂商芯片对用户开放应用编程接口（API，Application Programming Interface），并鼓励在它们之上做开发。这样在方便用户的同时，也方便了病毒编写者，他们只需查阅芯片厂商或者手机操作系统厂商提供的手册就可以编写出基于手机的病毒，甚至可以破坏硬件。

（3）手机的容量不断扩大，这样既增加了手机的功能，又为病毒提供了生存空间。

（4）手机直接传输的内容也复杂了很多，从以前只有文本的短消息服务（SMS，Short Message Service）发展到支持二进制格式文件的增强型短信服务（EMS，Enhanced Message Service）和彩信服务（MMS，Multimedia Messaging Service），这样病毒就可以附加在这些文件中进行传播。

（5）国际漫游业务量及业务互通的增加，使病毒在国际之间的散播更为容易。

从以上分析可以看出，现在的手机发展为手机病毒的产生、保存、传播都创造了条件，因此手机病毒的出现和发展也仅仅是时间问题。

3. 手机病毒攻击方式

手机病毒虽然最终伤害对象是手机，但它并不一定直接攻击手机终端本身，目前手机病毒的攻击方式主要有：

（1）利用互联网攻击手机终端。病毒利用与手机辅助服务相关的互联网工具来发起对手机终端的攻击。世界上最早发现的手机病毒就是这种类型，该病毒名为 Timofonica，2000年6月诞生于西班牙。它的载体实际上是电子邮件，具有双重危害，不但可以像普通的邮件病毒那样给地址簿中的邮箱发送带毒邮件，而且可以利用短信服务器中转向手机发送大量短信。事实上，只要电子邮箱带有邮件短信通知或者短信转发功能，则一款很普通的攻击电子邮箱的电脑病毒同时也会对手机造成极大的危害：在用户邮箱不断收到垃圾邮件的同时，用户手机也会不断收到短信通知，造成话费支出。这种在互联网上传播的病毒，其影响面目前是最大的，从它的传播方式和运行程序的设备来看，严格意义上来说仍然是一种电脑病毒，但从危害对象来说，却是一种手机病毒。

（2）攻击 WAP 服务器。攻击 WAP 服务器，使 WAP 手机无法接收正常信息。WAP 可以使小型手持设备如手机等方便地接入 Internet 网，完成一些简单的网络浏览、操作功能。手机的 WAP 功能需要专门的 WAP 服务器来支持，一旦有人发现 WAP 服务器的安全漏洞，并对其进行攻击，手机将无法接收到正常的网络信息。

（3）攻击短消息网关。攻击和控制"网关"，向手机发送垃圾信息。网关是网络与网络之间的联系纽带，利用网关漏洞同样可以对整个手机网络造成影响，使手机的所有服务都不能正常工作，甚至可以对网关服务范围内的所有手机用户批量发送垃圾信息。

（4）直接攻击手机终端。直接攻击手机本身，使手机无法提供服务，这是一种名副其实的手机病毒，也是目前手机病毒的一种重要攻击方式。这种方式主要是利用手机芯片程序中的缺陷，以"病毒短信"的方式攻击手机，使手机无法提供某方面的服务。天津市就曾经出现过一种称为"移动黑客"的手机病毒，用户只要一查看中毒手机中的短信息，手机就会自动关闭。该病毒是用短信的形式把病毒代码发送给对方，从而造成破坏。杀伤力强的手机病毒，能使手机自动关机、死机，甚至内部芯片烧坏。当然，这类病毒通常只对使用同一芯片、同一种操作系统的手机产生作用，一旦厂家填补漏洞，病毒也就无机可乘了。其实，在对手机的攻击方面，很可能将出现杀伤力更强的病毒。目前支持 Java 的手机型号越来越多，通过这种手机，用户很容易就可以在网上下载游戏程序，进行在线或者离线的游戏。但是，这种手机在增加功能的同时，也为病毒提供了施展拳脚的舞台。

4. 手机病毒的防范措施

（1）服务商安全措施。作为电信服务商，应该在手机中采取以下的安全性措施：

1）将执行 Java 小程序的内存和存贮电话簿等的内存分割开来，从而禁止小程序访问；

2）已经下载的 Java 小程序只能访问保存该小程序的服务器；

3）当小程序利用手机的硬件功能（例如试图使用拨号功能打电话）时便会发出警告等；

4）服务商应堵死手机病毒传播通道。

手机病毒的通道主要是移动运营商提供的网关，因此在网关上进行杀毒是防止手机病毒扩散的好方法，首先对 SMS、EMS 和 MMS 协议进行分析，并在此基础上对其中包含的内容进行扫描，确保传送的内容安全、可靠。例如，针对彩信服务系统（MMSC，Multimedia Message Service Center）。彩信杀毒系统作为 MMSC 系统的一个外界独立设备存在，对于所有发送方用户通过网关 GPRS 支持节点（GGSN，Gateway GPRS Support Node）提交的消息以及短消息服务中心（SMSC，Short Message Service Center）的消息，MMSC 都要先把消息送到彩信杀毒系统进行病毒查杀，然后再通过基站（BS，Base Station）进行消息的下发。

（2）政府相关部门制订法律法规。政府相关部门应针对移动互联网技术发展和业务管理建立并完善相应的法律法规和技术规范，规范个人和机构的不法行为，完善安全监管机制，在行政和法律层面上维护手机的安全性；加大执法力度，严厉打击各类手机违法犯罪行为。同时，相关部门还应加大评估方面的研究工作，针对新技术、新业务建立相应的移动智能终端安全标准和评估机制，使安全隐患在业务推广普及前得到及时有效的解决。

（3）运营商加强手段建设。运营商需要从多层次、多角度来保障移动网络安全，充分挖掘整合并形成综合、强大的业务管理平台，从而构建健康网络。首先，运营商需要组建一支由手机病毒分析人员、网络维护人员、客户服务人员、法律事务人员等组成的专业病毒防护团队；其次，建立起一套手机病毒处置工作体系，搭建手机病毒监测系统，根据移动互联网恶意代码处置工作流程，开展病毒监测、病毒研判、病毒预警、病毒控制、应急响应等各项工作，确保网络安全，提升网络质量。

（4）设备制造商提升终端安全性。对于智能手机厂商而言，必须加强与运营商、安全软件厂商的合作，着力完善手机操作系统的内部程序结构，提高硬件的安全性，堵塞安全漏洞。在完善软件签名制，提高软件可信度的同时，让程序以完成其拥有许可任务的最小特权级运行，减少由意外、错误或恶意代码造成的风险。通过平台安全策略阻止用户调用比较危险的 API 函数或私自安装的程序运行，提高产品应对各种安全攻击的防御能力。

（5）安全厂商注重技术创新。为应对手机病毒的安全威胁，安全厂商也应在技术领域不断进行创新，及时提供相关的解决方案，对于影响较大的安全事件应及时上报相关政府职能部门。在技术层面，将"云安全"技术引入移动互联网将进一步加快对安全威胁的快速响应。通过"云安全"技术的系统融合，将从包括渠道、终端等多个层面实现对手机恶意软件的全面排查。在产品层面，大力提高技术研发水平，通过变换产品设计思路，由传统单一功能的产品防护向集中统一管理的产品类型转移，对恶意软件的下载、安装、启动后可能实现的恶意攻击进行全面防范，不断提高自身产品抵御安全威胁的能力。

（6）手机用户提高防范意识。作为手机的使用者，用户自身积极的防范是最重要的。建议用户在购买新手机时应尽量选择从正规渠道购买；在选择应用下载网站时，选择大型可信站点；安装软件时，注意观察软件权限，不要下载安装功能不清的软件；慎重查看来历不明的短信和彩信；及时安装有效的手机防护软件并定期升级；及时备份手机数据并定期检测手机系统是否正常等。

8.7 小　　结

　　恶意代码是指黑客编写的扰乱社会和他人甚至起破坏作用的计算机程序，计算机病毒是恶意代码最常见的一种。根据计算机病毒的定义，本章讨论了计算机病毒的特点、分类、症状、传播途径。详细研究了计算机病毒的工作机制，包括计算机病毒的引导机制、寄生方式、传染机理，在此基础上研究了计算机病毒的检测技术以及预防的清除方法。最后，讨论了两种新型计算机病毒。

思 考 题

1. 简述恶意代码的分类。
2. 简述计算机病毒的发展。
3. 给出计算机病毒的基本特征。
4. 给出一种计算机病毒的分类方法。
5. 计算机病毒是如何工作的？
6. 简述常见的计算机病毒检测方法与原理。

第9章 安 全 审 计

安全审计是对已经或者正在发生的网络入侵、非法信息访问等安全事件进行审计和监控，从而保护信息所有者的权利不受非法侵害。本章介绍了信息系统安全审计的基本概念、关键技术和相关标准。计算机取证是信息系统安全审计的直接应用，它是针对计算机入侵、破坏、欺诈、攻击等犯罪行为，利用计算机软硬件技术，按照符合法律规定的方式，进行识别、保存、分析和提交数字证据的过程。

9.1 概　　述

安全审计是在传统审计学、信息管理学、计算机安全、行为科学、人工智能等学科基础上发展的一门新的交叉学科。它和传统的审计概念不同，安全审计应用于计算机网络信息安全领域，是对安全控制和事件的审查评价。

国家标准 GB/T 20945—2007《信息安全技术：信息系统安全审计产品技术要求和测试评价方法》给出了安全审计的定义：安全审计是对信息系统的各种事件及行为实行监测、信息采集、分析并针对特定事件及行为采取相应响应动作。国际标准 ISO/IEC 15408（CC 准则）对网络安全审计的概念和功能作了较为具体的定义：网络安全审计是指对与网络安全有关的活动的相关信息进行识别、记录、存储和分析，并检查网络上发生了哪些与安全有关的活动以及谁对这个活动负责。一般来讲，安全审计是指根据一定的安全策略，通过记录和分析历史操作事件及数据，发现能够改进系统性能和系统安全的地方。

安全审计除能够监控来自网络内部和外部的用户活动，对与安全有关活动的相关信息进行识别、记录、存储和分析，对突发事件进行报警和响应，还能通过对系统事件的记录，为事后处理提供重要依据，为网络犯罪行为及泄密行为提供取证基础。由于不存在绝对安全的系统，所以安全审计系统作为和其他安全措施相辅相成、互为补充的安全机制，是非常必要的。

信息安全审计的功能主要包括发现系统漏洞、发现系统运行异常、威慑、取证等。

（1）发现系统漏洞。安全审计为系统管理员提供有价值的系统使用日志，从而帮助系统管理员及时发现系统入侵行为或潜在的系统漏洞。

（2）发现系统运行异常。安全审计为系统管理员提供系统运行日志，管理员可根据日志数据库记录的日志数据，分析网络或系统的安全性，输出安全性分析报告，因而能够及时发现系统的异常行为，并采取相应的处理措施。

（3）威慑。通过审计跟踪，并配合相应的责任追究机制，对外部的入侵者以及内部人员的恶意行为具有威慑和警告作用。

（4）取证。利用审计工具，监视和记录系统的活动情况，如记录用户登录账户、登录时间、终端以及所访问的文件、存取操作等，并放入系统日志中，必要时间可打印输出，提供审计报告，对于已经发生的系统破坏行为提供有效的追究证据。

按照审计分析的对象，安全审计可分为针对主机的审计和针对网络的审计。前者对系统资源如系统文件、注册表等文件的操作进行事前控制和事后取证，并形成日志文件；后者主要是针对网络的信息内容和协议分析。

按照审计的工作方式，安全审计可分为集中式安全审计和分布式安全审计。集中式体系结构采用集中的方法，收集并分析数据源（网络各主机的原始审计记录），所有的数据都要交给中央处理机进行审计处理；分布式安全审计包含两层含义，一是对分布式网络的安全审计，二是采用分布式计算的方法，对数据源进行安全审计。

9.2 安全审计系统的体系结构

9.2.1 信息安全审计系统的一般组成

一般而言，一个完整的安全审计系统如图 9-1 所示，包括事件探测及数据采集引擎、数据管理引擎和审计引擎等组成部分，每一部分实现不同的功能。

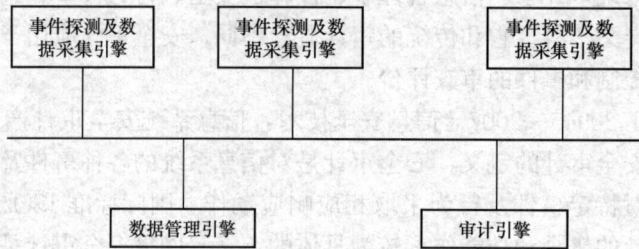

图 9-1 安全审计系统组成

（1）事件探测及数据采集引擎。事件探测及数据采集引擎主要全面侦听主机及网络上的信息流，动态监视主机的运行情况以及网络上流过的数据包，对数据包进行检测和实时分析，并将分析结果发送给相应的数据管理中心进行保存。

（2）数据管理引擎。数据管理引擎一方面负责对事件探测及数据采集引擎传回的数据以及安全审计的输出数据进行管理，另一方面，数据管理引擎还负责对事件探测及数据采集引擎的设置、用户对安全审计的自定义、系统配置信息的管理。它一般包括数据库管理、引擎管理、配置管理三个模块。

数据库管理模块设置数据库连接信息；引擎管理程序设置事件探测及数据采集引擎的信息；配置管理可以对被审计对象进行客户化自定义、协议和设定异常端口审计，如制定黑白名单、自定义审计等。

（3）审计引擎。审计引擎包括审计控制台和用户管理两个应用程序。审计控制台可以实时显示网络审计信息、流量统计信息，并可以查询审计信息历史数据，并且对审计事件进行回放。用户管理程序可以对用户进行权限设定，限制不同级别的用户查看不同的审计内容。同时还可以对每一种权限使用人员的操作进行审计记录，可以由用户管理员进行查看，具有一定的自身安全审计功能。

9.2.2 集中式安全审计系统体系结构

集中式体系结构采用集中的方法，收集并分析数据源，所有的数据都交给中央处理机进行审计处理。中央处理机承担数据管理引擎及安全审计引擎的工作，而部署在各个监视系统上的外围设备只是简单的数据采集设备，承担事件检测及数据采集引擎的作用。系统通过 n 个数据采集点收集数据，经过滤和简化处理后的数据再通过网络传输到中央处理机，由于收集的数据全部由中央处理机汇总和处理，所以，系统存在一个通信和计算的瓶颈。

对于小规模的局域网，集中式的审计体系结构已经可以满足要求。而随着分布式网络技术的广泛应用，集中式的审计体系结构越来越显示如下缺陷。

（1）由于事件信息的分析全部由中央处理机承担，势必造成 CPU、I/O 以及网络通信的负担，而且中央处理机往往容易发生单点故障（如针对中心分析系统的攻击）。另外，对现有的系统进行用户的增容（如网络的扩展，通信数据量的加大）是很困难的。

（2）由于数据的集中存储，在大规模的分布式网络中，有可能因为单个点的失败造成整个审计数据的不可用。

（3）集中式的体系结构，自适应能力差，不能根据环境变化自动更改配置。通常，配置的改变和增加是通过编辑配置文件来实现的，往往需要重新启动系统以使配置生效。

因此，集中式的体系结构已不适应高度分布的网络环境。

9.2.3 分布式安全审计系统体系结构

分布式安全审计系统实际上包含两层含义：一是对分布式网络的安全审计；二是采用分布式计算的方式，对数据源进行安全审计。典型的分布式安全审计系统结构如图 9-2 所示，它由三部分组成。

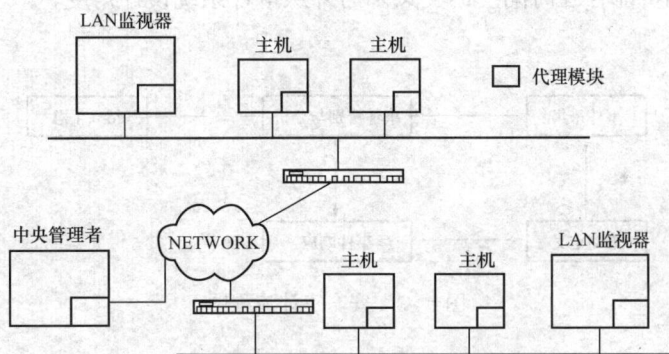

图 9-2 分布式安全审计系统体系结构

（1）主机代理模块。主机代理模块是部署在受监视的主机上，并作为后台进程运行的审计信息收集模块。主要目的是收集主机上与安全相关的事件信息，并将数据传送给中央管理者。它同时承担了数据采集以及部分的安全审计工作。

（2）局域网监视器代理模块。局域网监视器代理模块是部署在受监视的局域网上，用以收集并对局域网上的行为进行审计的模块，主要分析局域网上的通信信息，并根据需要将结果报告给中央管理者。

（3）中央管理者模块。中央管理者模块接收包括来自局域网监视器和主机代理的数据和报告，控制整个系统的通信信息，对接收到的数据进行分析。

在分布式系统结构中，代理截获审计收集系统生成的审计记录，应用过滤器去掉与安全无关的记录，再将这些记录转化成一种标准格式以实现互操作。然后，代理中的分析模块分析审计记录，并与该用户的历史映像比较，当检测出异常时，向中央管理者报警。局域网监视器代理审计主机与主机之间的连接，以及使用的服务和通信量的大小，以查找出显著的事件，如网络负载的突然改变、安全相关服务的使用等。

分布式系统结构可以从单独的安全审计系统扩展成能够关联许多站点和网络行为的审计系统。相对于集中式结构，它有以下优点。

（1）扩展能力强。通过扩展审计单元来实现网络安全范围的扩展。

（2）容错能力强。分布式的独立结构解决了单点失效问题。

（3）兼容性强。既可包含基于主机的审计，又可含有基于网络的审计，超越了传统审计模型的界限。

（4）适应性强。当网络和主机状态改变时，如升级或重构，分布式审计系统可以容易地作相应修改。

9.3 安全审计的一般流程

安全审计流程如图 9-3 所示。事件采集设备通过硬件或软件代理对客体进行事件采集，并将采集到的事件发送至事件辨别与分析器进行事件辨别与分析，策略定义的危险事件，发送至报警处理部件，进行报警或响应。对所有需产生审计信息的事件，产生审计信息，并发送至结果汇总，进行数据备份或报告生成。需要注意的，以上各阶段之间并没有明显的时间相关性，它们之间可能存在时间上的交叉。另外从审计系统设计角度，一个设备可同时承担多个任务。

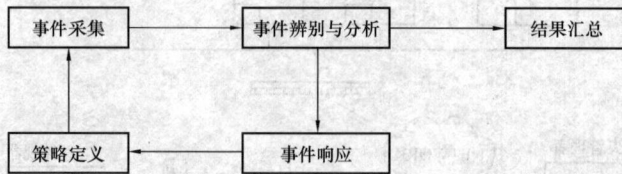

图 9-3 安全审计流程图

1. 策略定义

安全审计应在一定的审计策略下进行，审计策略规定哪些信息需要采集、哪些事件是危险事件，以及对这些事件应如何处理等。因而审计前应制定一定的审计策略，并下发到各审计单元。在事件处理结束后，应根据对事件的分析处理结果来检查策略的合理性，必要时调整审计策略。

2. 事件采集

事件采集阶段包含以下行为。

（1）按照预定的审计策略对客体进行相关审计事件采集，形成的结果交由事件后续的各阶段来处理；

（2）将事件其他各阶段提交的审计策略分发至各审计代理，审计代理依据策略进行客体事件采集。

注：审计代理是安全审计系统中完成审计数据采集、鉴别并向审计跟踪记录中心发送审计消息的功能部件，包括软件代理和硬件代理。

3. 事件辨别与分析

事件分析阶段包含以下行为。

（1）按照预定策略，对采集到的事件进行事件辨析，然后决定采取下面哪种行为：①忽略该事件；②产生审计信息；③产生审计信息并报警；④产生审计信息且进行响应联动。

（2）按照用户定义与预定策略，将事件分析结果生成审计记录，并形成审计报告。

4. 事件响应

事件响应阶段是根据事件分析的结果采用相应行动，包含以下行为。

（1）对事件分析阶段产生的报警信息、响应请求进行报警与响应；

（2）按照预定策略，生成审计记录，写入审计数据库，并将各类审计分析报告发送到指定的对象；

（3）按照预定策略对审计记录进行备份。

5. 结果汇总

结果汇总阶段负责对事件分析及响应的结果进行汇总，主要包含以下行为。

（1）将各类审计报告进行分类汇总；

（2）对审计结果进行适当的统计分析，形成分析报告；

（3）根据用户需求和事件分析处理结果形成审计策略修改意见。

9.4 安全审计的分析方法

1. 基于规则库的安全审计方法

基于规则库的安全审计方法就是对已知的攻击行为进行特征提取，把这些特征用脚本语言等方法进行描述后放入规则库中。当进行安全审计时，将收集到的审核数据与这些规则进行某种比较和匹配操作（如关键字、正则表达式、模糊近似度等），从而发现可能的网络攻击行为。这种方法和某些防火墙和防病毒软件的技术思路类似，检测的准确率都相当高，可以通过最简单的匹配方法过滤掉大量的无效审核数据信息，对于使用特定黑客工具进行的网络攻击特别有效。例如，发现目的端口为 139 及含有 OOB 标志的数据包，一般肯定是 Win-nuke 攻击数据包。而且规则库可以从互联网上下载和升级（如 www.cert.org 等站点都可以提供各种最新攻击数据库），使得系统的可扩充性非常好。但是其不足之处在于这些规则一般只针对已知攻击类型或者某类特定的攻击软件，当出现新的攻击软件或者攻击软件进行升级之后，就容易产生漏报。例如，著名的 Back Orifice 后门软件在 20 世纪 90 年代末非常流行，当时攻击的端口是 31337，因此 31337 这个古怪的端口便和 Back Orifice 联系在一起。但不久之后，Back Orifice 作者把这个源端口换成了 80 这个常用的 Web 服务器端口，这样就逃避了很多安全系统的检查。

基于规则库的安全审计方法有其自身的局限性。对于某些特征十分明显的网络攻击行为，该技术的效果非常好；但是对于其他一些非常容易产生变种的网络攻击行为，规则库就很难完全满足要求了。

2. 基于数理统计的安全审计方法

数理统计方法就是首先给对象创建一个统计量的描述，如一个网络流量的平均值、方差等，统计出正常情况下这些特征量的数值，然后用来对实际网络数据包的情况进行比较，当发现实际值远离正常数值时，就可以认为是潜在的攻击发生。例如，对于著名的 SYN flooding 攻击来说，攻击者的目的是不想完成正常的 TCP 三次握手所建立起来的连接，从而让等待建立这一特定服务的连接数量超过系统所限制的数量，这样就可以使被攻击系统无法建立关于该服务的新连接。很显然，要填满一个队列，一般要在一段时间内不停地发送 SYN 连接请求，根据各个系统的不同，一般在每分钟 10～20 个，或者更多。显然，在一分钟从同一个源地址发送来 20 个以上的 SYN 连接请求是非常不正常的，完全可以通过设置每分钟同一源地址的 SYN 连接数量来判别攻击行为的发生。但是，数理统计的最大问题在于如何设定统计量的"阈值"，也就是正常数值和非正常数值的分界点，这往往取决于管理员的经验，不可避免产生误报和漏报。

　　3. 基于日志数据挖掘的安全审计方法

　　基于规则库和数理统计的安全审计方法已得到广泛的应用，并取得较大的成功，但其最大的缺陷在于已知的入侵模式必须被手工编码，不能动态地进行规则更新。因此最近人们开始越来越关注带有学习能力的数据挖掘方法，目前该方法已经在一些安全审计系统中得到应用，它的主要思想是从系统使用或网络通信的"正常"数据中发现系统的"正常"运行模式，并和常规的一些攻击规则库进行关联分析，并用以检测系统攻击行为。

　　数据挖掘本身是一项通用的知识发现技术，其目的是要从海量数据中提取出感兴趣的数据信息（知识）。目前，操作系统的日益复杂化和网络数据流量急剧膨胀，导致了安全审计数据同样以惊人的速度递增。激增的数据背后隐藏着许多重要的信息，人们希望能够对其进行更高抽象层次的分析，以便更好地利用这些数据。将数据挖掘技术应用于对审计数据的分析可以从包含大量冗余信息的数据中提取出尽可能多的隐藏的安全信息，抽象出有利于进行判断和比较的特征模型。根据这些特征向量模型和行为描述模型，可以由计算机利用相应的算法判断出当前网络行为的性质。与传统的网络安全审计系统相比，基于数据挖掘的网络安全审计系统有检测准确率高、速度快、自适应能力强等优点。

　　4. 其他安全审计方法

　　安全审计是根据收集到的关于已发生事件的各种数据来发现系统漏洞和入侵行为，能为追究造成系统危害的人员责任提供证据，是一种事后监督行为。入侵检测是在事件发生前或攻击事件正在发生过程中，利用观测到的数据，发现攻击行为。两者的目的都是发现系统入侵行为，只是入侵检测要求有更高的实时性，因而安全审计与入侵检测两者在分析方法上有很大的相似之处，入侵检测分析方法多可应用于安全审计，如神经网络、遗传算法等。信息技术的高速发展，攻击者的攻击手段日新月异，安全审计应根据实际应用，不断推出新的方法，新方法包括神经网络和遗传算法两种。

　　（1）神经网络。神经网络的基本思想是用一系列信息单元序列来训练神经单元，在神经网络的输入中包括当前的信息单元序列和过去的信息单元序列集合，神经网络由此可进行判断，并能预测输出。与概率统计方法相比，神经网络方法更好地表达了变量之间的非线性关系，并且能自动学习和更新。

　　（2）遗传算法。一个遗传算法是一类进化算法的一个实例，这些算法在多维优化问题处理方面的能力已经得到认可，并且遗传算法在对异常检测的准确率和速度上有较大优势。主要不足在于不能在审计跟踪中精确定位攻击，这一点和神经网络面临的问题相似。

9.5　安全审计的数据源

对于安全审计系统而言，输入数据的选择是首先需要解决的问题，而安全审计的数据源，可以分为基于主机、基于网络和其他途径三类。

1. 基于主机的数据源

基于主机的安全审计数据源，包括操作系统的审计记录、系统日志、应用程序的日志信息以及基于目标的信息。

（1）操作系统的审计记录。操作系统的审计记录是由操作系统软件内部的专门审计子系统所产生的，其目的是记录当前系统的活动信息，如用户进程所调用的系统调用类型以及执行的命令行等，并将这些信息按照时间顺序组织为一个或多个审计文件。

大多数操作系统的审计子系统，都是按照美国 TCSEC 标准对审计功能的设计要求来实现的，在 TCSEC 中规定了 C2 安全级以上的操作系统必须具备审计功能，并记录相应的安全性日志。对于基于主机的安全审计系统来说，操作系统的审计记录是首选的数据源。一方面，操作系统的审计系统在设计时，本身已经考虑到了审计记录的结构化组织工作，以及对审计记录内容的保护机制，因此操作系统审计记录的安全性得到了较好的保护，对于安全审计来说，其安全的可信数据源无疑是首要的选择；另一方面，操作系统审计记录提供了在系统内核级的事件发生情况，反映了系统底层的活动情况并提供了相关的详细信息，能够识别所有用户活动的微细活动模式，为发现潜在的异常行为奠定了良好的基础。

（2）系统日志。系统日志分为操作系统日志和应用程序日志两部分。操作系统日志与主机的信息源相关，是使用操作系统日志机制生成的日志文件的总称；应用程序日志是由应用程序自己生成并维护的日志文件的总称。

系统日志的安全性与操作系统的审计记录相比，安全性存在不足，主要原因如下。

1）系统日志是由在操作系统的内核外运行的应用程序产生的，容易受到恶意的攻击和修改。

2）日志系统通常存储在不受保护的普通文件目录中，并且经常以普通文本文件方式储存，容易受到恶意的篡改和删除。相反作为操作系统审计记录通常以二进制文件形式存储，且具备较强的保护机制。

系统日志的优势在于简单易读、容易处理，仍然是安全审计的一个重要的数据源。

（3）应用程序日志信息。操作系统记录和系统日志都属于系统级别的数据源信息，通常由操作系统及其标准部件统一维护，是安全审计优先选用的输入数据源。随着计算机网络的发展，对传统的安全观念提出了挑战。一方面，系统设计日益复杂，使管理者无法单纯从内核底层级别的数据源来分析判断系统活动的情况。底层的安全数据虽然可信度高，但是随着规模的迅速膨胀，分析的难度大大增加。另一方面，网络化计算环境的普及导致入侵攻击行为的目标日益集中于提供网络服务的特定应用程序，如电子邮件服务器、Web 服务器和网络数据库服务器等。

因此，有必要采用反映系统活动的较高层次的抽象信息（如应用程序日志），以及特定的应用程序的日志信息，作为重要的输入数据源。以 Web 服务器为例，WWW 服务是最流行的网络服务，也是电子商务的主要应用平台。Web 服务器的日志信息是最为常见的应用级别数据源，主流的 Web 服务器都支持访问日志机制。

2. 基于网络的数据源

随着网络入侵检测的日益流行，基于网络的安全审计也成为安全审计发展的流行趋势，而基于网络的安全审计系统所采用的输入数据即网络中传输的数据具有以下优势。

（1）通过网络被动监听的方式获取网络数据包，作为安全审计系统的输入数据，不会对目标监控系统的运行性能产生任何影响，而且通常无需改变原有的结构和工作方式。

（2）嗅探模块在工作时可以采用对网络用户透明的模式，降低了其本身受到攻击的概率。

（3）基于网络数据的输入信息源，可以发现许多基于主机数据源所无法发现的攻击手段。例如，基于网络协议的漏洞发掘过程，或是发送畸形网络数据包和大量误用数据包的DOS 攻击等。

（4）网络数据包的标准化程度，比主机数据源来说要高得多，如目前几乎大部分网络协议都采用了 TCP/IP 协议族。因为标准化程度很高，所以有利于安全审计系统在不同系统平台环境下的移植。

在以太网和交换网络环境中，可以分别通过将网卡设为混杂模式和利用交换机或路由器上的监听端口或镜像端口来获取网络数据。

3. 其他数据源

（1）来自其他安全产品的数据源。主要是指目标系统内部其他独立运行的安全产品（防火墙、身份认证系统和访问控制系统等）所产生的日志文件。这些数据源同样也是安全审计系统所必须考虑的。

（2）来自网络设备的数据源。如网络管理系统，利用 SNMP（简单网管协议）所提供的信息作为数据源。

（3）带外数据源。指人工方式提供的数据信息，如硬件错误信息、系统配置信息和其他各种自然危害事件等。

9.6　信息安全审计与标准

历史上影响较大的两个安全评价标准 TCSEC 和 CC 都对审计提出了明确的功能要求。我国的国家标准《计算机信息系统安全保护等级划分准则》也有相应的规定。而《信息系统安全审计产品技术要求和测试评价方法》则给出了信息安全审计类产品具体的技术要求。

9.6.1　TCSEC 对于审计子系统的要求

TCSEC 的 A1 和 A1＋两个级别较 B3 级没有增加任何安全审计特征，从 C2 级的各级别都要求具有审计功能，而 B3 级提出了关于审计的全部功能要求。因此，TCSEC 共定义了 C2、B1、B2、B3 四个级别的审计要求。

C2 级要求审计用户的身份标识和鉴别，用户地址空间中客体的引入和删除，计算机操作员、系统管理员、安全管理员的行为，以及其他与安全有关的事件。对于每一个审计事件，审计记录应包含以下信息：事件发生的日期和时间、事件的主体（即用户）、事件的类型、事件成功与否；对于用户鉴别这类事件，还要记录请求的来源（如终端号）；对于在用户地址空间中引入或删除客体，则要记录客体的名称；系统管理员对于系统用户和系统安全数据库的修改也要在审计记录中得到体现。C2 级要求审计管理员应能够根据每个用户的身份进行审计。

B1 级相对于 C2 级增加了以下需要审计的事件：对于要以输出到硬拷贝设备上的人工可读标志的修改（包括敏感标记的覆写和标记功能的关闭）、对任何具有单一安全标记通信通道或 I/O 设备的标记指定、对具有多个安全标记的通信通道或 I/O 设备的安全标记范围的修改。因为增加了强制访问控制机制，B1 级要求在审计数据中也要记录客体的安全标记，同时审计管理员也可以根据客体的安全标记制定审计原则。

B2 级的安全功能要求较 B1 级增加了可信路径和隐蔽通道分析等，因此，除 B1 级的审计要求外，对于可能被用于存储型隐蔽通道的活动，在 B2 级也要求被审计。

B3 级在 B2 级的基础上，增加了对可能将要违背系统安全政策这类事件的审计，如对于时间型隐蔽通道的利用。审计系统能够监视这类事件的发生或积聚，并在这种积聚达到某个阈值时立即向安全管理员发出通告。如果随后这类危险仍然持续下去，系统应在做出最小牺牲的条件下主动终止这些事件。这种及时通告意味着 B3 级的审计子系统不同于其他较低的安全级别，只要求安全管理员在危险事发生之后检查审计记录，而是能够更快识别出这些违背系统安全政策的活动，并产生报告和进行主动响应。响应的方式包括锁闭发生此类事件的用户终端或者终止可疑的用户进程。一般地，"最小的牺牲"是与具体应用有关的，任何终止这类危险事件的行为都是可以接受的。

9.6.2　CC 中的安全审计功能需求

CC 是美国、加拿大、英国、法国、德国、荷兰等国家联合提出的信息安全评价标准，在 1999 年通过国际标准化组织认可，成为信息安全评价国际标准。CC 标准基于安全功能与安全保证措施相独立的观念，在组织上分为基本概念、安全功能需求和安全保证需求三大部分。在 CC 中，安全需求都以类、族、组件的层次结构形式进行定义，其中，安全功能需求共有 11 个类，安全保证需求共有七类，而安全审计就是一个单独的安全功能需求类，其类名为 FAU。安全审计类有六个族，分别对审计记录的选择、生成、存储、保护、分析以及相应的入侵响应等功能做出了不同程度的要求。

9.6.3　GB 17859—1999 对安全审计的要求

我国的信息安全国家标准 GB 17859—1999《计算信息系统安全保护等级划分准则》定义了五个安全等级，其中较高的四个级别都对审计提出了明确的要求。从第二级"系统审计保护级"开始有了对审计的要求，它规定计算机信息系统可信计算基（TCB）可以记录以下事件：使用身份鉴别机制；将客体引入用户地址空间（如打开文件、程序初始化）；删除客体；由操作员、系统管理员或（和）系统安全管理员实施的动作，以及其他与系统安全相关的事件。对于每一个事件，其审计记录包括事件的日期和时间、用户、事件类型、事件结果。对于身份鉴别事件，审计记录包含请求的来源（如终端标识）；对于把客体引入用户地址空间的事件及客体删除事件，审计记录应包含客体名。对不能由 TCB 独立分辨的审计事件，审计机制提供审计记录接口，可由授权主体调用。这些审计记录区别于 TCB 独立分辨的审计记录。

第三级"安全标记保护级"在第二级的基础上，要求对于客体的增加和删除这类事件要在审计记录中增加对客体安全标记的记录。另外，TCB 也要审计对可读输出记号（如输出文件的安全标记）更改的这类事件。

第四级"结构化保护级"的审计功能要求与第三级相比，增加了对可能利用存储型隐蔽通道的事件进行审计的要求。

第五级"访问验证保护级"在第四级的基础上，要求 TCB 能够监控可审计安全事件的发生与积累，当（这类事件的发生或积累）超过预定阈值时，TCB 能够立即向安全管理员发生警报。并且，如果这些事件继续发生，系统应以最小的代价终止它们。

9.6.4　信息系统安全审计产品技术要求

我国的国家标准 GB/T 20945—2007《信息安全技术：信息系统安全审计产品技术要求和测试评价方法》对信息安全审计产品提出了以下几个方面的技术要求。

1. 安全审计产品分类

技术规范将安全审计产品分为专用型和综合型两类。专用型是指对主机、服务器、网络、数据库管理系统、其他应用系统等客体采集对象其中一类进行审计，并对审计事件进行分析和响应的安全审计产品。综合型是指对主机、服务器、网络、数据库管理系统、其他应用系统中至少两类客体采集对象进行审计，并对审计事件进行统一分析与响应的安全审计产品。

2. 安全功能要求

技术规范对审计踪迹、审计数据保护、安全管理、标识和鉴别、产品升级、监管要求六个方面给出了详细的安全功能要求，其中每个功能还有更细致、可测试的安全子功能描述。

3. 自身安全要求

技术规范对安全审计产品自身安全也做出了明确的要求，包括自身审计数据生成、自身安全审计记录独立存放、审计代理安全、产品卸载安全、系统时间同步、管理信息传输安全、系统部署安全、审计数据安全等。

4. 性能要求

信息系统安全审计产品有以下四种性能要求。

（1）稳定性。软件代理在宿主操作系统上应工作稳定，不应造成宿主机崩溃的情况。硬件代理产品在与产品设计相适应的网络带宽下应运行稳定。

（2）资源占用。软件代理的运行对宿主机资源（如 CPU、内存空间和存储空间），不应长时间固定或无限制占用，不应影响对宿主机合法的用户登录和资源访问。

（3）网络影响。产品的运行不应对原网络正常通信产生长时间固定影响。

（4）吞吐量。产品应有足够的吞吐量，保证对被审计信息系统接收和发送的海量数据的控制。在大流量的情况下，产品应通过自身调节做到动态负载均衡。

5. 保证要求

此外，技术规范还对产品及开发者提出了若干产品保证方面的要求，如配置管理保证、交付与运行保证、指导性文档、测试保证、脆弱性分析保证和生命周期支持等。

9.7　计 算 机 取 证

9.7.1　计算机取证的发展历程

据英国《卫报》报道，虽然英国法庭从 1968 年就开始在审判中使用与计算机有关的证据，但直到 2003 年，英国公众才对信息技术在诉讼程序中的重要性有较多了解。这主要是因为当年两桩备受关注的事件——英国资深法官赫顿开始调查凯利事件及对英国一学校管理员谋杀两名 10 岁女童的罪行进行调查。这两起调查都涉及大量电子邮件、手机通话记录等证据，媒体在广泛对事件报道的同时算是给公众普及了"计算机法医"这一概念。

美国是开展电子证据检查和研究工作最早的国家之一。1989 年，FBI 实验室开始了电子证据检验研究，并成立了专门从事电子证据检查的部门（CART）。每名检验人员除具有专业基础外，还必须经过 FBI 组织的七周以上的专门培训，包括刑事技术检验基础、电子技术检验基础和有关法律知识，每年还要对检验人员进行一定的新技术培训。美国的这种做法后来被许多其他国家的执法机构效仿。根据需要，美国在《1999 年统一证据规则》《统一电子交易法》《统一计算机信息交易法》和《联邦证据规则》中增加了电子证据部分内容。欧洲的英国、法国、德国和爱尔兰等国都在本国的刑事诉讼法中增加了电子证据部分内容。亚洲的一些国家，如新加坡、印度、菲律宾等国家也相继在有关法律中增加了有关电子物证的条款。其中，新加坡警察部队刑事调查局设有计算机鉴定组，1997 年该组处理案件 43起，2001 年达到了 118 起。以上所述各国各地区大力开展电子证据检查鉴定工作的实践证明，含有大量直接证明犯罪活动信息的电子证据，能够在犯罪侦查和法庭审判中显示巨大的作用，有效地开展电子证据检查工作能够提高犯罪侦查效率和能力。

为了适应当前形势，推动电子证据检查工作的开展，我国有关机构在充实计算机技术力量和设备的基础上，为适应新时期公安工作的实际需要，从 1999 年开始对电子证据检查技术进行研究，2001 年开始开展电子证据检验鉴定工作。除对计算机犯罪证据进行检验外，还对其他电子证据，包括证卡、各种存储介质、电话等电子设备进行检验。

在我国，计算机证据出现在法庭上只是近 10 年的事情，在信息技术较发达的美国却已有 30 年左右的历史了。最初的电子证据是从计算机中获得的正式输出，法庭不认为它与普通的传统物证有什么不同。但随着计算机技术的发展，以及随着与计算机有关的法庭案件的复杂性的增加，电子证据与传统证据之间的类似性逐渐减弱，从 1967 年的"Federal Rules of Evidence"起，在美国出现了以下一些法律解决由电子证据带来的问题。

（1）The Economic Espionage Act of 1996 用于处理商业机密窃取问题。

（2）The Electronic Communication Privacy Act of 1986 用于处理电子通信的监听问题。

（3）The Computer Security Act of 1987 用于处理政府计算机系统的安全问题。

在我国，有关计算机取证的研究与实践都尚在起步阶段，只有一些法律法规涉及了一些有关计算机证据的说明，如《关于审理科技纠纷案件的若干问题的规定》《计算机软件保护条例》等。法庭案例中出现的计算机取证也都比较简单，如电子邮件、程序源代码等不需要使用特殊工具就能够得到的信息。但随着技术的不断发展，计算机犯罪手段的不断提高，必须制定有关的法律，开发有关的自主软件以保护人们的合法权益不受侵害。

对计算机取证的技术研究、专门的工具软件的开发，以及相关商业服务的出现始于 20世纪 90 年代后期。从近年计算机安全技术论坛上看，计算机取证分析已成为当前大家普遍关注的热点问题。可以预见，计算机取证将是未来几年计算机安全领域的研究热点。

9.7.2 什么是计算机取证

计算机犯罪具有犯罪主体的专业化、犯罪行为的智能化、犯罪客体的复杂化、犯罪对象的多样化、危害后果的隐蔽性等特点，使得计算机犯罪明显有别于传统的一般性刑事犯罪。存在于计算机及相关外围设备（包括网络介质）中的电子证据，已经成为新的诉讼证据之一，这对司法和计算机科学领域都提出了新的课题。作为计算机领域和法律领域的一门交叉科学——计算机取证成为人们研究与关注的焦点。

有关计算机取证基本概念的讨论有很多，其中代表性的有以下几个。作为计算机取证方面的资深人士之一的 Judd Robbins 先生对此给出的定义为：计算机取证不过是将计算机调查和分析技术应用于对潜在的、有法律效力的证据的确定与获取。计算机紧急事件响应和取证咨询公司 New Technologies 进一步扩展了该定义，即计算机取证包括了对以磁介质编码信息方式存储的计算机证据的保护、确认、提取和归档。SANS 公司认为，计算机取证是使用软件和工具，按照一些预先定义的程序，全面地检查计算机系统以提取和保护有关计算机犯罪的证据。Sensei 信息技术咨询公司则将计算机取证简单概括为对电子证据的收集、保存、分析和陈述。Enterasys 公司的 CTO、办公网络安全设计师 Dick Bussiere 认为，计算机取证是指把计算机看作犯罪现场，运用先进的辨析技术，对计算机犯罪行为进行法医式的解剖，搜索确认犯罪及其犯罪证据，并据此提出诉讼的过程和技术。

综合以上概念，计算机取证是对计算机入侵、破坏、欺诈、攻击等犯罪行为，利用计算机软硬件技术，按照符合法律规定的方式，进行识别、保存、分析和提交数字证据的过程。取证的目的是找出入侵者，并解释入侵过程。

计算机证据是指以计算机形式存在并作为证据使用的一切材料及其派生物。计算机证据与电子证据有着千丝万缕的联系，但却不同于电子证据。很多时候计算机证据在外延上要大于电子证据，因为以机械式计算机、光学计算机、生物计算机为基础的证据只能从"功能上等同"的角度临时当作电子证据处理，显然不是典型的电子证据。电子证据在外延上也可能大于计算机证据，例如固定电话机是基于模拟电子技术的半导体技术制成的现代通信工具，它所录制的电话资料就属于电子证据而不属于计算机证据。尽管计算机证据、电子证据在概念内涵和外延上是有差别的，但一般情况下使用时可以不严格区分。

计算机证据与传统的证据相比较，有以下突出的特点。

（1）计算机证据同时具有较高的精密性和脆弱易逝性。一方面，计算机证据以技术为依托，很少受主观因素的影响，能够避免其他证据的一些弊端，如证言的误传、书证的误记等；另一方面，由于计算机信息是用二进制数据表示的，以数字信号的方式存在，而数字信号是非连续性的，故意或因为其他差错对计算机证据进行的变更、删除、删节、剪接、截收和监听等，从技术上讲很难查清。

（2）计算机证据具有较强的隐蔽性。计算机证据在计算机系统中可存在的范围很广，使得证据容易被隐藏。另外，由于计算机证据在存储、处理的过程中，其信息的表示形式为二进制编码，无法直接阅读。一切信息都由编码来表示并传递，使得计算机证据与特定主体之间的关系按照常规手段难以确定。

（3）计算机证据具有多媒体性。计算机证据的表现形式是多样的，尤其是多媒体技术的出现，更使计算机证据综合了文本、图形、图像、动画、音频及视频等多种媒体信息，这种以多媒体形式存在的计算机证据几乎涵盖了所有传统证据类型。

（4）计算机证据还具有收集迅速、易于保存、占用空间少、容量大、传送和运输方便、可以反复重现、便于操作等特点。

计算机证据的这些特点表明计算机取证面临不少难题，有完全不同于传统取证的问题需要研究。计算机取证是信息安全领域中比较新的课题，特别是近几年计算机取证技术成了信息安全领域的焦点，已经连续几年成为全球最权威的网络安全论坛组织（FIRST，Forum of Incident Response and Security Teams）年会的焦点，可以相信计算机取证仍将是未来几年信息安全领域的研究热点。

计算机取证应遵循以下原则。

（1）尽早搜集证据，并保证其没有受到任何破坏。

（2）必须保证"证据连续性"，即在证据被正式提交给法庭时，必须能够说明在证据从最初的获取状态到在法庭上出现状态之间的任何变化，当然最好是没有任何变化。

（3）整个检查、取证过程必须是受到监督的，也就是说，由原告委派的专家所作的所有调查取证工作都应该受到由其他方委派的专家的监督。

9.7.3　计算机取证流程

计算机取证过程和技术比较复杂，在打击计算机犯罪时，执法部门还没有形成统一标准的程序来进行计算机取证工作。计算机取证的一般流程应由以下几个部分组成，如图 9-4 所示。

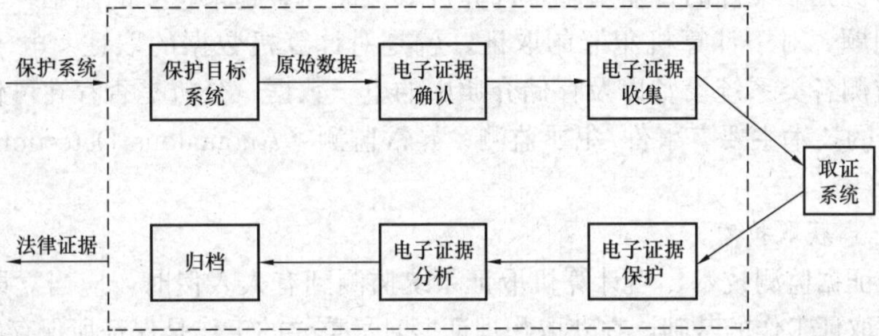

图 9-4　计算机取证流程

（1）保护目标计算机系统。在计算机取证过程中，首先需要冻结计算机系统，避免发生任何的更改系统设置、硬件破坏、数据破坏或病毒感染等情况。

（2）电子证据确认。从存储在大容量介质的海量数据中，区分哪些是有用数据，哪些是垃圾数据，以便确定那些由犯罪者留下的活动记录，以作为主要的电子证据，并确定这些记录存在哪里、是怎样存储的。

（3）电子证据收集。取证人员在计算机犯罪现场收集电子证据的工作包括收集系统的硬件配置信息和网络拓扑结构，备份或打印系统原始数据，以及收集关键的证据数据到取证设备，并将有关的日期、时间和操作步骤详细记录等。

（4）电子证据保护。采用有效措施保护电子证据的完整性和真实性，包括用适当的存储介质（如 ROM 或 CD-ROM）进行原始备份，并将备份的介质打上封条放在安全的地方；对存放取证服务器上的电子证据采用加密、物理隔离、建立安全监控系统实时监控取证系统的运行状态等安全措施进行保护，非相关人员不准操作存放电子证据的计算机；不得轻易删除或修改与证据无关的文件，以免引起有价值的证据文件永久丢失。

（5）电子证据分析。对电子证据的分析并得出结果报告是电子证据能否在法庭上展示，作为起诉计算机犯罪嫌疑人的犯罪证据的重要过程。分析包括用一系列关键字搜索获取最重要的信息；对文件属性、文件的数字摘要和日志进行分析；分析 Windows 交换文件、文件碎片和未分配空间的数据；对电子证据作一些智能相关性的分析，即发掘同一事件的不同证据间的联系；完成电子证据的分析后给出专家证明，这与侦查普通犯罪时法医的角色类似。

（6）归档。对涉及计算机犯罪的日期和时间、硬盘的分区情况、操作系统和版本、运行取证工具时数据和操作系统的完整性、计算机病毒评估情况、文件种类、软件许可证以及取证专家对电子证据的分析结果和评估报告等进行归档处理，形成能提供给法庭的呈堂证供。

另外，在处理电子证据的过程中，为保证数据的可信度，必须确保"数据链"的完整性，即证据保全，对各个步骤的情况进行归档，包括收集数据的地点、日期、时间和人员、方法及理由等，以使证据经得起法庭的询问。调查人员在收集、保护和分析电子证据时，每一个步骤都必须填写证据保全表格。

9.7.4　计算机取证相关技术

计算机取证过程充满了复杂性和多样性，这使得相关技术也显得复杂和多样。依照计算机取证的过程，主要涉及以下相关技术。

1. 电子证据监测技术

随着计算机犯罪案件的日益增多，计算机取证面临着越来越多的困难，其中最为严重的就是证据问题，对于计算机犯罪的取证，就是对计算机数据的取证。电子数据的监测技术就是要监测各类系统设备以及存储介质中的电子数据，分析是否存在可作为证据的电子数据，涉及的技术主要有事件/犯罪监测、异常监测（Anomalous Detection）、审计日志分析等。

2. 数据证据获取技术

依照电子证据监测技术，当计算机取证系统监测到有人入侵时，应当立即获取物理证据，它是全面取证工作的基础，在获取物理证据时最重要的工作是保证所保存的原始证据不受任何破坏。在调查中应保证不要改变原始记录；不要在作为证据的计算机上执行无关的程序；不要给犯罪者销毁证据的机会；详细记录所有的取证活动；妥善保存得到的物证。物理证据的获取是比较困难的工作，这是由于电子证据存在的范围很广，而且很不稳定，电子数据证据可能存在于系统日志、数据文件、寄存器、交换区、隐藏文件、空闲的磁盘空间、打印机缓存、网络数据区、计数器、用户进程存储区、堆栈、文件缓冲区和文件系统本身等不同位置。常用的数据获取技术包括：对计算机系统和文件的安全获取技术，避免对原始介质进行任何破坏和干扰；对数据和软件的安全搜集技术；对磁盘或其他存储介质的安全无损害备份技术；对已删除文件的恢复、重建技术；对磁盘空间、未分配空间和自由空间中包含的信息的发掘技术；对交换文件、缓冲文件、临时文件中包含的信息的复原技术，计算机在某一特定时刻活动内存中的数据的搜集技术；网络流动数据的获取技术，如 Windows 平台上的 Sniffer 工具 NetXray 和 Sniffer Pro 软件，Linux 平台下的 TCP Dump 根据使用者的定义对网络上的数据包进行截获的包分析工具等。

3. 电子证据收集技术

电子证据收集技术是指遵循授权的方法，使用授权的软硬件设备，将已收集的数据进行保全，并对数据进行一些预处理，然后完整安全地将数据从目标机器转移到取证设备上。保全技术则是指对电子证据及整套的取证机制进行保护。这需要安全的传输技术、无损压缩技术、数据剪裁和恢复技术等。

4. 电子证据保全技术

在取证过程中，应对电子证据及整套的取证机制进行保护。只有这样，才能保证电子证据的真实性、完整性和安全性。使用的技术主要有物理隔离、加密技术、数字签名技术、访问控制技术等。

5. 电子证据处理及鉴定技术

电子证据处理与鉴定是指对已收集的电子数据证据进行过滤、模式匹配、隐藏数据挖掘等的预处理工作，并在预处理的基础上，对处理过的数据进行数据统计、数据挖掘等分析工作，试图对攻击者的攻击时间、攻击目标、攻击者身份、攻击意图、攻击手段及造成的后果给出明确并且符合法律规定的说明。在已经获取的数据流或信息流中寻找、匹配关键词或关键短语是目前的主要数据分析技术，具体包括文件属性分析技术；文件数字摘要分析技术；日志分析技术；根据已经获得的文件或数据的用词、语法和写作（编程）风格，推断出其可能的作者的分析技术；发掘同一事件的不同证据间的联系的分析技术；数据解密技术；密码破译技术；对电子介质中的被保护信息的强行访问技术等。其中数据挖掘技术是目前电子证据分析的热点技术。在计算机取证调查中需要对大量的证据信息进行分析，找出数据间的潜在关系，发现未知的潜在证据。这不但要求所使用的取证方法须具有对大数据集的处理能力，而且还应具有挖掘分散数据之间潜在规律的能力。而数据挖掘恰恰是这样一种特定应用的数据分析过程，可以从包含大量复杂信息的数据中提取出尽可能多的隐藏知识，从而为做出正确判断提供基础。关联规则是数据挖掘中最成功的技术之一，关联规则的主要用途之一是构造描述行为数据的规则集。这些行为数据构成的规则集既可以描述人们在现实生活中的特定行为，又可描述系统运行的特定行为。在计算机取证调查中，这些特定行为数据常存在于系统的 RAM、注册表、磁盘和日志文件中。由这些特定行为数据产生的规则集可以描述系统运行的行为轮廓。在数据挖掘中概念分层通常描述了特定环境中的背景知识（Background Knowledge），对犯罪案件的背景描述也有重要借鉴作用。

6. 电子证据提交技术

依照法律程序，以法庭可接受的证据形式提交电子证据及相应的文档说明。把对目标计算机系统的全面分析和追踪结果进行汇总，然后给出分析结论，这一结论的内容应包括系统的整体情况，发现的文件结构、数据、作者的信息，对信息的任何隐藏、删除、保护、加密企图，以及在调查中发现的其他相关信息。标明提取时间、地点、机器、提取人及见证人，然后以证据的形式按照合法的程序提交给司法机关。

9.7.5 计算机取证工具分类

计算机取证是一门综合性的技术，涉及磁盘分析、加解密、图形和音频文件的分析、日志信息挖掘、数据库技术、媒体介质的物理分析等，如果没有合适的取证工具，依赖人工实现就会大大降低取证的速度和取证结果的可能性。随着大容量磁盘和动态证据信息的出现，手工取证是不可行的。所以计算机取证工作需要一些相应的工具软件和外围设备来支持。在计算机取证过程中最重要的是要学会运用一些软件工具，这些工具既包括操作系统中已经存在的一些命令行工具，还包括专门开发的工具软件和取证工具包。调查取证成功与否在很大程度上取决于调查人员是否熟练掌握了足够的、合适的、高效的取证工具。

按照计算机取证流程，取证工具可分为证据获取工具、证据保全工具、证据分析工具、证据归档工具等。

1. 证据获取工具

电子证据主要来自两个方面，一个是主机系统方面的，另一个是网络方面的。证据获取工具就是用来从这些数据源中得到准确的数据。计算机取证的重要原则是，在不对原有物证进行任何改动或损坏的前提下获取证据，否则证据将不被法庭接受。为了能有效地分析证据，首先必须安全、全面地获取证据，以保证证据信息的完整性和安全性。为支持在不同环境的物证，证据获取工具又包含多种，如图 9-5 所示。

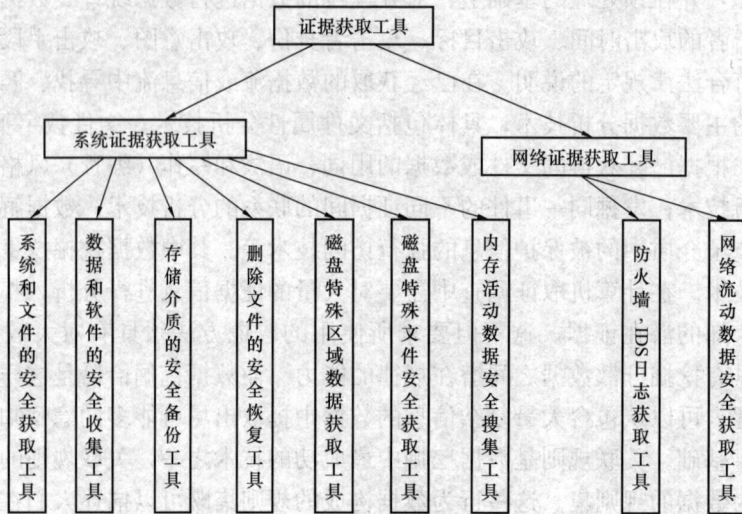

图 9-5   证据获取工具

2. 证据保全工具

取证工作的一个基本原则是要证明所获取的证据和原有的数据是完全相同的。在普通的案件取证中，证明所收集到的证物没有被修改过是一件非常困难的事情，也是很重要的事情，电子证据更是如此。需要证明的是取证人员在取证调查过程中没有造成任何对原始证物的改变；或者如果存在对证物的改变，也是由于计算机的本质特征造成的，并且这种改变对证物在取证上没有任何的影响。在取证过程中可采用保护证物的方法，如证物监督链，它可以使法院确信取证过程中原始证物没有发生任何改变，并且由证物推断出的结论也是可信的。在电子证据取证过程中，为了保全证据通常使用数据签名和数字时间戳技术。

数字签名用于验证传送对象的完整性及传送者的身份，但是数字签名没有提供对数字签名时间的见证，因此还需要数字时间戳服务。这种服务通过对数字对象进行登记，来提供注册后特定事物存在于特定的日期和时间的证据。时间戳服务对收集和保存数字证据非常有用，它提供了无可争辩的公正性来证明数字证据在特定的日期和时间里是存在的，并且在从该时刻到出庭这段时间里没有被修改过。除要对被调查计算机的硬盘的映像文件和关机前被保存下来的所有信息做时间标记以外，还有很多对象同样需要做时间标记。例如，在收集证据过程中得到的证据，其中包括日志文件、嗅探器的输出结果和入侵检测系统的输出结果；在可疑计算机上得到的调查结果，其中包括所有文件的清单和它们被访问时间；调查人员每天记录的副本等。常用的电子证据保全工具见表 9-1。

表 9 - 1	电子证据保全工具
工　具	性　　质
Md5sum	用 MD5 算法对给定的数据计算 MD5 校验和
CRCMd5	可以对给定的数据计算 CRC 和 MD5 校验和
DiskSig	验证映像文件复制精确性的 CRC 哈希工具
DiskSig pro	验证映像文件复制精确性的 CRC 或 MD5 哈希工具
Seized	保证用户无法对正在被调查的计算机或系统进行操作

3. 证据分析工具

证据分析是计算机取证的核心和关键，其内容包括分析计算机的类型，采用的操作系统类型，是否有隐藏的分区，有无可疑外设，有无远程控制和木马程序及当前计算机系统的网络环境等。通过将收集的程序、数据和备份与当前运行的程序数据进行对比，从中发现篡改痕迹。

分析工作的第一步通常是分析可疑硬盘的分区表，因为分区表内容不仅是提交给法院的一个重要条目，而且它还将决定在发现时需要使用什么工具。New Technology 公司的 Ptable 工具可以用来分析磁盘驱动器的分区情况。

在检查分区表之后要浏览文件系统的目录树，这样可以对所分析的系统产生一个大致的了解。New Technology 公司的 FileList 工具是一个磁盘目录工具，可以将系统里的文件按照上次使用的时间顺序进行排列，让分析人员可以建立用户在该系统上的行为时间表。

取证人员可以使用十六进制编辑器 UltraEdit32 和 Winhex 等工具或一种取证程序来检查磁盘的主引导记录和引导扇区。如果使用的进制编辑器或者其他取证程序具有搜索功能，可用它搜索与案件有关的词汇、术语。搜索关键词是分析工作很重要的一步。New Technology 公司的 Filter_we 可以对磁盘数据根据所给的关键词进行模糊搜索。

在完成关键词搜索的工作后，应该找回那些已经被删除的文件。通过手动检查每一个扇区来查找已被删除的文件的方法已不再适用，可采用前面介绍的反删除工具进行恢复。

NTI 公司的软件系统 Net Threat Analyzer 使用人工智能中的模式识别技术，分析 Slack 磁盘空间、未分配磁盘空间、自由空间中所包含的信息，研究 Swap 文件、缓存文件、临时文件及网路流动数据，从而发现系统中曾发生过的 E-mail 交流、Internet 浏览及文件上传下载等活动，提取出与生物、化学、核武器等恐怖袭击，炸弹制造及性犯罪等相关的内容。NTI 公司的 IPFilter 可以动态获取 Swap 文件进行分析。Ethereal 能在 UINX 和 Windows 系统中运行，能捕捉通过网络的流量并进行分析，能重构诸如上网和访问网络文件等行为。

计算机取证人员经常需要使用文件浏览器来打开各种格式的文件。Quick View Plus 是一款优秀的文件浏览器，它可以识别计算机里的超过 200 种文件类型，像 PC、UNIX 以及一些 Macintosh 格式的文件几乎可以立即进行浏览，它还可用于浏览各种电子邮件文件格式，如 .msg。

很多案例都需要对大量的照片进行查阅，以此来查找与指控有关的东西。取证人员可使用工具 ThumbsPlus，它只需要选择一个驱动器或目录，就会自动显示被选驱动器或目录中的所有图片文件并自动进行分析判断有没有信息隐藏。

在取证调查过程中正确并快速地识别反常文件是非常必要的，如那些有着与它们真实数据类型不相符扩展名的文件。Guidance Software 公司的 EnCase 取证工具包称这一功能为文件特征识别及分析，它提供自动更新功能，并可以将试图隐藏的数据文件以列表的形式列出来。

4．数据归档工具

在计算机取证的最后阶段，也是最终目的，应该是整理取证分析的结果供法院作为诉讼证据。主要对涉及计算机犯罪的时间、地点、直接证据信息、系统环境信息、取证过程及取证专家对电子证据的分析结果和评估报告等进行归档处理。尤其值得注意的是，在处理电子证据的过程中，为保证证据的可信度，必须对各个步骤的情况进行归档，以便证据经得起法庭的质询。

计算机证据要同其他证据相互印证、相互联系起来综合分析。证据归档工具比较典型的是 NTI 公司的软件 NTI-DOC，它可用于自动记录电子数据产生的时间、日期及文件属性。还有 Guidance Software 公司的 EnCase 工具，它可以对调查结果采用 html 或文本方式显示，并可打印出来。

9.7.6 计算机取证发展方向

计算机取证学是相对较新的学科，经过这些年的发展，已经在理论和实践上取得了不少的成绩，但是现在的取证技术还存在着较大的局限性，难以适应社会的需求，并且随着计算机与网络技术的迅速发展，计算机取证还必须应对新的挑战。综合起来看，计算机取证领域将向以下几个方向发展。

（1）计算机取证需求逐步融入系统的研究与设计。由于计算机证据的特性，以及网络攻击者、权利滥用者可能采取的反取证措施，预先采取准备性取证措施显得越来越重要。未来的系统在研究和设计之初（如网络体系结构）就应该把计算机取证当作安全的一个环节，在设计安全管理设施与策略时就将计算机取证当作安全部署的一个要求事先做好，在一定的开发成本下实现证据量的最大化，使取证变得容易。

（2）取证工具自动化与集成化。计算机的存储能力以超过莫尔定律的速度增长，这使人们需要功能更强、自动化程度更高的取证工具的帮助。取证工具将不断利用新的信息处理技术（如海量数据处理、数据挖掘等人工智能技术）以增强应对大数据量的能力。现在，很多工作都依赖于人工实现，这样大大降低了取证的速度和取证结果的可靠性，无法满足实际需要。为了方便取证人员使用，使得应用场合尽量多一些，需要对产品进行适度的集成。

（3）计算机取证领域继续扩大，取证工具出现专门化趋势。除台式机外，大量的移动设备（如便携式计算机、掌上电脑、手机）都可能成为犯罪的目标或工具，而犯罪的证据也会以各种不同的形式分布在计算机、便携式设备、路由器、交换机等不同设备上。一般具有一定数据存储能力和通信能力的设备（如未来的信息家电）都会逐渐纳入计算机取证人员的视野。要找到合适的证据就需要针对不同的场合设计专门化产品（包括硬件和信息格式），做出相应的取证工具。另外，计算机取证科学是一门综合性的学科，涉及磁盘分析、加密、图形和音频文件的研究、日志信息发掘、数据库技术、媒介的物理性质等许多方面的知识。

（4）标准化工作将逐步展开，法律法规将逐步完善。标准化工作对于每个行业都具有重要意义，在取证工具评价标准与取证过程标准方面也是如此。与计算机取证相关的法律法规将逐步出台和完善，为计算机取证和计算机（电子）证据的使用提供法律上更明确的依据。

（5）没有机构对计算机取证机构和工作人员的资质进行认证，使得取证结果的权威性受到质疑。为了能让计算机取证工作向着更好的方向发展，制定从事计算机取证、计算机证据鉴定的机构和从业人员的资质审核办法也是十分必要的。计算机取证的教育、培训、认证的研究与实施将得到重视，并且会创造一个比较大的市场，同时这些活动需要得到规范。

从研究的角度看，计算机取证需求在新研究与设计的系统中的表示与实现的一般性理论与方法具有重要意义。计算机证据自动发现与潜在证据的智能发现方法的研究，对取证准备与取证工具自动化具有支撑作用。计算机取证结论的自动推理与证明领域值得特别重视。

9.8 移动终端取证

伴随着移动通信技术的广泛发展，手机也成为了个人必备的通信设备，同时，手机中的信息也越来越重要，手机犯罪率也相对以往提高了很多，在这些情况的影响下，对手机取证技术的要求也越来越高。从概念上来讲，手机取证是指在诉讼过程中，由有法定取证资格的取证主体运用符合规范的取证工具以及相关技术方法，发现提取和检验手机及相关设备，从中获得证据和案件线索的一种取证方式。具体就是从手机 SIM 卡、手机存储卡、外置存储卡以及移动网络运营商数据库中收集、保全、分析相关的电子证据，并最终从中获得具有法律效力，能被法庭认可的证据的过程。目前，有关手机犯罪的行为可以分为以下三类：①手机在犯罪行为的实施过程中作为通信联络工具使用；②手机用来存储犯罪证据；③手机用来实施短信诈骗、短信骚扰和病毒软件传播等新型手机犯罪活动。为了维持社会安定，保障人民利益，打击犯罪行为需要充分地发展手机取证技术。

9.8.1 移动终端设备取证的特点

手机以及 PDA 等设备的取证，有别于传统的计算机取证，主要表现为四个因素：①取证对象很强的移动性决定了取证要有针对性；②文件系统存储于具有非易失性的存储中；③手持式设备的产品周期非常短；④由于每个手机生产商都有自己的操作系统，使得嵌入式操作系统的多样性也成为移动终端设备取证有别于传统的计算机取证的因素。

9.8.2 手机取证的取证原则

（1）取证合法原则：这个原则和传统取证一样，首先，取证主体必须要有法定的权限和资格；其次，取证程序必须规范；最后，取证的工具必须符合规范。

（2）取证及时原则：手机取证必须要迅速及时。首先，手机保存的数据具有天然的脆弱性，很容易因为外界环境的改变而破坏；其次，手机的内存相对来说容量较小，故其内存数据动态更新很快；最后，手机的电量也是有限的，为了防止电量消耗完后关机引起的数据丢失等，必须要及时获取信息。

（3）取证备份原则：由于数据信息本身具有易丢失的特性，在取证过程中，为了防止这种情况的发生，必须要对已经取得的数据进行备份。

（4）环境安全原则：手机证据中有一部分是属于电子证据的，它存储在电磁介质上，而电子介质易受外界环境的影响，因此，手机数据存储载体必须在安全的环境下进行妥善保管。

（5）证据保管流转链原则：从手机被确定为取证对象时，就必须建立证据流转链记录，连续地记录下从发现或获得手机数据载体一直到取证结束的整个过程中所有和该手机数据载体取证相关的活动。

9.8.3 手机的取证源

手机的取证源有 SIM 卡、手机内存、外置存储卡、移动网络运营商。

（1）用户身份识别卡（SIM 卡）。用来作为用户识别模块的 SIM 卡，在通信网络中，和手机共同构成移动移动通信终端设备。SIM 卡是一种特殊的智能卡，常见的 SIM 卡存储容量是 16K 到 64K。SIM 卡存储上的内容可以分为五类：SIM 卡生产商存储的原始数据；手机存储的固有信息；手机使用过程中生成存储的信息；用户在使用 SIM 卡过程中自动存入和更新的网络服务及用户信息数据，如设置的周期性位置更新间隔时间等信息；其他相关的手机参数，包括 PIN 和 PUK 等信息。

（2）手机内存。由于手机内存存储数据的不同，手机内存分为静态存储区和动态存储区这两部分，其中，执行操作系统指令以及用户应用程序时产生的临时数据储存于动态存储区中；同时，操作系统、各种配置数据以及一些用户个人数据保存于静态存储区中。

（3）外置存储卡。为了满足随着手机功能的增强，手机内置的存储芯片容量需要不断扩充的需求，许多品牌型号的手机都提供了外置存储卡来扩充存储容量，这些文件可能侵犯他人隐私或有版权问题，在处理涉及版权或著作权的案件以及犯罪行为时，可以作为一个潜在的电子证据来源。当前常见的外置存储卡有 SD、Mini SD 和 Memory Stick。

（4）移动通信网络运营商。移动网络运营商的用户注册信息与通话数据记录两个数据库都存储着大量的潜在证据，主要包括移动运营商的 CDR 数据库中的通话数据记录以及用户注册信息数据库中的用户资料。其中，通话数据记录数据库中的一条记录信息，它包括有主/被叫用户的手机号码、主/被叫手机的 IMEI 号、通话时长、服务类型以及通话过程中起始端与终止端网络服务基站信息；从用户注册信息数据库中可以获取包括用户姓名、证件号码、住址、手机号码、SIM 卡号及其 PIN 和 PUK、IMSI 号和所开通的服务类型信息。

9.8.4 手机取证过程中电子证据的获取

手机取证过程中，根据手机取证的四条原则，通常在提取手机及 SIM 卡中的有关证据信息时，先将手机与外界网络隔离，再依次获取与手机相关的电子证据。

（1）获取 SIM 卡中证据。

1）文本消息的获取。SIM 卡提供了文本信息的存储空间，现代手机基本都允许用户在手机的存储器中存储文本信息，根据手机软件的设置和用户的配置就可以决定先使用哪个存储器以及储存文本信息的存储器，通常的配置是收到的短消息存储于默认的配置存储，发送的短消息按照用户的要求存储。大多数的手机在使用手机内部的存储器之前优先使用 SIM 卡上的存储器。虽然不同手机删除短信的机制不同，但一般情况下，只是把短信存储区的状态字节值改为 00000000，因此删除的文本消息在只要没有被新的短消息覆盖的情况下就可以恢复除状态字节外的部分。恢复工作通常使用 Paraben CellSeizure 软件就可以完成。而另外还有一些手机在删除短信时，不仅是将短信存储区的状态字节的值改为 00000000，第 2～176 字节中的内容也全部被修改为 FF，这样短信的实际内容已经不复存在，很难将其内容恢复。

2）已拨电话的获取。SIM 卡能以二进制的编码方式存储最近的已拨号码，一个手机的 SIM 卡在没有更换到任何其他手机中的情况下，对于大部分手机，最后拨出的 10 个号码通常是可以恢复的。

　　3）电话簿信息的获取。SIM 卡中电话簿的号码同样以二进制的编码方式存储，若电话号码被删除，存储空间的信息在没有覆盖的情况下是可以进行恢复的。如果存储空间的信息被十六进制的 FF 所覆盖，通常想恢复被删除的电话号码是不可能的。但是由于存储空间是循环分配的，若用过的空间之间有空闲空间，则表明存储的号码被删除过。

　　（2）获取内存中的证据。一般情况下，手机内存中的数据都保存为私有格式，但不同厂商、型号和系统会有所变化，由于厂家的保密，所以无法获取其储存格式和原理，但通常仍然能够对其进行取证。目前公安机关对手机的取证多用 Paraben device seizure 软件，但该软件的一个缺点是只支持部分厂家的特定型号的手机，如 Nokia、Sony Ericsson、LG、Siemens、Samsung、Motorola 等。

　　对于一些该软件不支持的手机型号，可以利用手机操作系统或着手机制造商提供的接口软件来读出其中的数据，当前市场上所购的手机多数都会附带同步手机与计算机数据的软件包，通过这些软件可得到手机中一些存储数据的镜像，常见的此类软件有 Nokia PC Suite 和 Sony Ericsson SyncStation。这些软件可从手机内存中得到电话簿、接听/呼叫电话记录、接收/发送短消息记录以及个人行程表等信息，但这些操作有可能会破坏原始敬据，而且也不能恢复被删除的数据。

　　（3）获取外置存储卡中的证据。外置存储卡具有容量大、可以随意更换、插在手机中携带方便等特点，使得越来越多的厂家生产支持外置存储卡的手机，也有越来越多的人们习惯了将资料放入外置存储卡中，当然也会包括犯罪分子的犯罪证据。外置存储卡的存储原理和计算机硬盘的存储原理一致，通常会使用 FAT 文件系统，目前，公安一线对计算机的取证技术已日趋成熟，取证软件主要有 Encase、FTK 等。

　　（4）获取网络运营商的相关证据。取证主体可根据 SIM 卡所注册的手机号码对通话记录数据库进行数据检索，来得到此号码的通话记录和短信记录。另外，也可以手机 IMEI 号搜索用户注册信息数据库，从而获得用户注册信息及通话记录。但由于网络运营商的业务数据具有数据量大、更新快等特点，决定了取证主体应尽快地完成对网络的运营商相关业务数据库的取证工作。

9.8.5　常见的手机取证软件

　　目前，各种取证软件在手机取证过程中变得越来越普遍，虽然一些手机取证软件多多少少会存在一些缺陷，但只要取证主体能针对性地对其加以综合利用，还是可以达到令人满意的取证效果。目前，业界常用的手机取证软件可以大致非为两类：一种是对手机存储卡进行取证的软件；另一种是用来专门处理手机 SIM 卡的取证软件。例如，EnCase、Cell Seizure、GSM. XRY、Oxygen Phone Manager 等。

　　随着手机犯罪的多样化，在加大防范措施的同时，一方面，必须进一步发展和完善手机取证工具、软件和方法的研究，使其在法庭更能满足证据的各项要求；在另一方面，为方便取证，手机制造商和取证主体之间可以通过交流制定出统一标准。伴随着技术的发展，也会有更多的犯罪形式出现，相关法律的制度和条例也会越来越规范，手机等移动终端的取证技术也会有很大的发展空间。

9.9　小　　结

安全审计就是对系统安全的审核、稽查与计算，即在记录一切（或部分）与系统安全有关活动的基础上，对其进行分析处理、评价审查，发现系统中的安全隐患，或追查造成安全事故的原因，并作出进一步的处理，具有包括取证、威慑、发现系统漏洞、发现系统运行异常在内的多方面的功能。本章对信息安全审计的概念、功能、分类、一般流程、分析方法、数据源以及安全审计系统的体系结构分别进行了阐述，并对有关标准，如 TESEC、CC 及我国国家标准 GB 17859—1999 中对安全审计的要求进行了讨论。

另外，本章也对安全分析方法进行了讨论，安全审计方法主要有基于规则库的安全审计方法、基于数据统计的安全审计方法以及基于日志数据挖掘的安全审计方法等。同时指出，安全审计与入侵检测有类似之处，因而用于入侵检测的分析方法多可用于安全审计。

最后，本章对安全审计的数据源及与安全审计有关的计算机取证技术进行了分析与讨论。

思 考 题

1. 什么是信息安全审计？它主要有哪些方面的功能？
2. CC 在安全审计方面有哪些要求？我国国家标准 GB 17859—1999 又有什么要求？
3. 试比较集中式安全审计与分布式安全审计两种结构。
4. 常用的安全审计分析方法有哪些？
5. 安全审计有哪些可用的数据源？
6. 什么是计算机取证？有哪些相关技术？
7. 简述计算机取证的步骤。
8. 请举例说明安全审计在信息安全中的地位和作用。
9. 安全审计采用的主要技术有哪些？
10. 审计日志的作用是什么？审计日志有哪几种类型？
11. 如何保护日志的可用性和完整性？
12. 通过审计发现了系统的安全隐患时，报警机制采用给系统管理员发 E‑mail 的处理方式。请说明这种方法的缺点，你会采用什么样的处理方法？
13. 请比较基于主机的安全审计系统和基于网络的安全审计系统对日志管理的不同。
14. 计算机取证的基本原则是什么？
15. 假设在一次网上交易中，你受了欺骗，你会如何处理这样的事情？结合这样的情况描述计算机取证的具体步骤。
16. 如何保证电子证据的真实性？

第10章 信息安全管理

信息安全管理是保障信息系统安全的有力手段，是当今世界各国都在努力推广与应用的重点课题。它涉及的内容广泛，包括技术、方法、模型、保障体系等方面。本章对信息安全管理的概念、模型、技术体系、基本方法、应急响应等内容进行了概要阐述。

10.1 信息安全管理概述

10.1.1 信息安全管理的定义

人们对信息、信息技术的依赖程序越来越高，一方面，信息已成为一种崭新的资产，在政治、经济、军事、教育、科技和生活等方面发挥着重要的作用；另一方面，由此而带来的信息安全问题正变得日益突出。由于信息具有易传输、易扩散、易破损的特点，信息资产比传统资产更加脆弱，更易受到损害，信息及信息系统需要严格管理和妥善保护。

网络技术的发展加速了信息的传输与处理，缩短了人们之间的时空距离，方便了交流；同时，对信息安全提出了新的挑战。据统计，全球平均每20s就发生一次计算机病毒的入侵事件；Internet上的防火墙大约25%被攻破；窃取商业信息的事件平均以每月260%的速度递增；约70%的网络主管报告因机密信息泄露而受到损失。国家与国家之间的信息战问题更是关系到国家的根本安全问题。

关于信息安全，不同组织有不同的定义，国际标准化组织对信息安全的定义是"在技术上和管理上为数据处理系统建立的安全保护，保护计算机硬件、软件和数据不因偶然和恶意的原因而遭到破坏、更改和泄露"。信息安全的内涵已从传统的机密性、完整性和可用性三个方面扩展到机密性、完整性、可用性、抗抵赖性、可靠性、可控性和真实性等更多领域。下面介绍各信息安全属性含义。

（1）机密性。信息不泄露给非授权的用户、实体或者过程的特性。

（2）完整性。数据未经授权不能进行改变的特性，即信息在存储或传输过程中保持不被修改、不被破坏和丢失的特性。

（3）可用性。可被授权实体访问并按需求使用的特性，即当需要时应能存取所需的信息。

（4）抗抵赖性。证实行为或事件已经发生的特性，以保证事件或行为不能抵赖。

（5）可靠性。保持持续的预期行为及结果的特性。

（6）可控性。对信息传播及内容具有控制能力，访问控制即属于可控性。

（7）真实性。信息所反映内容与客观事实是否一致的特性。

信息安全的建设过程是一个系统工程，它需要对信息系统的各个环节进行统一的综合考虑、规划和架构，并需要兼顾组织内外不断发生的变化，任何环节上的安全缺陷都会对系统构成威胁。这点可以借用管理学上的木桶原理加以说明。木桶原理是指，一只木桶由许多木板组成，如果木板的长短不一，则木桶的最大容量取决于最短的那块木板。这个原理可适用于信息安全。一个组织的信息安全水平将由与信息安全有关的所有环节中最薄弱的环节决定。信息从产生到销毁，其生命周期过程中包括了产生、收集、加工、交换、存储、检索、存档、销毁等多个事件，表现形式和载体会发生各种变化，这些环节中的任何一个都可能影响整体信息安全水平。要实现信息安全目标，一个组织必须使构成安全防范体系的这只"木桶"的所有木板都要达到一定的长度。

由于信息安全是一个多层面、多因素、综合和动态的过程，如果组织凭着一时的需要，想当然地制定一些控制措施和引入某些技术产品，都难免存在挂一漏万、顾此失彼的问题，使得信息安全这只"木桶"出现若干"短板"，从而无法提高安全水平。一方面，正确的做法是遵循国内外相关信息安全标准和最佳实践的过程，考虑到组织信息安全各个层面的实际需求，在风险分析的基础上引入恰当的控制，建立合理的安全管理体系，从而保证组织赖以生存的信息资产的机密性、完整性和可用性；另一方面，这个安全体系还应当随着组织环境的变化、业务发展和信息技术的提高而不断改进，不能一劳永逸、一成不变。因此实现信息安全是一个需要完整体系来保证的持续过程。这就是组织需要信息安全管理的基本出发点。

所谓管理，就是针对特定对象、遵循确定原则、按照规定程序、运用恰当方法、为了完成某项任务以及实现既定目标而进行的计划、组织、指导、协调和控制等活动。对现代企业和组织来说，管理对其正常业务运行无疑起着举足轻重的作用。

信息安全管理是组织为实现信息安全目标而进行的管理活动，是组织完整的管理体系中的一个重要组成部分，是为保护信息资产安全，指导和控制组织的关于信息安全风险的相互协调的活动。信息安全管理是通过维护信息的机密性、完整性和可用性等，来管理和保护组织所有信息资产的一系列活动。

信息安全管理不仅是安全管理部门的事务，而且是整个组织必须共同面对的问题，涉及组织安全策略及安全管理制度、人员管理、业务流程、物理安全、操作安全等多个方面。从人员上看，信息安全管理涉及全体员工，包括各级管理人员、技术人员、操作人员等；从业务上看，信息安全管理贯穿所有与信息及其处理设施有关的业务流程。

10.1.2 信息安全管理模型

信息安全管理从信息系统的安全需求出发，结合组织的信息系统建设情况，引入恰当的技术控制措施和管理架构体系，信息安全管理的模型如图 10-1 所示。

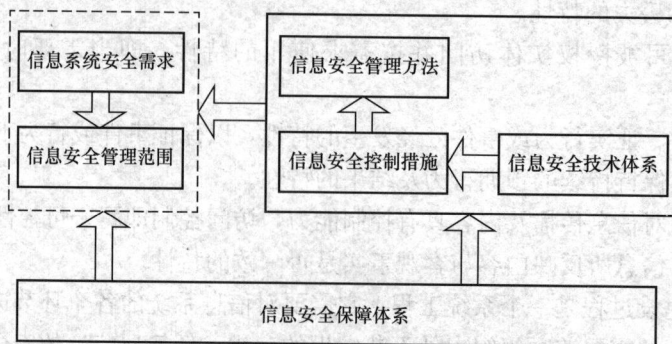

图 10-1 信息安全管理模型

信息安全需求是信息安全的出发点，它包括机密性需求、完整性需求、可用性需求、抗抵赖性需求、真实性需求、可控性需求和可靠性需求等。信息安全管理范围是由信息系统安全需求决定的具体信息安全控制点，对这些实施适当的控制措施可确保组织相应环节的信息安全，从而确保组织整体的信息安全水平。信息安全控制措施是指为改善具体信息安全问题而设置的技术或管理手段，是信息安全管理的基础。

BS7799（British Standard 7799，《国际信息安全管理标准体系》）给出了一个具体的信息安全管理范围的划分方法，它将信息安全的管理范围分为 10 个管理方面、36 个管理目标和 127 项控制措施指南。10 个管理方面分别是信息安全方针策略、组织安全、资产分类与控制、人员安全、物理与环境安全、通信与运维安全、访问控制、系统开发和维护、业务连续性管理、符合法律法规要求。127 项控制措施涵盖目前可能的信息安全技术手段和管理手段，信息安全技术体系是信息安全控制措施的主要方面。

对一个特定的组织或信息系统，选择和实施控制措施的方法就是信息安全管理方法，信息安全管理的方法多种多样，信息安全风险评估是其中的主流。除此之外，信息安全事件管理、信息安全测评认证、信息安全工程管理也从不同侧面对信息安全的安全性进行管理。

信息安全应急响应是应对信息安全突发事件的重要环节，包括应急响应的内涵、应急响应组织、应急响应体系、应急响应关键技术等方面。

10.1.3 信息安全管理体系

信息安全管理体系（ISMS，Information Security Management System）是基于业务风险方法，来建立、实施、运行、监视、评审、保持和改进信息安全的一套管理体系，是整个管理体系的一部分，管理体系包括组织结构、方针策略、规划活动、职责、实践、程序、过程和资源。

ISMS 概念的提出源于 BS 7799-2（《信息安全管理体系规范》），也就是后来的 ISO/IEC 27001。ISO/IEC 27001 提出了在组织整体业务活动和所面临风险的环境下建立、实施、运行、监视、评审、保持和改进 ISMS 的 PDCA 模型，对 PDCA 模型的每个阶段的任务及注意事项、ISMS 的文件要求、管理职责做了较为详细的说明，并对内部 ISMS 审核、ISMS 管理评审、ISMS 改进也分别做了说明。ISMS 的 PDCA 持续改进过程如图 10-2 所示。

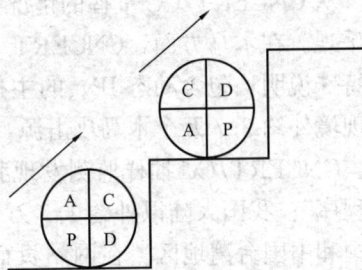

图 10-2 持续改进的 PDCA 图

PDCA 含义分别如下。

(1) P（Plan）表示计划，确定方针和目标，确定活动计划。

(2) D（Do）表示实施，实现计划中的内容。

(3) C（Check）表示检查，总结执行计划的结果，注意效果，找出问题。

(4) A（Action）表示处理总结结果，对成功的经验加以肯定、推广和标准化；对失败的教训加以总结，避免重犯；未解决问题理入下一循环。

目前，在世界各国广泛推广的信息安全管理体系认证就是指 ISO/IEC 27001 认证，对组织来说，通过 ISO/IEC 27001 认证，符合 ISO/IEC 27001 并且获得相应证书，其本身并不能证明该组织达到了 100% 的安全，除非停止所有的组织活动。但无论如何，作为一个全球公认的信息管理标准，ISO/IEC 27001 能给组织带来的将是由里到外全面的价值提升，如理顺安全管理职责、提高组织信誉、提高安全意识、保证核心业务的连续性、减少风险等。

10.1.4 信息安全管理意义

信息已成为维持社会经济生活的重要战略资源，是一个国家政治、经济、军事、文化乃至任何领域活动开展的基础。在人类生活对信息的依赖性不断增加的过程中，信息系统面临的风险也越来越严重，信息系统遭受的无意或恶意破坏，对人民的生活影响也越来越严重，轻者导致少量的经济损失或短时间的不便，重者导致人民的生命财产安全受到损失，甚至危害到国家安全。据计算机应急响应组织 CERT 统计报道，自 1990 年以来，每年公布的漏洞、安全事件逐年增多，增长速度越来越快。

2006 年，CNCERT/CC 网络安全工作报告指出，信息系统安全漏洞是各种安全威胁的主要根源之一。2006 年，CNCERT/CC 共整理发布和我国用户密切相关的漏洞公告 87 个，同比 2005 年增长了 16%，其中，部分漏洞严重威胁着互联网的运行安全，更多的漏洞则对广大互联网用户的系统造成严重威胁。2006 年与安全漏洞关系密切的零日攻击现象在互联网上显著增多。例如，2006 年出现的"冲击波蠕虫"（利用 MS06-040 漏洞）以及利用 Microsoft Word 漏洞（MS06-011 漏洞）实施木马攻击等。

此外，恶意代码成为黑客入侵用户主机、构建"僵尸网络"，进而窃取用户重要信息并控制受害者计算机发动大规模攻击的重要手段。2006 年，仅 CNCERT/CC 每天通过分布式蜜网所捕获的新的漏洞攻击型恶意代码数量就达到 96 个，平均每天捕获次数高达 3069 次。除此以外，互联网上还充斥着大量通过网页、邮件、聊天软件、P2P 传播的恶意代码，令人防不胜防。

从 CNCERT/CC 掌握的情况来看，我国互联网用户和信息系统工程遭受攻击的情况不容乐观。在木马方面，CNCERT/CC 抽样监测发现我国大陆地区约 4.5 万个 IP 地址（以下无特殊说明均包含动态 IP）的主机被植入木马，与监测的上年同期相比增长一倍。同时还发现境外约 2.7 万个木马攻击源，主要位于美国、韩国和中国台湾地区。在"僵尸网络"方面，CNCERT/CC 抽样监测发现我国大陆地区约有 1000 多万个 IP 地址的主机被植入"僵尸程序"；我国大陆以外约 1.6 万个 IP 对我国境内的僵尸主机实施控制，主要仍位于美国、韩国和中国台湾地区。在网站页面篡改方面，CNCERT/CC 监测到中国大陆被篡改网站总数达到 24477 个，与监测的上年同期比增长接近一倍，其中政府网站被篡改数量为 3831 个，占整个中国大陆地区被篡改网站数量的 16%。政府网站被频繁入侵，不仅极大影响了政府形象，也体现出我国在电子政务发展中遇到严重的安全隐患。种种迹象表明，信息系统面临严重的安全风险，信息安全已成为人们必须认真研究对待的新课题。

在信息技术应用的早期，研究者曾认为信息系统安全主要是技术问题，只要是组织的应用系统足够强健，就能抵御各种不同的威胁和风险。但实践表明，安全技术只是保证信息系统安全的基础，没有健全的安全管理机制，信息安全无法保证。国外统计结果显示，绝大多数信息安全问题都是由于管理方面的缺陷，而 70% 的信息安全问题来自内部员工。在信息化不断深入的今天，人们逐渐意识到信息安全必须通过技术、组织、物理等综合的安全管理方法才能得以保证，信息安全管理越来越显示出其重要性及生命力。

10.2 信息安全技术体系

10.2.1 信息安全技术体系的概念

根据信息安全技术的特性、保护对象及所能发挥的作用，信息安全技术可分为基础支撑技术、主动防御技术、被动防御技术和面向管理的技术等四个不同层次，如图 10 - 3 所示。

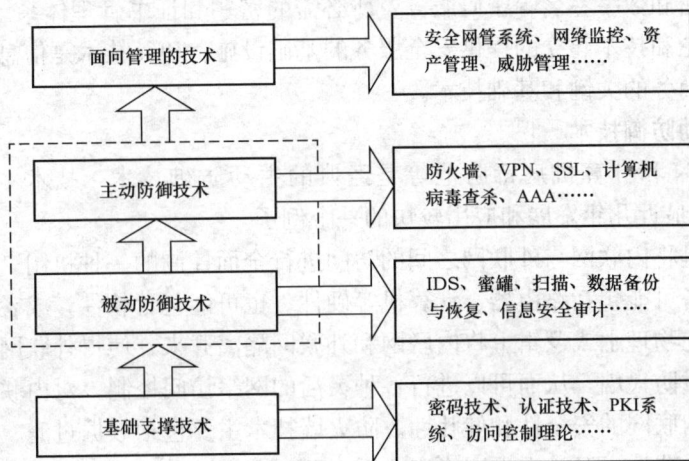

图 10 - 3 信息安全技术体系

基础支撑技术提供包括机密性、完整性和抗抵赖性等在内的最基本的信息安全服务，同时为信息安全攻防技术提供支撑。其中密码技术、认证技术是信息安全基础支撑技术的核心，也是信息安全技术的核心。

主动防御技术和被动防御技术是两类基本的信息安全防范思路，主动防御技术提供阻断、控制信息安全威胁的能力，被动防御技术则着眼信息安全威胁的发现和如何在信息安全威胁发生后将损失降到最低。绝大多数信息安全技术都可归到这两类之一。

面向管理技术手段以如何提高信息安全技术效率和集成使用信息安全技术为基本出发点，并在一般意义信息安全技术的基础上引入管理的思想，是一种综合的技术手段。安全网管系统、网络监控、资产管理、威胁管理等属于这类技术。面向管理的技术是信息安全技术的一个重要发展方向。

10.2.2 基础支撑技术

密码、认证、数字签名和其他各种密码协议统称为密码技术。数据加密算法标准的提出和应用、公钥加密思想的提出是其发展的重要标志。认证、数字签名和各种密码协议则从不同的需求角度将密码技术进行延伸。认证技术包括消息认证和身份鉴别。消息认证的目的是保证通信过程中消息的合法性、有效性。身份鉴别则保证通信双方身份的合法性，这也是网络通信中最基本的安全保证。数字签名技术可以理解为手写签名在信息电子化的替代技术，主要用以保证数据的完整性、有效性和不可抵赖性等，它不但具有手写签名的类似功能，而且还具有比手写签名更高的安全性。我国和一些发达国家（如美国）已为数字签名立法，使其具有很现实的实用价值。密钥共享、零知识证明系统等其他各种密码协议更是将密码技术紧紧地与网络应用连接在一起。

访问控制是网络安全防范和保护的主要技术，它的主要目的是保证网络资源不被非法使用和访问。访问控制技术规定何种主体对何种客体具有何种操作权力。访问控制是网络安全理论的重要方面，主要包括人员限制、数据标识、权限控制、类型控制和风险分析。访问控制技术一般与身份验证技术一起使用，赋予不同身份的用户以不同的操作权限，以实现不同安全级别的信息分级管理。

PKI（Public Key Infrastructure）是一种遵循既定标准的密钥管理平台，它能够为所有网络应用提供加密和数字签名等密码服务及所必需的密钥和证书管理体系。简单来说，PKI就是利用公钥理论和技术建立的提供安全服务的基础设施。PKI技术是信息安全技术基础的核心，也是电子商务的关键和基础技术。

10.2.3 主动防御技术

防火墙、VPN和计算机病毒防范等是经典的主动防御技术，技术本身成熟程度高。AAA认证技术是最近几年发展和应用较快的一个例子。

防火墙技术是将内联网与外联网之间的访问进行全面控制的一种机制，一般是由一组设备构成，这些设备可能包括路由器、计算机等硬件，也可能包含软件，或者同时包含硬件和软件。这些设备在物理上或逻辑上将内联网和外联网隔离开来，使得外联网和内联网的所有网络通信必须经过防火墙，从而可以进行各种灵活的网络访问控制，对内联网进行尽可能的安全保障，提高内联网的安全性和健壮性。防火墙技术主要包括数据过滤、应用级代理、地址翻译和安全路由器技术等。根据网络安全需求不同，防火墙可以有多种不同的组成结构，比如双宿网关、屏蔽主机和屏蔽子网等。防火墙技术是当前市场上最为流行的网络安全技术，多数情况下，防火墙已成为网络建设的一个基本配置。

VPN技术利用不可信的公网资源建立可信的虚拟专用网，是保证局域网通信安全的少数可行的方案之一。VPN既可在TCP/IP协议族的链路层实现L2F、PPTP等安全协议，又可在网络层实现（IPSec），还可在传输层实现SSLVPN。传输加密属于高端需求，随着企业网络用户的迅速增加，VPN技术有着广阔的应用前景。

反病毒技术是使用频率最高的信息安全防范技术之一，其基本原理就是在杀毒扫描程序中嵌入病毒特征码引擎，然后根据病毒特征码数据库来进行对比查杀。随着这几年恶意代码技术的不断更新换代，反病毒技术也有了很大改进。

AAA认证是指对一个信息系统实施统一的审计、授权和认证的技术，AAA系统面向应用和数据实施访问控制。一般情况下，AAA系统需要PKI作为技术支撑，而在实施的时候则需被保护应用系统提供开放的接口支持。

控制是信息安全必备的手段，主动防御技术始终是代表信息安全技术发展的主流。

10.2.4 被动防御技术

被动防御技术是信息安全技术发展最为活跃的领域，其中防御思路不断推陈出新。IDS、网络扫描、蜜罐是其中的典型代表，数据备份与恢复、信息安全审计则是传统系统被动防御技术在信息技术中的延伸，也是被动防御信息安全技术的重要方面。

IDS（Intrusion Detection Systems）是一种主动保护自己的网络和系统免遭非法攻击的网络安全技术。它从计算机系统或者网络中收集、分析信息，检测任何企图破坏计算机资源的完整性、机密性和可用性的行为，即查看是否有违反安全策略的行为和遭到攻击的迹象，并做出相应的反应。

网络扫描技术是攻击者行为的一种模拟。网络扫描技术首先是一种网络攻击技术的一部分。作为防御技术的网络扫描技术则是通过对系统或网络进行模拟攻击，从而确认网络或系统中安全威胁的分布情况，为实施进一步的控制措施和管理手段做准备。

蜜罐技术是网络扫描技术的进一步延伸，通过主动设置包含指定脆弱点的设备，进而捕获攻击者或攻击行为的特征是蜜罐技术的基本思想。蜜罐技术是人工攻击分析攻击行为的自动化的发展，它为 IDS、网络扫描技术提供服务。

IDS 技术起源于信息审计技术，而信息安全审计则是 IDS 技术的进一步发展。信息安全审计为受信息安全威胁的系统提供审计信息，为事后分析和计算机取证提供依据。数据备份和恢复则以资源和管理为代价，为信息系统的稳定运行和业务的连续性提供最根本的保证。

10.2.5 面向管理的技术

信息安全技术的集成使用、融入管理的思想是面向管理的信息安全技术的基本特点。

网络监控集成可能的网络控制技术和网络可疑行为发现技术，针对特定的信息系统，主动发现并阻断非法用户行为，一般情况下，还会进一步对相关行为进行记录。安全网管系统是最近几年网络安全技术发展的一个重要方向，安全网管系统一般能提供网络安全设备（或包括一般网络设备）、日志信息统一管理、网络安全设备策略统一管理的功能。安全网管系统可大规模提高网络安全技术应用的效率，保持各设备安全策略的一致性。

资产管理和威胁管理是配合信息安全管理实施的技术，良好的资产和威胁管理系统能简化和优化信息安全管理实施的相关环节。

面向管理的信息安全技术是信息安全技术的必要补充，也是信息安全技术发展的重要方向之一。

10.3 信息安全管理方法

10.3.1 信息安全风险评估

信息安全风险评估是信息安全管理最核心的方法，信息安全风险评估的对象是信息系统或组织。

信息安全风险评估的基本思路是在信息安全事件发生之前，通过有效的手段对组织面临的信息安全风险进行识别、分析，并在此基础上选取相应的安全措施，将组织面临的信息安全风险控制在可接受的范围内，以此达到保护信息系统安全的目的。

信息安全风险评估是指依据有关信息安全技术与管理标准，对信息系统及由其处理、传输和存储的信息的机密性、完整性和可用性等安全属性进行评价的过程。它要评估资产面临的威胁以及脆弱点导致安全事件的可能性，并结合安全事件所涉及的资产价值来判断安全事件一旦发生对组织造成的影响。狭义的风险评估包括评估前准备、资产识别与评估、威胁识别与评估、脆弱点识别与评估、当前安全措施的识别与评估、风险分析以及根据风险评估的结果选取适当的安全措施以降低风险的过程。

10.3.2 信息安全事件管理

信息安全事件管理既可以看成是独立的信息安全管理方法，又可视为风险管理的有益补充。它是在明确组织面临的各类信息安全风险的基础上，对可能发生的信息安全事件，制订结构化的、严谨的事件管理机制，将信息安全事件引发的影响或灾难控制在一定的范围内，尤其是在保证关键业务连续性和关键数据的完整性及可用性上。

做好信息安全事件的管理，需要规范的安全事件管理流程、安全事件分类分级方法、安全事件应急响应以及相应的灾难恢复来支持。安全事件管理流程为事件管理提供统一指导；安全事件分类分级有利于确定安全事件处理顺序以及安全措施的选择；安全事件应急应保证安全事件能得到及时有效的处理；灾难恢复则为信息系统尽快恢复到灾前状态提供保障。

目前，我国已制定一系列标准用到指导信息安全事件管理工作中的开展，如 GB/Z 20985—2007《信息技术：安全技术：信息安全事件管理指南》、GB/Z 20986—2007《信息安全事件分类分级指南》、GB/T 20988—2007《信息安全技术：信息系统灾难恢复规范》、GB/T 24363—2009《信息安全技术　信息安全应急响应计划规范》。

10.3.3　信息安全测评认证

信息安全测评认证是从国家层面对信息安全技术、人员和组织实施管理的一种方法。信息安全测评认证的直接作用是信息安全技术的发展、应用和推广过程的规范，同时，信息安全测评认证也间接实现了对信息系统的安全管理，确保了信息安全管理过程各环节的有效性和权威性。

信息安全测评是依据标准对信息技术产品、系统、服务提供商和人员进行测试与评估，检验其是否符合测评的标准。信息安全认证是对信息技术领域内产品、系统、服务提供商和人员的资质、能力符合规范及安全标准要求的一种确认活动，即检测评估过程是否正确，并保证评估结果的正确性和权威性。其中信息安全测评是检验/测试活动；而信息安全认证则是质量认证活动，更确切地说是产品认证活动。信息安全测评为信息安全认证提供必要的技术依据。

信息安全等级保护是我国目前正在推广的一项信息安全测评认证举措，它通过对信息系统的等级划分，统一设置信息安全策略和控制措施，确保不同重要程度的信息系统的基本安全要求能够达到。

测试与评估是与信息安全测评相关联的两个概念。测试是一种技术操作，它按规定的程序对给定的产品、材料、设备等一种或多种特性进行判定。评估是对测试/检验产生的数据进行分析，形成结论的一种技术活动，目前测试和评估往往是合为一体的。信息安全测评包括生产商自我测试与评估、用户测试、专家鉴定会、第三方测评等多种类型。

10.3.4　信息安全工程管理

实施安全保护至少有两种选择：一是对运行系统实施安全保护，这也是目前信息安全管理工作的主要方面；二是在信息安全建设环节加入信息安全防范的考虑，这样可以达到更高的效率和更低的成本。信息安全工程管理是指建设安全的信息系统工程的方法，方法指出如何在信息安全工程中引入安全防范的思想。随着社会对信息信赖程度的增长，信息的保护变得越来越重要。维护和保护信息需要许多产品、系统和服务。安全工程的焦点已经从保护机密政府数据转向保护广泛的应用。

系统工程方法论是合理开发系统或改造旧系统的思想、步骤、方法、工具和技术。信息安全系统工程是系统工程的一个具体化；它所要解决的问题是信息系统安全问题，它的目标是建立一个信息安全系统以保障信息系统工程的安全。

信息安全系统工程的步骤中运用了许多安全系统工程分析方法及子过程。那么这些分析方法和子过程又有什么样的评判标准呢？安全系统分析的质量又如何呢？SSE-CMM 系统安全工程能力成熟度模型就是用来回答这些问题的。

系统安全工程能力成熟度模型（Systems Security Engineering Capability Maturity Model，SSE-CMM）描述了一个组织的安全工程过程必须包含的本质特征，这些特征是完善的安全工程保证。尽管 SSE-CMM 没有规定一个特定的过程和步骤，但是它汇集了工业界常见的实施方法。本模型是安全工程实施的标准度量标准，它覆盖了以下内容。

（1）整个生命期，包括开发、运行、维护和终止。

（2）整个组织，包括其中的管理、组织和工程活动。

（3）与其他规范并行的相互作用，如系统、软件、硬件、人的因素、测试工程、系统管理、运行和维护等规范。

（4）与其他机构的相互作用，包括获取、系统管理、认证、认可和评价机构。

在 SSE-CMM 模型描述中，提供了对所基于的原理、体系结构的全面描述；模型的高层综述；适当运用此模型的建议；包括在模型中的实施以及模型的属性描述。它还包括了开发该模型的需求。SSE-CMM 评定方法部分描述了针对 SSE-CMM 来评价一个组织的安全工程能力的过程和工具。

10.4 信息安全应急响应

随着近年来 Internet 在社会生活中的广泛应用，安全事件给社会所造成的损失越来越大，如何应对信息安全突发事件已成为信息安全领域的研究热点之一。

10.4.1 应急响应概述

应急响应（Emergency Response）通常是指人们为了应对各种紧急事件的发生所作的准备以及在事件发生后所采取的措施。紧急事件是应急响应的对象，在信息安全应急响应领域，安全紧急事件一定属于安全事件范畴。根据信息安全三个基本属性，即机密性、完整性和可用性，安全事件可被定义为破坏或企图破坏信息或信息系统属性的行为事件。"做什么准备？"和"采取什么措施？"指在信息安全应急响应活动中所要做的工作。根据开展的时间阶段，应急响应工作可以划分为事先准备和事后措施两大部分。事先准备，其目的在于进行预警和制订各种防范措施，如风险评估、安全策略制定、系统及数据备份、安全意识培训以及安全通告发布等；事后措施，其目的在于把事件造成的损失降到最小，如事件发生后进行的安全隔离、威胁清除及系统恢复、调查和追踪、入侵者取证等一系列操作。

事先准备与事后措施两个方面的工作是相辅相成、相互补充的。首先，事前的计划和准备为事件发生后的响应动作提供了指导框架，否则响应动作将陷入混乱，而这些毫无章法的响应动作有可能造成比事件本身更大的损失；其次，事后的响应可能会发现事先计划的不足，从而进一步完善事先的安全准备。因此，这两方面的工作应该形成一种正反馈的机制，逐步强化系统安全防范及应急体系。

10.4.2 应急响应组织

1. 应急响应组织的起源与发展

1998 年 11 月莫里斯蠕虫病毒事件之后的一个星期内，美国国防部资助宾夕法尼亚州的卡内基梅隆大学成立了国际上第一个应急响应组织——计算机应急响应协调中心（CERT/CC，Computer Emergency Response Team/Coordination Center），主要用于协调 Inetrnet 上的安全事件处理。

CERT/CC 成立后，随着互联网对网络安全的需要迅速增强，世界各地应急响应组织如雨后春笋般的出现。例如，美国联邦的 FedCIRC、澳大利亚的 AusCERT 、德国的 DFN-CERT、日本的 JPCERT/CC，以及亚太地区的 APCERTF（Asia Pacific Computer Emergency Response Task Force）和欧洲的 EuroCERT 等。

为了促进全球各应急响应组织之间协调与合作，1990 年应急响应与安全组织论坛（FIRST，Forum of Incident Response and Security Teams）成立。FIRST 发起时有 11 个成员，至今已经发展成一个由 170 多个成员组成的国际性组织。中国教育与科研计算机网络（CERNET，China Education and Research Network）于 1999 年在清华大学成立了中国教育与科研计算机网应急响应小组（CCERT，China Computer Emergency Response Team），是中国大陆第一个计算机安全应急响应组织。目前已经在全国各地成立了 NJCERT、PKU-CERT、GZCERT、CDCERT 等多个应急响应小组。

2000 年 10 月国家计算机网应急处理协调中心成立，2002 年 8 月 CNCERT/CC 成为国际权威组织 FIRST 的正式成员，并参与组织成立了亚太地区的专业组织 APCERT，是 APCERT 的指导委员会成员。

2. 应急响应组织的分类

应急响应组织是应急响应工作的主体，目前国内外安全事件应急响应组织大概可被划分为国内或国际的应急协调组织、企业或政府组织的应急响应组织、计算机软件厂商提供的应急响应组织和商业化的应急响应组织等 4 大类。

CERT/CC 由美国国防部资助，中国的 CCERT 和 CNCERT/CC 属于国内或国际的应急响应协调组织。美国联邦的 FedCIRC、美国银行的 BACIRT 以及 CERNET 的 CCERT 等属于企业或政府组织的应急响应组织。SUN、CISCO 等公司的应急响应组织属于计算机软件厂商提供的应急响应组织。商业化的应急响应组织面向全社会提供商业化的安全救援服务，其特点在于一般具有高质量的服务保障，在突发安全事件时能够及时响应，有的应急响应组织甚至提供 7×24h 的服务和现场事件处理等。

10.4.3　应急响应体系

1. 应急响应指标

应急响应远不止是简单的诊断技巧，它通常需要组织内部的管理人员和技术人员共同参与，有时可能会借助外部的资源，甚至诉诸法律。以下是应急响应应保证的各项指标。

（1）响应能力。确保安全事件和安全问题能被及时地发现，并向相应的负责人报告。

（2）决断能力。判断是否是本地安全问题或构成一个安全事件。

（3）行动能力。在发生安全事件时根据一个提示就能采取必要的措施。

（4）减少损失。能够立即通知组织内其他可能受影响的部门。

（5）效率。实践和监控处理安全事件的能力。

为了实现以上目标，必须建立一个应急响应管理体系来处理安全事件，其中管理层必须参与进来并最终让管理体系发挥作用，以提高对安全问题的认识，合理分配决定权，更好地支持安全目标。

2. 应急响应体系的建立

（1）确定应急响应角色的责任。应急响应体系涉及的角色包括用户、安全管理员、安全员/安全管理层、安全审计员、公共关系/信息发布部门及代理/公司管理层。这些不同的角色担负不同的任务和职责以及义务/指导。

（2）制定紧急事件提交策略。在明确了应急响应角色的责任，并且所有相关人员都知晓时间处理规则和报告渠道后，下一步应确定收到报告后如何提交，可以按照以下 3 个步骤制定提交策略。

1）提交渠道的规定；

2）提交的策略对象；

3）提交方式以及时间规定。

（3）规定应急响应优先级。应急响应优先级的确定与组织内的环境紧密相连。在制定应急响应优先级时，必须考虑下面的问题。

1）哪类损失和组织相关；

2）在每个类别中，按什么顺序修补损失。

（4）安全应急的调查与评估。为了调查和评估与安全相关的异常事件，必须进行一些初级评估，包括以下内容。

1）弄清楚信息系统结构和网络情况；

2）弄清楚信息系统的联系人和用户；

3）弄清楚信息系统上的应用；

4）定义信息系统的保护要求。

（5）选择应急响应相关补救措施。一旦找到导致安全事件的原因，就要选择并实施针对它们的应急措施。首先要控制事件继续发展并解决问题，然后恢复事务状态。

（6）确定应急紧急通知机制。当发生安全事件时，必须通知所有受影响的外部和内部各方，为那些受到安全事件直接影响的部门和机构采取对策提供方便。通知机制对处理安全事件相关信息各方的协助预防或解决问题尤为重要。

10.4.4 应急响应关键技术

1. 入侵检测技术

入侵检测是实现应急响应的基础，因为只有发现对网络和系统的攻击或入侵才能触发应急响应的动作。入侵检测是继"数据加密"、"防火墙"等安全防护技术之后人们提出的又一种安全技术，它通过对信息系统中各种状态和行为的归纳分析，一方面检测来自外部的入侵行为，另一方面还能够监督内部用户的未授权活动。目前入侵检测技术大体上可以分为两大类：误用检测和异常检测。这两种入侵检测技术各有利弊。异常检测的优点是其能够检测出未知攻击，然而存在误检测率较高的不足；误用检测虽然检测准确率较高，但其只能对已知攻击行为进行检测。

2. 系统备份与灾难恢复技术

（1）系统备份。系统备份是灾难恢复的基础，其目的是确保既定的关键业务数据、关键数据处理系统和关键业务在灾难发生后可以恢复。目前采用的系统备份方法主要有全备份、增量备份和差分备份三种。

（2）灾难恢复。灾难恢复也称为业务连续性，是指在灾难发生后指定的时间内恢复既定的关键数据、关键数据处理系统和关键业务的过程。根据国际标准 SHARE78 的定义，灾难恢复解决方案可分为 7 级，即从低到高有 7 种不同层次。用户可根据数据的重要性以及需要恢复的速度和程度，来选择并实现灾难恢复计划。

3. 其他相关技术

（1）事件诊断技术。事件诊断技术偏重于事件发生后，弄清楚受害对象究竟发生了什么，如是否感染病毒和是否被黑客攻破等，如果是，则问题出在哪里，影响范围有多大等。

（2）攻击源定位与隔离技术。攻击源定位其实就是网络攻击路径重构，目前比较有影响力的网络攻击重构方法有 Ferguson 和 Senie 等提出的"输入调试方法"和美国 NAI 实验室采用的查询路由设备方法。在确定了攻击源后，基于安全事件类型特点，及时地隔离攻击源是防止事件影响扩大的有效措施。

（3）计算机取证技术。计算机取证涉及对计算机数据的保存、识别、记录和解释。与许多其他领域一样，计算机取证专家通常采用明确的、严格定义的方法和步骤，然而对于那些不同寻常的事件则需要灵活应变处理，而不是墨守成规。在计算机网络环境下，由于涉及海量数据的采集、存储和分析，计算机取证将变得更加复杂。

10.5　安全威胁情报

随着以 APT 为典型代表的新型威胁和攻击的不断增长，企业和组织在防范外部的攻击过程中越发需要依靠充分、有效的安全威胁情报作为支撑，以帮助其更好地应对这些新型威胁。安全威胁情报分析市场应运而生，并蓬勃发展。

针对传统的威胁，我们采用的防御和检测机制基本是以特征检测为主，而新型威胁更多地利用 0day 进行攻击，这意味着防守方可能无法提前获知特征信息，从而无法发挥现有检测机制的作用。即便有些新型威胁利用的不是 0day，而是 1day 或者更老的漏洞信息，但是由于防守方的特征检测库过于庞大，且没有针对性，也会因受困于性能和有效性而频频漏报。

新型攻击的特点也决定了现有的检测机制难以奏效。这类攻击的特点包括：潜伏时多采用低频度的攻击，难以察觉；发起实质性攻击的过程十分快（通常只有几分钟，不超过几个小时），并且攻击目标的指向性特别明确（称之为 Targeted），同样的攻击过程几乎以后再也不会重复（称之为 Polymorphic）。

无论防守方有多么厉害的防御体系，最终也难逃被攻破，RSA、洛克希德马丁、诺斯罗普都是顶级的安全防御公司，最终都被攻破。因此，作为防守方，需要改变策略，有很多事情可以去做，其中一个事情就是依靠来自外部的安全威胁情报。

什么是安全威胁情报（Security Threat Intelligence）？我们经常可以从 CERT、安全服务厂商、防病毒厂商、政府机构和安全组织那里看到安全预警通告、漏洞通告、威胁通告等，这些都属于典型的安全威胁情报。而随着新型威胁的不断增长，也出现了新的安全威胁情报，例如僵尸网络地址情报（Zeus/SpyEye Tracker）、0day 漏洞信息、恶意 URL 地址情报，等等。安全威胁情报就是一种可以包含漏洞、威胁、特征、名单、属性、解决建议等多种内容的动态更新的知识库。国外部分厂家将其作为知识来提供给用户，甚至可以提供结构化的升级库，可以用来做 SIEM、FW、IDS/IPS、Anti-APT 等安全产品可识别的升级库。国内做的"信誉库"，目前就是 IP 信誉、文件信誉之类的，也可以算是安全威胁情报中的一种形式。国外的垃圾邮件黑名单也算是其一种形式。

这些情报对于防守方进行防御十分有帮助，但是却不是单一的一个防守方自身就能够获取和维护的。因此，现在出现了安全威胁情报市场，有专门的人士、公司和组织建立一套安全威胁情报分析系统，获得这些情报，并将这些情报卖给作为防守方的企业和组织。安全威胁情报市场是一个很大的新兴安全细分市场。现在的情报分析市场还有一个很重要的特点，就是给客户提供的情报的特定性越来越强。情报提供者会根据购买者的网络/应用的环境信息，提供给他们特定的威胁情报，而非简单的通用情报信息。

这个市场的玩家包括专业的安全情报分析厂商、MSS 厂商、公开的情报分析组织（OSINT，例如 http：//isc. sans. edu/index. html），甚至某些个人。而作为一个专业的玩家，其核心竞争力在于安全情报分析系统。一个强大的安全情报分析系统，首先有广泛的基础信息来源，有的厂商会监测整个互联网。还有的厂商会将客户的网络纳入监测的范围，以获得该客户的特定安全情报信息。然后，高级的分析手段，无论是 FPC/FPI 技术，DPI/DFI 分析技术，还是 SIEM 技术，蜜网技术、沙箱技术、以及 BDA 技术，通通都可以派上用场。

作为安全情报的购买者，有最终用户，也有下游的安全厂商，他们会将这些情报打包到其安全产品和服务中去。情报的分享与传递也很重要，例如，在 A 企业遭受攻击的信息及其追踪分析的结果对于同行业的 B 企业可能就极为有用。

安全威胁情报相关资料如下。

NIST 相关标准：

NIST 800-150 Guide to Cyber Threat Information Sharing（Draft）

下载：http：//csrc. nist. gov/publications/drafts/800-150/sp800 _ 150 _ draft. pdf

MITRE 相关系列标准：

Structured Threat Information eXpression（STIX）

网址：https：//stix. mitre. org/

Trusted Automated eXchange of Indicator Information（TAXII）

网址：https：//taxii. mitre. org/

Cyber Observable eXpression（CybOX）

网址：http：//cybox. mitre. org/

Malware Attribute Enumeration and Characterization（MAEC）

网址：http：//maec. mitre. org/

Common Attack Pattern Enumeration and Classification（CAPEC）

网址：http：//capec. mitre. org/

其他组织和厂家的标准：

Open sourced schema from Mandiant（OpenIOC）

网址：http：//www. openioc. org/

Incident Object Description Exchange Format（IODEF）

网址：http：//xml. coverpages. org/iodef. html

标准下载：http：//pan. baidu. com/s/1kTBUDjp

Managed Incident Lightweight Exchange（MILE）

网址：http：//datatracker. ietf. org/wg/mile/documents/

Collective Intelligence Framework（CIF）

网址：http：//csirtgadgets. org/

注意，有时说 Security Intelligence 是指安全情报，而在另外一些时候又会指代安全智能（相对于 BI，商业智能），请勿混淆。为了避免模糊化，一般将安全情报说为安全威胁情报——STI 或者 Cyberspace（Security）Threat Intelligence。

10.6 小   结

本章主要对信息安全管理的基本概念、模型、技术体系、方法、应急响应体系等内容进行了概要的阐述，主要对模型中的信息安全管理范围、信息安全控制措施、信息安全管理方法、信息安全应急响应体系的核心内容展开讨论。

思 考 题

1. 什么是信息安全管理？为什么需要信息安全管理？

2. 系统列举常用的信息安全技术。

3. 信息安全管理、信息安全控制措施、信息安全风险评估、信息安全测评认证等概念之间的关系是什么？

4. 什么是信息安全应急响应体系？它包含哪些内容？

第11章 信息安全风险评估

随着政府部门、金融机构、企事业单位、商业组织等对信息系统依赖程度的日益增强，运用风险评估去识别安全风险，解决信息安全问题得到了广泛的认识和应用。信息安全风险评估就是从风险管理角度，运用科学的方法和手段，系统地分析信息系统所面临的威胁及其存在的脆弱性，将风险控制在可接受的水平，为最大限度地保障信息安全提供科学依据。本章给出信息安全风险评估的概念、安全评估标准、分析风险评估的基本要素和风险分析原理，介绍安全评估流程和安全评估方法、安全评估工具，探讨信息安全风险评估技术新进展。

11.1 信息安全风险评估

信息系统的风险评估是指确定在计算机系统和网络中每一种资源缺失或遭到破坏对整个系统造成的预计损失数量，对威胁、脆弱点以及由此带来的风险大小的评估。信息安全风险评估是明确安全现状，规划安全工作，制订安全策略，形成安全解决方案的基础，风险评估是一个识别、控制、降低或消除可能影响信息系统的安全风险的过程。

对系统进行风险分析和评估的目的就是了解系统目前与未来的风险所在，评估这些风险可能带来的安全威胁与影响程度，为安全策略的确定、信息系统的建立及安全运行提供依据。同时通过第三方权威或者国际机构评估和认证，也给用户提供了信息技术产品和系统可靠性的信心，增强产品、单位的竞争力。

借助风险评估可帮助组织完成其信息系统风险管理过程中的鉴定、分析、评价和处理等任务，分析业务运作和组织管理方面存在的安全缺陷，评估重要业务应用系统自身存在的安全风险，评价业务安全风险承担能力，并给出风险等级，利用风险评估管理系统扩展评估过程和评估结果，为组织提出建立风险控制建议，有利于组织对信息系统实施风险管理。

关于这个问题，由于每个人的理解不同，可能有不同的答案。但比较流行的一种看法是：信息安全评估是信息安全生命周期中的一个重要环节，是对企业的网络拓扑结构、重要服务器的位置、带宽、协议、硬件、与 Internet 的接口、防火墙的配置、安全管理措施及应用流程等进行全面的安全分析，并提出安全风险分析报告和改进建议书。

信息安全评估具有以下作用。

（1）明确企业信息系统的安全现状。进行信息安全评估后，可以让企业准确地了解自身的网络、各种应用系统以及管理制度规范的安全现状，从而明晰企业的安全需求。

（2）确定企业信息系统的主要安全风险。在对网络和应用系统进行信息安全评估并进行风险分级后，可以确定企业信息系统的主要安全风险，并让企业选择避免、降低、接受等风险处置措施。

（3）指导企业信息系统安全技术体系与管理体系的建设。对企业进行信息安全评估后，可以制定企业网络和系统的安全策略及安全解决方案，从而指导企业信息系统安全技术体系（如部署防火墙、入侵检测与漏洞扫描系统、防病毒系统、数据备份系统、建立公钥基础设施 PKI 等）与管理体系（如安全组织保证、安全管理制度及安全培训机制等）的建设。

因此，信息安全风险评估作为信息安全保障工作的基础性工作和重要环节，要贯穿于信息系统的规划、设计、实施、运行维护以及废弃各个阶段，是信息安全等级保护制度建设的重要科学方法之一。

11.2 安全评估标准

"没有规矩，不成方圆"，这句话在信息系统风险评估领域也是适用的，没有标准指导下的风险评估是没有任何意义的。通过依据某个标准的风险评估或者得到该标准的评估认证，不但可为信息系统提供可靠的安全服务，而且可以树立单位的信息安全形象，提高单位的综合竞争力。从美国国防部 1985 年发布可信计算机系统评估准则（TCSEC）起，世界各国根据自己的研究进展和实际情况，相继发布了一系列有关安全评估的准则和标准，如美国的TCSEC；英国、法国、德国、荷兰等国 20 世纪 90 年代初发布的信息技术安全评估准则（ITSEC）；加拿大 1993 年发布的可信计算机产品评价准则（CTCPEC）；美国 1993 年制定的信息技术安全联邦标准（FC）；由 6 国 7 方（加拿大、法国、德国、荷兰、英国、美国NIST 及美国 NSA）于 20 世纪 90 年代中期提出的信息技术安全性评估通用准则（CC）；由英国标准协会（BSI）制定的信息安全管理标准 BS779（ISO 17799 ）以及已经得到 ISO 认可的 SSE - CMM（ISO/IEC 21827：2002）等。我国根据具体情况，也加快了对信息安全标准化的步伐和力度，相继颁布了如 GB 17859—1999《计算机信息系统安全保护等级划分准则》、《信息技术安全性评估准则》系列（GB/T 18336）以及针对不同技术领域其他的一些安全标准。

安全评估的基础是评估标准，依据评估对象侧重点的不同，其发展过程和关系见图11 - 1。

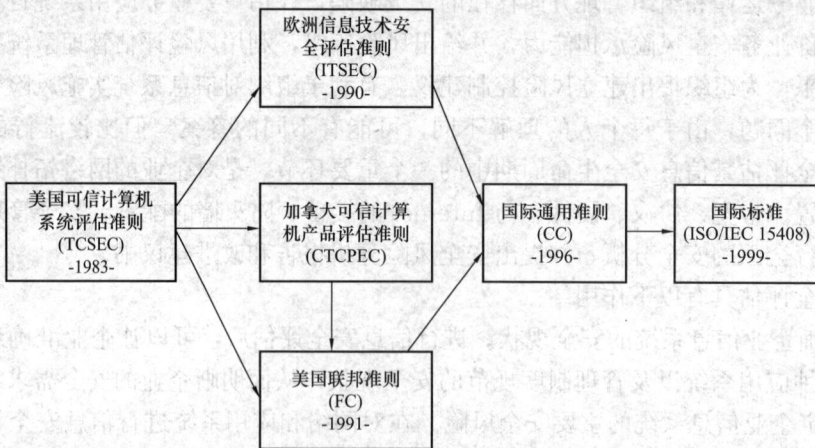

图 11 - 1 安全评估标准发展

11.2.1 侧重于对系统和产品的技术指标方面的标准

美国国防部于 1985 年公布可信的计算机系统安全评估标准（TCSEC，从橘皮书到彩虹系列），是计算机系统信息安全评估的第一个正式标准。它把计算机系统的安全分为 4 类、7

个级别，对用户登录、授权管理、访问控制、审计跟踪、隐蔽通道分析、可信通道建立、安全检测、生命周期保障、文档写作、用户指南等内容提出了规范性要求。

法国、英国、荷兰、德国欧洲四国在 20 世纪 90 年代初联合发布信息技术安全评估标准（ITSEC，欧洲白皮书），它提出了信息安全的机密性、完整性、可用性的安全属性。ITSEC 把可信计算机的概念提高到可信信息技术的高度上来认识，对国际信息安全的研究、实施产生了深刻的影响。

信息技术安全评价的通用标准（CC）由六个国家（美国、加拿大、英国、法国、德国、荷兰）于 1996 年联合提出，并逐渐形成国际标准 ISO 15408。CC 标准是第一个信息技术安全评价国际标准，它的发布对信息安全具有重要意义，是信息技术安全评价标准以及信息安全技术发展的一个重要里程碑。该标准定义了评价信息技术产品和系统安全性的基本准则，提出了目前国际上公认的表述信息技术安全性的结构，即把安全要求分为规范产品和系统安全行为的功能要求以及如何正确有效地实施这些功能的保证要求。

1. 分类

美国、苏联两大集团在信息安全产品的开发与评估中都实行了分类、分级原则。

以美国为例，从 20 世纪 50 年代迄今，几经演变，目前信息安全产品大体上分为两部分、六大类。两部分即政府（国防）专用安全产品（GOTS）和商用安全产品（COTS）。六大类分别为电磁（发射）安全（EMSEC 或 TEMPEST）产品、通信安全（COMSEC）产品、密码（CRYPT）产品、信息技术安全（ITSEC）产品、安全检测（SEC INSPECTION）产品、其他专用安全产品。与此相关的技术测评标准也大体上按此分类制定。如电磁安全标准是一个包括 20 多个具体标准的标准系列，其他类别也都包括一系列标准。

2. 分级

在分类的基础上，美国、苏联等国对每一类产品中的每一具体产品又采取了分级，以便用户按安全需求，选择相应的产品。美国 1991 年将 TEMPEST 产品分为 3 级。第一级用于最高级的防护，第二级用于中级防护，第三级用于初级防护。美国的密码产品也分为多个等级，其中允许出口的密码产品，如数据加密标准（DES）产品，在 20 世纪 90 年代，其密钥长度为 64 位以上的用于美国国内，64 位的仅可出口盟国，而对中国仅允许出口 40 位的密码。美国的《可信计算机安全评估准则》（TCSEC）将计算机安全产品分为四等（A、B、C、D）8 级（D，C1，C2，B1，B2，B3，A1，超 A1）。

欧洲英国、法国、德国、荷兰四国制定信息技术安全评估准则（ITSEC），继承发展了 TCSEC，不仅保留了安全功能（F）等级，并且对评估保证（E）级进行了划分。由美国、英国、法国、德国、荷兰、加拿大六国制定的 CC 标准将评估保证级（EAL）划分为 1～7 级 7 个级别。

TCSEC 主要规范了计算机操作系统和主机的安全要求，侧重于对保密性的要求。该标准至今对评估计算机安全仍具有现实意义。ITSEC 将信息安全由计算机扩展到更广的实用系统，增强了对完整性、可用性要求，发展了评估保证概念。

CC 基于风险管理理论，对安全模型、安全概念和安全功能进行了全面系统描绘，强化了评估保证。

各标准分级大体对应关系见表 11-1。

表 11-1   **TCSEC、ITSEC 和 CC 标准分级大体对应关系**

美国 TCSEC	欧洲 ITSEC	CC 标准
D：最小保护	E.	—
—	—	EAL1-功能测试
C1：自主安全保护	E1	EAL2-结构测试
C2：控制访问保护	F1 E2 F2	EAL3-方法测试和检验
B1：标识安全保护	F3E3	EAL4-方法设计、测试和评审
B2：结构保护	F4 E4	EAL5-半形式化测试和设计
B3：安全域	F5 E5	EAL6-半形式化验证测试和设计
A1：验证设计	F5 E6	EAL7-形式化验证测试和设计

11.2.2 偏重于安全管理方面的标准

1995 年，英国贸工部根据英国国内企业对信息安全日益高涨的呼声，组织大企业的信息安全经理们，制定了世界上第一个信息安全管理体系标准 BS 7799—1：1995《信息安全管理实施规则》，作为工商业和大、中、小型组织实施信息安全管理的指南。

1998 年，为了适应第三方认证的需要，英国又制定了第一个信息安全管理体系认证标准 BS 7799-2：1998《信息安全管理体系规范》，作为对一个组织的全面或部分信息安全管理体系进行评审认证的依据标准。

1999 年，鉴于计算机和信息处理技术，尤其是网络和通信领域应用的迅速发展，英国又对信息安全管理体系标准进行了修订。修订后的 BS 7799-1：1999 和 BS 7799-2：1999 分别取代了 BS 7799-1：1995 和 BS 7799-2：1998。新修订的 1999 版标准进一步强调了组织在商务工作中所涉及的信息安全和信息安全责任。BS 7799 标准是由英国标准协会（BIS）制定的信息安全管理标准，全名是 BS7799 Code of Practice for Information Security，是目前国际上具有代表性的信息安全管理体系标准，标准包括 BS 7799-1：1999《信息安全管理实施细则》和 BS 7799-2：1999《信息安全管理体系规范》两部分，而且 BS 7799-1：1999 已被 ISO 接纳成为国际标准 ISO 17799：2000。

BS 7799-1：1999 和 BS 7799-2：1999 是一对配套标准，BS 7799-1：1999 为如何建立和实施符合 BS 7799-2：1999 标准要求的信息安全管理体系提供了最佳的应用建议。2000 年 12 月，BS 7799-1：1999 已经被 ISO/IEC 正式采纳成为国际标准——ISO/IEC 17799：2000《信息技术—信息安全管理实施规则》，另外，BS 7799-2：1999 也于 2005 年底被 ISO/IEC 作为蓝本修订后成为可用于认证的 ISO/IEC 27001:2005《信息安全管理体系规范》。

信息安全管理标准的发展过程如图 11-2 所示。

修改后的标准包括 11 个章节。

（1）安全策略。

（2）信息安全的组织。

（3）资产管理。

（4）人力资源安全。

（5）物理和环境安全。

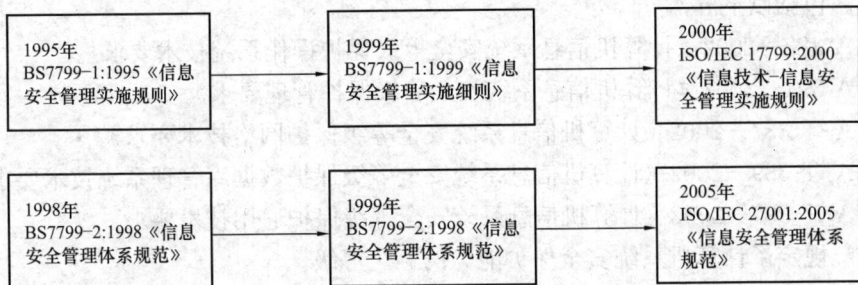

图 11-2 信息安全管理标准的发展过程

(6) 通信和操作管理。

(7) 访问控制。

(8) 系统采集、开发和维护。

(9) 信息安全事故管理。

(10) 业务连续性管理。

(11) 符合性。

11.2.3 我国目前的安全评估标准

我国 2001 年由中国信息安全产品测评认证中心牵头，将 ISO/IEC 15408 转化为国家标准——GB/T 18336—2001《信息技术安全性评估准则》(以下简称《准则》)，并直接应用于我国的信息安全测评认证工作。其中，基础性等级划分标准 GB 17859—1999《计算机信息系统安全保护等级划分准则》，既是其他标准的基础，又是信息系统安全等级保护实施指南，为等级保护的实施提供指导。

标准体系的基本思想概括为以信息安全的五个属性为基本内容，从实现信息安全的五个层面，按照信息安全五个等级的不同要求，分别对安全信息系统的构建过程、测评过程和运行过程进行控制和管理，实现对不同信息类别按不同要求进行分等级安全保护的总体目标，如图 11-3 所示为信息安全等级保护基本思想，图 11-4 所示为信息安全等级保护分级、分层及控制过程。

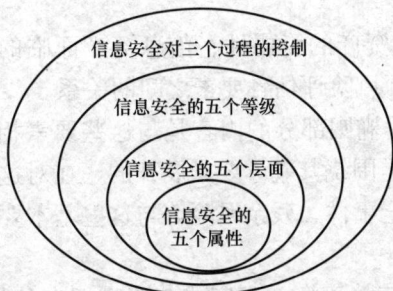

图 11-3 信息安全等级保护基本思想

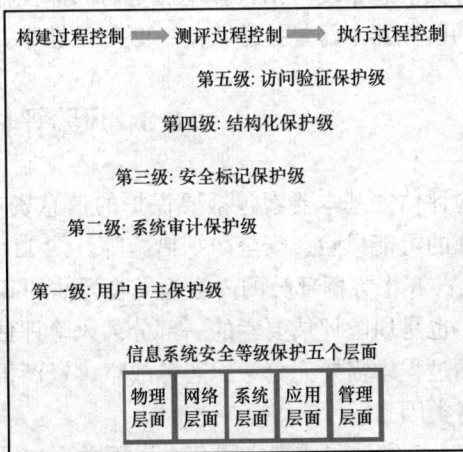

图 11-4 信息安全等级保护分级、分层及控制过程

《准则》包括以下五部分。

（1）GA 388—2002《计算机信息系统安全等级保护操作系统技术要求》。

（2）GA 391—2002《计算机信息系统安全等级保护管理要求》。

（3）GA/T 387—2002《计算机信息系统安全等级保护网络技术要求》。

（4）GA/T 389—2002《计算机信息系统安全等级保护数据库管理系统技术要求》。

（5）GA/T 390—2002《计算机信息系统安全等级保护通用技术要求》。

《准则》规定了计算机系统安全保护能力的五个等级。

1. 第一级：用户自主保护级

计算机信息系统可信计算基通过隔离用户与数据，使用户具备自主安全保护的能力。它具有多种形式的控制能力，对用户实施访问控制，即为用户提供可行的手段，保护用户和用户组信息，避免其他用户对数据的非法读写与破坏。

2. 第二级：系统审计保护级

与用户自主保护级相比，计算机信息系统可信计算基实施了粒度更细的自主访问控制；它通过登录规程、审计安全性相关事件和隔离资源，使用户对自己的行为负责。

3. 第三级：安全标记保护级

计算机信息系统可信计算基具有系统审计保护级所有功能；此外，还提供有关安全策略模型、数据标记以及主体对客体强制访问控制的非形式化描述；具有准确地标记输出信息的能力；消除通过测试发现的任何错误。

4. 第四级：结构化保护级

计算机信息系统可信计算基建立于一个明确定义的形式化安全策略模型之上，它要求将第三级系统中的自主和强制访问控制扩展到所有主体与客体；此外，还要考虑隐蔽通道；计算机信息系统可信计算基必须结构化为关键保护元素和非关键保护元素；计算机信息系统可信计算基的接口也必须明确定义，使其设计与实现能经受更充分的测试和更完整的复审；加强了鉴别机制；支持系统管理员和操作员的职能；提供可信设施管理；增强了配置管理控制；系统具有相当的抗渗透能力。

5. 第五级：访问验证保护级

计算机信息系统可信计算基满足访问监控器需求；访问监控器仲裁主体对客体的全部访问；访问监控器本身是抗篡改的；必须足够小，能够分析和测试。

11.3　风险评估的基本要素

风险评估的基本要素包括要保护的信息资产、信息资产的脆弱性、信息资产面临的威胁、存在的可能风险、安全防护措施等。图 11-5 显示了风险评估各要素之间的关系。

图 11-5 中方框部分的内容为风险评估的基本要素，椭圆部分的内容是与这些要素相关的属性，也是风险评估要素的一部分。风险评估的工作是围绕其基本要素展开的，在对这些要素评估过程中需要充分考虑业务战略、资产价值、安全事件、残余风险等与这些基本要素相关的各类因素。

图 11-5 中这些要素之间存在以下关系：业务战略依赖于资产去完成；资产拥有价值，单位的业务战略越重要，对资产的依赖度越高，资产的价值则就越大；资产的价值越大则风

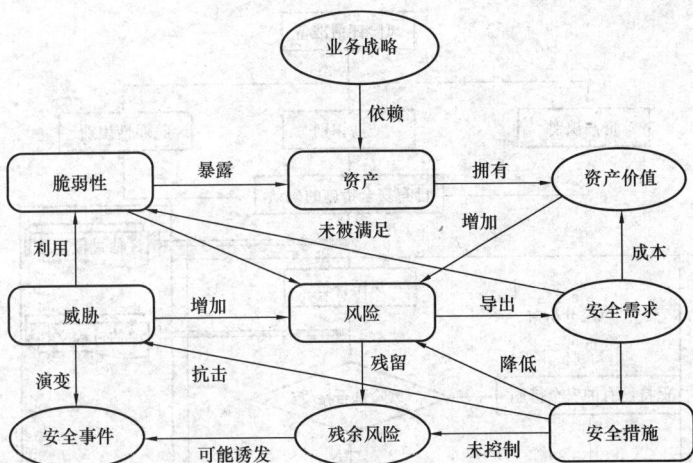

图 11 - 5   风险评估各要素关系图

险越大；风险是由威胁发起的，威胁越大则风险越大，并可能演变成安全事件；威胁都要利用脆弱性，脆弱性越大则风险越大；脆弱性使资产暴露，是未被满足的安全需求，威胁要通过利用脆弱性来危害资产，从而形成风险；资产的重要性和对风险的意识会导出安全需求；安全需求要通过安全措施来得以满足，且是有成本的；安全措施可以抗击威胁，降低风险，减弱安全事件的影响；风险不可能也没有必要降为零，在实施了安全措施后还会有残留下来的风险：一部分残余风险来自于安全措施可能不当或无效，在以后需要继续控制这部分风险，另一部分残余风险则是在综合考虑了安全的成本与资产价值后，有意未去控制的风险，这部分风险是可以被接受的；残余风险应受到密切监视，因为它可能会在将来诱发新的安全事件。

11.4   安全风险评估流程

信息安全风险评估就是根据国内国际的评估标准，选取相应的评估技术和评估方法，利用合适的评估工具，针对信息系统存在安全方面的问题展开全面评估的过程。主要包括风险评估准备、风险因素识别、风险确定、风险评价和风险控制等五个阶段。风险评估的准备、判断风险是否可以接受、保持已有的控制措施以及实施风险管理这些步骤需要评估人员根据经验来完成，其余的步骤可通过辅助工具来完成。

信息安全风险评估的典型过程主要分为风险评估准备、资产识别、威胁识别、脆弱性识别和风险分析五个阶段，如图 11 - 6 所示。

11.4.1   风险评估准备

该阶段的主要任务是制订评估工作计划，包括评估目标、评估范围、制订信息安全风险评估工作方案，并根据评估工作需要，组建评估团队，明确各方职责。

在风险评估准备阶段，需要多次与被评估方磋商，了解被评估方关注的重点，明确风险评估的范围和目标，为整个风险评估工作提供向导。在确定评估范围和目标之后，根据被评估对象的网络规模、复杂度、特殊性，成立评估工作小组，明确各方人员组成及职责分工。建立评估团队后，由评估工作人员进行现场调研，由被评估方介绍网络构建情况，安全管理

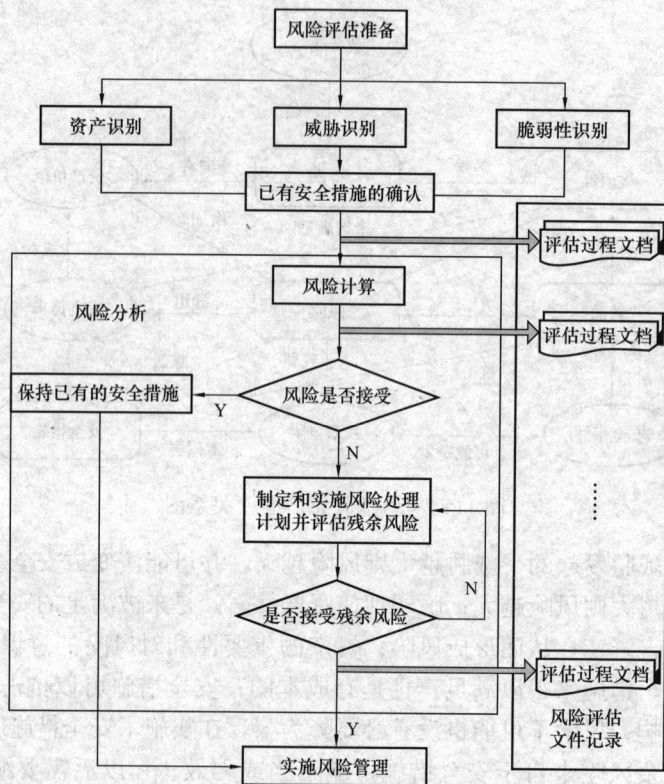

图 11-6　风险评估流程图

制度和采取的安全防护措施以及业务运行情况。评估工作小组根据调研情况撰写信息安全风险评估工作方案。

1. 概述

风险评估的准备是整个风险评估过程有效性的保证。组织实施风险评估是一种战略性的考虑，其结果将受到组织业务战略、业务流程、安全需求、系统规模和结构等方面的影响。因此，在风险评估实施前，应进行以下方面的工作。

（1）确定风险评估的目标。

（2）确定风险评估的范围。

（3）组建适当的评估管理与实施团队。

（4）进行系统调研。

（5）确定评估依据和方法。

（6）获得最高管理者对风险评估工作的支持。

2. 确定目标

根据满足组织业务持续发展在安全方面的需要、法律法规的规定等内容，识别现有信息系统及管理上的不足，以及可能造成的风险大小。

3. 确定范围

风险评估范围可能是组织全部的信息及与信息处理相关的各类资产、管理机构，也可能是某个独立的信息系统、关键业务流程、与客户知识产权相关的系统或部门等。

4. 组建团队

风险评估实施团队，由管理层、相关业务骨干、信息技术等人员组成的风险评估小组。必要时，可组建由评估方、被评估方领导和相关部门负责人参加的风险评估领导小组，聘请相关专业的技术专家和技术骨干组成专家小组。评估实施团队应做好评估前的表格、文档、检测工具等各项准备工作，进行风险评估技术培训和保密教育，制定风险评估过程管理相关规定。可根据被评估方要求，双方签署保密合同，必要时签署个人保密协议。

5. 系统调研

系统调研是确定被评估对象的过程，风险评估小组应进行充分的系统调研，为风险评估依据和方法的选择、评估内容的实施奠定基础。调研内容至少应包括以下几个方面。

(1) 业务战略及管理制度。

(2) 主要的业务功能和要求。

(3) 网络结构与网络环境，包括内部连接和外部连接。

(4) 系统边界。

(5) 主要的硬件、软件。

(6) 数据和信息。

(7) 系统和数据的敏感性。

(8) 支持和使用系统的人员。

(9) 其他。

系统调研可以采取问卷调查与现场面谈相结合的方式进行。调查问卷是提供一套关于管理或操作控制的问题表格，供系统技术或管理人员填写；现场面谈则是由评估人员到现场观察并收集系统在物理、环境和操作方面的信息。

6. 确定依据

根据系统调研结果，确定评估依据和评估方法。评估依据包括（但不限于）以下几个方面。

(1) 现行国际标准、国家标准、行业标准。

(2) 行业主管机关的业务系统的要求和制度。

(3) 系统安全保护等级要求。

(4) 系统互联单位的安全要求。

(5) 系统本身的实时性或性能要求等。根据评估依据，应考虑评估的目的、范围、时间、效果、人员素质等因素来选择具体的风险计算方法，并依据业务实施对系统安全运行的需求，确定相关的判断依据，使之能够与组织环境和安全要求相适应。

7. 制定方案

风险评估方案的目的是为后面的风险评估实施活动提供一个总体计划，用于指导实施方开展后续工作。风险评估方案的内容一般包括（但不仅限于）以下几个方面。

(1) 团队组织。包括评估团队成员、组织结构、角色、责任等内容。

(2) 工作计划。风险评估各阶段的工作计划，包括工作内容、工作形式、工作成果等内容。

(3) 时间进度安排。项目实施的时间进度安排。

8. 获得支持

上述所有内容确定后，应形成较为完整的风险评估实施方案，得到组织最高管理者的支持、批准；对管理层和技术人员进行传达，在组织范围就风险评估相关内容进行培训，以明确有关人员在风险评估中的任务。

11.4.2　资产识别

做好风险评估准备阶段的相关工作之后，需要通过多种途径采集评估对象的资产信息，为风险评估后续各阶段的工作提供基本素材。

资产识别主要通过向被评估方发放资产调查表来完成。在识别资产时，以被评估方提供的资产清单为依据，对重要和关键资产进行标注，对评估范围内的资产详细分类，防止遗漏，划入风险评估范围和边界内的每一项资产都应经过仔细确认。

1. 资产分类

机密性、完整性和可用性是评价资产的三个安全属性。风险评估中资产的价值不是以资产的经济价值来衡量，而是由资产在这三个安全属性上的达成程度或者其安全属性未达成时所造成的影响程度来决定的。安全属性达成程度的不同将使资产具有不同的价值，而资产面临的威胁、存在的脆弱性，以及已采用的安全措施都将对资产安全属性的达成程度产生影响。为此，有必要对组织中的资产进行识别。在一个组织中，资产有多种表现形式；同样的两个资产也因属于不同的信息系统而重要性不同，而且对于提供多种业务的组织，其支持业务持续运行的系统数量可能更多。这时首先需要将信息系统及相关的资产进行恰当的分类，以此为基础进行下一步的风险评估。在实际工作中，具体的资产分类方法可以根据具体的评估对象和要求，由评估者灵活把握。根据资产的表现形式，可将资产分为数据、软件、硬件、服务、人员等类型。表 11-2 列出了一种基于表现形式的资产分类方法。

表 11-2　　　　　　　　　　　　一种基于表现形式的资产分类方法

分类	示　例
数据	保存在信息媒介上的各种数据资料，包括源代码、数据库数据、系统文档、运行管理规程、计划、报告、用户手册、各类纸质的文档等
软件	系统软件：操作系统、数据库管理系统、语句包、开发系统等。应用软件：办公软件、数据库软件、各类工具软件等。源程序：各种共享源代码、自行或合作开发的各种代码等
硬件	网络设备：路由器、网关、交换机等。计算机设备：大型机、小型机、服务器、工作站、台式计算机、便携计算机等。存储设备：磁带机、磁盘阵列、磁带、光盘、软盘、移动硬盘等。传输线路：光纤、双绞线等。保障设备：UPS、变电设备等、空调、保险柜、文件柜、门禁、消防设施等。安全保障设备：防火墙、入侵检测系统、身份鉴别等；其他：打印机、复印机、扫描仪、传真机等
服务　人员　其他	信息服务：对外依赖该系统开展的各类服务。网络服务：各种网络设备、设施提供的网络连接服务。办公服务：为提高效率而开发的管理信息系统，包括各种内部配置管理、文件流转管理等服务。 掌握重要信息和核心业务的人员，如主机维护主管、网络维护主管及应用项目经理等企业形象、客户关系等

2. 资产赋值

（1）保密性赋值。根据资产在保密性上的不同要求，将其分为五个不同的等级，分别对应资产在保密性上应达成的不同程度或者保密性缺失时对整个组织的影响。表 11-3 提供了一种保密性赋值的参考。

表 11-3		资产保密性程度赋值
赋值	标识	定　义
5	很高	包含组织最重要的秘密，关系未来发展的前途命运，对组织根本利益有着决定性的影响，如果泄露会造成灾难性的损害
4	高	包含组织的重要秘密，其泄露会使组织的安全和利益遭受严重损害
3	中等	组织的一般性秘密，其泄露会使组织的安全和利益受到损害
2	低	仅能在组织内部或在组织某一部门内部公开的信息，向外扩散有可能对组织的利益造成轻微损害
1	很低	可对社会公开的信息，公用的信息处理设备和系统资源等

（2）完整性赋值。根据资产在完整性上的不同要求，将其分为五个不同的等级，分别对应资产在完整性上缺失时对整个组织的影响。表 11-4 提供了一种完整性赋值的参考。

表 11-4		资产完整性赋值表
赋值	标识	定　义
5	很高	完整性价值非常关键，未经授权的修改或破坏会对组织造成重大的或无法接受的影响，对业务冲击重大，并可能造成严重的业务中断，难以弥补
4	高	完整性价值较高，未经授权的修改或破坏会对组织造成重大影响，对业务冲击严重，较难弥补
3	中等	完整性价值中等，未经授权的修改或破坏会对组织造成影响，对业务冲击明显，但可以弥补
2	低	完整性价值较低，未经授权的修改或破坏会对组织造成轻微影响，对业务冲击轻微，容易弥补
1	很低	完整性价值非常低，未经授权的修改或破坏对组织造成的影响可以忽略，对业务冲击可以忽略

（3）可用性赋值。根据资产在可用性上的不同要求，将其分为五个不同的等级，分别对应资产在可用性上应达成的不同程度。表 11-5 提供了一种可用性赋值的参考。

表 11-5		资产可用性赋值表
赋值	标识	定　义
5	很高	包含组织最重要的秘密，关系未来发展的前途命运，对组织根本利益有着决定性的影响，如果泄露会造成灾难性的损害
4	高	包含组织的重要秘密，其泄露会使组织的安全和利益遭受严重损害
3	中等	组织的一般性秘密，其泄露会使组织的安全和利益受到损害
2	低	仅能在组织内部或在组织某一部门内部公开的信息，向外扩散有可能对组织的利益造成轻微损害
1	很低	可对社会公开的信息，公用的信息处理设备和系统资源等
		可用性价值可以忽略，合法使用者对信息及信息系统的可用度在正常工作时间低于 25%

（4）资产重要性等级。资产价值应依据资产在机密性、完整性和可用性上的赋值等级，经过综合评定得出。综合评定方法可以根据自身的特点，选择对资产机密性、完整性和可用性最为重要的一个属性的赋值等级作为资产的最终赋值结果；也可以根据资产机密性、完整

性和可用性的不同等级对其赋值进行加权计算得到资产的最终赋值结果。加权方法可根据组织的业务特点确定。为与上述安全属性的赋值相对应，根据最终赋值将资产划分为五级，级别越高表示资产越重要，也可以根据组织的实际情况确定资产识别中的赋值依据和等级。表11-6中的资产等级划分表明了不同等级的重要性的综合描述。评估者可根据资产赋值结果，确定重要资产的范围，并主要围绕重要资产进行下一步的风险评估。

表 11 - 6　　　　　　　　　　　　　　　　　资产等级及含义描述

等级	标识	描　　述
5	很高	非常重要，其安全属性破坏后可能对组织造成非常严重的损失
4	高	重要，其安全属性破坏后可能对组织造成比较严重的损失
3	中	比较重要，其安全属性破坏后可能对组织造成中等程度的损失
2	低	不太重要，其安全属性破坏后可能对组织造成较低的损失
1	很低	不重要，其安全属性破坏后对组织造成的损失很小，甚至忽略不计

11.4.3　威胁识别

在识别威胁时，应根据资产目前所处的环境条件和以前的记录情况来判断，威胁识别主要通过采集入侵检测系统（IDS）的报警信息、威胁问卷调查和对技术人员做顾问访谈的方式。为了确保收集到的威胁信息客观准确，威胁问卷调查的对象要覆盖被评估对象的领导层、技术主管、网络管理人员、系统管理人员、安全管理人员和普通员工等。顾问访谈要针对不同的访谈对象制订不同的访谈提纲。

威胁识别的关键在于确认引发威胁的人或事物，威胁源可能是蓄意也可能是偶然的因素，通常包括人、系统和自然环境等。一项资产可能面临多个威胁，而一个威胁也可能对不同的资产造成影响。威胁识别完成后还应该对威胁发生的可能性进行评估，列出威胁清单，描述威胁属性，并对威胁出现的频率赋值。

威胁可以通过威胁主体、资源、动机、途径等多种属性来描述。造成威胁的因素可分为人为因素和环境因素。根据威胁的动机，人为因素又可分为恶意和非恶意两种。环境因素包括自然界不可抗的因素和其他物理因素。威胁作用形式可以是对信息系统直接或间接的攻击，在机密性、完整性或可用性等方面造成损害；也可能是偶发的或蓄意的事件。在对威胁进行分类前，应考虑威胁的来源。表11-7提供了一种威胁来源的分类方法。

表 11 - 7　　　　　　　　　　　　　　　　　威 胁 来 源 列 表

来源	描　　述
环境因素	断电、静电、灰尘、潮湿、温度、鼠蚁虫害、电磁干扰、洪灾、火灾、地震、意外事故等环境危害或自然灾害，以及软件、硬件、数据、通信线路等方面的故障
恶意人员 人为因素	不满的或有预谋的内部人员对信息系统进行恶意破坏；采用自主或内外勾结的方式盗窃机密信息或进行篡改，获取利益；外部人员利用信息系统的脆弱性，对网络或系统的机密性、完整性和可用性进行破坏，以获取利益或炫耀能力
非恶意人员	内部人员由于缺乏责任心，或者由于不关心和不专注，或者没有遵循规章制度和操作流程而导致故障或信息损坏；内部人员由于缺乏培训、专业技能不足、不具备岗位技能要求而导致信息系统故障或被攻击

对威胁进行分类的方式有多种，针对上表的威胁来源，可以根据其表现形式将威胁分为

以下几类，见表 11 - 8。

表 11 - 8 一种基于表现形式的威胁分类方法

种类	描述	威胁子类
软硬件故障	对业务实施或系统运行产生影响的设备硬件故障、通信链路中断、系统本身或软件缺陷等问题	设备硬件故障、传输设备故障、存储媒体故障、系统软件故障、应用软件故障、数据库软件故障、开发环境故障
物理环境影响	对信息系统正常运行造成影响的物理环境问题和自然灾害	断电、静电、灰尘、潮湿、温度、鼠蚁虫害、电磁干扰、洪灾、火灾、地震等
无作为或操作失误	应该执行而没有执行相应的操作，或无意地执行了错误的操作	维护错误、操作失误等
管理不到位	安全管理无法落实或不到位，从而破坏信息系统正常有序运行	管理制度和策略不完善、管理规程缺失、职责不明确、监督控管机制不健全等
恶意代码	故意在计算机系统上执行恶意任务的程序代码	病毒、特洛伊木马、蠕虫、陷门、间谍软件、窃听软件等
越权或滥用	通过采用一些措施，超越自己的权限访问了本来无权访问的资源，或者滥用自己的职权，做出破坏信息系统的行为	非授权访问网络资源、非授权访问系统资源、滥用权限非正常修改系统配置或数据、滥用权限泄露秘密信息等
网络攻击	利用工具和技术通过网络对信息系统进行攻击和入侵	网络探测和信息采集、漏洞探测、嗅探（账户、口令、权限等）、用户身份伪造和欺骗、用户或业务数据的窃取和破坏、系统运行的控制和破坏等
物理攻击	通过物理的接触造成对软件、硬件、数据的破坏	物理接触、物理破坏、盗窃等
泄密	信息泄露给不应了解的他人	内部信息泄露、外部信息泄露等
篡改	非法修改信息，破坏信息的完整性使系统的安全性降低或信息不可用	篡改网络配置信息、篡改系统配置信息、篡改安全配置信息、篡改用户身份信息或业务数据信息等
抵赖	不承认收到的信息和所作的操作和交易	原发抵赖、接收抵赖、第三方抵赖等

11.4.4 脆弱性识别

脆弱性识别是风险评估工作过程中最为复杂、较难把握的环节，同时也是非常重要的环节，对评估工作小组成员的专业技术水平要求较高。脆弱性分为管理脆弱性和技术脆弱性。管理脆弱性调查主要通过发放管理脆弱性调查问卷、顾问访谈以及收集分析现有的管理制度来完成；技术脆弱性检测主要借助专业的脆弱性检测工具和对评估范围内的各种软硬件安全配置进行检查来识别。

在工作过程中，应注意脆弱性识别的全面性，包括物理、网络、应用和管理等方面。为了分析脆弱性影响的严重程度，最好对关键资产的脆弱性进行深度检测和验证，如关键服务的身份认证等。识别完成之后，还要对具体资产的脆弱性严重程度进行赋值。脆弱性严重程度可以等级化处理，不同等级分别表示资产脆弱性严重程度的高低。等级数值越大，脆弱性严重程度越高。

11.4.5 风险分析

构成风险的要素主要有资产、威胁和脆弱性，在识别了这些要素之后，就可以确定存在什么风险。风险分析阶段需要完成的工作主要有风险计算、形成风险评估报告和给出风险控制建议三项。风险计算针对每一项信息资产，并根据其自身存在的脆弱性列表、所面临的威胁列表，考虑资产自身在信息系统中的重要程度（资产赋值），依据风险计算公式，计算出该信息资产的风险值，最终形成风险列表。风险评估报告主要结合风险评估工作过程中采集到的中间数据，对信息系统中的安全风险进行定性和定量分析。风险控制建议主要由评估工作小组在对被评估对象的安全现状进行综合分析的基础上，有针对性地给出。

风险只能被预防、避免、降低、转移或接受，而不可能完全消除。高风险和严重风险是不可接受的，必须选择实施相应的对策来消减。对于中等风险和低风险，可以选择接受，一般评估工作小组应针对被评估对象的中低风险给出风险控制建议。

此阶段的输出主要包括信息安全风险评估风险列表、信息安全风险评估报告、信息安全风险评估风险控制建议等。

11.5　安全风险评估方法

11.5.1　基于知识的评估方法

在基线风险评估时，组织可以采用基于知识的分析方法来找出目前的安全状况与基线安全标准之间的差距。基于知识的分析方法又称作经验方法，它牵涉对来自类似组织（包括规模、商务目标和市场等）的"最佳惯例"的重用，适合一般性的信息安全组织。采用基于知识的分析方法，组织不需要付出很多精力、时间和资源，只要通过多种途径采集相关信息，识别组织的风险所在和当前的安全措施，与特定的标准或最佳惯例进行比较，从中找出不符合的地方，并按照标准或最佳惯例的推荐选择安全措施，最终达到消减和控制风险的目的。基于知识的分析方法，最重要的还在于评估信息的采集，信息源包括以下四个方面。

（1）会议讨论。

（2）对当前的信息安全策略和相关文档进行复查。

（3）制作问卷，进行调查；对相关人员进行访谈。

（4）进行实地考察。

为了简化评估工作，组织可以采用一些辅助性的自动化工具，这些工具可以帮助组织拟订符合特定标准要求的问卷，然后对解答结果进行综合分析，在与特定标准比较之后给出最终的推荐报告。市场上可选的此类工具有多种，Cobra 就是典型的一种。

11.5.2　基于模型的评估方法

2001 年 1 月，由希腊、德国、英国、挪威等国的多家商业公司和研究机构共同组织开发了一个名为 CORAS 的项目。该项目的目的是开发一个基于面向对象建模特别是 UML 技术的风险评估框架，它的评估对象是对安全要求很高的一般性的系统，特别是 IT 系统的安全。CORAS 考虑到技术、人员以及所有与组织安全相关的方面，通过 CORAS 风险评估，组织可以定义、获取并维护 IT 系统的保密性、完整性、可用性、抗抵赖性、可追溯性、真实性和可靠性。

与传统的定性和定量分析类似，CORAS 风险评估沿用了识别风险、分析风险、评价并处理风险这样的过程，但其度量风险的方法则完全不同，所有的分析过程都是基于面向对象的模型来进行的。CORAS 的优点在于提高了对安全相关特性描述的精确性，改善了分析结果的质量；图形化的建模机制便于沟通，减少了理解上的偏差；加强了不同评估方法互操作的效率等。

11.5.3 定性评估

定性分析方法是被广泛使用的一种风险分析方法，也是出现在大部分标准中的一种方法。它对风险产生的可能性和风险产生的后果基于"低/中/高"这种表达方式，而不是准确的可能性和损失量。

该方法通常只关注威胁事件所带来的损失（Loss），而忽略事件发生的概率（Probability）。多数定性风险分析方法依据组织面临的威胁、脆弱点以及控制措施等元素来决定安全风险等级。在定性评估时并不使用具体的数据，而是指定期望值，如设定每种风险的影响值和概率值为"高""中""低"。有时单纯使用期望值，并不能明显区别风险值之间的差别。可以考虑为定性数据指定数值。例如，设"高"的值为 3，"中"的值为 2，"低"的值为 1。但是要注意的是，这里考虑的只是风险的相对等级，并不能说明该风险到底有多大。所以，不要赋予相对等级太多的意义，否则将会导致错误的决策。定性分析常用于以下三类情况。

（1）初始的筛选活动，以鉴定出需要更详细分析的风险。

（2）风险的程度不能证明要进行更充分的分析所需的时间和努力是合算的场合。

（3）数据不足以进行定量分析的场合。

11.5.4 定量评估

定量分析方法关注的是资产的价值和威胁的量化数据。

定量分析方法利用威胁事件发生的概率和可能造成的损失两个基本的元素。把这两个元素简单相乘的结果称为 ALE（Annual Loss Expectancy）或 EAC（Estimated Annual Cost）。理论上可以依据 ALE 计算威胁事件的风险等级，并且做出相应的决策。定量风险评估方法首先评估特定资产的价值 V，把信息系统分解成各个组件可能更加有利于整个系统的定价，一般按功能单元进行分解；然后根据客观数据计算威胁的频率 P；最后计算威胁影响系数 μ，因为对于每一个风险，并不是所有的资产所遭受的危害程度都是一样的，程度的范围可能从无危害到彻底危害（即完全破坏）。根据上述三个参数，计算 ALE

$$ALE = V \times P \times \mu$$

但是这种方法存在一个问题，就是数据的不可靠和不精确。对于某些类型的安全威胁，存在可用的信息。例如，可以根据频率数据估计人们所处区域自然灾害发生的可能性（如洪水和地震）。也可以用事件发生的频率估计一些系统问题的概率，如系统崩溃和感染病毒。但是，对于一些其他类型的威胁来说，不存在频率数据，影响和概率很难是精确的。此外，控制和对策措施可以减小威胁事件发生的可能性，而这些威胁事件之间又是相互关联的。这将使定量评估过程非常耗时和困难。

鉴于以上难点，可以转用客观概率和主观概率相结合的方法。应用于没有直接根据的情形，可能只能考虑一些间接信息、有根据的猜测、直觉或者其他主观因素，称为主观概率。应用主观概率估计由人为攻击产生的威胁需要考虑一些附加的威胁属性，如动机、手段和机会等。因此，真正使用此类方法来评估是很有难度的。

11.5.5　风险评估方法的选择

组织可以采取不同的风险评估方法，评估的时间、投入的力度，以及开展的深度都应与组织的环境和安全要求相称。一个风险评估方法是否适合于特定组织，有很多影响因素，大致包括以下七种。

（1）业务环境。

（2）业务性质与业务重要性。

（3）对支持组织业务活动的信息系统的依赖程度。

（4）业务内容、支持系统、应用软件和服务的复杂性。

（5）执行风险评估的人力、物力资源。

（6）法律、法规及组织相关规定的约束。

（7）贸易伙伴、外部业务关系等。

这些因素对一个组织来说都是很重要的，因此在选择风险评估方法时应该考虑与这些因素相关的优点与缺点。一个通用的经验就是，信息安全对组织及其业务越重要，遭受威胁时所造成的损失越大，对这些领域的风险评估就要投入更多的时间和资源。

11.5.6　一种典型的风险评估方法

在信息系统风险评估过程中，层次分析法（AHP）经常被用到，它是一种综合的评估方法。该方法是由美国著名的运筹学专家萨蒂 TL 于 20 世纪 70 年代提出来的，是一种定性与定量相结合的多目标决策分析方法。这一方法的核心是将决策者的经验判断给予量化，从而为决策者提供定量形式的决策依据。目前该方法已被广泛地应用于尚无统一度量标尺的复杂问题的分析，解决用纯参数数学模型方法难以解决的决策分析问题。该方法对系统进行分层次、拟定量、规范化处理，在评估过程中经历系统分解、安全性判断和综合判断三个阶段，它的基本步骤如下。

（1）系统分解，建立层次结构模型。层次模型的构造是基于分解法的思想，进行对象的系统分解。它的基本层次有目标层、准则层和指标层三类，目的是基于系统基本特征建立系统的评估指标体系。

（2）构造判断矩阵，通过单层次计算进行安全性判断。判断矩阵的作用是在上一层某一元素约束条件下，对同层次的元素之间相对重要性进行比较，根据心理学家提出的"人区分信息等级的极限能力为 7 ± 2"的研究结论，AHP 方法在对评估指标的相对重要程度进行测量时，引入了九分位的相对重要的比例标度，构成判断矩阵。计算的中心问题是求解判断矩阵的最大特征根及其对应的特征向量；通过判断矩阵及矩阵运算的数学方法，确定对于上一层次的某个元素而言，本层次中与其相关元素的相对风险权值。

（3）层次总排序，完成综合判断。计算各层元素对系统目标的合成权重，完成综合判断，进行总排序，以确定递阶结构图中最底层各个元素在总目标中的风险程度。

11.6　安全风险评估工具

风险评估工具是风险评估的辅助手段，是保证风险评估结果可信度的一个重要因素。风险评估工具的使用不但在一定程度上解决了手动评估的局限性，最主要的是它能够将专家知识进行集中，使专家的经验知识被广泛地应用。根据在风险评估过程中的主要任务和作用原理的不同,风险评估的工具可以分成风险评估与管理工具、系统基础平台风险评估工具、风险评估辅助工具三类。风险评估与管理工具是一套集成了风险评估各类知识和判据的管理信息系统,以规范风险评估的过程和操作方法;或者是用于收集评估所需要的数据和资料,基于专家经验,对输入输出进行模型分析。系统基础平台风险评估工具主要用于对信息系统的主要部件(如操作系统、数据库系统、网络设备等)的弱点进行分析,或实施基于弱点的攻击。风险评估辅助工具则实现对数据的采集、现状分析和趋势分析等单项功能,为风险评估各要素的赋值、定级提供依据。

11.6.1 风险评估与管理工具

风险评估与管理工具大部分是基于某种标准方法或某组织自行开发的评估方法,可以有效地通过输入数据来分析风险,给出对风险的评价并推荐控制风险的安全措施。风险评估与管理工具通常建立在一定的模型或算法之上,风险由重要资产、所面临的威胁以及威胁所利用的弱点三者来确定;也有的通过建立专家系统,利用专家经验进行分析,给出专家结论。这种评估工具需要不断进行知识库的扩充。此类工具实现了对风险评估全过程的实施和管理,包括被评估信息系统基本信息获取、资产信息获取、脆弱性识别与管理、威胁识别、风险计算、评估过程与评估结果管理等功能。评估的方式可以通过问卷的方式,也可以通过结构化的推理过程,建立模型,输入相关信息,得出评估结论。通常这类工具在对风险进行评估后都会有针对性地提出风险控制措施。根据实现方法的不同,风险评估与管理工具可以分为三类。

(1)基于信息安全标准的风险评估与管理工具。目前,国际上存在多种不同的风险分析标准或指南,不同的风险分析方法侧重点不同,如 NIST SP 800-30 、BS 7799、ISO/IEC 13335 等。以这些标准或指南的内容为基础,分别开发相应的评估工具,完成遵循标准或指南的风险评估过程。

(2)基于知识的风险评估与管理工具。基于知识的风险评估与管理工具并不仅仅遵循某个单一的标准或指南,而是将各种风险分析方法进行综合,并结合实践经验,形成风险评估知识库,以此为基础完成综合评估。它还涉及来自类似组织(包括规模、商务目标和市场等)的最佳实践,主要通过多种途径采集相关信息,识别组织的风险和当前的安全措施;与特定的标准或最佳实践进行比较,从中找出不符合的地方;按照标准或最佳实践的推荐选择安全措施以控制风险。

(3)基于模型的风险评估与管理工具。基于标准或基于知识的风险评估与管理工具,都使用了定性分析方法或定量分析方法,或者将定性方法与定量方法相结合。定性分析方法是目前广泛采用的方法,需要凭借评估者的知识、经验和直觉,或者业界的标准和实践,为风险的各个要素定级。定性分析法操作相对容易,但也可能因为评估者经验和直觉的偏差而使分析结果失准。定量分析则对构成风险的各个要素和潜在损失水平赋予数值或货币金额,通过对度量风险的所有要素进行赋值,建立综合评价的数学模型,从而完成风险的量化计算。定量分析方法准确,但前期建立系统风险模型较困难。定性与定量结合分析方法就是将风险要素的赋值和计算,根据需要分别采取定性和定量的方法完成。

基于模型的风险评估与管理工具是在对系统各组成部分、安全要素充分研究的基础上,对典型系统的资产、威胁、脆弱性建立量化或半量化的模型,根据采集信息的输入,得到评价的结果。

11.6.2　系统基础平台风险评估工具

系统基础平台风险评估工具包括脆弱性扫描工具和渗透性测试工具。脆弱性扫描工具又称为安全扫描器、漏洞扫描仪等，主要用于识别网络、操作系统、数据库系统的脆弱性。通常情况下，这些工具能够发现软件和硬件中已知的弱点，以决定系统是否易受已知攻击的影响。脆弱性扫描工具是目前应用最广泛的风险评估工具，主要完成操作系统、数据库系统、网络协议、网络服务等的安全脆弱性检测功能，目前常见的脆弱性扫描工具有以下四种类型。

（1）基于网络的扫描器。在网络中运行，能够检测如防火墙错误配置或连接到网络上的易受攻击的网络服务器的关键漏洞。

（2）基于主机的扫描器。发现主机的操作系统、特殊服务和配置的细节，发现潜在的用户行为风险，如密码强度不够，也可实施对文件系统的检查。

（3）分布式网络扫描器。由远程扫描代理、对这些代理的即插即用更新机制、中心管理点三部分构成，用于企业级网络的脆弱性评估，分布和位于不同的位置、城市甚至不同的国家。

（4）数据库脆弱性扫描器。对数据库的授权、认证和完整性进行详细的分析，也可以识别数据库系统中潜在的弱点。渗透性测试工具是根据脆弱性扫描工具扫描的结果进行模拟攻击测试，判断被非法访问者利用的可能性。这类工具通常包括黑客工具、脚本文件。渗透性测试的目的是检测已发现的脆弱性是否真正会给系统或网络带来影响。通常渗透性工具与脆弱性扫描工具一起使用，并可能会对被评估系统的运行带来一定影响。

11.6.3　风险评估辅助工具

科学的风险评估需要大量的实践和经验数据的支持，这些数据的积累是风险评估科学性的基础。风险评估过程中，可以利用以下一些辅助性的工具和方法来采集数据，帮助完成现状分析和趋势判断。

（1）检查列表。检查列表是基于特定标准或基线建立的，对特定系统进行审查的项目条款。通过检查列表，操作者可以快速定位系统目前的安全状况与基线要求之间的差距。

（2）入侵监测系统。入侵监测系统通过部署检测引擎，收集、处理整个网络中的通信信息，以获取可能对网络或主机造成危害的入侵攻击事件；帮助检测各种攻击试探和误操作；同时也可以作为一个警报器，提醒管理员发生的安全状况。

（3）安全审计工具。用于记录网络行为，分析系统或网络安全现状；它的审计记录可以作为风险评估中的安全现状数据，并可用于判断被评估对象威胁信息的来源。

（4）拓扑发现工具。通过接入点接入被评估网络，完成被评估网络中的资产发现功能，并提供网络资产的相关信息，包括操作系统版本、型号等。拓扑发现工具主要是自动完成网络硬件设备的识别、发现功能。

（5）资产信息收集系统。通过提供调查表形式，完成被评估信息系统数据、管理、人员等资产信息的收集功能，了解到组织的主要业务、重要资产、威胁、管理上的缺陷、采用的控制措施和安全策略的执行情况。此类系统主要采取电子调查表形式，需要被评估系统管理人员参与填写，并自动完成资产信息获取。

（6）其他。如用于评估过程参考的评估指标库、知识库、漏洞库、算法库、模型库等。

11.6.4 常用的信息安全风险评估自动化工具

风险评估过程最常用的还是一些专用的自动化的风险评估工具，无论是商用的还是免费的，此类工具都可以有效地通过输入数据来分析风险，最终给出对风险的评价并推荐相应的安全措施。目前常见的自动化风险评估工具包括 COBRA、CRAMM、ASSET、CORA、微软的风险评估工具 MSAT（Microsoft Security Acessment Tool）及 Microsoft 基准安全分析器（MBSA）等。

11.7 信息安全风险评估技术新进展

11.7.1 信息安全评估标准

信息安全风险分析的方法有定性分析、半定量分析和定量分析。现有的信息安全评估标准主要采用定性分析法对风险进行分析，即通常采取安全事件发生的概率来计算风险。然而，在安全评估过程中，评估人员常常面临的问题是信息资产的重要性如何度量？资产如何分级？什么样的系统损失可能构成什么样的经济损失？如何构建技术体系和管理体系达到预定的安全等级？一个由病毒中断了的邮件系统，企业因此造成的经济损失和社会影响如何计算？如果黑客入侵，尽管没有造成较大的经济损失，但企业的名誉损失又该如何衡量？另外，对企业的管理人员而言，哪些风险在企业可承受的范围内？这些问题从不同角度决定了一个信息系统安全评估的结果。目前的信息安全评估标准都不能对这些问题进行定量分析，在没有一个统一的信息安全评估标准的情况下，各家专业评估公司大多数是凭借各自积累的经验来解决。因此，这就需要统一的信息安全评估标准的出台。需要从以下几方面加强。

1. 建立多边安全的安全功能

安全评估标准从一开始就偏重于仅对系统拥有者和操作者的保护，用户的安全特别是通信系统用户的安全则没有被考虑，因此提供双边或多边安全的各种技术，就不能用当前标准来正确的描述。

2. 增强标准的可操作性

目前的信息安全评估标准只是制定了一个框架，明确了标准的主体，但是可操作性不强，具体的步骤需要大量文档进行补充，而且评估结果最终是一个客观参考性的结构，对企业的实际指导意义不强。

3. 加强国内安全标准的研究

从沟通交流的角度来看，最好全世界只有一个标准；从国家安全的角度来看，最好所有的标准都和国外的不同，就像中国和俄罗斯之间的铁路一样，轨距是不同的。标准意味着开放、互通、弱点公开，如果某一系统达到了 CC EAL4 安全级别，则意味着该系统同时也具有 EAL4 级缺陷，采用 EAL5 分析方法就可以解决。

目前国外的标准基本是由政府出资由有关的职能团队开发而来的，从 2006 年在西班牙召开的 ISO/IEC JTC1/SC27 工作组会议上来看，我国目前在信息标准化的组织结构、工作程序等基本运作机制上与国际标准化组织保持了一致，但是目前我国在标准的制定及参与方面都有待于进一步加强，很多单位却在盲目地摘抄 7799/17799。只有积极参与国际标准制定，建立稳定的国际标准跟踪、研究队伍，才能对国际信息安全发展形成全面的认识、而踏踏实实做好基础性理论研究，形成我们自己的看法，拿出我们自己的东西，才是我们更应该做的。

11.7.2　信息安全风险评估工具

1. 评估工具应整合多种安全技术

风险评估过程中要用到多种技术手段，如入侵检测、系统审计、漏洞扫描等，将这些技术整合到一起，提供综合的风险分析工具，不仅解决了数据的多元获取问题，而且为整个信息安全管理创造了良好的条件。

2. 风险评估工具应实现功能的集成

风险评估工具应具有状态分析、趋势分析和预见性分析等功能。同时，风险评估工具应提供对系统及管理方面漏洞的修复和补偿办法。可以调动其他安全设施如防火墙、IDS等配置功能，使网络安全设备可以联动。风险分析是动态的分析过程，又是管理人员进行控制措施选择的决策支持手段，因此，全面完备的风险分析功能是避免安全事件的前提条件。

3. 风险评估工具逐步向智能化的决策支持系统发展

专家系统、神经网络等技术的引入使风险评估工具不是单纯按照定制的控制措施为用户提供解决方案，而是根据专家经验，进行推理分析后给出最佳的、具有创新性质的控制方法。智能化的风险评估工具具有学习能力，可以在不断的使用中产生新的知识，解决不断出现的新问题。智能化的决策支持能够为普通用户在面对各种安全现状的情况下提供专家级的解决方案。

4. 风险分析工具向定量化方向发展

目前的风险分析工具主要通过对风险的排序，来提示用户重大风险需要首先处理，而没有计算出重大风险会给组织带来多大的经济损失。而组织管理人员所关心的正是经济损失的问题，因为他们要把有限的资金用于信息安全管理，同时权衡费用与价值比。因此，人们越来越倾向于一个量化的风险预测。

为了弥补理论、技术与需求之间的差异，需要研究面向信息系统的安全测试评估，研制基础性的测试评估工具，包括信息安全产品及其安全性的测试评估方法和工具、信息系统安全测试评估工具、网络信息系统安全态势与预测系统等。另外，要求加强制订和完善风险评估的技术，重视风险评估的核心技术、方法和工具的研究与攻关，积极开展风险评估的培训与交流，加强风险意识的宣传教育和人才培养。

11.8　小　　结

信息安全风险评估是信息系统安全工程的重要组成部分，是建立信息系统安全体系的基础和前提。信息安全评估标准主要包括两类：一类是侧重对系统和产品的技术指标方面的标准，包括 TESEC、ITSEC 和 CC 标准；另一类是侧重管理方面的标准，主要包括 BS 7799 标准。我国采用的标准是 GB 17859—1999。安全评估流程给出了根据安全评估标准确定安全需求的过程，可以采用的安全评估方法有基于知识、基于模型的评估方法及定性评估和定量评估。安全风险评估工具包括风险评估与管理工具、系统基础平台风险评估工具、风险评估辅助工具。未来信息安全风险评估的发展需要重视核心技术，研制基础性的测试评估工具。

思 考 题

1. 为什么要进行安全评估？
2. 主要的安全评估标准有哪几类？
3. 安全评估流程包括哪几个主要的步骤？
4. 常用的安全评估方法有几种？
5. 结合具体实例，思考如何进行安全评估。

第12章 面向智能电网的信息安全技术

智能电网贯穿了发电、输电、变电、配电、用电、调度 6 个环节，涵盖了工业控制系统、信息系统及网络控制、通信控制系统以及智能电表等领域。智能电网的发展和信息通信技术紧密联系在一起，从某种意义上来说，智能电网是一种基于信息通信技术的互动式电网，高度依赖现代信息通信技术，使得因信息系统脆弱性导致的安全风险将影响到电网安全，因此，随着智能化、互动化程度的提高，智能电网信息安全防护面临新的挑战。

本章讨论传统电网与智能电网的区别，介绍智能电网的信息系统架构，智能电网面临的安全问题，根据智能电网信息安全标准，研究智能电网的安全防护体系和信息安全机制，探讨面向智能电网信息安全技术的发展。

12.1 传统电网与智能电网的区别

传统电网在能源利用效率、环保性等方面的问题比较突出。2008 年北美电力系统的能源使用效率约为 1/3，发电和输配电的能源损耗却占到 2/3，同时，65% 以上的电力均来自于化石能源（煤、天然气），对于环境污染较大。为解决这些问题，未来智能电网将改进现有电网的运行结构，基于新能源构建的大量分布式发电设施将被引入电网系统，电力的供应将多元化；同时电力终端的用电模型也将变得更加弹性。未来智能电网将表现出与许多分布式计算系统相类似的特性，智能电网的研究与计算网络系统的联系更加紧密。

传统电力系统目前面临着一系列问题，如峰值使用时的"电荒"、信息获取不及时及造成的设备利用率低。在这种背景下智能电网技术应运而生，智能电网和传统电力系统之间的区别如图 12-1 所示。

与传统电网相比，智能电网是由电力流、信息流和业务流高度融合的电网，主要表现出以下优点：

（1）智能电网是一种坚强电网，能有效防御各类外部攻击和干扰，也能适应大规模清洁能源和可再生能源的接入运作。

（2）智能电网将信息、传感器、自动控制技术与电网基础设施有机融合，可以快速隔离故障，实现自我恢复，避免大面积停电的发生。

（3）智能电网支持更加灵活的电网接入方式，并能适应大量新能源、分布式电源及智能用电设施的接入。

（4）智能电网实现实时和非实时信息的高度集成、共享与利用，增加了双向交互通道，实现电网精细化管理，提高了客户满意度。

（5）智能电网有效利用通信、信息和现代管理技术，提高了电网运行的经济性。

智能电网主要解决以下几个方面的问题：

（1）在保证电网安全、稳定和可靠性的同时提高设备利用率。由于电网系统高度耦合，调度控制不当，单一故障可引发连锁故障，甚至引起大面积停电事故和设备损坏，从而导致

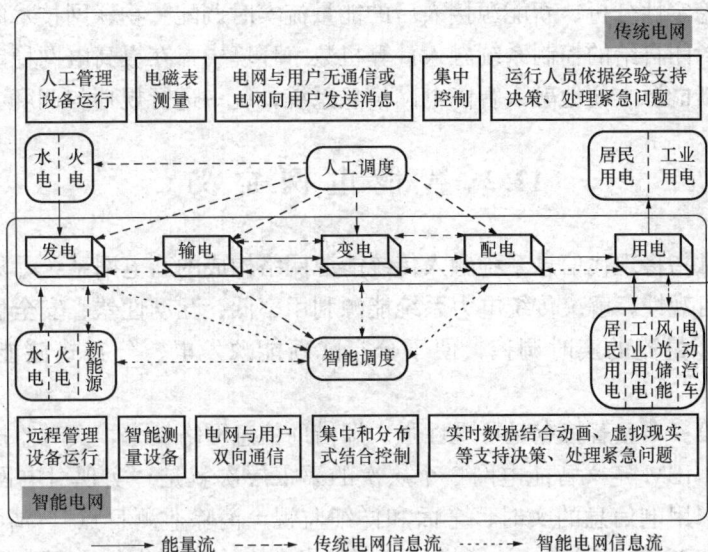

图 12-1　智能电网与传统电网的比较

不可估量的直接和间接损失，故电网系统对于可靠性的要求非常高。智能电网的智能调度就是要在保证安全可靠的基础上解决广域信息的采集、传递、分析和处理问题。

（2）实现发电与用电的互动。电网的基本特征是发电与用电的平衡。从终端用户的角度讲，用户可以通过智能电力终端获取到电网的运行参数（比如电力的成本、自己各种设备的用电量），从而对自己的电力使用情况进行调整。而对于电网系统来说，则可以根据用电设备的用电信息构建精确的负荷模型，有效地提高供电效率。传统电网的建设基于发-输-变-配-用的单向思维，大量冗余造成浪费，智能电网基于实时性较高（几十毫秒级）的测量通信系统，可以通过实时控制来达到发电负荷平衡，从而可以减少热备用，并且提高系统的稳定性。

（3）间歇式可再生能源的接入。新能源主要是指风力发电和光伏发电，我国的风电资源主要集中在西北部地区，同样这些地区也是太阳能资源较丰富的地区。

而我国电力需求较大的地区则集中在中东部，因此造成我国的新能源电力必然经过远距离传输才能到达负荷区。这就要求电网必须在全国范围内对新能源发电进行优化配置。同时，由于新能源发电本身具有随机性和间歇性的特点，如果直接并入电网，则可能影响电网系统整体的稳定性。如风力发电可能由于客观气象原因大范围脱网，会造成电力系统瞬时的不平衡，继而影响整体的稳定性。

由此可见，智能电网需要解决传统电网信息系统在信息采集、传输、处理和共享等多方面的瓶颈，而这些问题的解决则依赖于正在逐渐发展的物联网技术。物联网的核心技术涵盖从传感器网络至上层应用系统之间的物理状态感知、信息表示、信息传输和信息处理，在智能电网信息系统体系中的通信、安全及上层应用等各个方面将起到重要作用：传感器网络技术可用于智能电表等电网终端通信设备的数据采集和信息获取；实时和安全通信技术可用于电网运行参数的传输，实现电网运维数据和发电负荷数据的实时传递；数据存储和信息表示技术可用于电网海量数据的存储、管理、查询和组织；数据分布式处理和任务调度技术可用于电力系统安全稳定性分析、新能源接入后的能量流实时调配。物联网技术的发展使得电力系统从一个相对封闭自给的控制系统融入计算机数字环境中，在提高电网稳定性的同时，使得风能、电能等新能源方便地融入智能电网信息系统，统一进行规划与调度。

12.2　智能电网定义

智能电网通常指将现代信息系统融入传统能源网络构成的新电网系统。从而使电网具有更好的可控性和可观性，解决传统电力系统能源利用率低、互动性差、安全稳定分析困难等问题；同时基于能量流的实时调控，便于分布式新能源发电、分布式储能系统的接入和使用。

智能电网的第一个显著特点是可观性强。即借助信息网络技术，实时监控电力系统各节点的信息。例如，IBM 定义智能电网 3 个层次的第 1 层次就是"实现对电网运行状态、资产设备状态和客户用电信息的实时、全面和详细监视，消除监测盲点"；清华大学 20 世纪 80 年代便提出"CCCP"（通信、计算机和控制技术在电力系统中的应用）概念，认为智能电网是传统电力系统网和电力信息网的两网融合及相互作用。

智能电网第二个特点是发电、用电双方动态交互。即利用实时获取的电网发电信息和用户信息进行优化调度。从终端用户的角度来讲，智能电网的目标在于统筹调度所有的电力资源，以更加便宜的方式提供给终端用户更加稳定的电力。例如，杜克能源（Duke Energy）公司提出在智能电网环境下，终端用户可以实时观测到自己的电力消耗情况并以此调整自己的用电习惯，以降低成本，同时电力公司可以根据用户的需求调配能源供应并通过价格手段引导用户的需求，使总的能源消耗降低。欧洲智能电网战略发展规划提出智能电网应将所有接入电网的用户、发电机以及双向设备连接整合在一起，通过智能监控、通信和自愈技术加强对发电侧的控制，提供给用户更多信息和用电优化方案，减少电力系统对环境的影响，提高供电的可靠性和安全性。

智能电网的第三个特点是可靠性高。即可以从系统震荡中自动恢复，对于系统失稳趋势提前报警及调整。例如，美国能源部定义智能电网应具有系统震荡自恢复、鲁棒性高、安全稳定等特征。而 IBM 定义的智能电网 3 个层次的第 3 层次就是在信息集成的基础上进行高级分析，实现提高可靠性、降低成本、提高收益和效率的目标。

综合上述观点，这里给出智能电网的定义：智能电网是在传统电网的基础上构建起来的集传感、通信、计算、决策与控制为一体的综合数物复合系统，通过获取电网各层节点资源和设备的运行状态，进行分层次的控制管理和电力调配，实现能量流、信息流和业务流的高度一体化，提高电力系统运行稳定性，以达到最大限度地提高设备利用效率，提高安全可靠性，节能减排，提高用户供电质量，提高可再生能源的利用效率。智能电网最终目标是降低能源消耗成本，改善居民用电质量，降低电力运行成本，从而促进国民经济发展。

12.3　智能电网技术架构

12.3.1　电网信息系统现状及主要问题

如图 12-2 所示，现有电网信息系统（电力二次系统）主要指电力调度自动化网络及其构成的能量管理系统（EMS，Energy Management System）、配电网管理系统（DMS，Distribution Management System）和广域监控系统（WAMS，Wide Area Monitor System）。EMS 主要包括数据采集监控系统（SCADA，Supervisor Control And Data Acquisition）、自动发电控制系统（AGC，Automatic Gain Control）及电力状态估计系统等；DMS 主要包括配电自动化系统（DAS，Distribution Automation System）、地理信息系统（GIS，Geographic Information System）及需求侧管理系统（DSM，Demand Side Management）等；而广域监控系统则由同步相角测量单元（PMU，Phasor Measurement Unit）构成，实现对电网主要数据的实时采集。其中 EMS 和 DMS 系统均依赖于远程控制单元（RTU，Remote Terminal Unit）及其构成的 SCADA，其主要问题是数据采集时间过长，达到分秒级，无法满足实时性要求高的应用如电网广域控制、能量调度等。WAMS 系统的响应时间虽在百毫秒量级，但 WAMS 系统依赖于电力专网构建，投入成本较高，目前国内 110kV 电压等级以下无 PMU 节点部署。此外，现有电网信息系统只针对发配电场站、大功率用电设备进行数据采集和控制，无法获取负荷的实时信息，能量调配还基于离线预测。这样就造成了现有电力网络面临的 4 个主要问题：①电力系统重要参数随机、时变、不可观，造成电力系统预测和调度困难；②输电线路的真正输电极限未知，往往靠大保守度换取可靠性，造成线路利用度低；③对于远距离输电中的故障无法准确获知故障信息，如故障地点和严重程度，往往采取试探方法应对故障，造成设备大量冗余；④电力系统有功无法存储，无功无法动态平衡，负荷无法互动，造成热备用浪费。

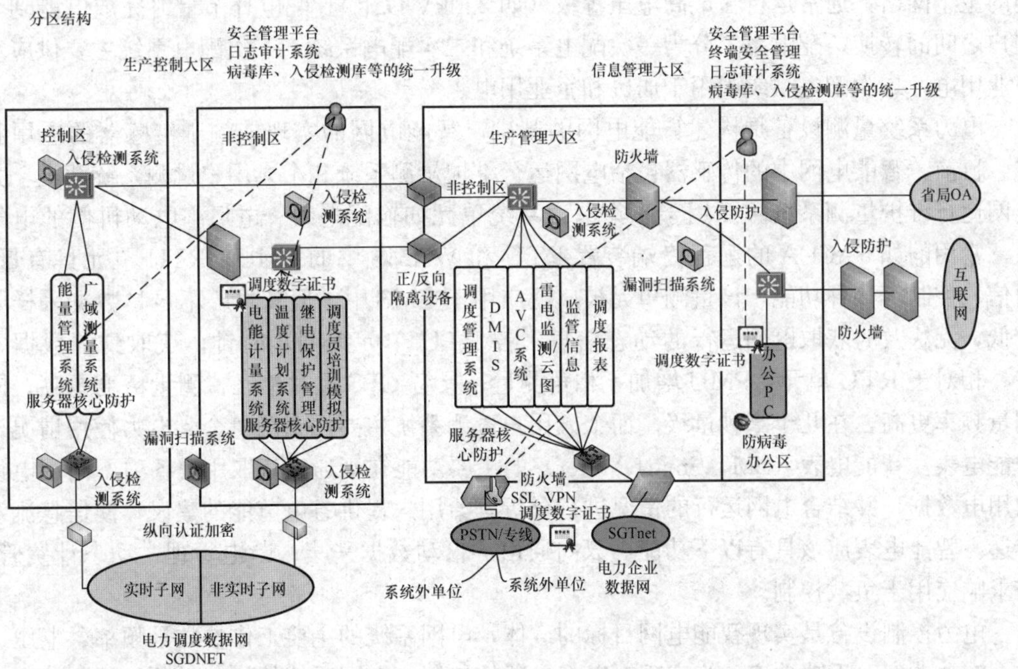

图 12-2　电力信息网络

12.3.2　智能电网信息系统体系架构

为了解决以上问题，需要增加大量传感设备，如智能电表、PMU 等，而传感设备的增加意味着实时数据量的增大，解决大数据量下的电力系统数据实时传输和处理则需要利用先进的信息、通信、网络和计算技术，这正是智能电网信息系统需要解决的问题。基于此，提出智能电网信息系统体系结构如图 12-3 所示，主要包括智能电网信息系统基础设施、智能电网信息系统支撑平台与智能电网信息系统应用体系三个部分。

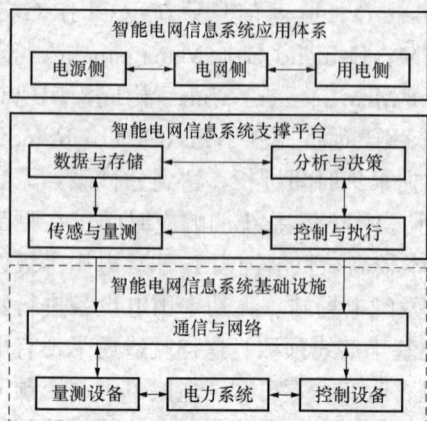

图 12-3　智能电网信息系统体系结构示意图

智能电网信息系统基础设施主要指构建智能电网的硬件基础，而智能电网信息系统支撑平台主要指构建智能电网的软件基础架构，在此之上则是实现智能电网建设目标的各类应用。

1. 智能电网信息系统基础设施

智能电网信息系统基础设施是构建智能电网的硬件基础，包括电力系统的各主要环节及控制、量测设备以及通信网络。

（1）电力系统控制和量测设备。电力系统主要由发电、输电、变电、配电、用电和调度 6 个部分构成。发电环节包括传统的水电、火电及新的核能、风能、太阳能发电，针对发电环节的控制主要有面向发电机的频率调节、电压幅值调节、同步相位及有功无功功率调节，发电机的输出电压一般为 11～35kV。输电环节将电网系统中的主要发电机和负荷中心连接在一起，构成电网系统的主干网络，通常运行在最高电压等级（如 220kV 以上）。配电环节最终完成电能到个人用户之间的转换，配电系统分为一次配电系统和二次配电系统，一次配电系统主要供应小型工业用电，二次配电系统则用于居民和企业用电。

电力系统量测设备是构建智能电网的基础，智能电网的实现依赖于传感器的应用和部署，目前，智能电网中的传感器包括电网运行维护量测系统和个人用户量测系统两类。其中电网运行维护量测系统主要用于采集电力系统单元如输配电线、电厂、电动机侧的电气信息，常用的如 SACDA 的远程终端装置 RTU 和 WAMS 中的 PMU。RTU 单元具有量测、通信、控制等多种功能，该量测单元被广泛应用于 EMS 中，但其主要不足是数据采样频率较低，无法及时获取电网运行的动态信息；各 RTU 单元无同步时钟，获取到的数据不同步。相对于 RTU 单元，PMU 增加了相角测量；具备 GPS 授时单元，测量精度更高；同时测量频率更高，在几十毫秒量级。而个人用户量测系统主要用于测量个人电力使用情况，如智能电表。智能电表（SM，Smart Meter）的主要功能在于通过获取用户各项不同用电设备的用电数据，并结合电网运行的情况进行分析，给用户提供省电节能的建议，使信息流双向传递。智能电表应该具有以下功能：双向通信；自动数据采集；断电管理；动态计费管理；需求响应用于负载控制。

电力控制设备是实现智能电网目标的载体，电网系统的主要工作参数是频率、电压、相位、有功功率、无功功率。为实现对以上参数的控制，电网系统的控制对象包括各级发电单元、输变电系统、配电系统。主要控制设备有 RTU 单元及各种智能电子设备（IED，Intelligent Electronic Device）。

（2）电力系统通信网络。通信网络是智能电网的重要基础设施。智能电网中的广域量测系统 WAMS、广域保护系统（WAPS，Wide Area Protection System）、广域控制系统

（WACS，Wide Area Control System）等都依赖于通信构架。由于电网系统存在多样性和分散性的特点，目前电网系统尚无统一的体系构架。按照智能电网底层量测单元的不同，智能电网通信组网也可以看成两部分：①由电网状态量测单元 PMU、RTU 构成的电力状态监测网络，该网络特点为局域范围内节点数量较少；②由个人用户量测单元构成的信息网络，该网络的特点是节点数量大，可扩展性要求高。

1）个人用户网络。个人用户量测单元往往先通过局域网进行连接，再接入广域网。由智能电表连接组成的局域网包括家庭局域网（HAN，Home Area Network）和邻域局域网（NAN，Neighborhood Area Network），可用的组网方式有无线网络和宽频电力线传输（BPL，Broadband over Power Line）网络。其中利用无线网络构建智能电网个人用户局域网已有成型的协议，已有标准包括 Zigbee 协议和 OpenHA 协议。上述两种协议均运行于 IEEE 802.15.4 无线网络标准基础之上。

2）电力主干通信网。智能电网主干通信网组网方式可以分为两类，第一类是电力网络和信息网络结合的构架方式，即通信载体本身是电力网络中的元素，包括基于电力线的通信（PLC，Power Line Communication）、宽频电力线传输（BPL，Broadband over Power Line）、光纤架空地线复合缆（OPGW，Optical Power Ground Wire）及全介质自承式架空光缆（ADSS，All Dielectric Self Supporting）。第二类是智能电网信息网的构架与电力网络分离，即采用额外的网络构架电力系统信息网。而这种模式下也存在不同的信息网构架方式，大致可以分为 3 种，即采用光纤、无线信号及租用带宽。目前比较通用的做法是主干网络采用光纤搭建，边缘网络利用无线方式进行传输。

3）智能电网上层应用网络。随着分布式发电和储能技术的推广，从电能供应和使用的层面来看，电网的自组织特性会加强，在局域范围内电网表现出自产自销的特点。智能电网上层应用网络可利用覆盖网技术及信息中心网络技术进行构建。覆盖网（Overlay Network）是基于当前 TCP/IP 架构互联网通信的一种虚拟网络。它通过在现有通信基础框架上部署一组节点，改善 TCP/IP 网络上的通信可靠性与服务质量。覆盖网可针对智能电网应用的多样性提供网络通信基础支撑。例如，微网系统中的发电负载平衡问题便可利用 P2P 模型解决。除此之外，P2P 技术在电力计价系统、智能保护系统、智能卸负荷等多个方面均可得到应用。覆盖网技术还可用于提高智能电网的安全性能和时延性能。通过设置安全集线器（Hub），数据集中器可以通过认证等方式选取安全数据转发节点。且采用覆盖网技术有助于提高网络整体的可靠性，不宜产生单点失效问题。信息中心网络（ICN，Information Centric Network）是当前未来互联网体系架构研究的重要成果之一，基本思想是将信息对象与终端位置剥离，通过发布/订阅范式（Publish/Subscribe Paradigm）来提供信息多方通信和存储等服务。总体来看，覆盖网的可靠性较好，网络可扩展性强且自组织特性明显，符合当前智能电网的发展需求，而 ICN 则是未来智能电网发展的一种趋势。

2. 智能电网信息系统支撑平台

（1）传感量测系统。智能电网信息系统传感与量测的主要功能是在量测设备的基础上进行信息采集和汇聚，为上层的数据存储、计算、分析和决策奠定基础。智能电网中的量测系统包括电网运行维护量测系统和个人用户量测系统两类。

电力系统状态估计是 EMS 的基础，对维护电力系统稳定运行起关键作用。实际电网存在两套用于电力数据量测的系统，一套是基于 RTU 单元的 SCADA 系统，一套是基于

PMU 单元的 WAMS 系统。相对于 SCADA 系统，基于 PMU 的 WAMS 系统实时测量性能更好。自 20 世纪 90 年代起，智能抄表设备（AMR）逐渐开始应用试点，但 AMR 仅仅完成了数据的远程获取和计费功能，并不具备对用户用电行为进行调控的功能，信息流单向传递。而由智能电表构成的高级量测体系（AMI, Advanced Metering Infrastructure）则可实现信息流的双向传递，智能电表及 AMI 体系是构建智能电网的基础。相对于电网状态量测，个人量测系统表现为在小区域范围内数量大，可扩展性要求高；同时对数据的实时性和安全性有要求。

（2）数据表示与存储系统。

1）智能电网数据表示。由于电网系统设备是由多个不同的厂家共同生产的，如何描述电网系统本身并且统一管理这些异构设备产生的数据，是实现智能电网信息网的关键之一。电网系统的表示包括电力系统采集的数据的命名、数据的定义、设备的描述、设备间关联关系的表述、通信模型的表述等多方面内容。同样，智能电网的数据表示可以划分为电力系统数据表示和个人用户数据表示两类。

目前，电力系统数据描述已有的常用模型标准包括 IEC 60870 协议组、IEC 61850 协议组、IEC 61970 协议组以及正在制定的 IEC 61968 协议组。IEC 61970 协议组及 IEC 61968 协议组均针对电网调度管理系统，其中 IEC 61970 协议组主要面向 EMS，而 IEC 61968 主要面向 DMS，上述两个协议组均采用了通用信息模型 CIM。就以智能电表为单元的个人用户数据而言，已有数据模型有 DLMA/COSEM 模型，其对应的国际标准为 IEC 62056 协议组。DLMS 对智能电表数据的读取、计费和负载控制进行了规约，COSEM 涵盖了 DLMS 规约的传输与用户层规范。

2）智能电网数据存储模型。智能电网具有可靠性要求高和数据海量的特点，这要求智能电网数据的存储必须设置必要的冗余和备份机制；同时电网数据的存储模型必须满足快速查找和处理要求；而由于智能电网应用多样，不同应用实时性要求也不相同，由此智能电网的数据存储也可分为在线数据和实时数据两种模式。目前主要有 4 种智能电网数据存储方案：第 1 类方案为多个数据集中器，单一控制处理节点加上利用关系数据库的集中存储。其中每个数据集中器负责从一定数量的量测设备中获取数据。目前我国电网系统中的广域控制模型与之类似。第 2 类方案与第 1 类方案类似，但将集中式存储拆分为分布式数据库存储。第 3 类方案取消了利用关系型数据库的存储模式，提出了基于 XML 的〈关键字，值〉模型，并且采用类似 MapReduce 的算法对数据库进行操作。第 4 类方案采用分布式文件系统与数据库结合的方式存储数据，即数据库中存储的不是原始的电网数据，而是数据的索引，原始数据以文件的形式存在于数据集中节点上，该方式类似于搜索引擎对网页的搜索。另外，由于智能电网数据应用类型数量不可预期，容易造成数据统一管理的困难。

数据存储模型选取的不同将导致查找、获取和数据处理模式的不同，同时也会引起系统响应时间的区别，如何为智能电网选取合适的存储模型，将是未来智能电网研究中的一个重要方向。

3）基于云计算的智能电网数据存储。从系统实现上来看，物联网系统的搭建依赖于云计算平台，云计算平台为物联网应用提供了计算和存储资源。作为物联网的一个典型实例，云计算技术与智能电网的结合是必然趋势。云存储有助于解决智能电网数据存储的海量性和可靠性问题。OpenPDC 是目前已经投入运行的一个智能电网数据处理系统，其实现基于开源平台 Hadoop。同时，由于电网稳定性的要求，数据本身存在冗余备份的需求，云计算平台的分布式文件系统可以为此提供解决方案，且有助于提高电网系统的安全性。如何将云存储应用于智能电网还存在不少问题尚待解决。

（3）分析与决策系统。智能电网投入实际运行后，面临的另一个巨大挑战就是海量数据的处理能力。由于智能电网既要满足个人终端用户与电网系统的交互需求，也要满足电网控制系统对电网稳定性的控制需求，未来智能电网中有两大类应用需要海量数据处理技术的支撑。第一类是智能电网稳定运行监控系统，它根据量测系统获取到的数据进行动态安全评估（DSA，Dynamic Security Assessment），保证电网运行稳定，以及电网系统出现故障后恢复系统；第二类是智能销售和消费系统，它通过实时电价自动平衡电能的供应和消耗，如微软开发的 Hohm 系统及 Google 的 Power Meter 系统。该类应用多与微网系统相结合，考虑新能源如风能、太阳能接入后分散发电资源的利用问题。此外，考虑智能电网数据的海量性，智能电网分析决策系统与云计算技术的结合是未来趋势。

由于电网系统规模大、节点多，特别是智能电表得到的数据需要实时规划和调度，这需要大量的计算资源进行分析处理，智能电网数据处理与云计算技术的结合成为必然。

（4）控制与执行系统。智能电网包括电能的发电、输电、变电、配电、用电等 5 个环节以及分布式新能源的接入和使用，所以其控制系统在传统的厂站式控制系统上加入了额外的分布式能源发电控制系统（DPGS，Distributed Power Generation System）频率、功率、电压、相位、负荷是电力系统的主要参数，电网系统频率下降、电压下降、发电机失效、过负荷都会造成电力系统事故甚至崩溃。

从系统构架上来看，传统电网的控制模式多采用集中式的构架。所谓集中控制就是所有采集到的数据统一发送至数据中心进行集中处理并给出控制反馈，而分散策略指将大电网按区域划分，每个区域有自己的控制中心，控制中心之间通过共享数据实现对整个系统的控制。从系统性能上来看，一方面，集中式控制往往会对主节点产生过大的处理压力和带宽压力，同时也容易造成单点失效，所以未来电网的控制结构会逐步向分散结构过渡；另一方面，随着新能源的引入，未来电网将是许多分散的微电网的集合，分布式控制的应用是一种必然。此外，分散式的控制模型下由于数据无需完全在广域范围内传递，对于减少网络延时和保证网络稳定性也可能产生积极作用。

3. 智能电网信息系统应用体系

（1）发电侧应用。由于传统化石能源的不可再生性及对环境造成的影响，绿色能源即新能源发电以及随之产生的微网系统正逐渐成为未来电网系统发展的趋势。

广义上的新能源包括可分派能源（Dispatchable Energy）和不可分派能源（Non Dispatchable Energy），其中水电站、生物能和地热能均属于可分派能源，而风能、太阳能和潮汐能均属于不可分派能。其中，不可分派能源的接入管理问题将是未来智能电网发电系统的研究重点。目前，不可分派能源发电主要以风力发电、光伏发电和燃料电池为主。

储能系统与新能源发电系统通常协同建设，以保证在新能源发电出力不能满足负荷需求时的电力供应。已有的储能系统包括电池储能系统（BESS，Battery Energy Storage System）、飞轮储能系统（FESS，Flywheel Energy Storage System）、超导磁储能系统（SMES，Superconducting Magnetic Energy Storage）、抽水储能系统（PHS，Pumped Hydro Storage）、压缩空气储能系统（CAES，Compressed Air Energy Storage）、超级电容

及电动汽车储能系统（V2G，Vehicles to Grid energy storage）。系统不同的存储系统其能量转化效率、建设成本和适用模式都不相同。储能技术及其接入控制系统本身就是智能电网的支撑技术，比如电池管理系统（BMS，Battery Management System）和功率变换系统（PCS，Power Converting System）都是目前电力系统研究的重点方向。

（2）电网侧应用。电网侧应用包括：能源管理，即传统与可再生能源或其他新能源应用的并网融合等；在大电网的概念下对系统的实时动态系统进行监测、分析、控制与调度；保证电网侧的隔离安全等众多方面，其核心内容是大电网安全稳定分析问题及大电网智能规划调度问题。

1）大电网安全稳定分析与广域监控。大电网系统的安全稳定性限制交流远距离输送，成为制约电网运行效率提升的瓶颈。中国发电资源与用电需求在总量和地域分布上的显著不匹配，使我国电网结构必然凸显出区域间互联、远距离大容量送电、交直流混合运行等特点，故而系统的安全稳定性更加受到了人们的重视。

随着快速稳定分析方法的发展以及计算机与通信技术的水平快速提高，大电网在线稳定分析以及实时广域监控开始出现。未来的智能电网信息体系结构无疑可以提高电力系统状态数据获取的实时性，但在具体应用中遇到的问题依然很多，主要包括交直流大电网在线仿真平台的计算速度和建模仿真准确度的问题；互联电网低频振荡和次同步振荡的监测能力和阻尼控制能力问题；协调直流系统与受端交流电网的保护与控制配置，提高受端电网安全水平；依靠广域信息决策和协调多回直流的紧急功率提升和回降，改善大电网稳定裕度；严重故障下大电网的智能解列控制和自愈恢复等。解决以上各类电网稳定性以及实时控制问题，需要智能电网信息支撑平台各部分间的有效配合。重点是电网信息数据的实时性、高密度及同步性。因此，通信和存储系统是智能电网安全稳定分析的基础。

另外，智能电网作为电力系统的一体化信息平台，需要建立统一的数据存储和访问模型，以支持智能电网的各类应用。现有解决方案通常采用昂贵的大型服务器，存储硬盘使用磁盘阵列，数据库管理软件采用关系数据库系统，导致相应的数据处理系统扩展性较差且成本很高。智能电网对状态监测数据的可靠性和实时性要求很高且状态数据量大。面对这些海量分布的异构状态数据，常规的数据存储管理系统很难满足其要求。而云计算则为这一问题提供了解决办法，虽然基于网络数据中心（IDC，Internet Data Center）的智能电网云计算状态数据监测平台的优势较大，但其自身的耗电量也是问题。

2）大电网智能规划与调度。电网的规划调度包括两方面的内容，一是网架规划，即规划需要建设的电力线路。二是能量调度，即在电网运行过程中，根据能量的实时需求、负荷建模信息及实时产能信息进行能量的自动调配，其中重点问题是能量管理和负荷建模。

（3）用电侧应用。用电环境是电网系统的重要组成部分，智能电网信息系统在电力需求侧管理及与新能源密切相关的微网中发挥的作用。

1）电力需求侧管理。电力需求侧管理（DSM，Demand Side Management），指电力公司通过一定的激励措施影响用户的用电行为，实现节电和资源综合利用。需求侧管理最为重要的工作是负荷管理。负荷管理的目标是抑制负荷增长、改善负荷曲线的形状。传统的负荷管理主要是拉闸限电和切负荷两种方式，没有用户的主动参与，因此对用户的利益造成一定影响。当前的需求侧管理，由电力部门单方面管理逐渐向供需双方配合管理的方向过渡，其与传统的负荷管理的主要区别在于是否有用户的直接参与。目前应用广泛的负荷管理技术有

3 种：直接负荷控制（DLC，Direct Load Control），即电力部门单方面周期性切断负荷与电网的连接；间接负荷控制（ILC，Indirect Load Control），指用户根据电力公司提供的价格信号主动进行独立的负荷控制；负荷能量存储，指用电公司和用户在非高峰时期储存电能并在高峰时期消耗所储存的电能。

智能电网信息体系结构能够提供系统化的测量、通信、数据存储、数据分析以及控制技术，从而推动需求侧管理的发展，使得搭建真正实用的需求侧管理系统成为可能。

有效的实施 DSM 的各种技术方案需要智能电网信息支撑平台各部分间的有效配合。DSM 技术所采用的量测系统为个人用户量测系统，即由智能电表构成的高级量测体系 AMI。除提供量测数据的获取与储存服务，以及实现双向通信之外，AMI 可以提供实时、诱导性电价；能效监测与诊断；智能功耗与负荷以及分布式电源接入等功能。

无论是进行负荷控制还是制定诱导性电价，电力部门都必须掌握一段时间后的系统负荷情况。因此，需求侧管理的分析和决策基于电力部门对用户用电行为的预测，应用智能电表的测量数据进行负荷预测对智能电网极为重要。负荷预测也存在两种研究思路：一类是对于整栋建筑的负荷预测；另一类是对于单一用电装置的负荷预测。第一类预测方法如人工神经网络方法、物理信息建模方法，多元平稳时间序列 ARIMAX 模型等。第二类预测方法如住宅量测系统（BEES，Bright Energy Equipment System）。

预测算法的具体实现模式和智能电表的研发路线息息相关。除以上两种方法外，还有一些与智能家居互相配合的预测方法，即研究住宅环境与用户用电行为之间的关联性，从而依照住宅环境的预测情况进行负荷预测。

2）微网技术。随着新能源发电的广泛接入，分布式发电系统（DGS，Distributed Generation System）可以更好实现能源需求和环境保护之间的平衡，提高能源利用的效率和能源供应的可靠性。然而，由于 DGS 本身难以控制和预测，如何减少其对主电网造成的影响是一个必须解决的问题。目前的主流方案是将 DGS 和相应的负荷看成一个可独立运行的子系统，即微网（Microgrid）。

目前的研究主要集中在微网并网和孤网（独立）运行模式下的过电流保护问题上。考虑微网过电流保护问题时，由于硅材料仪器的等级限制，微网内换流器提供的故障电流的幅值不足以用于驱动传统的过电流保护装置。因此，必须有不需要高电流的故障检测技术以及微网的断并网保护技术，从而满足微网保护的需要。可以预见的是，未来的微网保护策略同时应当满足微网通信网络和硬件设备即插即用的特点，这将是未来研究的重点。

12.4　智能电网中的信息安全技术

智能电网作为物联网时代最重要的应用之一，将会给人们的工作和生活方式带来极大的变革，但是智能电网的开放性和包容性也决定了它不可避免地存在信息安全隐患。与传统电力系统相比较，智能电网的失控不仅会造成信息和经济上的损失，更会危及人身和社会安全。因此，智能电网的信息安全问题在智能电网部署的过程中必须充分考虑。针对智能电网的运营特点，智能电网整体的信息安全不能通过将多种通信机制的安全简单叠加来实现。除传统电力系统的信息安全需求如物理安全、网络安全、数据安全及备份恢复等方面之外，智能电网还会面临由多网融合引发的新的安全问题。

12.4.1 智能电网建设面临的信息安全问题

在传统电网中，电网与用户之间没有通信或者只有电网向用户传达控制信息，两者之间没有信息的交互。电力信息网络采用专用的通信网络，与外部网络进行严格的物理隔离，其安全风险主要来自于内部网络和终端的威胁。而在智能电网中，智能电网是个开放的系统，电网与用户之间采用双向通信的数字网络，两者之间进行实时的信息交互。

1. 智能电网信息系统的特点

与传统电网相比，智能电网和具有更广阔的开放性和系统复杂性，可以实现和外界的互动。具体而言，智能电网信息系统具有以下特点：

（1）网络更广。无线局域网、移动通信网络、卫星通信等多种通信方式和多种网络协议并存，使得电力通信网络更加复杂。在数据传输过程中存在被非法窃听、篡改和破坏的风险，会威胁到输配电线路实时监测数据、用电信息采集系统对其终端进行控制的指令、智能小区内控制指令、充电站控制指令等传输数据的安全。

（2）网络更复杂。光纤专网通信、GPRS /CDMA 无线公网通信、230 MHz 无线专网通信、电力线载波通信、卫星通信、RS-485 通信方式等多种通信方式、多种网络协议并存，使得智能电网网络更复杂，信息在传输过程中存在被非法窃取、篡改、破坏的风险更大。

（3）交互更多。信息系统集成度和融合度更高，业务系统之间以及业务系统与外界用户实时交互更加丰富、频繁。在发生海量数据交互时，往往会出现数据吞吐量过大的问题，造成网络波动、业务过载。此外，终端用户信息交互存在着被泄露、篡改和破坏的风险。例如，SG-ERP 系统以外事故可能导致多个业务无法展开；网上营业厅存在交易敏感信息泄露的风险；用户购电卡余额可能被篡改。

（4）交互更频繁。智能电网系统集成度高、系统间交互更频繁，系统运行过程中会产生大量的交互数据，需要增加网络带宽提高网络稳定性，避免大数据交互带来的网络振荡风险。

（5）技术更新。新型无线通信技术、智能设备、虚拟化、物联网、云计算等前沿技术逐步成熟，多网融合等应用也更加广泛。由于新型技术、智能设备本身存在安全缺陷，广泛应用后各类信息安全问题将会突显出来。例如，由于应用了多网融合技术，来自互联网、广电网、电信网及其他网络的攻击都会导致智能电网停止服务；智能变电站采集、测量、保护、控制终端与调度中心之间控制指令被篡改或伪造，导致大面积停电事故。智能电网广泛采用了智能设备、云计算、物联网、无线通信、虚拟化技术等，为智能电网提供了坚强的技术支撑，但这些前沿技术也存在着不成熟、不稳定的风险。

（6）用户更广泛。智能充放电设施、智能家电、智能表计、分布式电源设备等多种智能终端大量接入，且类型多样，在监控、计费等方面数据量大，存在信息泄露、非法接入和被控制的风险。例如，伪造分布式电源设备非法接入电力网，造成信息泄露或系统被控制；智能电视、冰箱等存在个人信息泄漏和反向被控制的风险；电力监控、采集终端非法接入小区或家庭。

（7）信息接入用户不可控。随着智能电网的发展，用电环节的互动化程度逐渐提高，通过电动汽车的充放电终端或者具有通信模块的用电终端接入的用户具有很大的随意性和不可控性，用户接入的设备、方式、时间等对电网来说是未知的，用户隐私安全风险更严重。智能电网带来了大量关于电能使用的信息采集、传输以及信息共享，尤其是与用户的互动，非法用户可能会给电网的安全带来威胁,同时,用户的隐私安全风险也更突出。

2. 智能电网面临的新安全风险

智能电网面临的新的信息安全风险主要来源于各个环节中的七个应用:发电厂、配电网管理、高级量测系统、物联网及云计算在智能电网中的应用、电动汽车、户内网络(HAN)、电网运行的信息安全风险。

(1) 发电厂的信息安全风险。智能电网将支持电力公司集成、管理和控制各种能源,进行电网负载均衡,以便在传统发电厂难以满足用电需求时能提供补充能源。为此,智能电网中电力公司与传统发电厂、大规模集中式可再生能源发电厂之间的通信,将面临新的信息安全风险。

(2) 配电网管理的信息安全风险。与传统的配电自动化相比,智能型配电自动化需要面对复杂多源信息集成。传统的方法很难实现,从而提出了企业集成总线技术、地理信息交互技术、城市智能电网的全景感知技术等。这些新的技术都依赖于通信、信息网络以及信息处理等技术,高可靠性、高安全性的配电通信网络信息安全直接影响到智能配网的灵活自适应故障处理和自愈。

(3) 高级量测系统的信息安全风险。高级量测系统以智能电表的双向信息流动和能量流动为主要特点。随着智能电网的发展,在使用高级量测系统网络的系统之间,智能电表数据管理系统与量测系统之间的连接和信息交互,负荷管理系统/需求响应管理系统与用户能量管联网、客户服务及用户参与等系统的建设,以及理系统之间的连接和信息交互,配电管理系统与为住宅区提供网络接入服务等,使智能电网信息用户分布式能源之间的信息交互等变得更加复杂,网络用户群更加多样化,都存在着新的安全风险。

(4) 物联网。云计算应用面临的信息安全风险需要构建多方位的智能电网信息网络安全防范体系。由物联网以及无线通信网在输电环节的应用产生了输电环节新的信息安全风险,物联网以及无线通信网和电力内网之间的连接和信息交互会带来新的信息安全风险。云计算技术还在不断发展之中,而其在电网中的应用则刚刚起步,云计算平台的设计和云计算的安全性等将是未来智能电网云计算应用需要研究的重要方向。智能电网云计算的信息安全也是智能电网将要面临的新的信息安全风险。

(5) 电动汽车信息安全风险。随着电动汽车的广泛应用,在区域输电操作或独立系统操作的能量管理系统和设备能量管理系统之间的信息交互,工作管理系统与地理信息系统之间的信息交互,用户能量管理系统和用户的分布式能源之间的信息交互,在电动汽车智能电表和能量服务供应商之间的信息交互等,都存在着新的安全风险。

(6) 用户户内网络的信息安全风险。用户户内网络(HAN)通过网关或用户入口把智能电表和用户户内可控的电器或装置连接起来,使得用户能根据电力公司的需要,积极参与需求侧响应或电力市场。用户户内网络的新应用,将会面临新的信息安全风险:用户信息系统和电表数据管理系统之间的数据交换;用户能量管理系统和用户分布式能源之间的信息交互;用户和 CISW 站点之间的信息交互等。

(7) 电网运行的信息安全风险。与传统电力调度中心相比,智能电网中的电力系统调度中心由于广域测量系统的引入、用户侧信息的大量引入以及发电侧的接入,智能电网调度中心所要面对的数据量要远大于传统电网的数据量。海量数据实时信息的传输和分析不可避免地面临来自于专网和公网的攻击和侵袭,带来了更为复杂的信息安全问题。

美国电力研究协会指出，智能电网信息系统成为攻击的主要目标之一，不仅存在蓄意的攻击，而且存在由于用户错误和自然灾害等造成的危害，以及基础设施存在的漏洞导致攻击者渗透网络、获取控制软件等。智能电网信息安全可划分为设备安全、网络安全、数据安全，各方面面临不同的威胁，见表 12 - 1。

表 12 - 1   资产保密性程度赋值

领　域	威　　胁
设备	窃听、自然灾害、篡改、认证
网络	窃听、入侵、侧通道攻击、DoS 攻讦、篡改、认证、漏洞
数据	数据库管理系统漏洞、容灾备份管理认证、访问控制、数据交换瓶颈、管理

1）设备安全威胁。智能设备是智能电网信息安全的物理基础。智能电网中，利用智能设备代替人完成一些复杂、危险的工作，设备部署在无人监护的环境中，可以轻易被攻击者盗窃和篡改其信息，或者遭受自然灾害侵蚀。同时，新设备由于技术不够完善，自身存在问题，严重影响智能电网信息系统的正常稳定运营。

2）网络安全威胁。智能电网用户类型众多，应用范围广泛，因而信息通信网络成为智能电网信息安全风险的重要来源之一。威胁主要来源于窃听、入侵、侧信道攻击及 DoS 攻击等。非法用户进入智能电网信息系统，攻击一个密码系统，导致客户的隐私、使用信息和密码的泄露；截取传输信息，控制系统意志和行为，导致整个电网系统进入混乱状态；恶意用户通过拖延、阻挠或破坏智能电网节点之间的信息传输和交换，造成信息系统信息拥塞，严重的将导致崩网。

3）数据安全威胁。智能电网的发电、输电、配电、用电过程中涉及海量数据，数据安全包括本身安全和防护安全。数据没有统一标准，访问控制机制和认证措施不够严谨，造成访问机制混乱、数据泄露和数据信息被修改；缺乏强大的智能数据存储中心和容灾备份等防护措施，引起数据管理混乱，导致数据交换瓶颈、灾后数据无法恢复等，使得整个智能电网系统无法有序健康运转。

12.4.2　智能电网中的信息安全标准

1. 与智能电网信息安全标准有关的国际标准化组织及标准研究动态

美国国家标准技术研究院于 2009 年 9 月发布了《美国国家标准技术研究院智能电网互操作标准框架与路线图》和《智能电网网络安全策略与要求》的报告草稿，先后出版了 SP800-82《工控系统安全指南》、IR 7628 草案《智能电网网络安全策略与要求》和 P800-53《联邦信息系统推荐安全指南》等刊物。2010 年 6 月，发布了《国家网络安全网络空间可信身份国家战略》草案。国际电工委员会制定 IEC 62351《电力系统管理及信息交换—数据和通信安全性》和《工业控制过程测量和控制的安全性——网络和系统安全》，规范了通用基础标准、系统安全程序设计要求、系统技术要求和系统主件技术要求。电气与电子工程师协会的变电站委员会制定了 IEEE 1686—2007《变电站智能电子设备信息安全能力》标准，定义了变电站智能电子设备的基本安全要求和特征。国际标准化组织和国际电工委员会下属的 SC27 安全技术分委员会制定的 ISO/IEC 27000 系列信息安全管理标准和 ISO/IEC 15408《信息技术-安全技术-信息技术安全性评估准则》，均在电力企业的信息安全管理和电力系统安全性评估方面得到广泛的应用。

（1）美国国家标准技术研究院（NIST）。NIST 的"网络安全协同工作组"于 2009 年 9 月 25 日发布了《NIST 智能电网互操作标准框架与路线图》和《智能电网网络安全策略与要求》的报告草稿。

《NIST 智能电网互操作标准框架与路线图》描述了用于智能电网的高级参考模型，确定了大约 80 项支持智能电网发展的标准，以及 14 个需优先发展的问题，并讨论了网络安全方面的风险管理框架与策略。

《智能电网网络安全策略与要求》在网络安全风险管理框架和策略的基础上，进行了智能电网私有性影响评估（Privacy Impact Assessment）和逻辑界面分析（Logical Interface Analysis），提出了先进测量基础设施（Advanced Metering Infrastructure）的安全需求。

NIST 强调，网络安全不仅来自少数分子的蓄意破坏，也常来自因错误操作、设备故障或自然灾害引起的信息基础设施损坏。信息基础设施方面存在的漏洞可能允许攻击者渗透网络，获取控制软件或改变配置条件，以不可预期的方式破坏智能电网。

NIST 在智能电网信息安全方面出版了以下 3 份重要的出版物。

1）SP800-82《工控系统安全指南》。这是一份针对包括 SCADA、DCS 和其他控制系统组件如 PLC 在内的工业控制系统的安全指南，并分析了这些设备或系统的特性、可靠性，提出了其安全要求。

2）SP800-53《联邦信息系统推荐安全指南》是为保障联邦政府信息系统安全而制定的。该安全指南的附录 1 针对工控系统提出了基于其特点的系统安全措施选取指南、安全基准措施补充和安全措施补充说明。

3）IR7628 草案《智能电网网络安全策略与要求》。它明确了智能电网信息安全研究的 5 个阶段的战略步骤，提出了清晰的涵盖组件和接口的智能电网功能逻辑架构，并针对接口定义了安全要求。

（2）国际电工委员会（IEC）。IEC 有多个委员会或其下属工作组均在从事智能电网信息安全方面的标准化工作。IEC 在信息安全方面的主要贡献有：IEC 62351《电力系统管理及信息交换-数据和通信安全性》，该标准是 IEC/TC57/WG15 为保障电力系统安全运行，针对有关通信协议而制定的数据和通信安全标准，是当前 IEC 60870-5、IEC 61850 等常用电力系统通信协议和规约的安全增强标准；IEC 62443《工业控制过程测量和控制的安全性——网络和系统安全》，该系列标准从通用基础标准、系统安全程序设计要求、系统技术要求和系统主件技术要求做出了规范。

（3）国际标准化组织（ISO）。ISO 和 IEC 成立了 ISO/IECJTCl 信息技术标准化委员会，负责信息技术领域的标准化工作，下属 SC27 安全技术分委员会所制定的信息安全标准在智能电网信息安全方面也有着重要的影响，尤其是 ISO/IEC 27000 系列信息安全管理标准和 ISO/IEC 15408《信息技术-安全技术-信息技术安全性评估准则》，在电力企业的信息安全管理和电力系统安全性评估方面有着广泛的应用。

（4）电气电子工程师协会（IEEE）。IEEE 的标准制定主要集中在电子工程和计算机领域。在智能电网信息安全方面，IEEE 电力工程协会的变电站委员会制定了 IEEE 1686—2007《变电站 IED 信息安全能力》标准。该标准定义了变电站 IED 设备的基本安全要求和特征，解决了包括变电站 RTU 在内的 IED 的访问、操作、配置、固件更新和数据重传的安全问题。

2. 我国智能电网信息安全标准化工作现状

我国智能电网信息安全标准化工作的相关组织有：全国信息安全标准化技术委员会（TC260），承担我国信息安全标准化工作，2009 年立项编制《工控 SCADA 安全指南》；全国电力系统管理及其信息交换标准化技术委员会（TC82）下设通信工作组，涉及部分智能电网通信安全标准化工作；全国工业过程测量与控制标准化技术委员会（TC124）的 SC 分委会，负责全国工业通信及系统等专业领域的标准化工作，承担部分工业控制系统信息安全的标准制定工作。国家电网公司作为我国智能电网建设的提出者和实施者，2009 年 6 月底，在国家电网公司科技部等部门的共同组织下，成立了智能电网标准体系研究工作组，针对我国智能电网信息安全标准化需求，制定和完善相关标准，为我国智能电网信息安全标准化工作提供战略发展指导。全国电力系统管理及其信息交换标准化技术委员会通信工作组，参与智能电网通信安全标准化工作，制定了智能电网的一些相关标准。

智能电网信息安全标准作为智能电网标准体系的核心部分之一，主要包括信息系统安全等级保护基本要求、电力二次系统安全防护规定、信息安全管理体系要求与信息安全管理实用规则、信息技术安全性评估准则等 4 个部分。

（1）信息系统安全等级保护基本要求。信息安全等级保护制度是国家信息安全战略和策略，在今后的智能电网中，所有信息技术系统都必须满足等级保护要求。GB/T 22239—2008《信息系统安全等级保护基本要求》是描述信息安全等级保护基本技术要求和管理要求的基本标准，该标准也是等级保护方面其他标准的基础。我国已在 GB/T 22239—2008 基础上针对信息安全保障体系的各部分内容制定和规划了一系列的标准。国家电网公司在此标准基础上制定了《国家电网公司信息化"SG186"工程安全防护总体方案》。

（2）电力二次系统安全防护规定。电力二次系统的安全防护是智能电网信息安全的关键内容，也是电网安全生产的基础。智能电网安全稳定运行要求必须实现电力二次系统的安全保障。电力二次系统安全防护规定（电监会 5 号令）用以指导电力系统实现对二次系统的安全防护。标准包含了《电力二次系统安全防护总体方案》《省级以上调度中心二次系统安全防护方案》《地、县级调度中心二次系统安全防护方案》《变电站二次系统安全防护方案》《发电厂二次系统安全防护方案》《配电二次系统安全防护方案》6 部分内容，是我国电力系统信息安全核心标准，标准文本为国家秘密。

（3）信息安全管理体系要求与信息安全管理实用规则。信息安全保障是一项结合了技术和管理两个方面的工作，ISO/IEC 27000 系列标准综合了信息安全技术和管理两方面的内容，适用范围不仅包括信息技术，同时内容涵盖了"信息"的全生命周期。ISO/IEC 27000 系列标准是目前国际上应用范围最广的信息安全标准，由英国国家标准 BS 7799 发展而来，目前已经由原先的两个部分规划发展为包含 35 个部分的标准族。其中最核心的两部分是 ISO/IEC 27001《信息安全管理体系要求》、ISO/IEC 27002《信息安全管理实用规则》，我国已经引用这两个标准为国家标准。这两个国家标准分别是 GB/T 22080—2008/ISO/IEC 27001:2005《信息安全管理体系要求》和 GB/T 22081—2008/ISO/IEC 27002:2005《信息安全管理实用规则》。国家电网公司 2009 年已经启动了 ISO/IEC 27000 标准的研究和应用工作，主要针对信息安全管理体系的建设和运行。

（4）信息技术安全性评估准则。ISO/IEC 15408 标准定义了一套能满足各种需求的信息技术安全准则，核心内容是在安全保护框架（PP）和安全目标（ST）中描述评测对象

（TOE）的安全要求时，应尽可能使其与标准定义的安全功能组件、安全保证组件相一致。ISO/IEC 15408 标准采用了结构化的表述方式，在信息技术产品、系统的安全设计、测评方面具有重要作用。ISO/IEC 15408 自发布后已经更新了 3 版，标准的 3 个部分已经被我国全面引用，对应的国家标准为 GB/T 18336—2008《信息技术安全性评估准则》。2006 年国家电网公司结合 GB/T 18336—2008 制定了《国家电网公司信息应用通用安全要求》，用以指导系统开发和测评工作。智能电网建设中信息技术应用的必然结果是形成信息系统或信息技术产品，这些软硬件应用的安全保障都需要在设计、开发中得以考虑，否则对系统总源头就缺乏安全考虑，在今后的运行中则难以实现信息安全目标。ISO/IEC 15408 对软硬件应用的安全功能及其实现进行了结构化设计，可广泛应用与系统开发设计和系统安全性测评方面。

12.4.3　智能电网信息安全防护体系

1. 传统电网的信息安全防护体系

如图 12-4 为传统电力信息网络的安全体系架构。总体上，电力系统网络安全的体系结构体现了以下特点。

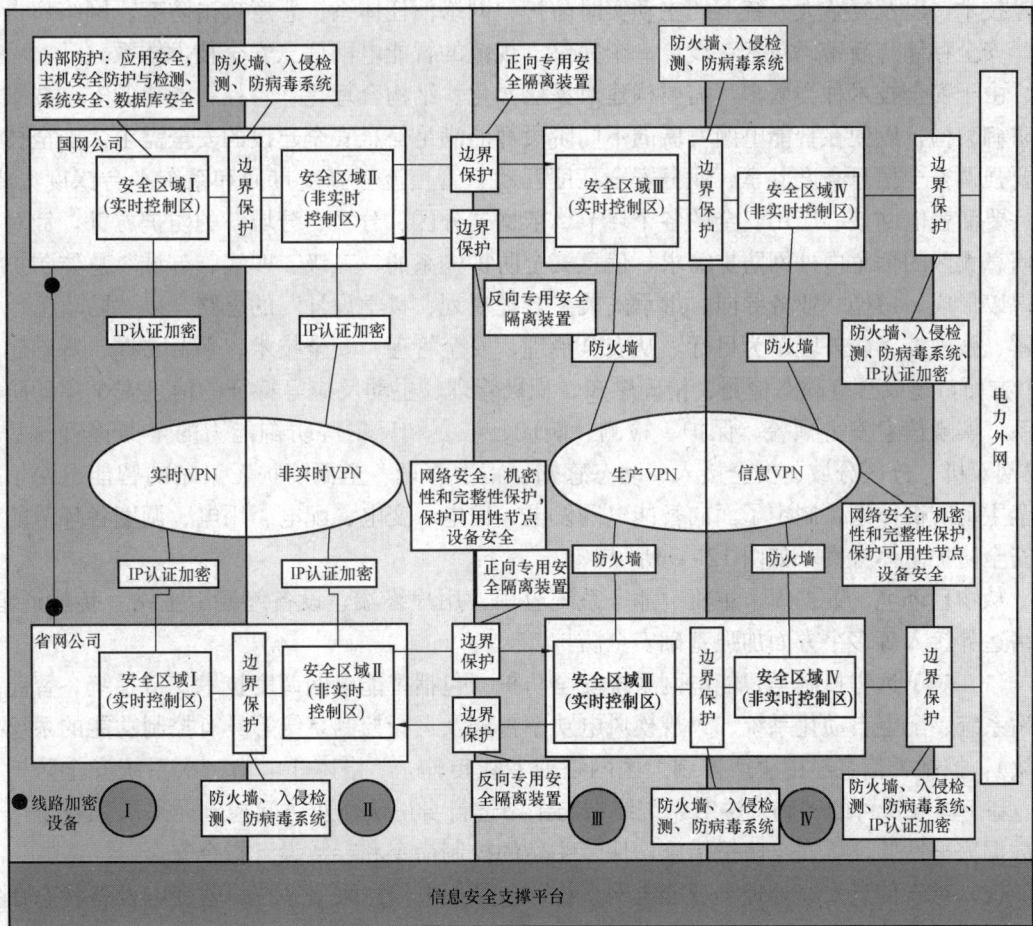

图 12-4　传统电力信息网络安全体系架构

（1）分区防护、突出重点。根据系统中业务的重要性和对一次系统的影响程度，按其性质可划分为实时控制区、非控制生产区、调度生产管理区、管理信息区等四个安全区域，重点保护实时控制系统以及生产业务系统。所有系统都必须置于相应的安全区内，纳入统一的安全防护方案。

（2）区域隔离。采用防火墙装置使核心系统得到有效保护。

（3）网络专用。在专用通道上建立电力调度专用数据网络，实现与其他数据网络物理隔离，并通过采用 MPLS-VPN 形成多个相互逻辑隔离的 IPSEC VPN，实现多层次的保护。

（4）设备独立。不同安全区域的系统必须使用不同的网络交换机设备。

（5）纵向防护。安全区Ⅰ、Ⅱ的纵向边界部署具有认证、加密功能的安全网关（即 IP 认证加密装置）；安全Ⅲ、Ⅳ的纵向边界部署硬件防火墙。

2. 智能电网的信息安全防护体系

相比于传统电力系统，智能电网的失控不仅会造成经济上的损失，更会危及社会和人身安全。因此，在建设智能电网的过程中，必须充分考虑智能电网的信息安全问题。需要针对电网核心应用及业务系统安全防御建设，研究开发电网基础信息网络和重要信息系统的安全保障技术，以及复杂大系统下的主动实时防护、网络信任体系、恶意攻击防范、网络病毒防范、安全存储与新密码技术，设计一个完整、规范的智能电网信息安全技术体系。

由于安全技术种类繁多，需要构建对象层次化、结构合理化、管控智能化的安全技术体系防御架构，以便在智能电网发展的不同阶段都能满足信息安全建设的安全需求。安全技术上要强调安全信息高度共享、业务安全高度互动、管控流程高度贯通和系统平台深度集成，并且要涵盖电网核心应用安全的各个环节。依据"分区、分级、分域"的防护方针，针对管理信息大区的信息内外网防护需求，信息安全防护体系的"三级、四线、五域"总体防护方案得以形成。遵循"业务导向、继承发展、合理规划、科学设计"的思路，以"防攻击、防泄露、强内控、防外联"为目标，从安全治理、安全管理、安全技术、平台支撑、基础建设5个方面，建成具有动态检测、精确感知、积极管理、主动反应等特征的信息安全主动防御体系，实现信息安全预警、保护、检测、响应、恢复和反击等防御能力的全面提升。基于"双网双机、分区分域、安全接入、动态感知、精益管理、全面防护"策略的智能电网信息安全主动防御体系，制定了面向智能电网发电、输电、变电、配电、用电、调度各环节的信息安全防护总体方案，如图 12-5 所示。

从物理环境、数据库、主机、业务系统应用、用户终端、设备终端、主站、传输通道、网络边界接入等多个方面加强基础安全防护。

（1）对于远程控制类智能电网系统安全防护（包括智能电网调度技术支持系统、智能变电站系统、配电自动化系统、大规模风电功率预测及运行控制系统等具有控制功能的系统或模块），控制类信息经由生产控制大区网络或专线传输，严格遵守电力二次系统安全防护方案，基于国家认可的密码算法对系统终端与主站进行身份认证及访问控制，采取强身份认证及数据完整性验证等安全防护措施，保障主站的控制命令和参数设置指令安全。

（2）对于信息采集处理类智能电网系统（包括用电信息采集系统、输变电设备状态在线监测系统、电动汽车智能充换电服务网络运营管理系统等具有采集功能的系统或模块），根据采集信息的保密性，采用身份认证和访问控制措施和专线接入内网的方式，不具备专线条件时，在虚拟专网基础上采用终端身份认证、访问控制措施，建立加密传输通道进行信息采集，同时，加强对采集终端存储和处理敏感业务数据的安全防护，以保证业务数据的保密性

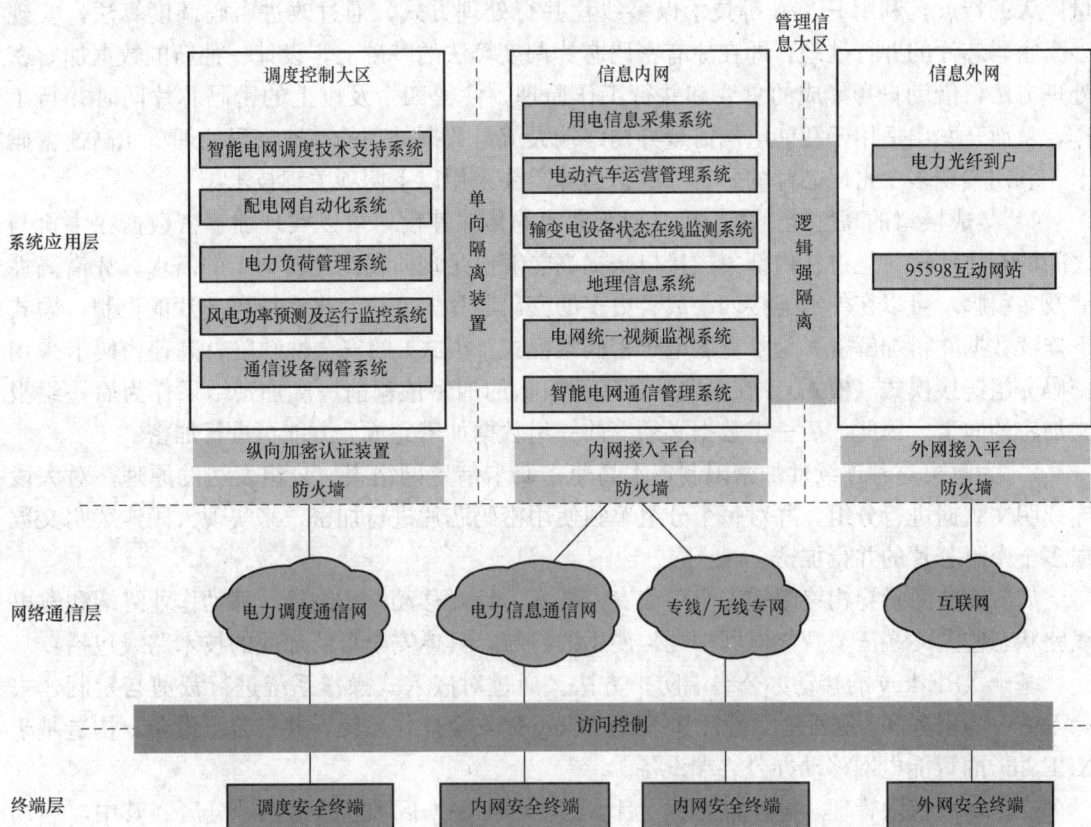

图 12-5　智能电网安全防护方案示意图

和完整性。

（3）对海量信息互动与空间地理信息类智能电网系统（包括地理信息系统和电网统一视频监视系统等应用），对存储或处理大量基础业务或敏感业务数据进行分类存储，并采取严格的用户访问控制、安全审计等措施加强对敏感业务数据的防护，将涉及敏感信息的系统数据库部署于内网，并部署对重要地理信息、语音、视频类信息的安全存储和安全传输措施。

（4）对互联网应用类智能电网系统（包括互动网站等基于互联网应用的系统或模块），对网站基础数据、账户数据、电力客户档案、客户电量电费等敏感数据进行分类安全存储，对于信息外网的应用需要穿透访问信息内网的数据或服务，制订严格的双向身份认证、访问控制、安全传输等专项安全防护措施，保障应用快速穿透和信息安全交互，满足用户服务及时响应需求；对于采用无线专网或运营商虚拟专网接入公司内部网络的网络传输类应用，在网络边界部署安全接入平台，建立专用加密传输通道，实现终端身份认证、安全准入和数据安全交换。对于采用专线的内网传输，采用访问控制措施。

12.4.4　智能电网中的信息安全机制

1. 智能电网边界安全接入关键技术

实现智能电网边界安全接入的关键技术包括支持海量异构终端的高性能并行加解密、面向海量异构终端的安全可信专控和基于数字证书的终端统一认证接入等技术。

（1）支持海量异构终端的高性能并行加解密技术。针对智能电网业务终端种类繁多、数量巨大的特点，利用 FPGA 等技术以多线程并行处理方式，通过改进密码调度算法，实现多个密码芯片的并行处理，即在原有密码芯片调度算法的基础上，设计一种新的数据加解密处理方法，借助自身集成的总线和并行工作原理，使得四个及以上的密码芯片同时并行工作，从而开发出适用于智能电网海量异构终端大流量数据处理的高速密码处理单元高速密码卡。利用实现多个密码芯片的并行加解密运算需要采用以下两项关键技术：

1）集成接口的高性能。由于接口拥有高速的传输速度，可以实现加解密数据在主机与之间的高速传输。通过在内部集成接口来提高能够满足现阶段高速密码卡的需求。凭借高性能及多引脚，可以在外部连接四个或者更多的密码芯片，实现对多个密码芯片的控制；模式下连续数据并行加解密。为了克服电子密码本模式（模式）的安全性缺陷，高速密码卡采用密码分组链接模式（模式）。在模式下，后续数据的加密依赖前一次加密结果作为后一组报文加密的向量。因此，后一组数据必须等前一组数据加密完成后方能再进行加密。

2）为解决这种连续性加密限制，本高速密码卡借鉴网络报文分组发送的原理，对大段连续明文数据进行分组，并对每个分组单独使用密码芯片进行加密，来实现大段连续明文数据多个密码芯片的并行加密。

（2）面向海量异构终端的安全可信专控技术。针对移动办公终端、移动作业终端和输电线路状态监测终端三类智能电网中经常使用的终端，具体安全可信加固的技术路线包括：

基于 XPE key 的移动办公终端防护方法。通过对嵌入式操作系统进行裁剪与定制，去除不需要的服务和设备驱动，设计基于 XPE key 的安全操作系统，并安装于设备，构造基于 XPE key 的智能电网移动办公终端设备。

支持多级权限管理，共有加密区、启动区、USB key 区和隐藏区四种分区。其中，启动区是只读区域，需通过上层软件专有命令才可对该区进行写操作，用作 VM Loader、OS Loader、Virtual Box 和虚拟机程序的可信存储来存放终端启动信息；USB key 区处于安全芯片内，基于密码卡系统为用户提供密码服务；隐藏区是一个不被识别的存储区域，用于存放可信终端的安全策略，如启动引导安全策略、端口控制策略、网络过滤配置策略等；加密区是在物理上建立的一个全加密存储盘区域，只有通过磁盘加密口令认证才能访问；VM Loader 放置在启动区的主引导记录区，而扩展代理作为程序代码分别存储于虚拟机系统和 OS Loader 系统中。

（3）移动作业终端的安全防护方法。利用安全卡中的证书、密钥等身份认证信息，设计和开发适用于智能电网移动作业终端的安全专控软硬件。在启动之前，采集终端的硬件标识、SIM 卡号和安全卡硬件序列号，终端的身份认证和安全启动；在运行过程中，由安全专控软件定时采集运行信息，并进行健康状态扫描，确保运行环境的安全、可靠；同时，安全专控软件将终端的软硬件信息上报给安全接入网关，进行综合身份认证，确保移动作业终端的安全接入。

（4）输电线路状态监测终端的安全通信代理方法。针对智能电网中输电线路状态监测通信方式多样化的特点，利用多通道通信代理技术，设计具有嵌入式处理器的安全通信模块，用作输电线路状态监测终端的通信中间件。该安全通信模块采用符合工业级设计标准的密码芯片，可以满足各种恶劣气候条件下的运行要求。

该安全通信模块提供以太网等多种接口与监测终端连接，监测终端可以很方便地与安全通信模块通位。安全通信模块与主站的通信方式支持无线以及无线方式，适应大部分地区的复杂接入。

（5）基于数字证书的终端统一认证接入技术。除高性能并行加解密和终端安全可信加固等技术外，本项目还采用基于椭圆密码算法的数字证书体系、基于数字证书的终端身份标识与身份认证技术以及密钥生命周期管理机制，来解决智能电网海量异构终端的身份标识、身份认证和密钥管理等问题以确保终端的安全认证接入。具体步骤包括：

1）利用基于数字证书的双向认证、结合用户名口令与终端标识等多种方式实现终端的组合身份认证；

2）调用国密专用硬件算法，在异构终端和接入网关之间建立双向加密隧道，实现异构终端与业务应用通信数据的全程双向加密；

3）通过证书服务系统提供的证书信任体系，进行智能电网海量异构终端的证书在线验证；

4）根据终端的组合身份认证、健康状态评估结果等信息，接入网关进行终端接入仲裁以决定是否允许终端接入；

5）在终端安全专控软件的网络访问控制基础上，增加终端的二次访问控制功能，实现对终端访问网络资源的严格控制；

6）实现对终端访问行为的详细日志记录，供接入网关集中监控和进行日志审计。

2. 安全隔离技术

随着智能电网的建设，网络向用户侧延伸，互动化的需求给公司目前的信息安全隔离体系提出了新的要求，同时，信息化不断深入推进，使得各种信息系统进一步集成，系统之间的耦合度更高，系统之间的交互增多。因此，面对信息化发展的新需求，如何在不降低隔离强度的情况下，满足智能电网的"互动"业务需求，保障相关信息系统的安全交互，是迫切需要解决的问题。

智能电网互动化环境下，信息安全隔离体系是在满足智能电网安全互动需求和信息系统安全交互需求的前提下和在不改变现有安全隔离强度的基础上提出的，在设计上遵循原有的三道防线架构不变。其中，在智能电网互动化环境下信息安全隔离体系中的第一道防线中增加了互动化安全区，主要是为了实现用户通过互联网与电网之间的安全互动和智能终端的安全接入。第三道防线位于电力信息管理大区与生产控制大区之间，原则上还是部署相应的正反向隔离装置，严格保证生产控制大区的信息安全。第二道防线是本项目的研究重点，为了既满足互动交换需求，又能确保互动化环境下信息安全隔离体系的隔离强度，在原有的代理隔离装置基础上，增加相应的专有协议隔离、基于服务的隔离以及文档、图片等非结构化数据隔离等功能，实现对内外网业务应用的安全代理与统一交换。统一交换的协议进行自定义，保证协议的安全和可控。整个隔离交换的过程执行相应的日志存储，便于后期进行安全审计。同时，信息外网应用服务器上的各类业务数据穿透隔离装置到内网数据库服务器上进行存储，首先需要通过部署在信息内外网之间的统一防病毒引擎进行相应的格式解析及深度内容安全检测，最大限度地保证到达内网的业务数据不受病毒、木马等恶意程序的攻击，从而达到保证内网信息网络环境的安全。

3. 智能电网统一数据防泄漏关键技术

随着智能电网中大量智能采集和智能终端设备的使用，各种敏感数据被破坏和外泄风险增加，智能电网业务应用敏感数据防泄漏安全模型和保护策略、智能终端代理感知技术以及基于标记的智能电网业务应用敏感数据内容识别及深度过滤技术成为研究重点。

（1）智能电网业务敏感数据防泄漏安全模型和保护策略。根据数据安全分域防护理论，以智能电网业务敏感数据防泄漏安全模型为指导，从终端、端口、磁盘、服务器和移动存储设备五大安全域构建智能电网业务应用敏感数据防泄露安全模型，研究不同安全域下的敏感数据防泄露保护策略，分别控制、统一防护，更加高效和准确地实施敏感数据防泄露措施，实现统一的数据防泄露体系。具体包括：针对终端防泄露，以文档透明加密为核心，辅以权限控制、外发管理、日志审计等功能，这种体系结构下用户通过应用程序对文件系统的操作都会通过内核文件系统加、解密驱动来完成，用户对敏感数据文件的使用和平常一样，对这些文件进行正常操作。敏感数据文件经过内核驱动和文件系统的处理，最后存放在磁盘上的文件是经过加密后的文件。用户对磁盘上敏感数据访问的权限由访问控制模块来处理，不同用户具有不同角色和权限，只能访问其权限允许的敏感数据；安全策略指定了文件过滤驱动所使用的加密策略，包括加密算法和密钥；安全策略还指定了用户从内存中读取到解密后的敏感数据文件后允许的操作，如复制、编辑、发送的权限，从而保证对敏感数据的使用也能得到防护，能从源头上确保数据安全；针对端口数据防泄露，通过端口控制管理，来防止数据泄露；针对磁盘数据防泄露，通过全盘加密技术来保护数据安全，磁盘级加密技术通过在磁盘读写时对磁盘扇区进行加解密来实现，防止数据泄露；针对服务器防泄露，通过身份认证和权限控制这两种访问控制手段并制定相应的安全策略，来确保敏感数据安全，通过安全策略的配置，任何访问（即使通过权限检查和安全级别验证）如果不符合策略规则，仍无法获得服务器上的敏感数据；针对移动存储设备防泄露，通过移动存储设备端口控制和身份认证来保护敏感数据。

（2）智能终端代理感知技术。为了能够在终端、网络和存储中采集、识别智能电网业务应用中的敏感数据，并实时阻止敏感数据泄露，本项目重点研究安全代理的上下文感知机制，同时将敏感数据的感知控制理论应用到安全代理中，保证智能终端的安全代理能够自主地实施敏感数据感知控制。

首先，通过安全代理采集来自所有威胁载体的数据，并与业务系统相关联，达到对业务系统全方位保护免受网络威胁；其次，通过感知控制技术不断地"监视"控制对象智能电网业务应用敏感数据的信息，并对获取的信息进行处理，从而实现智能终端上各种业务应用敏感数据的异常操作行为的感知，并将该感知信息与参考信息进行比较，根据比较值对智能电网业务应用敏感数据进行一系列控制操作，从而达到保护智能终端上敏感数据的目的。

（3）基于标记的智能电网业务应用敏感数据内容识别及深度过滤技术。内容识别及过滤是实现敏感数据防泄露的关键技术支撑，本项目通过使用标记来对智能电网业务应用敏感数据文件进行标识，终端上对敏感数据文件监控时通过和标记相关联的防泄露策略来实行该敏感数据的防泄露。其工作流程如下：

首先，创建标记和分类规则，对公司的敏感数据进行分类，并对分类后的具有不同敏感级别的数据分配相应的标记；其次，创建保护规则，定义标记对应的敏感数据防护规则，如限制被打上该标记的敏感数据文件的打开次数、复制权限、是否允许通过电子邮件传送、是否允许被发送到移动存储介质中等；最后创建设备规则，主要用来防止敏感数据写入到某些定义的即插即用设备中；经过上述步骤后形成由标记、保护规则和设备规则组成的数据防泄露策略，同时由统一管理平台将这些策略下发至各类终端上的数据防泄露专控软件中。

4. 主、被动防御结合的网络安全防护

被动防御技术主要通过预先设计的规则对已知的攻击手段进行防御，常用的被动防御技术包括防火墙、身份认证技术、访问控制以及入侵检测等。

（1）防火墙技术。防火墙是一组硬件和软件系统，该系统在可信网络和非可信网络间建立起一个安全网关以保护内部网络免受非法入侵。防火墙有一个专用的规则数据库，用于定义能够导入和导出的数据，防止发生不可预测的、具有潜在的恶意入侵。

（2）身份认证技术。主要用于确认操作者身份，常用的身份认证方式包括用户名/密码方式、IC 卡认证、动态口令、生物特征识别、USB Key 认证等方式。身份认证技术保证以数字身份进行操作的操作者就是这个数字身份合法拥有者，保证操作者的物理身份与数字身份相对应。

（3）访问控制技术。指系统对用户身份及其所属的策略组限制其使用资源权限的技术，通常用于对服务器、文件、目录等网络资源的访问。访问控制是系统保密性、可用性和合法性的重要基础，是网络安全和资源保护的关键技术之一，也是主体依据某些控制策略或权限对客体本身或其资源进行的不同授权访问。

（4）入侵检测技术。通过对用户行为、安全日志或其他网络上可以获得的信息进行操作，检测到对系统的闯入或企图。入侵检测技术可以监视、分析用户的系统活动，对系统构造和弱点进行审计，识别反映已知的进攻模式并向相关人员告警，对异常行为模式进行分析等。

被动防御技术存在缺陷主要表现为：防御能力是被动且静态的，其防御能力依赖于在接入系统之前的系统配置，只能防御系统配置中涉及的网络安全攻击，对于新的安全漏洞或攻击手法，传统防御技术难以检测、识别和处理，存在一定的安全风险。近年来，网络安全领域引入了主动防御技术，一定程度上弥补了被动防御技术的不足。主动防御模型具有多层协同防御、自动响应等人工智能特点，典型的主动防御系统包括蜜罐技术、入侵防御系统、漏洞扫描技术等。

1）蜜罐技术。蜜罐是一种安全资源，其价值在于被扫描和攻击，所有流入和流出蜜罐的网络流量都可以视为攻击，因此蜜罐的核心价值就在于对这些攻击活动进行监视、检测和分析。与传统的安全产品相比，蜜罐有几个独特的优势：①防御优势，蜜罐可作为一个陷阱，欺骗黑客对其攻击；②数据价值优势，因为蜜罐并不对外提供正常的服务，所以蜜罐所捕获的数据通常就是入侵攻击，相比防火墙和 IDS 巨大的数据量，蜜罐的数据量较小却极具价值，便于事后分析；③资源优势，与 IDS 相比，蜜罐对资源的要求不大，无需快速的处理速度，所以，其硬件上的投入相对较小。

2）入侵防御技术。在当今网络环境下，传统的入侵检测系统存在一个明显缺陷——事后报警，其是在威胁出现后报警，当看到报警信息时，入侵已发生甚至结束，只能在日志查找到病毒或侵犯的根源，对于检测出的威胁也无法及时进行处理。入侵防御系统是一种主动防御技术，其主动监视网络主机的各种活动，检测攻击行为，并在攻击发生时予以实时阻断。入侵防御系统是整合了防火墙和入侵检测后形成的一种新的入侵防御技术。

3）漏洞扫描技术。漏洞扫描是指基于漏洞数据库，通过扫描等手段对指定的远程或者本地计算机系统的安全脆弱性进行检测，发现可利用漏洞的一种安全检测行为。漏洞扫描和防火墙、入侵检测系统互相配合，能够有效提高网络的安全性。通过扫描，网络管理员能了解网络的安全设置状态和运行的应用服务，及时发现安全漏洞，客观评估网络风险等级，做到防患于未然。

综合利用主、被动防御技术，构建多道防线，形成综合的、立体的网络安全技术防护体系，使得智能电网信息安全走向纵深防御阶段。具体包括以下几个方面：

第一道防线由一系列终端安全防护措施组成，综合利用终端准入、病毒防范、漏洞扫描、身份认证等技术，通过安全接入平台确保接入终端安全可信。

第二道防线由网络安全防护措施组成，通过划分管理信息大区和生产控制大区，管理信息大区又细分为信息内网和信息外网；生产控制大区又细分为实时子网和非实时子网。各网络间采用逻辑强隔离装置、单向隔离装置、防火墙进行隔离，是不同网络或网络安全域之间信息的唯一出入口，可根据网络的安全策略控制出入网络的信息流，且本身具有较强的抗攻击能力。

第三道防线由入侵检测系统组成，通过在网络主机系统中主动寻找入侵信号来发现入侵行为并告警，提供对内部攻击、外部攻击和误操作的实时保护，在网络系统受到危害之前有效抵御入侵，能够将潜在的不安全因素消灭在萌芽状态。

第四道防线由漏洞扫描系统构成，利用漏洞扫描技术，对站点、网络、操作系统、应用服务以及防火墙的安全漏洞进行扫描，及时修复在运系统中存在的安全漏洞，确保系统可靠运行。

第五道防线由蜜罐、蜜网、电子取证装置等组成，对重要网络和重要系统进行掩护，增加入侵者的攻击时间和攻击难度，保留其作案证据，保留对入侵者起诉的权利。

第六道防线由应急响应系统组成，包括本地灾备系统和异地灾备系统，提高系统受攻击后快速恢复能力，减小系统宕机时间。

5. 主站安全保护

（1）主机终端安全。主机终端安全实现各种计算机系统终端设备的安全防御，范围覆盖了服务器、终端计算机、智能移动接入设备和智能表计等。对于主机终端安全保护，传统的静态被动防护技术存在不能有效识别新型攻击、防护时间滞后等安全保护缺陷。主动防御技术能够有效克服传统技术存在的安全保护缺陷；依靠主动防御这一前摄性防御技术，使得主机终端始终处于动态安全性能提升和前摄防御状态，不断通过安全系统本身的安全性能适应性调整和智能学习，持久有效地抵御未知侵害的发生；同时，提前预测未知侵害的发生，并有效进行安全响应控制和消除侵害，使主机终端安全防御水平提升到一个全新的高度。

（2）操作系统安全。选择安全可靠的操作系统；制定用户安全访问策略；限制管理员权限使用；及时升级操作系统安全补丁；安装第三方防病毒安全软件；做好数据备份。

（3）数据库系统安全。制定数据库用户认证机制和安全策略；对重要和敏感数据进行存储加密；及时升级数据库安全补丁；数据库系统做到双机热备，数据库的备份采用每天做增量备份、每周做全备份的方式进行备份，数据库的备份文件要考虑异机、异地的保存；对所有涉及安全的操作，要记录完整的操作日志；提供系统级和应用级完备的数据备份和恢复机制。通过数据存储加密、完整性检验和访问控制来保证数据库数据的机密和完整性，并实现数据库数据的访问安全。

6. 安全管理

等级保护基本要求中的管理要求包括安全管理制度、安全管理机构、人员安全管理、系统建设管理和系统运维管理 5 个方面的内容。安全管理制度包括信息安全管理制度的内容要求及其制定、发布、评审和修订要求等；安全管理机构包括安全相关岗位的设置及其职责的定义，安全人员的配备，安全相关事件的授权和审批，组织内部机构之间、组织与外部安全相关单位的沟通和合作，安全审核和检查等；人员安全管理包括人员录用时的审查和考核，人员离岗时的访问权限终止，设备返还及保密承诺，人员安全技能的考核，人员安全意识的教育和培训，外部人员的访问控制；系统建设管理包括信息系统等级保护定级的要求，安全保障体系的设计和建立，安全产品的选型和测试、自主及外包软件开发安全性管理，安全工程实施及测试验证要求，系统交付工作内容的要求，系统备案及等级测评要求，安全服务商选择和合作的规定；系统运维管理包括机房环境管理，信息系统相关资产管理，存储介质管理，信息系统相关软硬件管理，网络与系统安全管理，恶意代码防范管理，密码管理，系统变更控制与管理，数据备份与恢复管理，安全事件的响应和处置管理，应急预案的制定、演练、审查和更新。

智能电网信息安全管理要求在落实等级保护基本要求中的管理要求的基础上，细化和增强以下几方面的管理要求：安全管理机构方面，明确电力企业主要负责人为本单位信息安全第一负责人，电力企业应配备专职的信息安全人员；增加信息安全资金保障要求，落实系统信息安全建设、运维及等级保护测评的资金，将信息安全保障资金纳入系统建设资金筹措方案中；细化沟通和合作要求，加强与行业监管部门、公安部门、通信运营商、银行等相关部门的交流与沟通。

人员安全管理方面，与系统管理员、网络管理员及安全管理员等关键岗位员工签订保密协议和岗位安全协议；加强对员工安全意识的教育和培训，可要求与岗位相关的信息安全要求、技能和操作规程的培训，至少一年举办一次。系统建设管理方面，应细化智能电网各级信息系统的等级保护定级流程；增加信息安全产品的采购和选型管理，要求电力系统专用的安全产品应经过行业主管机构认可的安全机构进行安全性测试后才可使用；加强外包软件开发的安全管理，要求外包软件源代码需在本单位有备份，并已通过安全性检测；加强安全服务商管理，需与安全服务商签订安全服务合同，明确技术支持和服务承诺。系统运维管理方面，增加对移动存储介质的管理，建立移动存储介质的管理制度，加强移动介质使用的管控。

此外，智能电网安全管理还可结合《信息安全管理体系要求》进行补充和完善。信息安全管理体系（ISMS，Information Security Management Systems）标准采用了"规划（Plan）-实施（Do）-检查（Check）-处置（Act）"（PDCA）模型来建立、实施、运行、监视、评审、保持和改进组织的 ISMS。标准规定了 11 个控制方面、39 个控制目标和 133 项控制措施，这 11 个方面包括安全方针、信息安全组织、资产管理、人力资源安全、物理和环境安全、通信和操作管理、访问控制、信息系统获取、开发和维护、信息安全事件管理、业务连续性管理、符合性。

7. 加强信息安全教育培训

电力系统信息安全中安全教育培训起到关键作用，其实施力度将直接关系到电力企业安全管理被理解的程度和被执行的效果。为了达到预期的培训效果，信息安全教育培训可以采取不同的方式方法，理论与实际操作相结合，不同部门员工培训的侧重点不一样，做到有的放矢。同时，应对培训结果进行考核，以此促进员工对安全知识的掌握。通过安全培训，所有的企业人员必须了解并严格执行电力企业的安全策略，强化员工的安全意识，提高技术水平和管理水平，从而提高电力企业的整体安全水平。

12.4.5　智能电网信息安全技术的发展

未来的信息安全技术必须要与智能电网信息通信系统相互融合，而不仅仅是简单的集成。在制订智能电网标准时就需要考虑可能存在的各种信息安全隐患，而不能先制订标准再去考虑信息安全，否则就会重蹈互联网的覆辙。

未来智能电网作为物联网在电力行业的应用，将会融合更多先进的信息安全技术，如可信计算、云安全等。智能电网将会发展成基于可信计算的可信网络平台。智能电网中的可信设备通过网络搜集和验证接入者的完整性信息，依据安全策略对这些信息进行评估，从而决定是否允许接入，以确保智能电网的安全性。同时，可信计算还可以协助智能电网建立合理的用户控制策略，并依据用户的行为分析数据来建立统一的用户信任管理模型。智能电网还将会融合云安全技术，借助于云端的数据信息，在病毒未危害到设备时就提前阻止危害发生。云端数据信息的实时更新将会是物联网时代应对病毒的有效手段。

12.5　小　　　结

本章通过分析智能电网与传统电网的区别，给出了智能电网的定义，根据电网信息系统现状及主要问题，给出了智能电网信息系统架构。通过分析智能电网建设面临的信息安全问题，根据智能电网中的信息安全标准，讨论了智能电网信息安全防护体系以及相应的安全机制，最后展望了智能电网信息安全技术的发展。

思考题

1. 什么是智能电网？智能电网与传统电网的区别是什么？
2. 阐述智能电网信息系统的体系架构。
3. 智能电网的安全需求与一般电力信息网络安全需求的不同是什么？
4. 智能电网信息安全防护体系如何设计？
5. 智能电网中的信息安全机制有哪些？

参 考 文 献

[1] 冯登国，张敏，张妍，等．云计算安全研究［J］．软件学报，2010.11：71-82.

[2] 徐茂智，邹维．信息安全概论［M］．北京：人民邮电出版社，2007.

[3] 赵俊阁．信息安全概论［M］．北京：国防工业出版社，2009.

[4] 陈波，于冷，肖军模．计算机系统安全原理与技术［M］．北京：机械工业出版社，2009.

[5] M B ISOP．计算机安全学—艺术与科学［M］．王立斌，黄征，等，译．北京：电子工业出版社，2005.

[6] B A FOROUZAN（美）．密码学与网络安全［M］．马振晗，贾军宝，译．北京：清华大学出版社，2009.

[7] 牛少彰，崔宝江，李剑．信息安全概论［M］．北京：北京邮电大学出版社，2007.

[8] 石志国，贺也平，赵悦．信息安全概论［M］．北京：清华大学出版社，2007.

[9] 唐晓波，等．信息安全概论［M］．北京：科学出版社，2010.

[10] 印润远，等．信息安全导论［M］．北京：中国铁道出版社，2011.

[11] 段云所，等．信息安全概论［M］．北京：高等教育出版社，2004.

[12] 郑明辉，崔国华，祝建华．一种抗阻断攻击的多方密钥协商协议［J］．电子学报，2008（07）：1368-1372.

[13] 钟欢，许春香．基于身份的多方认证组密钥协商协议［J］．电子学报，2008（10）：1869-1872.

[14] WANG D，WANG P. Understanding security failures of two-factor authentication schemes for real-time applications in hierarchical wireless sensor networks［J］. Ad Hoc Networks，2014，20：1-15.

[15] 王晓明，陈火炎，符方伟．前向安全的代理签名方案［J］．通信学报，2005（11）：42-46.

[16] YANG W，HU J，WANG S. A delaunay quadrangle-based fingerprint authentication system with template protection using topology code for local registration and security enhancement［J］. Information Forensics and Security，IEEE Transactions on，2014，9（7）：1179-1192.

[17] YU W J，TU Z Y，ZHANG Y W. Research of an Improved RFID Authentication Protocol［C］. International Conference on Computer Information Systems and Industrial Applications. Atlantis Press，2015.

[18] WANG K，YANG X. Data Security Issues in the Process of Applying Cloud Computing［C］. 2014 2nd International Conference on Software Engineering，Knowledge Engineering and Information Engineering（SEKEIE 2014）. Atlantis Press，2014.

[19] 张启坤，王锐芳，谭毓安．基于身份的可认证非对称群组密钥协商协议［J］．计算机研究与发展，2014（08）：1727-1738.

[20] 蔡永泉，赵磊，靳岩岩．基于有限域 GF（2～n）上圆锥曲线的公钥密码算法［J］．电子学报，2006（08）：1464-1468.

[21] HU D，WANG X. Ownership transfer authentication protocol for RFID tags［J］. Computer Engineering and Design，2014，3：1-16.

[22] 沈晴霓，卿斯汉．操作系统安全设计［M］．北京：机械工业出版社，2013.

[23] 林闯，封富君，李俊山．新型网络环境下的访问控制技术［J］．软件学报，2007，18（4）：955-966.

[24] Len Lapadula. Secure Computer Systems：Mathematical Foundations［J］，MITRE Technical Report，1996，1.

［25］Role Based Access Control——American National Standard for Information Technology，BSR INCITS 359.

［26］王于丁，杨家海，徐聪，等．云计算访问控制研究综述［J］．软件学报，2015，26（5）：1129-1150.

［27］李凤华，苏铓，史国振，等．访问控制模型研究进展及发展趋势［J］．电子学报，2012.4：805-813.

［28］苏铓，李凤华，史国振．基于行为的多级访问控制模型［J］．计算机研究与发展，2014，51（7）：1604-1613.

［29］TCSEC，DOD5200.28-TSD．Trusted Computer System Evaluation Criteria［S］，1985，Supersedes CSC-STD-001-83，Library No. S225，711.

［30］石文昌．信息系统安全概论（第二版）［M］．北京：电子工业出版社，2014.

［31］张玉清，王凯，杨欢，等．Android 安全综述［J］．计算机研究与发展，2014，51（7）：1385-1396.

［32］丁丽萍．Android 操作系统的安全性分析［J］．技术研究，2012.3：28-31＋44.

［33］吴倩，赵晨啸，郭莹．Android 安全机制解析与应用实践［M］．北京：机械工业出版社，2013.

［34］沈昌祥，张焕国，冯登国，等．信息安全综述［J］．中国科学 E 辑：信息科学，2007，37（2）：129～150.

［35］张敏，徐震，冯登国．数据库安全［M］．北京：科学出版社，2005.

［36］吴溥峰，张玉清．数据库安全综述［J］．计算机工程，2006，32（6）：85-88.

［37］Michael E. Whitman. Principles of Information Security［M］．北京：清华大学出版社，2003.

［38］Wenbao Mao. Modern Cryptography：Theory and Practice［M］．北京：电子工业出版社，2004.

［39］Charles P. Pfleeger. Security in Computing［M］．北京：电子工业出版社，2007.

［40］马立川，裴庆祺，冷昊，等．大数据安全研究概述［J］．无线电通信技术，2015，41（1）：01-07.

［41］冯登国，张敏，李昊．大数据安全与隐私保护［J］．计算机学报，2014，37（1）：246-258.

［42］李建中，刘显敏．大数据的一个重要方面：数据可用性［J］．计算机研究与发展，2013，50（6）：1147-1162.

［43］黄刘生，田苗苗，黄河．大数据隐私保护密码技术研究综述［J］．软件学报，2015，26（4）：945-959.

［44］张引，陈敏，廖小飞．大数据应用的现状与展望［J］．计算机研究与发展，2013，50（Suppl.）：216-233.

［45］秦志光，张凤荔．计算机病毒原理与防范［M］．北京：人民邮电出版社，2007.

［46］韩筱卿，王建锋，钟玮．计算机病毒分析与防范大全［M］．2 版．北京：电子工业出版社，2008.

［47］梁倩，吕昌云．浅谈 Android 系统手机病毒及其预防措施［J］．网络安全技术与应用，2014.9：67.

［48］徐威，方勇，吴少华，等．手机病毒的攻击方式和防范措施［J］．信息与电子工程，2009，7（1）：66-69.

［49］陈龙，王国胤．计算机取证技术综述［J］．重庆邮电学院学报（自然科学版），2005，17（6）：1-5.

［50］蒋平，黄淑华，杨莉莉．数字取证［M］．北京：清华大学出版社，2007.

［51］徐国爱，彭俊好，等．信息安全管理［M］．北京：北京邮电大学出版社，2008.

［52］冯登国，赵险峰．信息安全技术概论［M］．北京：电子工业出版社，2009.

［53］李建华，陈秀真，等．信息系统安全管理理论及应用［M］．北京：机械工业出版社，2009.

［54］Michael e. Whitman，Herbert j. mattord．信息安全管理［M］．向宏，傅鹂，译．重庆：重庆大学出版社，2005.

［55］张红旗，王新昌，杨英杰，等．信息安全管理［M］．北京：人民邮电出版社，2007.

［56］曾海雷．信息安全评估标准的研究和比较［J］．电脑知识与技术（学术交流），2007.11：1228-1229.

［57］陈晓光，徐国爱，杨义先．信息安全风险评估方法综述［J］．中国科技论文在线，http：//www. paper. edu. cn.

[58] 冯登国，张阳，张玉清．信息安全风险评估综述［J］．通信学报，2004.7：10-18.

[59] 黄成哲．信息安全风险评估工具综述［J］．黑龙江工程学院学报（自然科学版），2006，6（1）：45-48.

[60] 周晟，赵君翊，葛元鹏．主被动防御结合的智能电网信息安全防护体系［J］．电子科技，2015，28（6）：213-215.

[61] 曹军威，万宇鑫，涂国煜，等．智能电网信息系统体系结构研究［J］．计算机学报，2013，36（1）：143-167.

[62] 王友龙，韩桂芬．智能电网信息安全标准化工作的研究与思考［J］．中国标准化，2012.8：111-115.

[63] 郑伟．浅析面向智能电网的信息安全防御体系［J］．机电信息，2013.24：17-18.

[64] 刘雪艳，张强，李战明．智能电网信息安全研究综述［J］．ELECTRIC POWER ICT 2014，12（4）：56-60.

其他参考资料

[1] http：//baike. baidu. com/view/17249. htm

[2] http：//www. trustedcomputinggroup. org

[3] http：//tech. it168. com/a2010/0429/880/000000880596. shtml

[4] http：//baike. baidu. com/link? url＝rD9g8bgMZcOyOdkfJmsNN＿CLakkaJrPD＿dTOHN2aNlvXLBx18s1WuBHwSizydmKhPGxSl9bucXuAqcCrAOMOAK

[5] http：//baike. baidu. com/link? url＝BMKFB2aE69rK-Kw49BK＿Qpzz9P0＿CGG2UCK924hXlj9KscpQ6H26Uyc-bGP80zggVezkmZy4jTW＿H＿JoR0iVkzsItlgxUBqzXtaY-SE8NKG